Jungbauer/Natterer

Rechtsanwendung im Rechtsanwaltsbereich II

Rechtsanwendung im Rechtsanwaltsbereich II

Ausgewählte Prüfungsschwerpunkte der ZPO und des GVG mit Mahnverfahren und Zwangsvollstreckung

Übungsfälle und Lösungen

von

Sabine Jungbauer

Geprüfte Rechtsfachwirtin, Autorin und Referentin, München

und

Edith Natterer

Geprüfte Rechtsfachwirtin, Autorin und Referentin, Memmingen

2., neu bearbeitete Auflage

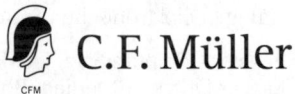

C.F. Müller

Bibliografische Information der Deutschen Nationalbibliothek
Die Deutsche Nationalbibliothek verzeichnet diese Publikation in der
Deutschen Nationalbibliografie;
detaillierte bibliografische Daten sind im Internet
über <http://dnb.d-nb.de> abrufbar.

ISBN 978-3-8114-0721-3

E-Mail: kundenservice@cfmueller.de

Telefon: +49 89 2183-7923
Telefax: +49 89 2183-7620

www.cfmueller.de

© 2018 C.F. Müller GmbH, Waldhofer Straße 100, 69123 Heidelberg

Satz: Strassner ComputerSatz, Heidelberg
Druck: Kessler Druck + Medien, Bobingen

Vorwort der Herausgeberinnen
mit Prüfungshinweisen

Die neue ReNoPat-AusbV ist zum 01.08.2015 in Kraft getreten und parallel dazu ein neuer Rahmenlehrplan für den Unterricht an den Berufsschulen. Die Anforderungen an die Qualifikation der Auszubildenden haben sich in den letzten Jahren stark verändert, und in der beruflichen Bildung spielt neben der Vermittlung von Fachwissen auch die Vermittlung von Handlungskompetenzen eine sehr wichtige Rolle. Dieser Entwicklung wurde durch die Novellierung der Ausbildungsverordnung und der Gestaltung des neuen Rahmenlehrplans Rechnung getragen.

Die neue Prüfungsbuchreihe des C.F. Müller Verlags soll sowohl Hilfestellung und Hinweise für Auszubildende und Prüflinge als auch Mitglieder von Prüfungsausschüssen geben. Es handelt sich dabei – auf Grundlage der gesetzlichen Vorschriften (ReNoPat-AusbV) – um die Vorstellung von Möglichkeiten, wie die in den sogenannten „Prüfungsbereichen" zu bearbeitenden Fälle gestaltet sein können. Wir hatten bei der ersten Auflage nach der neuen ReNoPat-AusbV schon im Jahr 2015 angekündigt, dass die nächsten Jahre die notwendigen Erfahrungen bringen werden, die dann wiederum zu einem Überdenken und Aktualisieren dieser Reihe führen werden. Nun ist es soweit. Zwei Jahre sind seit Einführung der neuen Verordnung vergangen und es konnten bereits Erfahrungswerte gesammelt werden. Auch sind die ersten Prüfungen im Jahr 2017 bereits nach der neuen Verordnung erfolgt.

Bei der Gestaltung der zukünftigen Prüfungsfälle bzw. -situationen in den einzelnen Prüfungsbereichen wird es sicherlich auch künftig zu unterschiedlichen Ausprägungen in den verschiedenen OLG-Bezirken kommen. So wie bisher jeder OLG-Bezirk eigene Abschlussprüfungen erstellt und durchführt, wird dies auch nach der Neuordnung sein, und daher wird jeder Bezirk eigene Vorstellungen entwickeln und Vorgehensweisen festlegen.

Ebenso kann es auf Grundlage des Rahmenlehrplanes in den einzelnen Bundesländern, die teilweise Lehrplanrichtlinien herausgeben, bis in die einzelnen Berufsschulen zu unterschiedlichen Ausgestaltungen kommen. Dies ist der Kulturhoheit in diesem Bereich geschuldet. Lernfelder, „Fächerbezeichnungen" der einzelnen Schulen stimmen in der Regel nicht überein mit den Bezeichnungen der neuen Prüfungsbereiche. Fragen Sie hier im Bedarfsfall Ihre Lehrkräfte; diese können Ihnen in der Regel fundierte Auskunft erteilen.

Mit dieser Buchreihe wollen wir sowohl den Prüferinnen und Prüfern Hilfestellungen als auch den Auszubildenden eine Idee davon geben, wie Fälle in den Prüfungsbereichen gestaltet sein könnten.

Diese Prüfungsbuchreihe erhebt nicht den Anspruch, eine vollständige Abdeckung möglicher Inhalte und Ausgestaltungsmöglichkeiten zu sein. Sie kann und will die Vorbereitung mit Lehrbüchern nicht ersetzen. Auszubildende sollten sich immer auch an dem orientieren, was sie an Hinweisen von ihren Lehrkräften und in den Ausbildungskanzleien erhalten.

Vorwort der Herausgeberinnen mit Prüfungshinweisen

Damit die Einordnung des jeweiligen Prüfungsbuch-Bandes leichter fällt, stellen wir eine Übersicht über die Prüfungsbereiche mit den groben Inhalten laut Ausbildungsverordnung an den Anfang und nehmen eine Zuordnung der Bände vor.

Prüfungsbereiche der Abschlussprüfung gem. § 7 II ReNoPatAusbV

Orientiert an den Tätigkeitsfeldern der Berufspraxis werden folgende (Prüfungs-)Bereiche geprüft (der in diesem Prüfungsbuch-Band behandelte Bereich ist im Folgenden grau hinterlegt).

> 1. Geschäfts- und Leistungsprozesse,
> 2. Mandantenbetreuung,
> 3. Rechtsanwendung im Rechtsanwaltsbereich,
> 4. Vergütung und Kosten sowie
> 5. Wirtschafts- und Sozialkunde.

Prüfungszeiten und Gewichtungen aller Prüfungsbereiche der Abschlussprüfung:

		Prüfungszeiten	Gewichtung	Prüfungsinstrument
1.	Geschäfts- und Leistungsprozesse	60 Minuten	15 %	Fallbezogene Aufgaben **schriftlich**
2.	Mandanten- betreuung	15 Minuten	15 %	Fallbezogenes Fachgespräch **mündlich**
3.	Rechtsanwendung im Rechtsanwalts- bereich	150 Minuten	30 %	Fallbezogene Aufgaben **schriftlich**
4.	Vergütung und Kosten	90 Minuten	30 %	Fallbezogene Aufgaben **schriftlich**
5.	Wirtschafts- und Sozialkunde	60 Minuten	10 %	Fallbezogene Aufgaben **schriftlich**

1. Prüfungsbereich: Geschäfts- und Leistungsprozesse gem. § 7 III ReNoPatAusbV (schriftlich):

a) arbeitsorganisatorische Prozesse planen, durchführen und kontrollieren, b) zur Qualitätsverbesserung betrieblicher Prozesse beitragen, c) Büro- und Verwaltungsaufgaben planen, durchführen und kontrollieren, d) elektronischen Rechtsverkehr nutzen, e) Auskünfte aus Registern einholen und verarbeiten,	**Band I: Tietje, Geschäfts- und Leistungsprozesse**

f) Aktenbuchhaltung führen, g) Aufgaben im Bereich Rechnungs- und Finanzwesen ausführen.	**Band II: Okon/Sabo, Geschäfts- und Leistungsprozesse**

Wie die Gewichtung und Aufteilung der einzelnen Inhalte, welche Bestandteil dieses Prüfungsbereiches sind, in den Prüfungen dann ausgestaltet ist, wird vom jeweiligen Aufgaben- bzw. Prüfungsausschuss der zuständigen Kammer abhängig sein.

2. Mandantenbetreuung gem. § 7 IV ReNoPatAusbV (Fallbezogenes Fachgespräch – mündlich):

a) Mandanten serviceorientiert betreuen, b) Anliegen von Mandanten erfassen, c) Gespräche mit Mandanten adressatenorientiert führen, d) Auskünfte einholen und erteilen, e) Konfliktsituationen bewältigen. Hierfür wählt der **Prüfungsausschuss** eines der folgenden Gebiete aus: a) Zivilrechtliches Mandat, b) Zwangsvollstreckungsrechtliches Mandat, c) Vergütung und Kosten im Zivilrechtlichen Mandat, d) Zahlungsverkehr.	**Jungbauer/Dives, Fallbezogenes Fachgespräch – Mandanten- betreuung**

Die fachbezogene Anwendung der englischen Sprache ist zu berücksichtigen.

3. Rechtsanwendung im Rechtsanwaltsbereich gem. § 7 V ReNoPatAusbV (schriftlich):

a) Sachverhalte, insbesondere in den Bereichen bürgerliches Recht sowie Gesellschafts-, Wirtschafts- und Europarecht, rechtlich erfassen und beurteilen,	**Band I: Boiger, Rechtsanwendung im Rechtsanwaltsbereich**
b) Maßnahmen im Zivilprozess- und Zwangsvollstreckungsrecht vorbereiten, durchführen und kontrollieren,	**Band II: Jungbauer/ Natterer, Rechtsanwendung im Rechtanwaltsbereich**
c) fachkundliche Texte formulieren und gestalten.	**Band I und Band II**

Die fachbezogene Anwendung der englischen Sprache ist zu berücksichtigen.

Auch hier wird – ebenso wie im Prüfungsbereich „Geschäfts- und Leistungsprozesse" – die Gewichtung und Aufteilung der einzelnen Inhalte, welche Bestandteil dieses Prüfungsbereiches sind, vom jeweiligen Aufgaben- bzw. Prüfungsausschuss der zuständigen Kammer abhängig sein. Für den Teil c) „Fachkundliche Texte formulieren und gestalten" bietet sich aus unserer Sicht an, einen festen Zeitanteil für die organisatorische Durchführung dieser Prüfungsanforderung am PC vorzusehen.

4. Vergütung und Kosten gem. § 7 VI ReNoPatAusbV (schriftlich):

a) Werte, Gebühren und Auslagen für Vergütungsrechnungen ermitteln, b) Vergütungsrechnungen im außergerichtlichen und gerichtlichen Bereich sowie im Zwangsvollstreckungsverfahren erstellen, c) Kostenfestsetzungsanträge und Anträge auf Vergütung im Prozesskostenhilfeverfahren erstellen, d) Gerichtskostenvorschüsse berechnen und Gerichtskostenrechnungen kontrollieren.	**Jungbauer, Vergütung und Kosten**

5. Wirtschafts- und Sozialkunde gem. § 7 VII ReNoPatAusbV (schriftlich):

Der Prüfling soll nachweisen, dass er allgemeine wirtschaftliche und gesellschaftliche Zusammenhänge der Berufs- und Arbeitswelt darstellen und beurteilen kann.

Zu dem Prüfungsbereich Wirtschafts- und Sozialkunde ist anzumerken, dass dieses Thema in der nächsten Auflage noch aufgenommen wird. In diesem Bereich (z.B. Sozialkunde) gibt es in den einzelnen Bundesländern unterschiedliche Lehrpläne – abzuwarten bleibt, ob sich ein gemeinsamer Nenner für diesen Prüfungsbereich herauskristallisiert. Die Inhalte können unter anderem auch den Inhalten des Ausbildungsrahmenplans der AusbV oder den Lehrplänen entnommen werden.

Weitere wichtige Hinweise zur Abschlussprüfung finden Sie im Werk dieser Reihe: Jungbauer/Dives, Mandantenbetreuung.

Inhalte der Abschlussprüfung			
Berufsübergreifende berufsprofilgebende Fertigkeiten, Kenntnisse und Fähigkeiten	Weitere berufsprofilgebende Fertigkeiten, Kenntnisse und Fähigkeiten	Berufsübergreifende integrative Fertigkeiten, Kenntnisse und Fähigkeiten	Im Berufsschulunterricht zu vermittelnder Lehrstoff, soweit für die Berufsausbildung wesentlich
Anlage (ARP)[1] Abschnitt A	Anlage (ARP) Abschnitt B **(RA-spezifisch)**	Anlage (ARP) Abschnitt F	RLP[2] Lehrplanrichtlinie

Für Ihre Abschlussprüfung wünschen wir Ihnen von Herzen viel Glück und Erfolg!

München, im Januar 2018   *Sabine Jungbauer* und *Veronika Dives*

---

1 ARP = Ausbildungsrahmenplan
2 RLP = Rahmenlehrplan

Vorwort

Liebe Auszubildende/n, liebe Leserinnen und Leser,

der Unterrichtsstoff zum Thema Rechtsanwendung im Rechtsanwaltsbereich wird in der Schule innerhalb der jeweiligen Lernfelder vermittelt. Da in den einzelnen Schulen möglicherweise Verschiebungen innerhalb der Lernfelder erfolgen und die Ausbildung zudem im dualen System auch in den Kanzleien erfolgt, haben wir den Stoff nicht nach Lernfeldern sortiert, sondern nach einem für uns logischen Aufbau.

Einige Themen, wie z.B. die Straf- und Bußgeldsachen, sind der neuen Ausbildungsverordnung 2015 zum Opfer gefallen. Das bedauern wir sehr, Grundkenntnisse gehören in diesen Bereichen ja eigentlich fast schon zur Allgemeinbildung. Dafür nimmt das Thema elektronischer Rechtsverkehr auch in der ZPO Fahrt auf. Wir haben uns aber hier – da in vielen Bundesländern das Thema noch in den Kinderschuhen steckt – auf einige Grundlagen beschränkt. Hier bleibt mit dem stufenweisen Ausbau des elektronischen Rechtsverkehrs künftig noch viel Luft nach oben. Prüfungsausschüssen würden wir gerne empfehlen, diese Themen noch mit Zurückhaltung zu prüfen. Denn es ist festzustellen, dass hier gerade auch in vielen Kanzleien nicht einmal rudimentäre Grundkenntnisse vorhanden sind. Das wird sich ab 2018 sicher schnell ändern; unter einer weit verbreiteten mangelnden ERV-Bereitschaft der Anwaltschaft sollte aber nach unserer Auffassung am Ende nicht der Prüfling leiden. Zudem ist das Thema auch recht komplex und etwas mehr „Ruhe" wird hier erst einkehren, wenn der ERV im Vollbild ab 01.01.2022 (teilweise wohl in manchen Bundesländern voraussichtlich schon ab 01.01.2020) die Praxis erobert hat.

Mit diesem Buch können Sie sich gezielt und intensiv auf die Abschlussprüfung zur(m) Rechtsanwaltsfachangestellten vorbereiten. In den einzelnen Kapiteln finden Sie einen kurzen Abriss über die wichtige Punkte, die zu den jeweiligen Themen zu beachten sind. Die folgenden Kapitel ersetzen ein umfassendes Lehrbuch nicht, sondern helfen Ihnen, das Lösen von Aufgaben für die Prüfung zu trainieren. Es wurden daher Prüfungsschwerpunkte ausgewählt. Die Fragestellung ist handlungsorientiert, so wie es die neue Ausbildungsverordnung auch vorsieht. Die handlungsorientierte Aufgabenstellung verlangt viel mehr als die früher übliche reine Wissensabfrage vom Prüfling einiges ab. Denn er muss wissen, was er tut und verstehen warum. Aus diesem Grunde haben wir dann doch das ein oder andere Mal einige Erläuterungen auch zur Herangehensweise an die Lösung von Aufgaben gegeben. Sie werden diese kleinen „Juwelen" zwischendrin immer wieder einmal finden.

Die Übungsfälle sind mit Lösungsvorschlägen versehen. Anhand der Lösungsvorschläge können Sie Ihre Ergebnisse überprüfen.

Wir haben uns bemüht, in einer einfachen Sprache zu schreiben, damit auch für junge Auszubildende, die nicht schon seit Jahren im Lesen von Gesetzestexten Übung haben, die Ausführungen verständlich sind. Das Buch wurde mit größter Sorgfalt erstellt. Dennoch lassen sich Fehler nicht immer vermeiden. Sollte sich das Fehlerteufelchen doch einmal eingeschlichen haben, bitten wir um Nachsicht. Anregungen, Ergänzungen und Feedback nehmen wir gerne entgegen.

Vorwort

Unsere liebe Kollegin Claudia Stähle scheidet mit dieser Auflage als Autorin aus dieser Reihe aus, da sie in ihrem neuen Aufgabenbereich in der Kanzlei weniger Berührungspunkte mit den hier geforderten Themen hat. Aus diesem Grund bin ich, Sabine Jungbauer, nun als Autorin selbst eingestiegen, denn das Thema Verfahrensrecht war mir schon immer ein sehr großes Anliegen. Wir möchten uns an dieser Stelle herzlich für Claudia Stähles Arbeit bedanken.

Danken möchten wir auch Frau Enzmann und Frau Becker vom C.F. Müller Verlag für die immer freundliche und kompetente Betreuung.

Wir wünschen Ihnen viel Erfolg in Ihrer Abschlussprüfung und eine gute Ausbildungszeit.

München, im Januar 2018

Sabine Jungbauer
Edith Natterer

Inhaltsverzeichnis

Teil 1
Ansprüche außergerichtlich einfordern

Teil 2
Gerichtliches Mahnverfahren

Teil 3
Zivilprozessverfahren

Kapitel 1
Zuständigkeit der Gerichte im Zivilprozess

Kapitel 2
Das Klageverfahren

Inhaltsverzeichnis

Kapitel 8
Fristberechnung

Kapitel 9
Der Wiedereinsetzungsantrag

Teil 4
Zwangsvollstreckung   129

Kapitel 1
Allgemeine Voraussetzungen der Zwangsvollstreckung

Kapitel 2
Besondere Voraussetzungen der Zwangsvollstreckung

Inhaltsverzeichnis

Kapitel 7
Einstweiliger Rechtsschutz

Kapitel 8
Insolvenzverfahren

Kapitel 9
Zwangsvollstreckung in das unbewegliche Vermögen

Kapitel 10
Rechtsbehelfe und Rechtsmittel

Teil 5
Übungsklausur

Teil 1
Ansprüche außergerichtlich einfordern

Hat eine Partei eine Forderung gegen eine andere Partei, ist es immer sinnvoll, zunächst zu versuchen, eine außergerichtliche Klärung der Angelegenheit herbeizuführen. Hierzu wird der Rechtsanwalt im Regelfall damit beauftragt, ein sog. „anwaltliches Aufforderungsschreiben" zu verfassen.

Übungsfall 1:

Sie sind Auszubildende in Ihrer Kanzlei, die vorwiegend Arztpraxen bei der Durchsetzung von offenen Forderungen gegen deren Patienten vertritt. In der Eingangspost vom 28.03.2018 befindet sich ein neuer Betreibungsauftrag der Praxis Zahnarzt B., der darum bittet, eine Forderung gegen den Patienten Norbert R. in Höhe von 711,90 € zzgl. gesetzlicher Zinsen, auf Grund einer zahnärztlichen Behandlung am 02.10.2017 zunächst außergerichtlich geltend zu machen. Die Rechnung Nr. PZ 346/2017 datiert ebenfalls auf den 02.10.2017. Mit Schreiben vom 24.11.2017 wurde der Patient unter Fristsetzung bis zum 11.12.2017 erfolglos von Zahnarzt B. gemahnt.

1. **Stellen Sie die Informationen zusammen, die Sie für die Anfertigung eines anwaltlichen Aufforderungsschreibens benötigen.**
2. **Formulieren Sie das Aufforderungsschreiben einschließlich des Kostenerstattungsanspruchs. Gesetzliche Bestimmungen sind lediglich bei der Kostenberechnung mit anzugeben.**

Lösungsvorschlag:

1. Man benötigt folgende Informationen, um ein anwaltliches Aufforderungsschreiben zu fertigen:
   - den Namen oder die Firma des Auftraggebers,
   - den Forderungsgrund; handelt es sich um einen Vertrag, ist dieser unter konkreter Darlegung des Vertragsgegenstands und des Datums des Vertragsschlusses anzugeben,
   - wenn Zinsen geltend gemacht werden, eine Zinsberechnung unter Darlegung der zu verzinsenden Forderung, des Zinssatzes und des Zeitraums, für den die Zinsen berechnet werden,
   - wenn ein Zinssatz über dem gesetzlichen Verzugszinssatz geltend gemacht wird, einen gesonderten Hinweis hierauf und die Angabe, auf Grund welcher Umstände der erhöhte Zinssatz gefordert wird,

- wenn eine Inkassovergütung oder sonstige Inkassokosten geltend gemacht werden, eine Angabe zu deren Art, Höhe und Entstehungsgrund,

- wenn mit der Inkassovergütung Umsatzsteuerbeträge geltend gemacht werden, eine Erklärung, dass der Auftraggeber diese Beträge nicht als Vorsteuer abziehen kann.

2. Vorschlag zur Formulierung und Gestaltung eines fachkundlichen Textes

(Formulierungshilfe Nr. 1 – anwaltliches Aufforderungsschreiben):

Briefkopf Ihrer Kanzlei

28. März 2018

Bezeichnung der Angelegenheit und kanzleiinternes Aktenzeichen
hier: letzte außergerichtliche Zahlungsaufforderung

Sehr geehrter Herr R.,

in der vorbezeichneten Angelegenheit zeigen wir Ihnen unter Vorlage der Vollmacht an, dass wir Zahnarzt B., Adresse, anwaltlich vertreten. Grund unserer Beauftragung ist folgender:

Am 01.10.2017 wurden Sie durch unseren Mandanten zahnärztlich behandelt. Unser Mandant hat die erbrachte Leistung am 02.10.2017 mit Rechnung Nr. PZ 346/2017 abgerechnet. Trotz Mahnung vom 24.11.2017 und Fristsetzung bis zum 11.12.2017 haben Sie keine Zahlung geleistet.

Ausweislich der uns vorliegenden Unterlagen sind Sie mit folgenden Zahlungen in Verzug:

Zahnärztliche Leistung gemäß Rechnung *PZ 346/2017 vom 02.10.2017*	*€ 711,90*
zuzüglich Zinsen (5 Prozentpunkte jährlich *über Basiszinssatz vom 12.12.2017 bis* *28.03.2017; siehe dazu im Einzelnen die* *beiliegende Forderungsaufstellung)*	*€ 8,72*
Zwischensumme	*€ 720,62*

Da Sie durch Ihr Verhalten unsere Inanspruchnahme veranlasst haben, haben Sie auch den unserem Mandanten entstandenen Verzugsschaden, unsere Anwaltsvergütung, zu tragen. Diese betragen:

§§ 2, 13 Abs. 1, 14 Abs. 1 RVG i.V.m. Nr. 2300 VV RVG	*€ 104,00*
Post- und Telekommunikationspauschale Nr. 7002 VV RVG	*€ 20,00*
Zwischensumme	*€ 124,00*
19 % Umsatzsteuer Nr. 7008 VV RVG	*€ 23,56*
	€ 147,56

Unser Mandant ist nicht berechtigt, die geltend gemachte Umsatzsteuer als Vorsteuer abzuziehen.

Namens und im Auftrag unserer Mandanten fordern wir Sie letztmals auf, den Gesamtbetrag in Höhe von

€ 868,13

zzgl. weiterer täglicher Zinsen von € 0,08

ab dem 29. März 2018

bis spätestens zum

13. April 2018

auf unser Bankkonto bei der HypoVereinsbank, IBAN: DE_____, zur Gutschrift zu bringen.

Beachten Sie bitte, dass die fristgerechte und vollständige Bezahlung des offen stehenden Betrages in Ihrem eigenen Interesse liegt, da wir nach fruchtlosem Ablauf dieser Frist unserem Mandanten anraten werden, gerichtlich gegen Sie vorzugehen. Die sich hieraus ergebenden weiteren Kosten gehen dann selbstverständlich ebenfalls zu Ihren Lasten.

Mit freundlichen Grüßen

Unterschrift RA

Anlage

Forderungsaufstellung
Vollmacht

Hinweis: Anfoderungen zum Inhalt von Aufforderungsschreiben gegenüber Verbrauchern siehe auch § 43d BRAO.

Teil 2
Gerichtliches Mahnverfahren

1. Das automatisierte Mahnverfahren

Bleibt das außergerichtliche Aufforderungsschreiben ohne Erfolg, so ist als kostengünstiges und schnelles Verfahren die Beantragung eines gerichtlichen Mahnbescheids eine Möglichkeit, die Forderung gerichtlich beizutreiben.

Kanzleien sind verpflichtet, wenn sie für ihre Mandanten einen Mahnbescheid beantragen, diesen in elektronisch lesbarer Form einzureichen, § 690 Abs. 3 S. 2 ZPO. Das sogenannte automatisierte Mahnverfahren ist in allen Bundesländern eingeführt worden. Es wird über die Zentralen Mahngerichte der Länder abgewickelt.

Übungsfall 2:

In Ihrer Kanzlei soll ein Mahnbescheid beantragt werden. Sie haben erfahren, dass Rechtsanwälte einen Mahnbescheidsantrag in maschinell lesbarer Form bei Gericht einreichen müssen. Ihr Chef fragt Sie, welche Möglichkeiten es denn gibt, einen Mahnbescheid in elektronisch lesbarer Form auszufüllen und einzureichen.

Überlegen Sie drei Möglichkeiten

1. auf welche Art und Weise ein Mahnbescheid erstellt werden kann

2. ein Mahnbescheid an das Gericht übermittelt werden kann.

Die Angabe von Paragraphen ist nicht erforderlich.

Lösungsvorschlag:

1.

Ein Mahnbescheid kann z.B. erstellt werden:

- mittels Barcode-Antrag, welcher über www.online-mahnantrag.de aufgerufen, ausgefüllt und ausgedruckt werden kann
- als Online-Mahnantrag über das interaktive Mahnantragsformular unter www.online-mahnantrag.de
- über eine Branchen-Software
- in Papierform; ein entsprechendes Formular ist im Schreibwarenhandel erhältlich, welches für die maschinelle Bearbeitung bei den Amtsgerichten geeignet ist (dies gilt aber nicht für Anwaltskanzleien!)

Hinweis: Rechtsanwälte und die in § 10 Abs. 1 S. 1 Nr. 1 des Rechtsdienstleistungsgesetzes registrierten Personen dürfen die Papierform nicht verwenden. Sie müssen einen maschinell lesbaren Antrag einreichen, § 690 Abs. 3 ZPO. Im Übrigen müssen Sie auch nur drei Stichpunkte angeben, wenn nach dreien gefragt ist.

2.

Übermittelt werden kann der Antrag z.B.

- als online-Mahnantrag mittels beA oder
  Nutzung eines für den elektronischen Rechtsverkehr geeigneten Drittproduktes (z.B. Governikus Communicator Justiz Edition); bei letzterem ist zwingend eine qualifizierte elektronische Signatur anzuringen.
- durch elektronischen Datenaustausch (EDA). Der elektronische Datenaustausch (EDA) kommt für Antragsteller und Prozessbevollmächtigte mit EDV-Anlagen/PC in Betracht, die Datensätze in vorgegebener Form zur Übermittlung über das Internet erstellen
- per Post beim Barcorde-Antrag

Tipp: Unter **www.online-mahnantrag.de** findet man zusätzlich weitere wichtige Informationen zum Mahnverfahren.

Übungsfall 3:

Sie unterhalten sich in der Kanzlei mit Ihrer Auszubildenden, was am Vortag in der Berufsschule durchgenommen wurde. Ihre Auszubildende erzählt Ihnen, dass über das Mahnverfahren gesprochen wurde. Hierbei spricht sie immer wieder von „Kläger" und „Beklagter".

Worauf weisen Sie, unter Angabe einer gesetzlichen Bestimmung, Ihre Auszubildende hin?

Lösungsvorschlag:

Ich weise sie darauf hin, dass gem. §§ 688 ff. ZPO im Mahnverfahren die Parteien als Antragsteller und Antragsgegner bezeichnet werden.

Übungsfall 4:

Die Auszubildende in Ihrer Kanzlei fragt Sie, warum man eigentlich überhaupt ein Mahnverfahren einleiten soll. Man könne doch genauso gut eine Klage einreichen. Sie nennen Ihrer Auszubildenden 5 Vorteile, die die Einreichung eines Mahnverfahrens gegenüber einem Klageverfahren hat (ohne Angabe von gesetzlichen Bestimmungen) und bitten die Auszubildende, diese Vorteile nochmals schriftlich festzuhalten. Helfen Sie der Auszubildenden bei der Erstellung dieser Liste.

Lösungsvorschlag:

Das Mahnverfahren hat 5 Vorteile für den Gläubiger:

1. es ist ein rein schriftliches Verfahren, d.h. es findet kein Gerichtstermin statt
2. das Mahnverfahren unterliegt nicht dem Anwaltszwang, d.h. man kann den Antrag als Partei selbst bei Gericht einreichen oder der Antrag kann zu Protokoll der Geschäftsstelle erklärt werden,

3. es ist kostengünstiger; da die Gerichtskosten niedriger sind (ergänzender Hinweis aus dem Kostenrecht: der Antragsteller muss an Gerichtskosten nur eine 0,5 Verfahrensgebühr (mind. jedoch 32,00 €) einzahlen, Nr. 1100 KV GKG, im Klageverfahren wären es 3,0 Verfahrensgebühren, Nr. 1211 KV GKG),

4. bereits nach sehr kurzer Zeit kann ein zur Zwangsvollstreckung (ZV) geeigneter Titel – nämlich der Vollstreckungsbescheid – erlassen werden,

5. es findet keine Prüfung statt, d.h. der Rechtspfleger prüft nicht, ob der geltend gemachte Anspruch tatsächlich besteht.

Hinweis: Sofern in der Aufgabe eine bestimmte Zahl vorgegeben ist (hier 5 Vorteile), sollten Sie auch lediglich diese Zahl lösen, da weitere mögliche Vorteile, die über die Anzahl 5 hinausgehen zu keiner besseren Bewertung führen. Natürlich könnten aber noch weitere Antworten sinnvoll sein, z.B. die Tatsache, dass die Bearbeitung schneller erfolgt, weil man nur ein Formular ausfüllen muss oder die Möglichkeit der komfortablen elektronischen Einreichung.

Übungsfall 5:

Sie gehen am Schreibtisch Ihrer Auszubildenden vorbei, die gerade den Auftrag bekommen hat, einen Mahnbescheid zu beantragen. Sie sehen, dass sie gerade dabei ist, ein Vollmachtsformular zur Absendung an den Mandanten vorzubereiten.
Worüber klären Sie Ihre Auszubildende auf?

Lösungsvorschlag:

Die Vorlage einer Vollmacht ist im Mahnverfahren gem. § 703 ZPO nicht erforderlich.

2. Allgemeine und besondere Zulässigkeitsvoraussetzungen

Im Mahnverfahren sind allgemeine und besondere Zulässigkeitsvoraussetzungen zu beachten. Sie übergeben Ihrer Auszubildenden ein Hinweisblatt, auf dem die folgenden Daten enthalten sind:

Allgemeine Zulassungsvoraussetzungen für das Mahnverfahren:
- gemäß § 50 Abs. 1 ZPO müssen sowohl der Antragsteller als auch der Antragsgegner parteifähig sein,
- gemäß §§ 51 Abs. 1 ZPO und 52 ZPO müssen die Parteien prozessfähig sein,
- der Rechtsweg muss gem. § 13 GVG zulässig sein und
- es muss ein Rechtsschutzbedürfnis vorliegen.

Besondere Zulässigkeitsvoraussetzungen für das Mahnverfahren
- der Anspruch muss die Zahlung einer bestimmten Geldsumme in Euro zum Gegenstand haben,
- bei Ansprüchen eines Unternehmens aus einem Verbraucherdarlehen darf der anzugebende effektive Jahreszins den bei Vertragsschluss geltenden Basiszinssatz nach § 247 des Bürgerlichen Gesetzbuchs um mehr als zwölf Prozentpunkte nicht übersteigen,

- der Zahlungsanspruch muss fällig sein oder während der Widerspruchsfrist fällig werden,
- eine öffentliche Zustellung eines Mahnbescheides ist nicht zulässig,
- es darf kein Zug-um-Zug-Verhältnis bestehen (Ausnahme: die Gegenleistung ist bereits erbracht worden).
- Müsste der Mahnbescheid im Ausland zugestellt werden, so findet das Mahnverfahren nur insoweit statt, als das Anerkennungs- und Vollstreckungsausführungsgesetz in der Fassung der Bekanntmachung vom 30. November 2015 (BGBl. I S. 2146) und das Auslandsunterhaltsgesetz vom 23. Mai 2011 (BGBl. I S. 898), das zuletzt durch Artikel 5 des Gesetzes vom 20. November 2015 (BGBl. I S. 2018) geändert worden ist, dies vorsehen oder die Zustellung in einem Mitgliedstaat der Europäischen Union erfolgen soll.
- es besteht Formularzwang.

Übungsfall 6:

Ihre Ausbilderin möchte, dass Sie den nachstehenden Fall anhand dieser Auflistung lösen, um festzustellen, ob Sie diese stichpunktartige Aufstellung richtig deuten und bereits kleinere Aufgaben übernehmen können. Eine Angabe von gesetzlichen Bestimmungen ist nicht erforderlich.

Der Mandant Reinhold K. beauftragt Ihre Kanzlei mit der Beantragung eines Mahnbescheids gegen seinen Freund Anton M. Er hat sich – zur Gestaltung eines romantischen Abends mit seiner neuen Flamme – einen antiken Tisch mit zwei Stühlen bei Herrn K. ausgeliehen und trotz mehrfacher Aufforderung nicht wieder zurückgegeben.

1. Recherchieren Sie, ob ein Mahnverfahren in diesem Fall überhaupt möglich ist. Die Angabe der gesetzlichen Bestimmungen ist nicht erforderlich.

2. Teilen Sie Ihr Ergebnis Herrn K. in einer Email mit.

Lösungsvorschlag:

1.

Es ist eine besondere Zulässigkeitsvoraussetzung im Mahnverfahren, dass nur Zahlungsansprüche geltend gemacht werden können, die die Zahlung einer bestimmten Geldsumme in EURO zum Gegenstand haben. Gegenstände – wie hier wertvolle Möbel – können demnach nicht mit einem Mahnbescheid geltend gemacht werden; hier wäre der Klageweg zu wählen.

2.

Sehr geehrter Herr K.,

Sie baten uns, gegen Herrn Anton M. einen Mahnbescheid wegen der Herausgabe von Möbeln zu beantragen. Dies ist nicht möglich, da im Mahnverfahren nur Zahlungsansprüche, die die Zahlung einer bestimmten Geldsumme in EURO zum Gegenstand haben, geltend gemacht werden können, § 688 Abs. 1 ZPO. Sie müssten zur Durchsetzung Ihres Anspruchs eine Klage auf Herausgabe beim zuständigen Zivilgericht einreichen. Gerne werden wir für Sie auch in einem solchen Klageverfahren tätig. Wenn Sie uns einen entsprechenden Auftrag erteilen möchten, bitten wir um entsprechende Weisung sowie Übermittlung der anliegenden von uns bereits vorbereiteten und von Ihnen unterzeichneten Prozessvollmacht.

Mit freundlichen Grüßen

Unterschrift RA

Hinweis: Die Aufgabe ist mit der obigen Antwort gelöst. In der Praxis würde man aber vielleicht dem Mandanten schon noch etwas mehr schreiben. Sie könnten hier den Brief z.B. wie folgt fortsetzen:

Sollten Sie zudem über irgendwelche Nachweise verfügen, mit denen wir den Leihvertrag beweisen können, bitten wir um entsprechende Informationen. Hierzu wären insbesondere folgende Angaben hilfreich:

1. Gibt es über die Leihe Korrespondenz irgendwelcher Art, wie z.B. E-Mail-Verkehr, WhatsApp-Nachrichten oder ähnliches?

2. Gibt es für die Leihe bzw. Abholung in Ihrem Haus Zeugen? Wenn ja, benötigen wir Namen und Anschrift.

3. Lassen Sie uns bitte sämtliche Korrespondenz zukommen, die Sie über die Sache haben, insbesondere auch Ihre Aufforderung zur Rückgabe.

4. Gibt es einen Nachweis über den Wert der geliehenen Möbel? Falls ja, bitte auch diesen einreichen.

Sobald Sie uns die entsprechenden Informationen und Vollmacht zukommen lassen, werden wir die Klage entwerfen. Da sich Herr M. nach Ihren Angaben bereits seit langem mit der Rückgabe in Verzug befindet, sehen wir keinen Anlass, hier noch außergerichtlich tätig zu werden und würden die Klage kurzfristig vorbereiten.

Mit freundlichen Grüßen

Unterschrift RA

3. Zuständigkeit

Ohne Rücksicht auf den Streitwert ist gem. § 689 Abs. 1 ZPO **sachlich** ausschließlich das Amtsgericht zuständig.

Örtlich zuständig ist gem. § 689 Abs. 2 S. 1 ZPO ausschließlich das Amtsgericht, bei dem der **Antragsteller** seinen allgemeinen Gerichtsstand hat. Jedes Bundesland hat ein für dieses Bundesland zuständiges Zentrales Mahngericht für die Bearbeitung der Mahn- und Vollstreckungsbescheide berufen.

Prüfungstipp: Beachten Sie bitte, dass in Prüfungen häufig in der Fragestellung nach sachlicher und örtlicher Zuständigkeit gefragt wird. Hier sollten Sie genau antworten. Wird die sachliche Zuständigkeit gefragt, müssen Sie keine Ausführungen zur örtlichen Zuständigkeit machen und umgekehrt. Sie verlieren nur Zeit und es gibt keine Punkte. Wenn beides beantwortet werden muss, dann sollte dies gut zugeordnet geschehen.

Übungsfall 7:

Sie wollen einen Mahnbescheid in einem bestimmten Bundesland beantragen und sind sich unsicher, welches Zentrale Mahngericht zuständig ist.

Wo bekommen Sie diese Informationen schnell und einfach her?

Lösungsvorschlag:

Alle Zentralen Mahngerichte und deren Zuordnung zu den einzelnen Bundesländern können über das Portal www.mahngerichte.de **unter der Rubrik „Mahngerichte"** abgerufen werden.

Hinweis: Für Hessen ist z.B. das Amtsgericht Hünfeld als Zentrales Mahngericht zuständig.

Übungsfall 8:

Die Auszubildende Julia legt Ihnen einen ausgedruckten Barcode-Antrag auf Erlass eines Mahnbescheides vor. Der Antragsteller, Andy Mc Donald, lebt in London, der Antragsgegner, Timo Schulze, lebt in München. Die Auszubildende Julia sagt Ihnen, dass sie vorhat, den Antrag auf Erlass eines Mahnbescheids beim Amtsgericht Coburg als zentrales Mahngericht in Bayern, einzureichen:

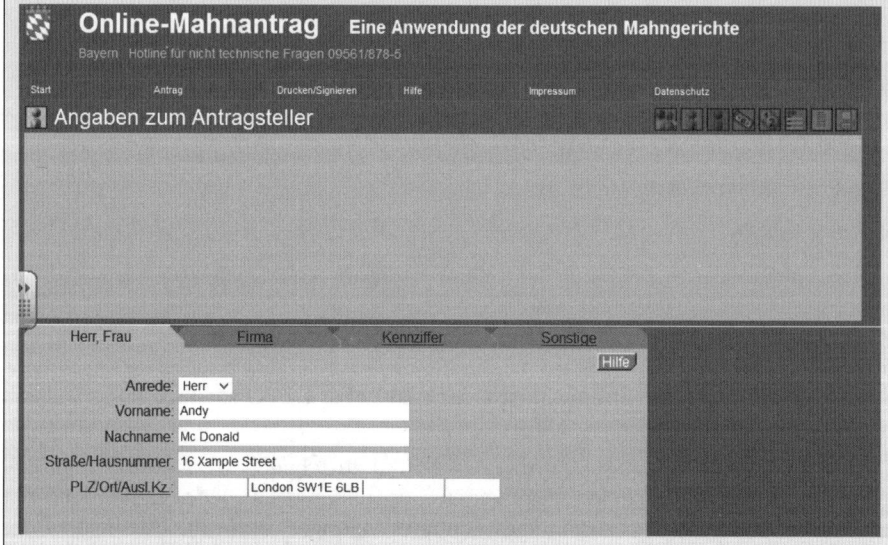

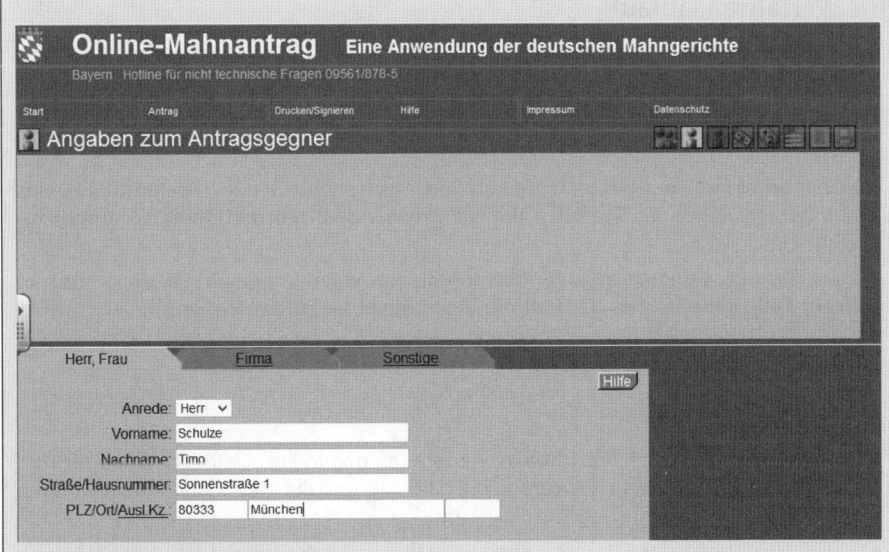

Kontrollieren Sie den Entwurf vor der Einreichung. Was erklären Sie nach der Kontrolle Ihrer Auszubildenden Julia?

Lösungsvorschlag:

Das Amtsgericht in Coburg ist örtlich nicht zuständig, weil sich die örtliche Zuständigkeit des Amtsgerichts ausschließlich nach dem allgemeinen Gerichtsstand des Antragstellers richtet (§ 689 Abs. 2 S. 1 ZPO), der in diesem Fall im Ausland lebt. Der Sitz oder Wohnsitz des Antragsgegners, der in diesem Fall im Inland in München lebt, spielt keine Rolle.

Hat der Antragsteller seinen Sitz oder Wohnsitz außerhalb der Bundesrepublik Deutschland ist das Amtsgericht Wedding in Berlin gem. § 689 Abs. 2 S. 2 ZPO ausschließlich zuständig.

Die **funktionelle** Zuständigkeit liegt beim Rechtspfleger.

Wird ein Mahnbescheid an ein an sich unzuständiges Gericht eingereicht, leitet dieses den Antrag an das entsprechend zuständige Gericht weiter. Jedoch hat der Eingang beim falschen Gericht keine fristwahrende Wirkung (z.B. bei Verjährungshemmung, § 204 Abs. 1 Nr. 3 BGB i.V.m. § 167 ZPO). Fristwahrend ist der Mahnbescheid erst dann eingegangen, wenn er beim tatsächlich zuständigen Gericht eingeht.

4. Verfahrensablauf

Das Mahnverfahren beginnt mit dem Mahnantrag.

Übungsfall 9:

Ihr Chef bittet Sie, ein Merkblatt zu erstellen, aus welcher sich die Bestandteile eines Mahnantrages ergeben. Sie sollen die entsprechenden Informationen zusammenzutragen.

Zählen Sie auf, welchen zwingenden Inhalt der Mahnantrag haben muss und an welcher Fundstelle im Gesetz man die Regelungen hierzu finden kann.

Lösungsvorschlag:

Merkblatt „Der Mahnantrag"

Zur Betreibung des Mahnverfahrens werden Informationen benötigt, ohne die ein Mahnantrag nicht einreicht werden kann. Die Mussinhalte des Mahnantrages finden sich in § 690 Abs. 1 Nr. 1–5 ZPO. Diese sind:

- die Bezeichnung der Parteien, ihrer gesetzlichen Vertreter und der Prozessbevollmächtigten,
- die Bezeichnung des Gerichts, bei dem der Antrag gestellt wird,
- die Bezeichnung des Anspruchs unter bestimmter Angabe der verlangten Leistung, wobei die Haupt- und die Nebenforderungen gesondert und einzeln zu bezeichnen sind, bei Ansprüchen aus Verbraucherdarlehen muss auch das Datum des Vertragsschlusses und der effektive Jahreszins angegeben werden,
- die Erklärung, dass der Anspruch nicht von einer Gegenleistung abhängt oder dass die Gegenleistung bereits erbracht ist,
- die Bezeichnung des Gerichts, das für ein streitiges Verfahren zuständig ist.

Außerdem: Der Antrag auf Erlass eines Mahnbescheids muss vom Antragsteller oder dessen Prozessbevollmächtigtem handschriftlich unterzeichnet werden. Mit der Unterschrift übernimmt der Anwalt die Verantwortung für den Inhalt des Antrags. Bei der elektronischen Übermittlung geschieht dies z.B. durch Versendung mittels Anbringung einer einfachen elektronischen Signatur (Angabe des vollständigen Namens) und Versendung durch das beA (besonderes elektronisches Anwaltspostfach), welches einen sicheren Übermittlungsweg darstellt, durch den Postfachinhaber selbst oder z.B. mittels Governikus Communicator mit einer qualifizierten elektronischen Signatur.

Wenn der Antrag auf Erlass eines Mahnbescheids bei Gericht eingeht, wird dieser zunächst registriert und mit einer 11-stelligen Geschäftsnummer versehen, die sich wie folgt gliedert:

Z.B. Registernummer: 18-1837654-0-3

Die 18 bildet die Jahreszahl (hier 2018).

Die folgende 7-stellige Nr. ist fortlaufend und beginnt in jedem Jahr mit -0000001. Bei der folgenden „0" handelt es sich um die Kennzeichnung des Antragsgegners. Sind z.B. zwei Antragsgegner vorhanden, hat der erste die Nr. 1 und der zweite die Nr. 2.

Die Nr. „0" wird nur dann vergeben, wenn es lediglich einen Antragsgegner gibt. Die Schlussziffer ist eine Prüfziffer des Gerichts, um Erfassungsfehler zu vermeiden.

Übungsfall 10:

Sie haben vor kurzem einen Mahnbescheid beantragt. Heute erfolgte die Zustellungsmitteilung des Mahnbescheids mittels Briefpost. Ihr Chef legt Ihnen diese vor und ist etwas irritiert, dass der Geschäftsnummer des Gerichts ein „N" angefügt wurde.

Was erklären Sie ihm hierzu?

Lösungsvorschlag:

Ist der Geschäftsnummer ein „N" angefügt worden, bedeutet das, dass der Mahnbescheid z.B. durch den Rechtspfleger oder aus technischen Gründen von der maschinellen Bearbeitung ausgenommen wurde. Dieses Verfahren wird dann auf herkömmliche Art und Weise als sog. „Nicht"-EDV-Fall bearbeitet. Die Vordrucke für Folgeanträge, die sich hieraus ergeben (z.B. der Widerspruch) sind dann oben rechts mit einer schwarzen Ecke gekennzeichnet, damit diese dann bei der Bearbeitung schneller aussortiert werden können.

Sind alle Voraussetzungen erfüllt und der Mahnbescheid wird erlassen, so hat er gem. § 692 Abs. 1 ZPO folgende Bestandteile:

- alle Bestandteile gem. § 690 Abs. 1 ZPO (siehe oben),
- den Hinweis, dass das Gericht nicht geprüft hat, ob dem Antragsteller der geltend gemachte Anspruch zusteht (d.h. keine Schlüssigkeitsprüfung),
  a) wenn der Antragsgegner die Forderung anerkennt: die Aufforderung, innerhalb von zwei Wochen seit der Zustellung des Mahnbescheids den geforderten Anspruch nebst Zinsen und Kosten zu begleichen,
  b) wenn der Antragsgegner die Forderung nicht anerkennt: die Aufforderung, innerhalb von zwei Wochen Widerspruch gegen die geltend gemachte Forderung zu erheben,
- den Hinweis, dass ein zur Zwangsvollstreckung geeigneter Titel ergehen wird (der Vollstreckungsbescheid), wenn der Antragsgegner nicht innerhalb der Frist den geltend gemachten Anspruch bezahlt oder der geltend gemachten Forderung nicht widerspricht,
- den Hinweis, dass ein Widerspruch auf einem entsprechenden Formular einzureichen ist,
- die Ankündigung, an welches Gericht die Sache abgegeben wird, falls tatsächlich Widerspruch erhoben wird und das Verfahren in das streitige Verfahren übergeht.

Übungsfall 11:

Ihre Auszubildende findet das Mahnverfahren toll und fragt, ob man denn auch mit Problemen rechnen muss. Sie sind gerade mit einer wichtigen Fristsache beschäftigt und haben keine Zeit mit Ihrer Auszubildenden dieses Thema zu besprechen. Sie bitten Sie daher, schon einmal die Zurückweisungsgründe im Gesetz herauszusuchen, damit Sie später mit Ihr darüber in Ruhe sprechen können, wenn etwas mehr Zeit ist. Die Aufzählung soll nur stichpunktartig erfolgen.

Welche Aufzählung – mit gesetzlichen Bestimmungen – wird die Auszubildende Ihnen vorlegen?

Lösungsvorschlag:

Ein Mahnantrag ist vom zuständigen Gericht zurückzuweisen, wenn:

- der Antrag unzulässig ist, weil er den Vorgaben des § 688 ZPO nicht entspricht,
- wenn die Zuständigkeit gem. § 689 ZPO nicht beachtet wurde,
- wenn die Muss-Inhalte des § 690 ZPO nicht angegeben worden sind,
- wenn die vorgegebenen Formulare gem. § 703 c Abs. 2 ZPO nicht verwendet wurden sowie
- wenn der Mahnbescheid nur wegen eines Teiles des Anspruchs nicht erlassen werden kann (siehe § 691 Abs. 1 Nr. 2 ZPO).

Die Zustellung des Mahnbescheids an den Antragsgegner erfolgt gem. § 693 ZPO von Amts wegen. Der Antragsteller wird von der durchgeführten Zustellung mit genauem Zustellungsdatum benachrichtigt.

Aufpassen: Die Zustellung des Mahnbescheids durch öffentliche Bekanntmachung ist gem. § 688 Abs. 2 Nr. 3 ZPO unzulässig.

Aber: Der Vollstreckungsbescheid kann öffentlich zugestellt werden.

Übungsfall 12:

Sie betreuen in den Osterferien eine Schülerin, die ein Schnupperpraktikum macht, und erklären ihr den Ablauf des Mahnverfahrens. Die Praktikantin möchte wissen, wie es denn weitergehen kann, wenn der Mahnbescheid zugestellt wurde.

Zählen Sie der Praktikantin drei Möglichkeiten auf, wie es nach der Zustellung des Mahnbescheids weitergehen könnte – ohne Angabe von gesetzlichen Bestimmungen.

Lösungsvorschlag:

1. Der Antragsgegner bezahlt.
2. Der Antragsgegner erhebt Widerspruch. Das streitige Verfahren wird durchgeführt, wenn eine Partei dies nach § 696 Abs. 1 ZPO beantragt. Die kann auch schon im Mahnbescheidsantrag erfolgen. Ohne einen Antrag auf Durchführung des streitigen Verfahrens findet dieses nicht statt. Die Einzahlung der weiteren Gerichtskosten stellt einen konkludenten Antrag auf Durchführung des streitigen Verfahrens dar. **Fehlt ein Antrag** auf Durchführung des streitigen Verfahrens, so tritt ein **Verfahrensstillstand** ein. Die **Akten** werden **nach sechs Monaten** beim Mahngericht **weggelegt**.

3. Der Antragsgegner meldet sich gar nicht. Dann kann zwei Wochen nach Zustellung des Mahnbescheids der Antrag auf Erlass eines Vollstreckungsbescheids gestellt werden.

Erläuterung: Natürlich könnten auch noch andere Möglichkeiten aufgezeigt werden. Denn es könnte auch zu einer Rücknahme des Mahnantrags kommen, wenn sich die Zahlung des Gegners und der Antrag gekreuzt haben und der Antragsgegner sich bereit erklärt, die Kosten des Mahnverfahrens zu zahlen, weil er in Verzug war. Auch könnte der Antragsgegner nicht nur Widerspruch erheben, sondern selbst die Durchführung des streitigen Verfahrens beantragen. Dies sind aber eher Sonderfälle. Die gängigen drei Möglichkeiten, wie die Sache weitergeht, sind im Lösungsvorschlag aufgeführt.

Wie es dann im Mahnverfahren weitergeht, entscheidet sich danach, ob der Antragsgegner tatsächlich Widerspruch erhebt oder nicht.

Wenn kein Widerspruch erfolgt:

Der Antragsteller kann nach Ablauf der Widerspruchsfrist gem. § 699 Abs. 1 ZPO einen Antrag auf Erlass eines Vollstreckungsbescheids stellen. Eine Antragstellung vor Ablauf der Widerspruchsfrist führt zur Unwirksamkeit des Antrags.

Übungsfall 13:

Sie beantragen derzeit sämtliche in der Kanzlei anfallenden Mahnbescheide und kümmern sich um alle damit verbundenen Tätigkeiten. In Sachen Britta G. gegen Simon K. beantragen Sie am 24.01.2018 einen Mahnbescheid über eine Forderung in Höhe von 1.680,70 €. Einige Tage darauf erhalten Sie die Zustellnachricht des zuständigen Amtsgerichts, dass der Mahnbescheid an Simon K. am 31.01.2018 ordnungsgemäß zugestellt worden ist.

Was ist von Ihnen zu veranlassen?

Lösungsvorschlag:

Zunächst ist zu berechnen, wann ein Antrag auf Erlass eines Vollstreckungsbescheides gestellt werden kann.

Die im Antrag angegebene zweiwöchige Mindestfrist für die Einlegung eines eventuellen Widerspruchs beginnt gem. §§ 187 Abs. 1 BGB, 222 Abs. 1, 694 Abs. 1 ZPO am 25.01.2018 zu laufen und endet gem. §§ 188 Abs. 2 BGB, 222 Abs. 1 ZPO am 07.02.2018. Frühestens ab 08.02.2018 kann der Vollstreckungsbescheid beantragt werden.

Dann ist eine entsprechende Wiedervorlage mit einem Wiedervorlagengrund am 08.02.2018 zu erfassen.

Übungsfall 14:

Was könnte passieren, wenn Simon K. verspätet erst am 05.03.2018 Widerspruch erhebt? Wenn es mehrere Möglichkeiten gibt, beschreiben Sie diese ohne Angabe von gesetzlichen Bestimmungen!

Lösungsvorschlag:

Erhebt Simon K. verspätet am 05.03.2018 Widerspruch, ist dieser Widerspruch dann immer noch rechtzeitig eingegangen, wenn der Vollstreckungsbescheid vom Rechtspfleger/ Urkundsbeamten der Geschäftsstelle noch nicht unterschrieben und in den Geschäftsgang gegeben ist. Sollte dies jedoch der Fall sein, wird der Widerspruch als Einspruch gegen den Vollstreckungsbescheid gewertet. Simon K. würde hierüber vom Gericht informiert werden. Sofern der Antragsteller bereits mit dem Mahnantrag die Durchführung des streitigen Verfahrens beantragt hat, wird die Sache an das Streitgericht abgegeben.

Der Antrag auf Erlass eines Vollstreckungsbescheids muss die Erklärung enthalten, ob der Antragsgegner zwischenzeitlich Zahlungen geleistet hat oder nicht. Hat der Antragsgegner Teilzahlungen geleistet, sind diese ihrer Höhe nach zu bezeichnen. Über den verbleibenden Restbetrag wird dann ein Teil-Vollstreckungsbescheid erlassen.

Übungsfall 15:

Die Mandantin Katrin O. kommt zu Ihnen in die Kanzlei und möchte einen Mahnbescheid in Höhe von 843,90 € zuzüglich Zinsen und Kosten gegen Jochen P. beantragen. Nach ordnungsgemäßer Zustellung erhalten Sie einen Teilwiderspruch von Jochen P. wegen einer Summe von 187,50 €.

Natürlich möchte Katrin O. den nicht widersprochenen Teil so schnell als möglich erhalten – was wäre zu veranlassen?

Lösungsvorschlag:

Wegen des restlichen Anspruchs (also der Differenz aus beiden Beträgen) in Höhe von 656,40 € kann nach Ablauf der 2-Wochen-Frist ab Zustellung des Mahnbescheides nun ein Teilvollstreckungsbescheid beantragt werden.

Hinweis: Hinsichtlich des widersprochenen Betrages in Höhe von 187,50 € könnte das streitige Verfahren durchgeführt werden. Hierzu sind weitere Gerichtskosten einzuzahlen und der Anspruch zu begründen.

Die Zustellung des Vollstreckungsbescheides erfolgt von Amts wegen. Zustellungsorgan ist hierbei die Post per Postzustellungsurkunde. Auf Verlangen des Antragstellers ist die Zustellung im Parteibetrieb möglich. Zustellungsorgan ist dann der Gerichtsvollzieher.

Wenn Widerspruch erhoben wurde:

Übungsfall 16:

Die Schülerin, die ein Praktikum macht, ist sehr interessiert am Mahnverfahren und möchte hierzu weitere Informationen von Ihnen haben. Sie hat zwischenzeitlich mitbekommen, dass sich der Antragsgegner gegen den Mahnbescheid wehren kann.

Erläutern Sie Ihr unter Angabe der gesetzlichen Bestimmungen, welche Möglichkeit der Antragsgegner hat und welche Besonderheiten bei Auslandszustellungen zu beachten sind.

Lösungsvorschlag:

Der Antragsgegner hat die Möglichkeit innerhalb von mindestens 2 Wochen ab Zustellung des Mahnbescheides Widerspruch einzulegen, § 692 Abs. 1 Nr. 3 ZPO. Eine Widerspruchseinlegung darüber hinaus möglich, solange der Vollstreckungsbescheid noch nicht verfügt ist, § 694 Abs. 1 ZPO. Ein verspäteter Widerspruch wird als Einspruch gegen den Vollstreckungsbescheid gewertet, § 694 Abs. 2 ZPO.

Die Besonderheit bei Auslandszustellungen liegt darin, dass sich die Frist im Vergleich zum „Regelfall" verlängert:

- 1 Monat bei Auslandszustellung gem. § 32 Abs. 3 AVAG (Anerkennungs- und Vollstreckungsausführungsgesetz).

Der Widerspruch ist schriftlich oder zu Protokoll der Geschäftsstelle zu erheben. Es besteht kein Formzwang!

Achtung: Ab dem 01.01.2020 besteht für Rechtsanwälte und Rechtsdienstleister gem. § 10 Rechtsdienstleistungsgesetz die Pflicht, auch Widersprüche in maschinenlesbarer Form einzureichen. Ab 01.01.2018 müssen der Antrag auf Neuzustellung eines Vollstreckungsbescheides, der Vollstreckungsbescheid und der Antrag auf Neuzustellung eines Mahnbescheides ebenfalls in maschinenlesbarer Form von Anwälten eingereicht werden!

Aha: Es ist keine Begründung des Widerspruchs notwendig.

Der Antragsteller wird vom Gericht gem. § 695 ZPO von der Erhebung des Widerspruchs informiert.

Übungsfall 17:

In der Mahnsache Erwin K. ./. Giesela M. hat Giesela M. Widerspruch gegen den Mahnbescheid eingelegt.

1. **Fassen Sie in kurzen Worten zusammen, wie das Verfahren nach Einlegung des Widerspruchs weitergeht, sofern der Antragsteller die Abgabe des Verfahrens an das Streitgericht verlangt hat. Geben Sie auch die entsprechende Vorschrift an.**

2. **Was würde denn passieren, wenn der Antragsgegner seinen Widerspruch wieder zurücknehmen würde, nachdem die Sache bereits an das Streitgericht abgegeben wurde?**

Lösungsvorschlag:

1.

Hat der Antragsteller im Falle des Widerspruchs die Abgabe des Verfahrens an das Streitgericht verlangt, geht das Verfahren nun gem. § 696 Abs. 1 ZPO in das streitige Verfahren über und wird dem im Antrag bezeichneten Streitgericht zugestellt. Mit Eingang der Akten beim Streitgericht gilt der Rechtsstreit als dort anhängig. Die Parteien werden ab dem Zeitpunkt als Kläger und Beklagter bezeichnet und es wird ein Zivilprozess geführt.

2.

Nimmt der Antragsgegner nach Abgabe der Sache an das Streitgericht seinen Widerspruch zurück, lebt das Mahnverfahren wieder auf und der Antragsteller kann einen Vollstreckungsbescheid beantragen.

Aber: Der Antrag auf Durchführung des streitigen Verfahrens kann gem. § 696 Abs. 4 ZPO bis zum Beginn der mündlichen Verhandlung des Antragsgegners zur Hauptsache zurückgenommen werden.

Folge: Mit der Zurücknahme ist die Streitsache als nicht rechtshängig geworden anzusehen. D.h. der Anspruch kann zu einem späteren Zeitpunkt erneut geltend gemacht werden.

Übungsfall 18:

Ihre Auszubildende legt Ihnen einen ausgedruckten Barcode-Antrag vor und bittet Sie, da noch einmal drüber zu schauen. Gegenstand des Mahnbescheids ist eine Kaufpreisforderung der Sauber & Gut GmbH gegen Herrn Zinn.

1. Was fällt Ihnen auf bzw. worauf machen Sie Ihre Auszubildende aufmerksam?

2. Was würde passieren, wenn der Antrag dennoch so versandt wird?

Anworten Sie jeweils ohne Angabe von gesetzlichen Bestimmungen.

Abweichender Mehrwertsteuersatz:

    ☑ Der Antragsteller ist **nicht** zum Vorsteuerabzug berechtigt.

    ☐ Der Prozessbevollmächtigte ist von der Zahlung von Umsatzsteuer befreit.

Beauftragungsdatum: **02.01.2018**

Funktion: **Rechtsanwalt**
Name/Bezeichnung: **Max Mustermann**
Straße: **Ringstraße 3**
PLZ/Ort/Nation: **80331 München**

Antragsteller

1. Antragsteller   [bearbeiten]

Rechtsform: **GmbH**
Name: **Sauber & Gut GmbH**
Straße: **Meisterweg 34**
PLZ/Ort/Nation: **80335 München**

1. Gesetzlicher Vertreter   [bearbeiten]

Funktion: **Geschäftsführerin**
Name: **Andreas Gut**
Straße: **Meisterstraße 34**
PLZ/Ort/Nation: **80333 München**

Antragsgegner

1. Antragsgegner   [bearbeiten]

Anrede: **Herr**
Vorname: **Bernd**
Nachname: **Zinn**
Straße: **Kolonialstraße 7**
PLZ/Ort/Nation: **73525 Schwäbisch Gmünd**

Prozessgericht   [bearbeiten]

Anschrift: **Amtsgericht Schwäbisch Gmünd**
73525 Schwäbisch Gmünd

Lösungshinweise:

1.

Auf Seite 2 des Mahnantrages sind drei Fehler unterlaufen.

(1) Da es sich um eine Kaufpreisforderung handelt, ist die Antragstellerin sehr wohl vorsteuerabzugsberechtigt. Dies ist zu korrigieren.

(2) Beim gesetzlichen Vertreter der Antragstellerin ist folgendes zu prüfen:

- Handelt es sich um einen Herrn oder eine Frau? Demgemäß ist die Funktion Geschäftsführer/Geschäftsführerin zu korrigieren.
- Der Vorname ist dann ebenfalls entsprechend zu korrigieren (Andreas/Andrea).

(3) Bei der Anschrift des gesetzlichen Vertreters der Antragstellerin und der Antragstellerin selbst ist zu prüfen:

Welche Straßenbezeichnung ist die richtige (Meisterweg/Meisterstraße)? Dies ist entsprechend zu korrigieren.

2.

Diese Fehler würden durch ein schriftliches Monierungsschreiben des Gerichts gerügt werden. Die Fehler wären dann innerhalb der vom Gericht gesetzten Frist zu korrigieren

---

Übungsfall 19:

Die Auszubildende Monika erzählt, dass sie ein Telefonat des Chefs mitgehört habe, in welchem er von der Möglichkeit der „Rücknahme des Mahnbescheids" sprach. Sie fragt sie, ob es denn dann ausreichen würde, jetzt bei Gericht anzurufen und telefonisch mitzuteilen, dass der Antrag zurückgenommen wird.

Was antworten Sie ihr (ohne Angabe von gesetzlichen Bestimmungen)?

Lösungsvorschlag:

Die Rücknahme des Mahnbescheids muss in jedem Fall schriftlich erfolgen.

Erläuterung: Dies kann maschinell (z.B. über das beA) geschehen, alternativ per Fax oder per Post.

Übungsfall 20:

Der Mahnbescheid in Sachen Gerhard Meier, Angererstr. 34, 80331 München gegen Sybille Klarwitter, Luisenkopf 5, 70173 Stuttgart wegen einer Forderung in Höhe von 785,50 € wurde antragsgemäß unter dem Aktenzeichen 18-1869836-0-3 vom Zentralen Mahngericht Coburg erlassen und entsprechend an Frau Klarwitter zugestellt. Die Widerspruchsfrist ist am 15.01.2018 abgelaufen, ohne dass eine Reaktion von Frau Klarwitter erfolgt ist.

Prüfen Sie, was zu veranlassen ist, um das Mahnverfahren fortzuführen unter Angabe der gesetzlichen Bestimmungen.

Lösungsvorschlag:

Nach Ablauf der Widerspruchsfrist kann ab dem 16.01.2018 beim Zentralen Mahnge-richt Coburg der Antrag auf Erlass eines Vollstreckungsbescheides gestellt werden. Im Antrag ist zu erklären, dass die Schuldnerin keine Zahlung geleistet hat, § 699 Abs. 1 S. 1, 2 ZPO.

Erläuterung:

Für den Antrag auf Erlass eines Vollstreckungsbescheides ist zwingend der amtliche For-mularvordruck zu verwenden. Seit 01.01.2018 besteht für Rechtsanwälte darüber hin-aus die Pflicht, diesen Antrag in maschinell lesbarer Form einzureichen, § 702 ZPO. Ein Antrag auf Erlass eines Vollstreckungsbescheides kann erstellt werden:

- mittels Barcode-Antrag, welcher über www.online-mahnantrag.de aufgerufen, ausge-füllt und ausgedruckt werden kann
- als Online-Vollstreckungsbescheidsantrag über das interaktive Mahnantragsformular unter www.online-mahnantrag.de
- über eine Branchen-Software
- in Papierform, ein entsprechendes Formular ist im Schreibwarenhandel erhältlich, welches für die maschinelle Bearbeitung bei den Amtsgerichten geeignet ist (dies gilt nicht für Anwaltskanzleien und die in § 10 Abs. 1 S. 1 Nr. 1 des Rechtsdienstleistungs-gesetzes registrierte Personen.

Aufpassen: Gemäß § 700 Abs. 1 ZPO steht der Vollstreckungsbescheid einem für vorläufig vollstreckbar erklärten Versäumnisurteil gleich.

Übungsfall 21:

Ihr Mandant Gerhard Meier ruft zu obigem Übungsfall 20 an und fragt Sie, welche Möglichkeiten es gibt, wie nun das Verfahren weiter gehen kann.

Recherchieren Sie zwei Möglichkeiten, wie das Verfahren nach Beantragung des Vollstreckungsbescheids weitergehen könnte (ohne Angabe von gesetzlichen Be-stimmungen).

Lösungsvorschlag:

1. Frau Klarwitter bezahlt die Forderung.
2. Frau Klarwitter legt Einspruch gegen den Vollstreckungsbescheid ein. Sollte dies der Fall sein, wird das Verfahren an das im Antrag angegebene Streitgericht abgegeben. Es wird dann eine Frist bestimmt, innerhalb derer der Anspruch begründet werden muss. Würde die Anspruchsbegründung rechtzeitig eingehen, würde wie nach Eingang einer Klage weiter verfahren werden. Geht die Anspruchsbegründung nicht rechtzeitig ein und wird darüber hinaus der Einspruch auch nicht als unzulässig verworfen, würde der Richter unverzüglich einen Termin anberaumen.
3. Es ergeht ein Vollstreckungsbescheid. Hiergegen könnte die Schuldnerin noch inner-halb einer Frist von 2 Wochen ab Zustellung Einspruch einlegen. Ein Vollstreckungs-bescheid ist jedoch vorläufig vollstreckbar, so dass sofort Zwangsvollstreckungsmaß-nahmen eingeleitet werden können.

Hinweis: Der Lösungsvorschlag zeigt drei Möglichkeiten auf, um Ihnen die Alterna-tiven aufzuzeigen. In der Prüfung sollten Sie nur die geforderten zwei Wege darlegen, ansonsten verlieren Sie Zeit und zusätzliche Punkte gibt es nicht.

Hoppla: Wurde kein Widerspruch gegen den Mahnbescheid erhoben und wird nicht gem. § 701 ZPO innerhalb von 6 Monaten nach Zustellung des Mahnbescheids der Vollstreckungsbescheid beantragt, verliert der Mahnbescheid seine Wirkung. D.h. es ist erneut ein Antrag auf Erlass eines Mahnbescheids zu stellen.

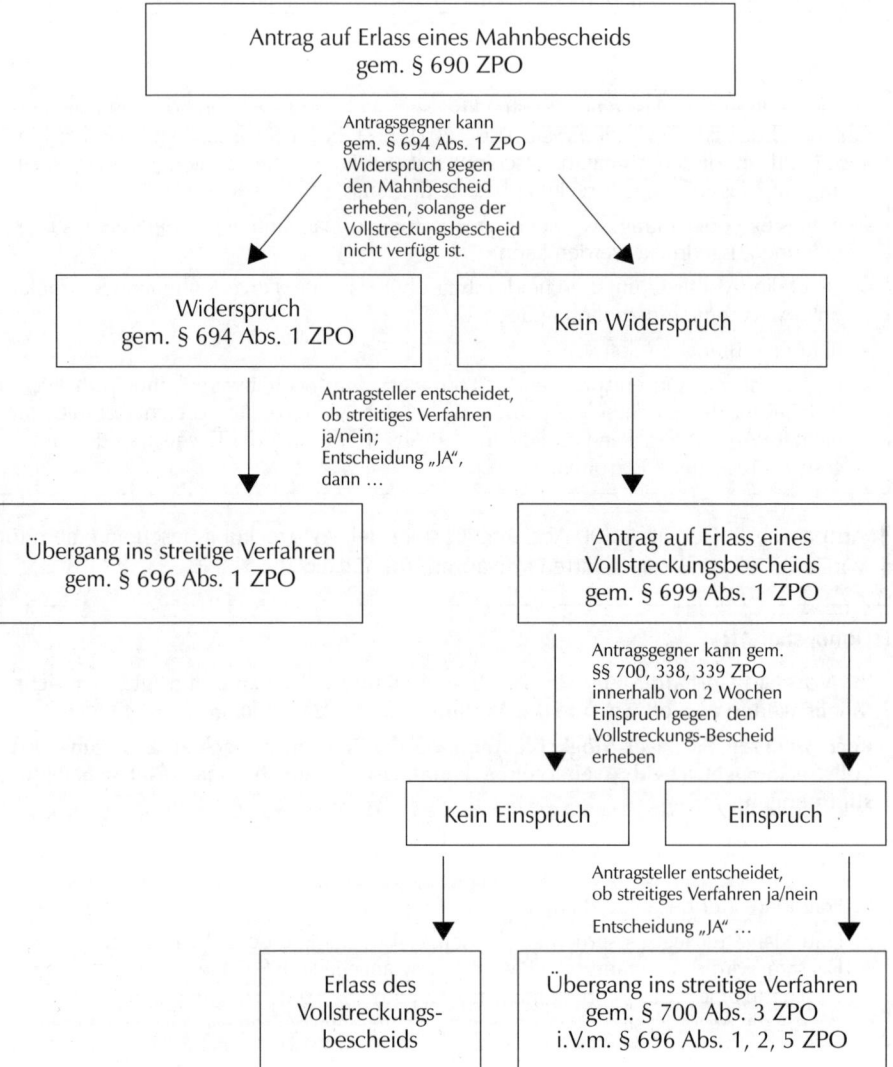

Teil 3
Zivilprozessverfahren

Kapitel 1
Zuständigkeit der Gerichte im Zivilprozess

1. Die Gerichtsbarkeiten – Rechtswege

Es gibt viele unterschiedliche Gerichte in Deutschland. Damit man die Klage nicht beim falschen Gericht einreicht, ist es wichtig zu wissen, in welchen Fällen welche Gerichte sachlich zuständig sind.

> **Beispiel:**
>
> Die Auszubildende Ihrer Kanzlei ist ganz aufgeregt und zeigt Ihnen einen Posteingang des Verwaltungsgerichts München. Das Verwaltungsgericht München weist in einer Verfügung darauf hin, dass es sich für die Klage wegen Zahlung des Restwerklohns eines Bauunternehmers für nicht zuständig hält, und die Klage verwerfen will, sofern der Kläger keinen Verweisungsantrag an das Zivilgericht stellt. Die Klage wurde tatsächlich beim falschen Gericht eingereicht.
>
> Die Einreichung einer Klage beim sachlich unzuständigen Gericht ist gegenüber einem Mandanten sehr peinlich. Die erste Aufgabe vor Einreichung einer Klage ist daher immer, zu prüfen, welches Gericht sachlich hierfür zuständig ist. Darüber hinaus ist es auch wichtig, die Klage beim richtigen Gericht einzureichen, um unnötige Kosten, die durch die Einreichung beim falschen Gericht entstehen können, zu vermeiden. Sind für die Klageeinreichung Fristen einzuhalten, könnte es sich ebenfalls nachteilig auswirken, wenn die Klage beim falschen Gericht eingereicht wird.

Man unterscheidet

- die ordentliche (§ 13 GVG) und
- die besondere Gerichtsbarkeit.

Die ordentliche Gerichtsbarkeit wird gem. § 13 GVG unterteilt in die bürgerlichen Rechtsstreitigkeiten, die Familiensachen und die Angelegenheiten der freiwilligen Gerichtsbarkeit (ZPO- und FamFG-Sachen = Zivilsachen) sowie die Strafsachen.

Die **besondere Gerichtsbarkeit** betrifft z.B.

- die Arbeitsgerichtssachen, hier sind z.B. das Arbeitsgericht, Landesarbeitsgericht, Bundesarbeitsgericht, zuständig (ArbGG)
- Sozialgerichtssachen (SGG)
- Finanzgerichtssachen (FGO)
- Verwaltungsgerichtssachen (VwGO)

- Verfassungsgerichtsbarkeit (BVerfGG)
- Patentgerichtsbarkeit (PatG)

Hat der Mandant ein Rechtsproblem und das Problem kann außergerichtlich nicht mehr gelöst werden, ist eine Klage erforderlich. Vor Klageeinreichung ist immer zu prüfen, welche Gerichtsbarkeit gegeben ist.

Übungsfall 1:

Erstellen Sie für die Kanzlei eine Tabelle, aus der sich ergibt, welche Gerichtsbarkeit maßgeblich ist.

Klage/Antrag	Gerichtsbarkeit
Klage auf Erteilung einer Baugenehmigung	
Einklagen einer Geldforderung	
Ehescheidungsantrag	
Klage auf Zahlung von Arbeitslohn	
Klage auf Bewilligung einer Kur	
Klage auf Feststellung des Bestehens eines Mietverhältnisses	
Klage auf Erteilung einer Baugenehmigung	
Kündigungsschutzklage eines Arbeitnehmers	
Klage auf Übernahme von Heilbehandlungskosten wegen eines Arbeitsunfalls gegen die Berufsgenossenschaft	
Klage auf Rückabwicklung eines Hauskaufvertrags	
Klage auf Zahlung des anwaltlichen Honorars	
Klage gegen die Festsetzung der Höhe der Einkommensteuer	
Verfassungsbeschwerde wegen Verstoßes gegen Grundrechte	

Lösungsvorschlag:

Klage/Antrag	Gerichtsbarkeit
Klage auf Erteilung einer Baugenehmigung	Verwaltungsgerichtsbarkeit
Einklagen einer Geldforderung	Zivilgerichtsbarkeit
Ehescheidungsantrag	Zivilgerichtsbarkeit
Klage auf Zahlung von Arbeitslohn	Arbeitsgerichtsbarkeit
Klage auf Bewilligung einer Kur	Sozialgerichtsbarkeit
Klage auf Feststellung des Bestehens eines Mietverhältnisses	Zivilgerichtsbarkeit

Klage auf Erteilung einer Baugenehmigung	Verwaltungsgerichtsbarkeit
Kündigungsschutzklage eines Arbeitnehmers	Arbeitsgerichtsbarkeit
Klage auf Übernahme von Heilbehandlungskosten wegen eines Arbeitsunfalls gegen die Berufsgenossenschaft	Sozialgerichtsbarkeit
Klage auf Rückabwicklung eines Hauskaufvertrags	Zivilgerichtsbarkeit
Klage auf Zahlung des anwaltlichen Honorars	Zivilgerichtsbarkeit
Klage gegen die Festsetzung der Höhe der Einkommensteuer	Finanzgerichtsbarkeit
Verfassungsbeschwerde wegen Verstoßes gegen Grundrechte	Verfassungsgerichtsbarkeit

2. Die verschiedenen Zuständigkeiten im Zivilverfahren

Bei welchem Gericht ein Verfahren anhängig gemacht werden muss, entscheidet sich nach der **sachlichen** und **örtlichen** Zuständigkeit. Neben diesen beiden Zuständigkeiten gibt es noch die **funktionelle**.

Die **funktionelle** Zuständigkeit regelt, wer oder welche Abteilung eine Sache bei Gericht bearbeitet. So gibt es Aufgaben, die vom Richter, Rechtspfleger oder Urkundsbeamten der Geschäftsstelle erledigt werden. Für bestimmte Bereiche gibt es z.B. beim Amtsgericht Abteilungen – Registergericht – Vollstreckungsgericht – Familiengericht. Auch die Frage, welche Kammer (z.B. Kammer für Handelssachen, Zivilkammer etc.) eine Sache beim Landgericht bearbeitet, fällt unter die **funktionelle** Zuständigkeit.

Übungsfall 2:

Beim Erstellen einer Auflistung ist leider so einiges durcheinandergeraten. Sie finden nachfolgende Übersicht abgespeichert im PC. Da war wohl ein Spaßvogel am Werk. Nichts scheint zu stimmen. Bitte korrigieren Sie die Übersicht, so dass die korrekten Register zugeordnet werden:

Eintragung eines Vereins	–	**Gewerberegister**
Anmeldung einer GmbH	–	**Schuldnerverzeichnis**
Anmeldung einer OHG	–	**Vorsorgeregister**
Eintragung einer Partnerschaft	–	**Güterrechtsregister**
Eintragung einer Genossenschaft	–	**Grundbuch**
Anmeldung eines Gewerbes	–	**Vereinsregister**
Eintragung eines Eigentümers eines Hausgrundstücks	–	**Partnerschaftsregister**
Eintragung einer Gütergemeinschaft	–	**Handelsregister Abt. A**
Hinterlegung einer Vorsorgevollmacht	–	**Schuldnerverzeichnis**
Eintragung eines Schuldners	–	**Handelsregister Abt. B**

Lösungsvorschlag:

Eintragung eines Vereins	–	Vereinsregister
Anmeldung einer GmbH	–	Handelsregister Abt. B
Anmeldung einer OHG	–	Handelsregister Abt. A
Eintragung einer Partnerschaft	–	Partnerschaftsregister
Eintragung einer Genossenschaft	–	Genossenschaftsregister
Anmeldung eines Gewerbes	–	Gewerberegister
Eintragung eines Eigentümers eines Hausgrundstücks	–	Grundbuch
Eintragung einer Gütergemeinschaft	–	Güterrechtsregister
Hinterlegung einer Vorsorgevollmacht	–	Vorsorgeregister
Eintragung eines Schuldners	–	Schuldnerverzeichnis

Die funktionelle Zuständigkeit des Rechtspflegers ist im Rechtspflegergesetz geregelt. Dort finden sich auch gesetzliche Bestimmungen über die Geschäfte, die dem Richter vorbehalten sind.

Die Gerichte der **ordentlichen Gerichtsbarkeit** sind die Amtsgerichte (AG), Landgerichte (LG), Oberlandesgerichte (OLG), und der Bundesgerichtshof (BGH). Das Amtsgericht ist immer 1. Instanz, während das Landgericht 1. und 2. Instanz sein kann. Das Oberlandesgericht ist regelmäßig Berufungsinstanz. Der Bundesgerichtshof ist Revisionsinstanz. Das „Oberlandesgericht" des Landes Berlin heißt Kammergericht. Es ist das einzige OLG in Deutschland, das diesen Namen trägt. Der Begriff „Kammergericht" darf nicht verwechselt werden mit dem Begriff der „Kammer". Die Kammer ist die Bezeichnung für das Entscheidungsgremium (3 Richter) beim Landgericht. Beim OLG spricht man vom Senat.

Interessant: Die **sachliche** Zuständigkeit der Zivilgerichte ist im Gerichtsverfassungsgesetz (GVG) geregelt, § 1 ZPO. Hier ist geregelt, welches Gericht (Amts- oder Landgericht) z.B. für eine Klage zuständig ist.

Hinweis: Die **örtliche** Zuständigkeit der **Zivilgerichte** ist in der ZPO geregelt, § 12 ff. ZPO sowie für die Familiensachen und Angelegenheiten der freiwilligen Gerichtsbarkeit im FamFG. Man spricht bei der örtlichen Zuständigkeit auch vom sogenannten „Gerichtsstand" („**Wo** steht das Gericht?"). In den §§ 12 ff. ZPO ist z.B. geregelt, an welchem Gerichtsstand, d.h. wo eine Klage eingereicht werden kann oder muss.

3.   Sachliche Zuständigkeit der Zivilgerichte

3.1   Amtsgericht

§ 23 GVG regelt die **sachliche Zuständigkeit** der Amtsgerichte (Tipp: Jetzt § 23 GVG lesen!). Am Wichtigsten ist hier wohl die Tatsache zu nennen, dass Amtsgerichte sachlich zuständig sind für bürgerliche Streitigkeiten mit einem Wert bis zu 5.000,00 €.

Prüfungstipp: In Prüfungsaufgaben wird sehr gerne genau die Wertgrenze für einen Fall herangezogen. D.h. man sollte schon sehr genau wissen, dass eine Sache mit einem Wert bis einschließlich 5.000,00 € beim Amtsgericht verhandelt wird, eine Sache mit einem Wert ab 5.000,01 € aber dann schon beim Landgericht!

Daneben gibt es auch eine sachliche Zuständigkeit für bestimmte Sachen, die wertunabhängig sind. D.h. auch wenn der Wert deutlich über 5.000,00 € liegt, ist immer noch das Amtsgericht zuständig, so z.B. wenn es darum geht festzustellen, ob ein Mietverhältnis über Wohnraum besteht oder nicht besteht. Dabei ist es wichtig, Gesetze immer genau zu lesen. Das Wort „Wohnraum" kann man ja auch mal schnell „überlesen". Bei solchen Streitigkeiten ist das Amtsgericht auch noch zuständig, wenn der Wert z.B. auch 15.000,00 € beträgt. Man konzentriert sich nur auf das Wort „Mietsache" und schon hat man verloren, wenn es plötzlich um Geschäftsräume geht. Zu ärgerlich also, wenn man hier einen Flüchtigkeitsfehler macht, weil man sich beim Lesen nicht konzentriert hat. Das kostet in der Prüfung wertvolle Punkte.

Übungsfall 3:

Es soll eine Räumungsklage wegen einer Wohnung eingereicht werden. Die monatliche Miete beträgt 800,00 € inkl. Nebenkosten, die noch gesondert abgerechnet werden.

1. Wie hoch ist der Streitwert für diese Räumungsklage?

2. Welches Gericht ist sachlich zuständig?

Lösungsvorschlag:

1. Der Streitwert beträgt 12 × 800,00 € = 9.600,00 €, § 41 Abs. 2 GKG.

2. Das Amtsgericht ist unabhängig vom Wert des Streitgegenstands **ausschließlich** sachlich zuständig, § 23 Nr. 2a GVG.

Hinweis: In der Prüfung wird natürlich im Prüfungsbereich Vergütung und Kosten Frage 1 gestellt werden können; Frage 2 im Prüfungsbereich Rechtsanwendung im RA-Bereich. Hier erfolgt eine Gegenüberstellung, um zu zeigen, dass der Streitwert für ein Verfahren nicht gleichzusetzen ist mit dem Wert für die sachliche Zuständigkeit eines Gerichts oder Zulässigkeit eines Rechtsmittels. Letzteres ist eine rein verfahrensrechtliche Frage, die sich NIE mit dem Kostenrecht beantworten lässt. Der Wert für die sachliche Zuständigkeit würde hier gem. § 9 ZPO 3,5 × 800,00 € × 12 = 33.600,00 € betragen. Er spielt aber hier sowieso keine Rolle, da es um Wohnraum geht!

Nach § 23a GVG sind die **Amtsgerichte** neben den in § 23 GVG aufgeführten Angelegenheiten auch zuständig für:

- **Familiensachen**; § 23a Abs. 1 Nr. 1 GVG (hier ausschließlich!)
- **Angelegenheiten der freiwilligen Gerichtsbarkeit**, soweit nicht durch gesetzliche Vorschriften eine anderweitige Zuständigkeit begründet ist, § 23a Abs. 1 Nr. 2 GVG.

Was **Angelegenheiten der freiwilligen Gerichtsbarkeit sind**, regelt § 23a Abs. 2 GVG:

- Betreuungssachen, Unterbringungssachen sowie betreuungsgerichtliche Zuweisungssachen, § 23a Abs. 2 Nr. 1 GVG
- Nachlass- und Teilungssachen, § 23a Abs. 2 Nr. 2 GVG
- Registersachen, § 23a Abs. 2 Nr. 3 GVG
- unternehmensrechtliche Verfahren nach § 375 FamFG, § 23a Abs. 2 Nr. 4 GVG
- die weiteren Angelegenheiten der freiwilligen Gerichtsbarkeit nach § 410 FamFG, § 23a Abs. 2 Nr. 4 GVG

- Verfahren in Freiheitsentziehungssachen nach § 415 des Gesetzes über das Verfahren in Familiensachen und in den Angelegenheiten der freiwilligen Gerichtsbarkeit, § 23a Abs. 2 Nr. 6 GVG

- Aufgebotsverfahren, § 23a Abs. 2 Nr. 7 GVG

- Grundbuchsachen, § 23a Abs. 2 Nr. 8 GVG

- Verfahren nach § 1 Nr. 1 und 2 bis 6 des Gesetzes über das gerichtliche Verfahren in Landwirtschaftssachen, § 23a Abs. 2 Nr. 9 GVG

- Schiffsregistersachen § 23a Abs. 2 Nr. 10 GVG sowie

- sonstige Angelegenheiten der freiwilligen Gerichtsbarkeit, soweit sie durch Bundesgesetz den Gerichten zugewiesen sind, § 23a Abs. 2 Nr. 11 GVG.

Nanu: Das klingt aber seltsam: „Freiwillige Gerichtsbarkeit". Was ist denn damit gemeint? In Angelegenheiten der freiwilligen Gerichtsbarkeit kann das Gericht freiwillig, d.h. von sich aus tätig werden, ohne dass eine Person einen Antrag gestellt hat.

Beispiele:

Das Jugendamt informiert das Gericht über den Verdacht der Kindesmisshandlung. Der Richter kann nun im Rahmen des Amtsermittlungsgrundsatzes von sich aus Ermittlungen tätigen und ein Verfahren z.B. auf Entziehung des Sorgerechts einleiten.

Oder:

Ein Mensch ist verstorben und ein Abkömmling dieses Menschen beantragt nun die Erteilung eines Erbscheins. Das Gericht prüft von sich aus, ob es weitere Erben gibt, damit nicht der Erbschein für die falsche Person oder den Antragsteller allein ausgestellt wird, obwohl es mehrere Erben gibt.

Beim **Amtsgericht** erfolgt die Entscheidung immer durch Einzelrichter (Berufsrichter, § 22 Abs. 1 GVG). Hier sind **funktionell** verschiedene Abteilungen für bestimmte Vorgänge zuständig:

- das Nachlassgericht z.B. für Nachlasssachen

- das Registergericht für die Eintragung z.B. von Firmen im Handelsregister

- die allgemeine Zivilabteilung für Klagen bis zu einem Wert von 5.000,00 € oder sonstigen Verfahren, die den Amtsgerichten zugewiesen sind

- das Familiengericht z.B. für Scheidungsanträge oder auch Anträge auf Zahlung von Kindes- oder Ehegattenunterhalt

- das Betreuungsgericht, z.B. wenn die Anordnung einer Betreuung für einen Menschen erforderlich wird

- das Zentrale Mahngericht für gerichtliche Mahnverfahren

- das Vollstreckungsgericht z.B. für Anträge auf Erlass eines Pfändungs- und Überweisungsbeschlusses (z.B. Lohn- oder Kontenpfändung)

- das Grundbuchamt z.B. für die Eintragung einer Zwangssicherungshypothek auf einem Grundstück oder auch

- das Insolvenzgericht für die Durchführung von Insolvenzverfahren.

Hinweis: Das **Aktenzeichen** in 1. Instanz beinhaltet beim AG den Buchstaben **C**. Das kommt aus dem Lateinischen für „civis" (der Bürger).

Übungsfall 4:

Wählen Sie das jeweils richtige Gericht, ggf. mit entsprechender Abteilung für die nachstehenden Verfahren:

1. **Klage auf Zahlung einer Geldforderung i.H.v. 3.500,00 €**

2. **Scheidungsantrag**

3. **Antrag auf Erlass eines Mahnbescheides**

4. **Pfändung eines Kontoguthabens**

5. **Eintragung einer Personengesellschaft**

Lösungsvorschlag:

Wählen Sie das jeweils richtige Gericht, ggf. mit entsprechender Abteilung für die nachstehenden Verfahren:

1. Amtsgericht, Zivilabteilung

2. Amtsgericht, Familiengericht

3. Amtsgericht, Zentrales Mahngericht

4. Amtsgericht, Vollstreckungsgericht

5. Amtsgericht, Handelsregister A

Achtung: Nach § 5 ZPO werden für die Frage, welches Gericht sachlich zuständig ist, die Werte von Klage und Widerklage nicht addiert. Das kann im Kostenrecht anders sein, vgl. dazu § 45 Abs. 1 GKG, hier muss man also immer unterscheiden, nach welchem Bereich gefragt ist (Verfahrensrecht oder Kostenrecht?).

Beispiel:

Klageerhebung wegen eines Betrags in Höhe von 3.000,00 €; es erfolgt eine Widerklage wegen 4.000,00 €. Der Wert, aus dem sich Gerichtskosten und Anwaltsgebühren berechnen, beträgt 7.000,00 €. Allerdings bleibt das Amtsgericht sachlich weiter zuständig. Denn der Wert von Klage und Widerklage werden für die Frage der sachlichen Zuständigkeit nicht addiert, § 5 ZPO. Würde man wissen wollen, aus welchem Wert sich aber nun die Anwaltsgebühren berechnen, so kommt man wegen § 45 Abs. 1 GKG (Gerichtskostengesetz) auf 7.000,00 €.

Das Amtsgericht kann jedoch **nachträglich** sachlich unzuständig werden, wenn z.B. eine Widerklage eingereicht wird, die vom Wert her alleine (ohne den Wert der Klage) zur Zuständigkeit der Landgerichte gehört, § 506 ZPO.

Beispiel – Variante:

Klage wird beim Amtsgericht eingereicht, Wert: 3.000,00 €. Der Beklagte erhebt Widerklage in Höhe von 7.000,00 €. Das Amtsgericht verweist nun wegen **nachträglicher** sachlicher Unzuständigkeit die Sache an das Landgericht. Es verweist aber nicht, weil der Wert addiert würde, sondern weil hier der **Wert der Widerklage allein** die Zuständigkeit des Landgerichts begründet.

Übungsfall 5:

Ihre Kanzlei soll eine Klage wegen eines Betrags in Höhe von 5.000,00 € nebst Zinsen in Höhe von 5 Prozentpunkten über dem Basiszinssatz einreichen. Sie fertigen den Klageantrag im Entwurf und richten die Klage an das Amtsgericht. Den Entwurf übermitteln Sie an Ihren Mandanten mit der Bitte, Änderungs- oder Ergänzungswünsche noch mitzuteilen. Ihr Mandant ruft in der Kanzlei an und fragt, warum denn die Klage beim Amtsgericht eingereicht werden würde.

Erläutern Sie Ihrem Mandanten unter Angabe der gesetzlichen Bestimmungen, ob hier ein Fehler vorliegt, oder aber das Amtsgericht als korrektes Gericht angegeben ist.

Lösungsvorschlag:

Da eine Geldforderung in Höhe eines Betrages von genau 5.000,00 € geltend gemacht wird, ist das Amtsgericht hier sachlich zuständig, § 23 Nr. 1 GVG. Die hier geltend gemachten Zinsen sind Nebenforderungen, § 4 ZPO und daher nicht zu berücksichtigen. Die Klage wurde daher korrekt an das Amtsgericht adressiert.

Übungsfall 6:

Nur einen Monat später müssen Sie für denselben Mandanten eine Klage einreichen, bei der es um das Bestehen eines Mietverhältnisses über Wohnraum geht. Als Streitwert geben Sie bei der Klage einen Betrag in Höhe von 12.000,00 € an. Ihr Mandant meldet sich erneut telefonisch und ist nun völlig verwirrt, warum auch diese Klage an das Amtsgericht adressiert ist, da doch hier der Streitwert deutlich über 5.000,00 € liegt.

Was antworten Sie Ihrem Mandanten in Bezug auf die sachliche Zuständigkeit des Amtsgerichts? (mit Angabe von gesetzlichen Bestimmungen)

Lösungsvorschlag:

Ohne Rücksicht auf den Wert des Streitgegenstandes ist das Amtsgericht **ausschließlich** zuständig für Streitigkeiten über Ansprüche aus einem Mietverhältnis über Wohnraum, § 23 Nr. 2a GVG. (Obwohl der Wert hier also deutlich über 5.000,00 € liegt, ist das Amtsgericht zuständig.)

3.2   Landgericht, 1. Instanz

Das Landgericht kann sowohl in 1. Instanz als auch in 2. Instanz als Berufungsgericht zuständig sein.

Das **Landgericht** ist **sachlich** zuständig für

- vermögensrechtliche Streitigkeiten ab einem Wert von 5.000,01 € (1. Instanz), § 71 Abs. 1 GVG (und grundsätzlich alle bürgerlichen Rechtsstreitigkeiten, die nicht den Amtsgerichten zugewiesen sind;

- streitwertunabhängig für Ansprüche, unter anderem, die aufgrund der Beamtenge-setze gegen den Fiskus erhoben werden; Ansprüche gegen Richter und Beamte wg. Amtspflichtverletzungen, § 71 Abs. 2 GVG.

Interessant: Das Aktenzeichen in 1. Instanz beim LG beinhaltet den Buchstaben **O**.

Beim **Landgericht** erfolgt die Entscheidung durch eine sog. **Kammer** (3 Berufsrichter), §§ 60, 75 GVG. Es gibt aber auch die Möglichkeit, wenn die Sache z.B. keine beson-dere Schwierigkeit aufweist, die Rechtssache nicht von grundsätzlicher Bedeutung ist oder die Parteien dies übereinstimmend beantragen eine Entscheidung durch den Ein-zelrichter zu erhalten, vgl. dazu auch §§ 348 und 348a ZPO. Gibt es eine Sonderzu-ständigkeit der Kammer, entscheidet diese, so z.B. die Pressekammer, Urheberrechts-kammer, Kammer für Banken- und Kapitalmarktrecht und andere. Die Kammer für Handelssachen stellt eine weitere Besonderheit dar, da sie nicht mit drei Berufsrichtern sondern vielmehr neben einem Berufsrichter mit zwei Laienrichter besetzt ist. Liegen bestimmte Voraussetzungen vor, kann der Einzelrichter die Sache zur Entscheidung der Kammer vorlegen, § 348 ZPO.

Übungsfall 7:

Sie sollen eine von Ihrer Chefin diktierte Klage vorbereiten. Ihre Chefin diktiert die Anträge und Klagebegründung und bittet Sie, das zuständige Gericht für diese Klage zu ermitteln.

Sie prüfen den diktierten Antrag. Er lautet wie folgt:

„Der Beklagte wird verurteilt an den Kläger einen Betrag in Höhe von 8.325,00 € nebst Zinsen in Höhe von 5 Prozentpunkten über dem Basiszinssatz seit dem 10.01.2018 zu bezahlen."

Der Beklagte, dies entnehmen Sie dem Rubrum der Klage, wohnt in Köln.

Welches Gericht ist örtlich und sachlich zuständig?

Lösungsvorschlag:

Da der Wert des Streitgegenstandes 5.000,00 € übersteigt, ist hier sachlich das Landgericht zuständig, § 71 Abs. 1, § 23 Nr. 1 GVG. Örtlich ist das Landgericht Köln zuständig, vgl. dazu §§ 12, 13 ZPO, da der Beklagte in Köln seinen allgemei-nen Gerichtsstand hat, weil er dort wohnt.

Die **Kammer für Handelssachen** ist nach §§ 93–114 GVG (vgl. insbesondere § 95 GVG) zuständig für Handelssachen, Scheck- und Wechselsachen, Gesellschaftsrecht, Streitigkeiten des unlauteren Wettbewerbs, Marken- und Geschmacksmusterverfah-ren, Verfahren wg. Haftungsansprüchen gegen den Prokuristen, Seerechtverfahren (insbesondere Reedereirecht etc.).

Interessant: Verfahren vor dieser Kammer tragen das Aktenzeichen HK O.

Hinweis: Den Antrag, einen Rechtsstreit vor der Kammer für Handelssachen zu ver-handeln, stellt der Kläger bereits in der Klageschrift, § 96 GVG.

Übungsfall 8:

Sie sollen eine von Ihrer Chefin diktierte Klage vorbereiten. Ihre Chefin diktiert die Anträge und Klagebegründung und bittet Sie, das zuständige Gericht für diese Klage zu ermitteln.

Sie prüfen den diktierten Antrag. Er lautet wie folgt:

„Die Beklagte wird verurteilt an die Klägerin einen Betrag in Höhe von 18.005,00 € nebst Zinsen in Höhe von 5 Prozentpunkten über dem Basiszinssatz seit dem 10.01.2018 zu bezahlen."

Die Beklagte, dies entnehmen Sie dem Rubrum der Klage, ist die Fa. Beauty is ourduty GmbH mit Sitz in Köln. Die Klägerin, die Fa. Pimple Gone AG klagt auf Zahlung wg. Lieferung.

Welches Gericht und ggf. welche Abteilung des Gerichts ist sachlich zuständig, wenn die Klägerin dies entsprechend beantragt?

Lösungsvorschlag:

Da der Wert des Streitgegenstandes 5.000,00 € übersteigt, ist hier sachlich das Landgericht zuständig, § 71 Abs. 1, § 23 Nr. 1 GVG. Das Verfahren wird vor der Kammer für Handelssachen geführt werden, wenn die Klägerin dies beantragt, § 96 Abs. 1 GVG.

3.3   Landgericht, 2. Instanz

Das **Landgericht** ist **zweitinstanzlich** sachlich zuständig

- als Berufungsinstanz für Berufungen und Beschwerden gegen amtsgerichtliche Urteile und Beschlüsse, soweit nicht das OLG zuständig ist (z.B. Familiensachen gehen in 2. Instanz sogleich zum OLG), § 72 GVG

Das **Aktenzeichen** in 2. Instanz beim LG beinhaltet den Buchstaben **S.**

Übungsfall 9:

Sie erhalten im Posteingang ein Urteil des Landgerichts München I. Dieses trägt das Aktenzeichen 45 S 4567/18. Die Auszubildende soll Ihnen an diesem Tag beim Bearbeiten der Post zuschauen, damit sie lernen kann, was zu tun ist und welche Fristen zu notieren sind. Bei diesem Posteingang des Landgerichts München I ist die Auszubildende der Meinung, dass nun eine Berufungsfrist notiert werden muss. Was antworten Sie der Auszubildenden auf diesen Vorschlag hin? (ohne Angabe von gesetzlichen Bestimmungen)

Lösungsvorschlag:

Ich antworte, dass es sich bereits um ein Berufungsurteil handelt, was man am Aktenzeichen „S" sehen kann. Aus diesem Grund wäre daher nun zu prüfen, ob die Revision zugelassen worden ist, und eine Revisionsfrist notiert werden kann.

Übungsfall 10:

Ihre Kanzlei soll eine Klage auf Zahlung eines Schmerzensgeldes gegen die Regierung von Oberbayern in Höhe von 4.000,00 € einreichen. Ein verbeamteter Lehrer, so der Vorwurf der Klageseite hat seine Aufsichtspflicht verletzt. Aufgrund seines Verlassens des Klassenraums kam es dazu, dass einer der Schüler (Grundschule) von einem Mitschüler angegriffen und erheblich verletzt worden ist. Da das angreifende Kind als aggressiv und verhaltensauffällig bekannt war, so die Klägerseite, hätte die Lehrkraft das Klassenzimmer nicht verlassen dürfen. Ihre Mandanten haben die Klage zunächst beim Amtsgericht selbst eingereicht. Das Amtsgericht hat Ihre Mandanten darauf hingewiesen, dass es beabsichtigt die Klage als unzulässig zu verwerfen, da in diesem Fall das Landgericht zuständig sei. Die Mandanten suchen darauf hin Ihre Kanzlei auf. Was wird der Anwalt den Mandanten im Hinblick auf die Verfügung des Gerichts mitteilen? (Angabe von gesetzlichen Bestimmungen)

Lösungsvorschlag:

Da es sich vorliegend um Ansprüche handelt, die aufgrund einer Amtspflichtverletzung des Beamten gegen den Staat (Fiskus) erhoben werden, ist streitwertunabhängig das Landgericht zuständig, § 71 Abs. 2 Nr. 1 GVG. In derartigen Verfahren vor den Landgerichten besteht Anwaltszwang, § 78 Abs. 1 S. 1 ZPO.

3.4 Oberlandesgericht, 2. Instanz

Das **OLG** ist **zweitinstanzlich** in Zivilsachen nach § 119 GVG zuständig für:

- die Verhandlung und Entscheidung über die Rechtsmittel
- der Beschwerde gegen Entscheidungen der Amtsgerichte in den Familiensachen und Angelegenheiten der freiwilligen Gerichtsbarkeit (mit Ausnahme der Freiheitsentziehungssachen und der von den Betreuungsgerichten entschiedenen Sachen sowie
- der Berufung und der Beschwerde gegen Entscheidungen der Landgerichte

Das **Aktenzeichen** in 2. Instanz beim OLG beinhaltet den Buchstaben **U**.

Übungsfall 11:

Sie bearbeiten morgens in der Kanzlei den Posteingang. Plötzlich halten Sie eine Verfügung des Oberlandesgerichts München in der Hand. Das Oberlandesgericht München teilt hierin mit, dass es sich für die von der gegnerischen Kanzlei eingelegte Berufung sachlich nicht für zuständig hält und beabsichtigt, die Berufung im Beschlusswege zu verwerfen. Sie sind ganz aufgeregt. Das wäre ja sensationell, wenn die Gegenseite die Berufung bei einem falschen Gericht eingelegt hätte! Sofort ziehen Sie die entsprechende Akte bei und stellen fest, dass das Urteil der 1. Instanz in dieser Forderungssache vom Amtsgericht München kam.

1. Ist das Oberlandesgericht München sachlich für das Berufungsverfahren zuständig?

2. Welche Frist muss umgehend von der gegnerischen Kanzlei notiert werden, sobald diese die Verfügung des Gerichts erhält?

Lösungsvorschlag:

1.

Das Oberlandesgericht München ist sachlich nicht für das Berufungsverfahren zuständig. Sachlich zuständig ist vielmehr das Landgericht, § 72 GVG. (Örtlich wäre es das Landgericht München I, nach der örtlichen Zuständigkeit ist aber hier nicht gefragt).

2.

Die Gegenseite muss unverzüglich die Frist für den Antrag auf Wiedereinsetzung in den vorigen Stand notieren, denn nach Eingang der Verfügung des Oberlandesgerichts München hat die Gegenseite Kenntnis davon, dass das Rechtsmittel beim sachlich falschen Gericht eingereicht wurde. Die Frist für die Wiedereinsetzung beträgt hier 2 Wochen; die Frist beginnt mit der Beseitigung des Hindernisses (hier: Zustellung der Verfügung), § 234 Abs. 1 S. 1 u. Abs. 2 ZPO. Da mit dem Wiedereinsetzungsvertrag die versäumte Prozesshandlung nachzuholen ist, § 236 Abs. 2 S. 2 ZPO, ist gleichzeitig auch auf dasselbe Datum die Berufungsfrist zu notieren.

3.5   BGH, 3. Instanz

Der **Bundesgerichtshof** (BGH), Sitz: Karlsruhe, § 123 GVG; entscheidet durch Zivilsenate (5 Berufsrichter, §§ 130 Abs. 1, 139 Abs. 1 GVG) und ist gem. § 133 GVG zuständig für Entscheidungen über

- Revisionen
- Sprungrevisionen und
- Rechtsbeschwerden sowie
- Nichtzulassungsbeschwerden gegen die Nichtzulassung der Revision.

Im Übrigen entscheidet der BGH über die Zulassung einer Revision aufgrund einer Nichtzulassungsbeschwerde, § 544 Abs. 1 S. 2 > ZPO i.V.m. § 133 GVG.

Das Aktenzeichen in 3. Instanz beim BGH beinhaltet den Buchstaben **ZR** (bei Revisionen) und **ZB** (bei Rechtsbeschwerden).

Übungsfall 12:

Die Kanzlei, in der Sie arbeiten, hat ihren Sitz in Hamburg. In einem Verfahren vor dem OLG Hamburg hat Ihr Chef einen Prozess in 2. Instanz verloren. Der Mandant wurde bereits telefonisch und schriftlich informiert. Einige Tage später ruft er in Ihrer Kanzlei an und möchte nun doch das Zivilverfahren „in Karlsruhe" fortsetzen, nachdem das OLG Hamburg das entsprechende Rechtsmittel zugelassen hat. Er bittet Sie, alles Notwendige in die Wege zu leiten.

Was meint Ihr Mandant damit und was muss von Ihrer Kanzlei nun veranlasst werden? Nennen Sie 4 Stichpunkte (ohne Angabe von gesetzlichen Bestimmungen).

Lösungsvorschlag:

- Das Verfahren muss nun beim Bundesgerichtshof fortgesetzt werden.
- Es muss Revision eingelegt werden.
- Die Revision kann nur von einem Bundesgerichtshof zugelassenen Rechtsanwalt eingelegt werden.
- Die Kanzlei in Hamburg kann hier nur noch als Korrespondenz-Kanzlei (Verkehrsanwalts-Kanzlei) auftreten, nicht aber das Rechtsmittel einlegen.
- Die Kanzlei nimmt daher Kontakt mit einem BGH-Anwalt auf und übermittelt ihm das Urteil mit der Bitte, das Rechtsmittel fristgerecht einzulegen.
- Der Mandant ist auf die entstehenden Kosten hinzuweisen.

Prüfungstipp: Bei solchen Fragestellungen sind viele Antworten denkbar und richtig. Sie finden oben eine sinnvolle Auswahl. In der Regel werden auch andere sinnvolle Antworten entsprechend bewertet.

Übungsfall 13:

Ihr Chef bittet Sie, einen entsprechenden Brief zur Situation aus Übungsfall 12 an den Mandanten zu entwerfen.

Lösungsvorschlag:

Sehr geehrter Mandant,

ich komme zurück auf Ihren Anruf vom (Datum einsetzen). Sie baten darum, dass unsere Kanzlei für Sie Revision beim Bundesgerichtshof einlegt und wir Sie auch im Revisionsverfahren vertreten.

Wir weisen ausdrücklich darauf hin, dass für die Vertretung vor dem Bundesgerichtshof ausschließlich ein am Bundesgerichtshof zugelassener Rechtsanwalt auftreten und verhandeln darf. Wir sind daher aus rechtlichen Gründen nicht in der Lage, die Revision für Sie einzulegen. Es ist somit erforderlich, dass wir rechtzeitig einen Rechtsanwalt am Bundesgerichtshof mit der Einlegung des Rechtsmittels und seiner Begründung beauftragen.

Gehen Sie bitte davon aus, dass BGH-Anwälte regelmäßig nur gegen Vorschuss tätig werden.

Auch ist ein entsprechender BGH-Anwalt zur Übernahme des Mandats nicht verpflichtet, er entscheidet vielmehr nach Beurteilung der Sach- und Rechtslage selbst, ob er das Mandant annehmen möchte. Es ist daher zwingend erforderlich, dass wir rechtzeitig einen entsprechenden Anwalt beauftragen. Gerne können wir im Verfahren vor dem Bundesgerichtshof für Sie als sogenannte Korrespondenzanwälte auftreten und den Schriftverkehr mit den Kollegen aus Karlsruhe vermitteln. Hier entsteht allerdings eine gesonderte Gebühr, die sich nach dem Gegenstandswert berechnet und die voraussichtlich von Ihnen selbst zu tragen ist, da in der Regel eine Erstattungsfähigkeit der Verkehrsanwaltskosten ausscheidet.

Mit freundlichen Grüßen

Name Rechtsanwalt

Prüfungstipp: Es ist nicht leicht, solche Briefe zu entwerfen und zu wissen, worauf es ankommt. Dennoch ist das Formulieren fachkundlicher Texte ein ganz wesentlicher Bestandteil Ihrer Ausbildung und der neuen ReNoPat-AusbV. Für Korrektoren ist die Situation auch nicht leicht. Denn wie will man hier gerecht Punkte verteilen? Es wird daher nötig sein, im Lösungsvorschlag für die Korrektoren zwingend enthaltene Punkte vorzugeben, die zur Bepunktung führen. Der „Rest" ist „nice to have" und eine schöne Formulierung kann dann mit einer gewissen vorgegebenen Anzahl von Punkten zusätzlich bewertet werden. Häufig werden daher in Prüfungen konkrete Vorgaben gemacht, wie z.B. „Benennen Sie dabei 4 Stichpunkte ..." oder so ähnlich. Das ist sehr hilfreich für den Prüfling, der jetzt nicht mühsam grübeln muss, wieviel Stichpunkte er wohl angeben muss, um die volle Punktzahl zu erhalten.

Nach meiner Auffassung sollte Ihr Brief folgende Punkte enthalten:

- einen Hinweis auf die Notwendigkeit, einen BGH-Anwalt einzuschalten
- einen Hinweis, dass die Revision durch Ihre Kanzlei nicht eingelegt werden kann
- einen Hinweis, dass Ihre Kanzlei Korrespondenzanwalt sein könnte, dann aber voraussichtlich keine Erstattung dieser zusätzlichen Kosten erfolgt
- einen Hinweis darauf, dass die in Ihrer Kanzlei entstehenden Kosten sich nach dem Gegenstandswert berechnen (vgl. dazu auch § 49b Abs. 5 BRAO)
- einen Hinweis, dass Zeitdruck besteht, zügig einen zur Vertretung bereiten BGH-Anwalt zu finden. In manchen Kammerbezirken werden bei diesen fachkundlichen Texten Deutsch und DIN-Normen ebenfalls bewertet, wenn die Erstellung z.B. mittels PC erfolgt.

4. Örtliche Zuständigkeit in ZPO-Verfahren

Die **örtliche** Zuständigkeit – oder auch der **Gerichtsstand** – wird in den §§ 12 bis 40 ZPO geregelt. Das Gesetz unterscheidet zwischen dem **allgemeinen**, **besonderen**, **ausschließlichen** und **vertraglichen** Gerichtsstand.

§ 12 ZPO regelt, dass Klagen beim **allgemeinen Gerichtsstand** der **beklagten Partei** eingereicht werden. Der allgemeine Gerichtsstand richtet sich nach dem **Wohnsitz** einer Person, § 13 ZPO. Bei natürlichen Personen ist der Wohnsitz der Ort, an dem sich die Person ständig niederlässt, bei juristischen Personen (GmbH, AG usw.) ist der Sitz der Firma relevant, § 17 ZPO. Der allgemeine Gerichtsstand wohnsitzloser Personen wird durch den Aufenthaltsort im Inland und, wenn ein solcher nicht bekannt ist, durch den letzten Wohnsitz bestimmt, § 16 ZPO.

Neben dem allgemeinen Gerichtsstand gibt es noch den **ausschließlichen**, z.B.

- Mietsachen für Wohnraum, § 29a ZPO;
- Umweltsachen, § 32a ZPO;
- Haustürgeschäfte (für Klagen gegen den Verbraucher), § 29c ZPO;
- Mahnverfahren, § 689 Abs. 2 ZPO.

Ist für die Klage ein **ausschließlicher Gerichtsstand** vorgeschrieben, kann der Rechtsstreit **nicht** vor einem anderen Gericht geführt werden.

Die **besonderen** Gerichtsstände sind zum Beispiel der Gerichtsstand

- des Beschäftigungs- und Aufenthaltsortes, § 20 ZPO;
- der gewerblichen Niederlassung, § 21 ZPO;
- der Mitgliedschaft, § 22 ZPO;
- des Vermögens- und Streitgegenstandes, § 23 ZPO;
- der Erbschaft, § 27 ZPO;
- des Erfüllungsortes, § 29 Abs. 1 ZPO;
- der unerlaubten Handlung, § 32 ZPO;
- der Widerklage, § 33 ZPO usw.

Übungsfall 14:

In Ihrer Kanzlei ist es zum wiederholten Male vorgekommen, dass eine Klage beim allgemeinen Gerichtsstand des Beklagten eingereicht worden ist, obwohl ein besonderer Gerichtsstand gegeben und dieser sogar für den Mandanten günstiger gewesen wäre. Ihr Anwalt beauftragt Sie daher, eine Liste der besonderen Gerichtsstände zu erstellen, damit in Zukunft mit einem kurzen Blick festgestellt werden kann, ob es einen günstigeren Gerichtsstand gibt, den der Mandant für seine Klage wählen könnte. Nehmen Sie in diese Liste sieben besondere Gerichtsstände auf!

Lösungsvorschlag:

- Besondere Gerichtsstände sind z.B.
- Gerichtsstand des Beschäftigungs- und Aufenthaltsortes, § 20 ZPO,
- Gerichtsstand der gewerblichen Niederlassung, § 21 ZPO,
- Gerichtsstand der Mitgliedschaft, § 22 ZPO,
- Gerichtsstand der Erbschaft, § 27 ZPO,
- Gerichtsstand des Erfüllungsortes, § 29 Abs. 1 ZPO,
- Gerichtsstand der unerlaubten Handlung, § 32 ZPO,
- Gerichtsstand der Widerklage, § 33 ZPO,

Hinweis: Weitere sinnvolle Antworten sind möglich. Geben Sie jedoch nur die sieben geforderten Gerichtsstände an.

Sind **mehrere** Gerichte **örtlich zuständig**, hat der Kläger die **Wahl**, § 35 ZPO. Dies gilt nicht, wenn ein **ausschließlicher** Gerichtsstand gegeben ist. Dann gilt nur dieser.

Übungsfall 15:

Ihr Mandant Anton Huber hat einen Verkehrsunfall erlitten. Der Unfallgegner ist unter Missachtung der Vorfahrt in sein Auto gefahren. Der Unfall ereignete sich in München. An der Unfallstelle haben die Beteiligten ihre Adressen ausgetauscht. Der Mandant ruft in Ihrer Kanzlei an, und ist völlig aufgelöst, da sowohl der Unfallgegner in Hamburg lebt und auch dessen Haftpflichtversicherung ihren Sitz in Hamburg hat. Nun hat Ihr Mandant Angst, dass, wenn der Gegner bzw. seine Haftpflichtversicherung nicht freiwillig bezahlen, eine Klage in Hamburg eingereicht werden müsste und hier hohe Reisekosten auf ihn zukommen.
Was können Sie dem Mandanten im Hinblick auf diese Befürchtung sagen?

> **Lösungsvorschlag:**
>
> Die Klage auf Schadenersatz aus einem Verkehrsunfallgeschehen kann sowohl beim allgemeinen Gerichtsstand der Beklagten, d.h. an seinem Wohnsitz/bzw. Sitz, Hamburg, §§ 12, 13, 17 ZPO, eingereicht werden. Es besteht aber auch die Möglichkeit, die Klage am Ort der unerlaubten Handlung, somit München, einzureichen, § 32 ZPO. Der Ort der unerlaubten Handlung gilt als besonderer Gerichtsstand. Grundsätzlich hat der Kläger gemäß § 35 ZPO die Wahl. Ihr Mandant wird daher die Klage ohne weiteres in München einreichen können.

Darüber hinaus gibt es die Möglichkeit, einen Gerichtsstand vertraglich zu vereinbaren, § 38 ZPO.

Aber Achtung: Unwirksame und unzulässige Gerichtsstandsvereinbarung, § 40 ZPO:

(1) Die Vereinbarung hat keine rechtliche Wirkung, wenn sie nicht auf ein bestimmtes Rechtsverhältnis und die aus ihm entspringenden Rechtsstreitigkeiten sich bezieht.

(2) Eine Vereinbarung ist unzulässig, wenn

1. der Rechtsstreit nichtvermögensrechtliche Ansprüche betrifft, die den Amtsgerichten ohne Rücksicht auf den Wert des Streitgegenstandes zugewiesen sind, oder

2. für die Klage ein ausschließlicher Gerichtsstand begründet ist.

- **Voraussetzungen für eine Gerichtsstandsvereinbarung, § 38 Abs. 1 u. 2 ZPO**
- Parteien sind Kaufleute, juristische Personen öffentlichen Rechts oder öffentlich-rechtliches Sondervermögen
- oder mindestens eine Partei hat keinen allgemeinen Gerichtsstand im Inland
- schriftlich abgeschlossen oder bestätigt
- **Achtung:** Ist ein allgemeiner Gerichtsstand im Inland gegeben, dann ist dieser oder ein besonderer Gerichtsstand zu wählen.

Ausnahmen finden sich in § 38 Abs. 3 ZPO.

§ 38 Abs. 3 Nr. 1 ZPO: Die Streitigkeit (nicht der Prozess) ist schon vor Vertragsschluss entstanden. Der Personenkreis ist dann nicht beschränkt, die Vereinbarung gilt allerdings nur für die bestehende Streitigkeit; darüber hinaus ist die Vereinbarung formbedürftig: Die Parteien müssen ausdrücklich und schriftlich den Gerichtsstand vereinbaren.

§ 38 Abs. 3 Nr. 2 ZPO: Die Parteien einigen sich ausdrücklich und schriftlich für den Fall, dass der Schuldner nach Vertragsschluss ins Ausland gehen oder bei Klageerhebung unbekannten Aufenthalts sein werde.

Bei rügelosem Verhandeln kann eine Zuständigkeit eines Gerichts des ersten Rechtszugs begründet werden, § 39 ZPO. Dies gilt jedoch nicht, wenn die Belehrung nach § 504 ZPO ausgeblieben ist.

Bitte beachten Sie: Wenn ein **örtlich oder sachlich unzuständiges** Gericht angerufen wird und der Kläger auch nach Hinweis des Gerichts keinen **Verweisungsantrag** stellt, muss die **Klage als unzulässig verworfen** werden. Erfolgt ein Verweisungsantrag, erklärt sich das zuerst angerufene Gericht für unzuständig und verweist den Rechtsstreit an das zuständige Gericht, § 281 ZPO.

Die Mehrkosten für die Anrufung eines sachlich oder örtlich unzuständigen Gerichts trägt der Kläger und zwar auch dann, wenn er in der Sache selbst obsiegt. Deshalb ist es sehr wichtig, dass Klagen immer beim sachlich und örtlich richtigen Gericht eingereicht werden.

5. Sitz der Bundesgerichte

Übungsfall 16:

Irgendein Spaßvogel in der Kanzlei ist auf die Idee gekommen, die Tabelle mit der Auflistung der Sitze der Bundesgerichte durcheinander zu bringen. Das fällt Ihnen sofort auf, als Sie morgens in die Kanzlei kommen und an Ihrer Pinnwand eine neue Tabelle vorfinden. Das war bestimmt wieder der Chef, der testen möchte, ob Sie die Liste schon auswendig kennen. Verschmitzt grinsend kommt er morgens ins Büro und fragt: „Ups, was ist denn da passiert?" Dass er aber auch immer so einen Spaß daran hat, Sie aufzuziehen. Lachend antworten Sie: „Ich weiß nicht, was Sie haben. Ist doch alles in Ordnung mit der Liste." Er runzelt die Stirn. Selbst schuld. Wer anderen eine Grube gräbt ... oder wie heißt es so schön?

Einen Moment kosten Sie noch sein verwundertes Gesicht aus, dann legen Sie ihm die korrigierte Liste mit den sieben Bundesgerichten und ihrem Sitz vor.

Lösungsvorschlag:

Bundesverfassungsgericht	–	Sitz: Karlsruhe
Bundesgerichtshof	–	Sitz: Karlsruhe
Bundesverwaltungsgericht	–	Sitz: Leipzig
Bundesfinanzhof	–	Sitz: München
Bundesarbeitsgericht	–	Sitz: Erfurt
Bundessozialgericht	–	Sitz: Kassel
Bundespatentgericht	–	Sitz: München

6. Aktenzeichen

Übungsfall:

Sie werden von Ihrer Chefin gebeten, eine Erläuterung zu verfassen, wie sich ein Aktenzeichen zusammensetzt.

Erstellen Sie eine stichpunktartige Erläuterung anhand des folgenden Aktenzeichens: 4 O 333/17.

Lösungsvorschlag:

Aktenzeichen 4 O 333/17

- Die Zahl 4 steht für: 4. Zivilkammer des Landgerichts.
- Der Buchstabe O steht für: ein landgerichtliches Verfahren, 1. Instanz.
- Die Zahl 333 mit dem Schrägstrich 17: bedeutet, dass es sich bei diesem Verfahren um die fortlaufende Nr. 333 aus dem Jahrgang 2017 handelt.

Kapitel 2
Das Klageverfahren

1. Einleitung des Verfahrens durch Klageeinreichung

Wenn ein Anspruch gerichtlich geltend gemacht werden muss, gibt es zum einen die Möglichkeit, dies per Mahnverfahren zu machen und zum anderen eine Klage einzureichen. Zum Mahnverfahren siehe auch Teil 2.

In diesem Kapitel wird die Einleitung eines Verfahrens durch Einreichung einer Klageschrift behandelt.

Die **Erhebung** der Klage erfolgt durch **Zustellung** eines Schriftsatzes an den Beklagten, § 253 Abs. 1 ZPO.

Hinweis: Es ist nicht ganz richtig, wenn in der Kanzlei häufig gesagt wird, „Wir haben Klage erhoben." Denn die Erhebung erfolgt ja durch Zustellung und diese wird von Amts wegen, § 270 ZPO, veranlasst. Wir reichen vielmehr die Klage ein. Es kann passieren, dass ein Prüfer hier nochmal nachhakt, wenn man im Fallbezogenen Fachgespräch die Fachausdrücke nicht richtig verwendet. Deshalb sollte man sich grundsätzlich angewöhnen, sich „fachlich auszudrücken". Das macht immer einen guten Eindruck. Wenn man sich grundsätzlich fachlich gut ausdrückt, werden kleinere Unsauberkeiten auch schon mal gar nicht angesprochen.

Nach § 253 Abs. 2 ZPO **muss** die Klageschrift enthalten:
- die Bezeichnung der Parteien und des Gerichts;
- die Angabe des Gegenstandes und des Grundes des erhobenen Anspruchs sowie einen bestimmten Antrag.

Die Klageschrift soll nach § 253 Abs. 3 ZPO ferner die Angabe des Wertes des Streitgegenstandes enthalten, wenn hiervon die Zuständigkeit des Gerichts abhängt und der Streitgegenstand nicht in einer bestimmten Geldsumme besteht, sowie eine Äußerung dazu, ob einer Entscheidung der Sache durch den Einzelrichter (§§ 348, 348a ZPO) Gründe entgegenstehen.

Die allgemeinen Vorschriften über die vorbereitenden Schriftsätze sind auch auf die Klageschrift anzuwenden, § 253 Abs. 4 ZPO.

Die Klageschrift sowie sonstige Anträge und Erklärungen einer Partei, die zugestellt werden sollen, sind dem Gericht schriftlich unter Beifügung der für ihre Zustellung oder Mitteilung erforderlichen Zahl von Abschriften einzureichen, § 253 Abs. 5 ZPO. Das gilt nicht bei elektronischer Einreichung, § 133 Abs. 1 S. 2 ZPO.

Übungsfall 18:

Für das Gericht ist es natürlich angenehmer, wenn die Klageschrift einen guten Aufbau hat und hier nicht alles durcheinander geschrieben wird.

Sie erhalten die Aufgabe die Bestandteile einer Klageschrift sinnvoll in einer Reihenfolge zu sortieren. Nennen Sie 6 Stichpunkte, die in einer sinnvollen Reihenfolge genannt sind. Stichpunkte, die nicht in einer sinnvollen Reihenfolge genannt sind, werden nicht bewertet.

Lösungsvorschlag:

- Bezeichnung des Gerichts (§ 253 Abs. 2 Nr. 1 ZPO, § 130 Nr. 1 ZPO);
- Bezeichnung der Parteien, ihrer gesetzlichen Vertreter, Wohnort und Parteistellung und ihrer Anwälte (§ 253 Abs. 2 Nr. 1 ZPO; § 130 Nr. 1 ZPO) die für eine Übermittlung elektronischer Dokumente erforderlichen Angaben, sofern eine solche möglich ist (§ 130 Nr. 1a ZPO);
- Angabe des Klagegrundes (z.B. wg. Forderung);
- Wert des Streitgegenstandes (§ 253 Abs. 3 ZPO);
- Klageantrag/Anträge (§ 253 Abs. 2 Nr. 2 ZPO; § 130 Nr. 2 ZPO);
- Zahl der Anlagen (§ 130 Nr. 1 ZPO);
- Eine Äußerung darüber, ob Gründe bestehe die einer Entscheidung durch den Einzelrichter entgegenstehen (§ 253 Abs. 3 ZPO);
- Angabe, zu einem etwaigen Mediationsverfahren oder einer außergerichtlichen Streitbeilegung (§ 253 Abs. 2 Nr. 1 ZPO);
- Tatbestand mit Angabe der Beweismittel (z.B. Urkunden, auf die Bezug genommen wird, § 253 Abs. 4 i.V.m. § 131 ZPO; § 130 Nr. 2 ZPO);
- Erklärung über die vom Gegner bezeichneten Beweismittel, § 130 Nr. 5 ZPO);
- Erklärung über die tatsächlichen Behauptungen des Gegners, § 130 Nr. 4 ZPO);
- Klagebegründung/rechtliche Würdigung (§ 253 Abs. 2 Nr. 2 ZPO);
- Beifügung von Abschriften (§ 253 Abs. 5 ZPO; § 133 Abs. 1 S. 1 ZPO – Ausnahme: keine Abschriften erforderlich bei elektronischer Einreichung; § 253 Abs. 5 S. 2, § 133 Abs. 1 S. 2 ZPO);
- Unterschrift Rechtsanwalt (§ 253 Abs. 4 i.V.m. § 130 Nr. 6 ZPO bei schriftlicher Einreichung oder aber bei elektronischer Einreichung gem. § 130a ZPO mit qualifizierter elektronischer Signatur versehen (1. Alt.) oder einfach elektronisch signiert bei Nutzung eines sicheren Übermittlungswegs (z.B. besonderes elektronisches Anwaltspostfach (beA) durch den Postfachinhaber selbst).

Prüfungstipp: Hier wurden gesetzliche Bestimmungen angegeben. Prüfen Sie bitte immer, ob im Aufgabenteil, der Ihnen für den Prüfungsbereich ausgeteilt wird, gesetzliche Bestimmungen anzugeben sind. Manchmal schreiben die Aufgabenausschüsse eine solche Anforderung gleich oben vor die erste Aufgabe (z.B. „Geben Sie immer die gesetzlichen Bestimmungen an und begründen Sie Ihre Antwort, sofern nichts anderes bestimmt ist."). Manchmal findet man aber auch entsprechende Hinweise in den einzelnen Aufgaben. Wird eine bestimmte Anzahl an Stichpunkten verlangt, macht es wenig Sinn, weitere Stichpunkte zu schreiben, denn dies kostet nur Zeit und bringt keine weiteren Punkte. Die obige Lösung ist daher wesentlich ausführlicher, als in der Angabe gefordert. Dies dient aber hier nur der Möglichkeit, dass Sie Ihre eigene Lösung besser überprüfen können. Wenn in der Prüfungsaufgabe 6 Stichpunkte gefordert sind, dann sind auch nur 6 gefordert und nicht mehr!

Hinweis: Manche Bestandteile einer Klage sind zwingende Bestandteile, manche nur „Soll-„ oder „Kann-Vorschriften". Dann gibt es auch „Muss-Vorschriften".

Bei einer **„Kann-Vorschrift"** ist der Inhalt nicht zwingend anzuwenden. So kann z.B. bereits in der Klageschrift ein Antrag auf Erlass eines Versäumnisurteils gestellt werden, muss aber nicht, § 331 Abs. 3 S. 2 ZPO. Sinnvoll ist dies in der Regel schon, denn so kann das Gericht ein Versäumnisurteil erlassen, wenn z.B. der Beklagte die Frist für die Anzeige der Verteidigungsabsicht versäumt. Ein Versäumnisurteil ergeht nämlich nur auf Antrag und man verliert bei einer Antragstellung schon in der Klage nicht wertvolle Zeit.

„Soll-Vorschriften" sind zwar in der Regel nicht so streng wie „Muss-Vorschriften", es kommt aber hier manchmal auch auf die Rechtsprechung an. Es empfiehlt sich daher, „Soll-Vorschriften" einzuhalten, um Nachteile für den Auftraggeber zu vermeiden.

„Muss-Vorschriften" sind zwingend einzuhaltende Vorschriften. Hier gibt es keinen Spielraum.

Eine **Soll-Vorschrift** ist z.B. die Vorschrift des § 253 Abs. 3 ZPO. Man soll in der Klageschrift (die an das Landgericht gerichtet ist) angeben, ob einer Übertragung auf den Einzelrichter Gründe entgegenstehen. Hat man hier keine Äußerung in der Klageschrift gemacht, fragt das Gericht in bestimmten Fällen nach. Sofern man aber z.B. seine Klage an die Kammer für Handelssachen beim Landgericht richtet, macht eine Angabe keinen Sinn mehr. Denn die Kammer besteht immer aus einem Richterkollegium von drei Richtern. Es ergibt sich damit aus der Sache selbst, dass man keine Entscheidung vom Einzelrichter möchte und muss das daher auch nicht mehr explizit angeben.

Eine **Muss-Vorschrift** ist z.B. die Bezeichnung des Gerichts gem. § 253 Abs. 2 Nr. 1 ZPO. Es macht ja auch keinen Sinn, eine Klage zu fertigen und dann kein Gericht anzugeben, das die Sache bearbeiten soll.

Darüber hinaus ist der Inhalt von vorbereitenden Schriftsätzen, wozu auch die Klage gehört, in § 130 ZPO geregelt.

Übungsfall 19:

Eine von der Auszubildenden Ihrer Kanzlei am 31.01.2018 vorbereitete Klageschrift wird Ihnen vorgelegt. Sie prüfen die erste Seite der Klage, die das Gericht sowie das Rubrum enthält. Gehen Sie davon aus, dass keine Gerichtsstandsvereinbarung getroffen wurde.

Landgericht
München I
Prielmayerstr. 7
80331 München   31.01.2016

Klage

Az.: noch unbekannt

In Sachen

Frau Anna Huber, Schönstr. 44, 80997 München

– Antragstellerin –

gegen

Fa. Humerus Americanus GmbH, Tonstr. 33, Berlin

– Antragsgegner –

wg. Forderung

Streitwert: 3.899,00 €

Nennen Sie vier Fehler stichpunktartig, auf die Sie Ihre Auszubildende hinweisen. (ohne Angabe von gesetzlichen Bestimmungen)

Lösungsvorschlag:

- Das Datum ist falsch. Es muss richtig heißen: 31.01.2018.
- Die Parteien heißen Kläger und Beklagte, nicht Antragsteller und Antragsgegner.
- Das Landgericht München I ist falsch. Sachlich zuständig ist bei einer Zahlungsklage bis 5.000,00 € das Amtsgericht.
- Die örtliche Zuständigkeit ist falsch. Die Beklagte hat ihren Sitz in Berlin. Es muss daher das zuständige Amtsgericht in Berlin angegeben werden.
- Zu Berlin (Bezeichnung der Beklagten) fehlt die Postleitzahl.
- Bei der Bezeichnung der Beklagten muss der gesetzliche Vertreter, hier der Geschäftsführer, mit angegeben werden.

Weiterführender Hinweis: Es reicht zu schreiben: „vertreten d. d. Geschäftsführer". Es muss nicht unbedingt ein Name angegeben werden.

Prüfungstipp: Ist es Ihnen schwergefallen, diese Aufgabe zu lösen? Sie haben die 4 notwendigen Stichpunkte fast nicht gefunden?

Viele machen sich das Leben bei der Lösung einer solchen Aufgabe selbst schwer, in dem sie „mittendrin" ein Dokument anfangen, nach Fehlern zu suchen. Gehen Sie systematisch vor. Erst prüfen Sie das sachlich zuständige Gericht, dann das örtlich zuständige Gericht, dann das Datum etc. Gehen Sie in der Reihenfolge vor und prüfen Sie jede Angabe! Auch hier gilt, sind 4 Stichpunkte gefragt, reicht es für die Lösung auch, 4 Stichpunkte anzugeben!

Interessant: Gem. § 133 Abs. 1 S. 1 ZPO sollen die Parteien den Schriftsätzen, die sie bei dem Gericht einreichen, die für die Zustellung erforderliche Zahl von Abschriften der Schriftsätze und deren Anlagen beifügen.

Hinweis: Das gilt nicht für elektronisch übermittelte Dokumente sowie für Anlagen, die dem Gegner in Urschrift oder in Abschrift vorliegen, § 133 Abs. 1 S. 2 ZPO. Na das sind ja gute Aussichten für den elektronischen Rechtsverkehr!

Als Prüfungsfrage ist m. E. das Thema § 133 Abs. 1 S. 1 ZPO eher ungeeignet. Warum? Siehe nachstehend!

Übungsfall 20:

Sie richten eine Klage gegen zwei Beklagte und wollen die Klage herkömmlich, d.h. in Papierform bei Gericht einreichen. Beide Beklagte werden von demselben RA vertreten, der sich bereits vorgerichtlich als zustellungsbevollmächtigt für eine Klage bezeichnet hat.

Wie viele Originale/Abschriften sind für wen einzureichen?

Lösungsvorschlag – Variante 1:

- ein Original (für das Gericht)
- eine beglaubigte Abschrift (für den Prozessbevollmächtigten der beiden Beklagten)
- eine einfache Abschrift für den ersten Beklagten
- eine einfache Abschrift für den zweiten Beklagten

Hinweis: Diesen Lösungsvorschlag würden wohl die meisten hinschreiben und jahrzehntelang wurde dies auch in der Praxis so gemacht (Ich kann das leider beurteilen!). Allerdings – und das weiß man erst, wenn man einen ZPO-Kommentar liest – ist es nicht erforderlich, einfache Abschriften einzureichen. Denn theoretisch kann sich der Prozessbevollmächtigte von der beglaubigten Abschrift selbst Kopien für die Mandanten machen. Unabhängig davon, dass heutzutage ohnehin meistens eingescannt und dem Mandanten der Schriftsatz per Mail übermittelt wird. Woher kommt nun diese heute noch so verbreitete Praxis? Ja, liebe Leser, jetzt kommt ein wenig Geschichtsunterricht. Aber: Kein Märchen. So war es wirklich. Der Begriff Abschrift ist schon sehr alt. Denn tatsächlich wurden, als es noch keine Schreibmaschinen und erst recht keine PC gab, Abschriften noch durch Abschreiben der Klage hergestellt.

Da früher aber Kopiergeräte teuer waren und es sogar Zeiten gab, in denen Kanzleien noch keine Kopierer hatten (JAAA, und das ist „erst" ca. 30 Jahre her), hat man früher immer mit sogenannten Durchschlägen (Durchschriften) gearbeitet. Das war noch zu der Zeit, als noch mit Schreibmaschine geschrieben wurde. Da wurde zwischen den erforderlichen Durchschriften ein Kohlepapier gelegt, dass ermöglichte, dass das Getippte sich durchdrückte auf das darunter liegende Durchschlagspapier. Das war dann auch besonders dünn, denn sonst hätte man nicht alle notwendigen Durchschriften erstellen können. Wenn die Anzahl der Beklagten auf mehr als vier stieg, musste man einen Schriftsatz ein zweites Mal tippen, denn mehr als fünf Durchschläge zum Kohlepapier und Original konnte man nicht in der Schreibmaschine einspannen. Und wegen diesen aufwendigen Herstellung war es früher üblich, „Mandantendoppel" (also einfache Abschriften oder Durchschriften) mit einzureichen für den Mandanten des gegnerischen Anwalts. Und es kann auch heute noch passieren, dass ein Gericht es rügt, wenn diese Abschriften fehlen.

Lösungsvorschlag – Variante 2:

- ein Original (für das Gericht)
- eine beglaubigte Abschrift (für den Prozessbevollmächtigten der beiden Beklagten).

Fazit: Beide Lösungen sind richtig, deshalb halte ich die Frage in einer Prüfung für nicht geeignet.

2. Klagearten

In der Praxis wird unterschieden zwischen subjektiver und objektiver Klagenhäufung. Subjektive Klagenhäufung liegt vor, wenn mehrere Kläger Ansprüche geltend machen. Eine objektive Klagenhäufung liegt vor, wenn ein oder mehrere Kläger mehrere Ansprüche geltend machen.

Klagearten im Zivilprozess sind:

* **Leistungsklage: sie dient der** Durchsetzung materiell-rechtlicher Ansprüche
* **Gestaltungsklage: sie dient der** Herbeiführung einer sofortigen Rechtsfolge (z.B. die Vollstreckungsabwehrklage, § 767 ZPO oder die Drittwiderspruchsklage, § 771 ZPO)
* **Feststellungsklage: Feststellung des** Bestehens / Nichtbestehens eines streitigen, gegenwärtigen Rechtsverhältnisses.

3. Zulässigkeit einer Klage

Die **Zulässigkeit einer Klage** hängt von mehreren Faktoren ab:

* Deutsche Gerichtsbarkeit, §§ 18 ff. GVG
* Zulässigkeit des beschrittenen Rechtswegs, § 13 GVG (z.B. Zivilrechtsweg)
* Sachliche und Örtliche Zuständigkeit des Gerichts (§§ 1, 12 ff. ZPO)
* ggf. vorheriger Schlichtungsversuch gem. § 15a EGZPO oder Versuch der Festsetzung nach § 11 RVG (= besondere Hinderungsgründe)

Darüber hinaus müssen die **parteibezogenen Prozessvoraussetzungen** erfüllt sein, wie z.B.

* Parteifähigkeit, § 50 Abs. 1 ZPO (Parteifähig ist, wer rechtsfähig ist (vgl. § 1 BGB; bei Vereinen kann auch der nicht rechtsfähige Verein Partei sein, § 50 Abs. 2 ZPO)
* Prozessfähigkeit, §§ 51, 52 ZPO
* Postulationsfähigkeit (Beispiel: Beim Landgericht ist der Kläger selbst nicht postulationsfähig. Er darf hier nicht selbst verhandeln, da Anwaltszwang herrscht.)
* Prozessführungsbefugnis

Übungsfall 21:

Der 17-jährige Maximilian meldet sich telefonisch in Ihrer Kanzlei. Ihm wurde das Handy von zwei anderen jungen Männern weggenommen. Er hat diese schon mehrfach aufgefordert, ihm das Handy zurückzugeben. Seinen Eltern möchte Maximilian hiervon nichts erzählen. Sie würden sowieso nur schimpfen, weil er das Handy gar nicht mit in die Schule hätte nehmen sollen. Er fragt nun bei Ihnen nach, ob er die beiden Diebe nicht verklagen kann, damit sie ihm das Handy wiedergeben. Er hat ein wenig Geld auf seinem Sparbuch und möchte gerne wissen, was denn eine solche Klage kosten würde.

Was wird Ihre Chefin Maximilian im Hinblick auf seine Partei- und Prozessfähigkeit sagen müssen?

> **Lösungsvorschlag:**
>
> Maximilian ist rechtsfähig, § 1 BGB und damit auch parteifähig, § 50 ZPO. Er kann daher grundsätzlich als Kläger Partei im Prozess sein. Da er jedoch noch nicht prozessfähig ist, § 51 ZPO, müssen seine Eltern als seine gesetzlichen Vertreter in einem Klageverfahren genannt werden.

Zudem müssen die **streitgegenstandsbezogenen Voraussetzungen** erfüllt sein, wie z.B.

- keine anderweitige Rechtshängigkeit, § 261 Abs. 3 Nr. 1 ZPO;
- keine entgegenstehende rechtskräftige Entscheidung, § 322 ZPO.

Übungsfall 22:

Anton Huber hat ein Klageverfahren vor dem Amtsgericht München verloren. Er war der Auffassung, dass er seine Rechte ganz gut selbst vertreten kann. Da ja kein Anwaltszwang herrscht, hat er sich selbst vertreten. Nun ist er sauer. Er glaubt, dass wenn er die Klage beim Amtsgericht Starnberg eingereicht hätte oder ein Anwalt ihn vertreten hätte, das Verfahren bestimmt gut ausgegangen wäre. Er schickt daher alle Unterlagen nebst rechtskräftigem Urteil des Amtsgerichts München an Ihre Kanzlei und beauftragt Ihre Kanzlei, die Klage beim Amtsgericht Starnberg nochmal einzureichen.

Ihr Chef bittet Sie, ein entsprechendes Schreiben an Herrn Huber vorzubereiten. Was werden Sie Herrn Huber hierin mitteilen? Gehen Sie auf den wesentlichen Punkt ein. (ohne Angabe von gesetzlichen Bestimmungen)

Lösungsvorschlag:

Sehr geehrter Herr Huber,

vielen Dank für die Übermittlung Ihrer Unterlagen. Wir haben diese geprüft. Bedauerlicherweise müssen wir jedoch die Übernahme des Auftrags ablehnen. Nachdem das Amtsgericht München bereits rechtskräftig (ablehnend) über die Sache entschieden hat, ist es gesetzlich ausgeschlossen, den Anspruch noch einmal erneut einzuklagen.

Es tut uns leid, dass wir Ihnen keine bessere Nachricht zukommen lassen können.

Mit freundlichen Grüßen

Name des Anwalts

Hinweis: Die Lösung dieser Frage finden Sie in § 322 ZPO.

Prozessführungsbefugnis beinhaltet das Recht, im eigenen Namen über ein eigenes oder fremdes Recht zu prozessieren. Die Prozessführungsbefugnis ist Prozessvoraussetzung und bei behaupteten **eigenen Rechten** in der Regel unproblematisch.

Ach so: Wenn die **richtige Partei klagt**, spricht man auch von **Aktivlegitimation**. Aktiv legitimiert ist, wer das Recht zu klagen hat. Von **Passivlegitimation** spricht man, wenn die **richtige Partei verklagt** worden ist. Diese ist dann passiv legitimiert.

Werden im eigenen Namen **fremde Rechte** geltend gemacht, so unterscheidet man die gesetzliche und die gewillkürte Prozessführungsbefugnis.

Zu unterscheiden ist dabei der Fall, in dem im eigenen Namen fremde Rechte geltend gemacht werden von einem klassischen Fall der **gesetzlichen Vertretung**. Bei einer gesetzlichen Vertretung z.B. Geschäftsführer einer GmbH klagt die GmbH, nicht aber der Geschäftsführer.

4. Rechtshängigkeit

Durch die Erhebung der Klage wird die Rechtshängigkeit der Streitsache begründet, § 261 Abs. 1 ZPO. Die Rechtshängigkeit eines erst im Laufe des Prozesses erhobenen Anspruchs tritt mit dem Zeitpunkt ein, in dem der Anspruch in der mündlichen Verhandlung geltend gemacht oder ein den Erfordernissen des § 253 Abs. 2 Nr. 2 ZPO entsprechender Schriftsatz zugestellt wird.

Interessant: Während der Dauer der Rechtshängigkeit kann die Streitsache von keiner Partei anderweitig anhängig gemacht werden, § 261 Abs. 3 Nr. 1 ZPO.

Darüber hinaus wird die Zuständigkeit des Prozessgerichts durch eine Veränderung der sie begründenden Umstände nicht berührt (z.B. Umzug des Beklagten in eine andere Stadt), § 261 Abs. 3 Nr. 2 ZPO.

Die Klage kann ohne Einwilligung des Beklagten nur bis zum Beginn der mündlichen Verhandlung des Beklagten zur Hauptsache zurückgenommen werden, § 269 Abs. 1 Nr. 3 ZPO.

Mit der Zustellung der Klage an den Beklagten tritt Hemmung der Verjährung ein, § 262 ZPO, § 204 Abs. 1 Nr. 1 BGB; § 269 Abs. 1 Nr. 4 ZPO.

Eine Änderung der Klage (d.h. z.B. eine Änderung des Klagegrundes) ist nur zulässig, wenn der Beklagte einwilligt, oder das Gericht die Klageänderung für sachdienlich erachtet, § 263 ZPO, § 269 Abs. 1 Nr. 5 ZPO.

Achtung: Jetzt sind Sie überrascht? Denn Sie haben schon am 31.12. eines Jahres eine Klage eingereicht und sind davon ausgegangen, dass das ausreicht, um die Hemmung der Verjährung zu erreichen?

Vorsicht Falle: Das kann ausreichen, wenn die Klage „demnächst" zugestellt wird, § 167 ZPO. Dann wirkt nämlich die Hemmung auf den Zeitpunkt der Einreichung zurück. Stellt sich bloß die Frage, was man unter „demnächst" versteht. Grundsätzlich gilt nach der ständigen Rechtsprechung des BGH ein Zeitfenster von 2 Wochen als ausreichend. Ausnahmen kommen zwar vor, das sind dann aber Einzelfälle, die man ggf. in einem Kommentar nachlesen kann.

Was ist denn das jetzt schon wieder? Ein Kommentar?

Es gibt Gesetzbücher, die enthalten nur den reinen Gesetzestext. Da aber Gesetze nicht immer klar sind, gibt es sog. Kommentare zu Gesetzbüchern. Der in der Praxis sicherlich am meisten gebrauchte Kommentar ist der „Zöller". Der Name leitet sich vom Begründer ab. Hier findet man von vielen Autoren Erläuterungen und Rechtsprechungssammlungen zu einzelnen Vorschriften der ZPO. Das ist sehr hilfreich. So kann man sich z.B. unter § 233 ZPO anschauen, wie viele Gerichtsentscheidungen unseres höchsten Zivilgerichtes, des Bundesgerichtshofes (BGH) in den vergangenen Jahren notwendig waren um zu klären, wann eine Frist schuldhaft versäumt wurde und wann man den Fehler noch einmal verzeihen kann, also: in welchen Fällen eine Wiedereinsetzung in den vorigen Stand möglich ist. Das bedeutet im Grunde genommen, dass in diesen Fällen so getan wird, als sei es nicht zum Fristversäumnis gekommen. Die Anforderungen an diese Wiedereinsetzung in den vorigen Stand sind aber sehr streng. Deshalb ist diesem Thema auch ein eigenes Kapitel in diesem Buch gewidmet.

Übungsfall 23:

Ihr Mandant hat erfahren, dass der Richter des Amtsgerichts Traunstein nicht so ganz auf seiner Seite ist. Im Termin zur mündlichen Verhandlung hat der Richter jedenfalls ziemlich deutlich gesagt, dass er beabsichtigt, die Klage abzuweisen. Ihr Mandant fühlt sich ungerecht behandelt. Bestimmt liegt es daran, dass er kein Bayer ist, sondern aus Norddeutschland kommt. Er fragt deshalb in Ihrer Kanzlei telefonisch nach, ob es nicht möglich wäre, dass man die Klage vielleicht doch zusätzlich auch noch beim Amtsgericht in Hamburg-Altona einreicht.

Was wird Ihr Chef dem Mandanten auf dieses Ansinnen hin sagen?

Lösungsvorschlag:

Solange die Klage beim Amtsgericht Traunstein anhängig ist, darf sie nicht bei einem weiteren Gericht anhängig gemacht werden, § 261 Abs. 3 Nr. 1 ZPO. Es ist daher nicht möglich, die Klage zusätzlich beim Amtsgericht Hamburg-Altona einzureichen.

---

5.   Ablauf des Verfahrens nach Klageeinreichung

Nach § 272 ZPO ist der Rechtsstreit in der Regel in einem umfassend vorbereiteten Termin zur mündlichen Verhandlung (Haupttermin) zu erledigen.

Interessant: Für die Vorbereitung des Haupttermins stehen dem Richter zwei Möglichkeiten zur Wahl. Der Vorsitzende kann entweder einen frühen ersten Termin zur mündlichen Verhandlung (§ 275 ZPO) bestimmen, oder ein schriftliches Vorverfahren (§ 276 ZPO) veranlassen, § 272 Abs. 2 ZPO.

Die Güteverhandlung und die mündliche Verhandlung sollen so früh wie möglich stattfinden, § 272 Abs. 3 ZPO.

Beraumt das Gericht einen frühen ersten Termin an, so ist dem Beklagten mit der Ladung zum Termin die Klageschrift zuzustellen (§§ 274 Abs. 1 u. 2, 271, 270, 253 Abs. 5, 166 ZPO).

Mit Ausnahme der Klageschrift und solcher Schriftsätze, die Sachanträge enthalten, sind Schriftsätze und sonstige Erklärungen der Parteien, sofern nicht das Gericht die Zustellung anordnet, ohne besondere Form mitzuteilen, § 270 S. 1 ZPO.

Zwischen der Zustellung der Klageschrift und einem vom Gericht anberaumten Termin muss mindestens eine Frist von **zwei Wochen** liegen, § 274 Abs. 3 ZPO, **Einlassungsfrist**.

Übungsfall 24:

Sie bearbeiten morgens am 24.01.2018 den Posteingang und stellen fest, dass in einer Angelegenheit eine Klage an Ihre Kanzlei zugestellt worden ist, weil Ihr Chef vorgerichtlich gegenüber dem Gegner angezeigt hat, dass er für eine Klage zustellungsbevollmächtigt ist. Das Gericht hat sogleich mit der Zustellung der Klage einen Termin auf den 05.02.2018 bestimmt.

Welchen Hinweis geben Sie Ihrem Chef mit der Vorlage dieses Posteingangs und der Akte?

Lösungsvorschlag:

Ich weise meinen Chef darauf hin, dass die Einlassungsfrist von 2 Wochen nicht eingehalten worden ist, § 274 Abs. 3 ZPO.

Die Ladung ist dem Beklagten mit der Klageschrift zuzustellen, wenn das Gericht einen frühen ersten Verhandlungstermin bestimmt, § 274 Abs. 2 ZPO.

Der Vorsitzende, oder ein von ihm bestimmtes Mitglied des Prozessgerichts (beauftragter Richter) bestimmt zur Vorbereitung des frühen ersten Termins zur mündlichen Verhandlung dem Beklagten eine Frist zur schriftlichen Klageerwiderung, § 275 Abs. 1 S. 1 ZPO.

Zur Vorbereitung eines jeden Termins (somit auch des frühen ersten Termins) kann der Vorsitzende oder ein von ihm bestimmtes Mitglied des Prozessgerichts (beauftragter Richter) entsprechende Anordnungen nach § 273 Abs. 2 ZPO erlassen, wie z.B. den Parteien aufzugeben, ihre vorbereitenden Schriftsätze zu ergänzen oder erläutern, Zeugen zum Termin laden oder anzuordnen, dass Urkunden vorgelegt werden müssen, etc.

Wichtig: Sofern das Gericht keinen frühen ersten Termin zur mündlichen Verhandlung bestimmt, § 275 ZPO, führt es das **schriftliche Vorverfahren** durch. Hierzu fordert es den Beklagten mit der Zustellung der Klage auf, innerhalb einer Notfrist von zwei Wochen nach Zustellung der Klageschrift seine Verteidigungsabsicht dem Gericht gegenüber schriftlich anzuzeigen; der Kläger ist von der Aufforderung zu unterrichten, § 276 Abs. 1 S. 1 ZPO.

Mit der Aufforderung, die Verteidigungsabsicht anzuzeigen, ist dem Beklagten zugleich eine Frist von mindestens zwei weiteren Wochen zur schriftlichen Klageerwiderung zu setzen, § 276 Abs. 1 S. 2 ZPO. In der Praxis wird häufig auch eine Frist von drei Wochen gesetzt. Die Frist zur Klageerwiderung beginnt in diesen Fällen erst mit Ablauf der Frist zur Anzeige der Verteidigungsabsicht.

Sofern eine Klage im Ausland zuzustellen ist, beträgt die Frist für die Verteidigungsanzeige 1 Monat; der Vorsitzende kann auch eine längere Frist bestimmen, § 276 Abs. 1 S. 3 u. 4. ZPO.

Prüfungstipp: Die Frist zur Anzeige der Verteidigungsabsicht von 2 Wochen (Ausland = 1 Monat, siehe oben), wird sehr gerne im Prüfungsbereich Rechtsanwendung im RA-Bereich geprüft. Auch im Fallbezogenen Fachgespräch kann diese Frist vorkommen. Sie sollten sie daher gut kennen.

Übungsfall 25:

Anton Huber wurde eine Klage zugestellt. Er meldet sich telefonisch in Ihrer Kanzlei und weiß nicht, was er tun soll. Am Telefon wirkt er sehr verzweifelt. Niemals hätte er damit gerechnet, verklagt zu werden. Er bittet dringend um einen Termin bei Ihrem Chef.

Welche Informationen werden Sie von Herrn Huber erfragen, bevor Sie ihm den Termin geben? Nennen Sie 2 Informationen. Warum sind diese Informationen so wichtig? (ohne Angabe von gesetzlichen Bestimmungen)

Lösungsvorschlag:

Ich werde Herrn Huber zuerst bitten, mir den **Namen des Klägers** und den **Grund** der Klage zu nennen, um zu prüfen, ob möglicherweise eine **Interessenkollision** vorliegt, denn es könnte sein, dass der Kläger uns bereits beauftragt hat. Dann könnten wir Herrn Huber nicht mehr vertreten (= 2 Stichpunkte mit Begründung).

Mögliche Antwort wäre auch:

(Wenn das nicht der Fall ist), bitte ich ihn, mir das **Datum** zu nennen, wann ihm die **Klage zugestellt** wurde und ob mit dieser Klage bereits ein **früher erster Termin** bestimmt wurde oder er zur **Anzeige der Verteidigungsabsicht** aufgefordert worden ist. Diese Informationen sind sehr wichtig um zu wissen, wann spätestens der **Termin mit dem Anwalt** stattfinden muss, damit alle Rechte des Mandanten gewahrt werden können (= 2 Informationen (wann und was) mit Begründung).

Mögliche Antwort wäre auch:

Zudem frage ich nach dem **Gericht** und dem **Aktenzeichen** und notiere dies bereits entsprechend. So könnte ich dort anrufen und selbst nachfragen, wenn der Mandant sich nicht sicher ist (= 2 Informationen mit Begründung).

Hinweis: Die geforderten 2 Informationen sind in den Antwortbeispielen jeweils fett gedruckt.

Der Beklagte ist über die Folgen einer Versäumung der ihm nach § 276 Abs. 1 ZPO gesetzten Frist zu belehren sowie ebenfalls darüber zu belehren, dass er die Erklärung, der Klage entgegentreten zu wollen, nur durch den zu bestellenden Rechtsanwalt abgeben kann (das gilt selbstverständlich nur im Anwaltsprozess).

Der Beklagte hat in der Klageerwiderung seine Verteidigungsmittel vorzubringen. Zudem soll die Klageerwiderung eine Äußerung dazu enthalten, ob einer Entscheidung der Sache durch den Einzelrichter Gründe entgegenstehen, § 277 Abs. 1 S. 2 ZPO.

Im Falle der Anordnung eines frühen ersten Termins (§ 275 ZPO) beträgt die Frist zur schriftlichen Klageerwiderung mindestens zwei Wochen (§ 275 Abs. 1 S. 1, Abs. 3 ZPO).

Nach § 278 Abs. 1 ZPO soll das Gericht in jeder Lage des Verfahrens auf eine gütliche Beilegung des Rechtsstreits oder einzelner Streitpunkte bedacht sein. Die Güteverhandlung soll einer mündlichen Verhandlung vorausgehen, es sei denn, es hat bereits ein Einigungsversuch vor einer außergerichtlichen Gütestelle stattgefunden oder die Güteverhandlung erscheint erkennbar aussichtslos.

Interessant: Das Gericht erörtert in der Güteverhandlung den Sach- und Streitstand mit den Parteien unter freier Würdigung aller Umstände und stellt, soweit erforderlich, Fragen. Die erschienenen Parteien sollen hierzu persönlich gehört werden, § 278 Abs. 2 ZPO. So wird regelmäßig das persönliche Erscheinen der Parteien angeordnet, § 278 Abs. 3 ZPO. Ist einer Partei wegen großer Entfernung oder aus sonstigem wichtigen Grund die persönliche Wahrnehmung des Termins nicht zuzumuten, sieht das Gericht von einer Anordnung ihres Erscheinens ab, § 141 Abs. 1 S. 2 ZPO. Die Partei ist von Amts wegen zu laden. Dabei ist die Ladung der Partei persönlich mitzuteilen, auch wenn sie einen Prozessbevollmächtigten bestellt hat.

> **Achtung:** Bei Ausbleiben im Termin kann gegen die Partei ein Ordnungsgeld, wie gegen einen im Vernehmungstermin nicht erschienenen Zeugen, festgesetzt werden. Von der Verhängung eines Ordnungsgeldes wird abgesehen, wenn die Partei zur Verhandlung einen Vertreter entsendet, der zur Aufklärung des Tatbestandes in der Lage und zur Abgabe der gebotenen Erklärungen, insbesondere zu einem Vergleichsabschluss, § 141 Abs. 3 S. 2 ZPO, bevollmächtigt ist. Zu beachten ist dabei, dass der Rechtsanwalt seine Partei zwar im Termin vertreten kann (wie im Übrigen jede prozessfähige Person), hierzu jedoch eine gesonderte Vollmacht nach § 141 Abs. 3 S. 2 ZPO benötigt. Seine Prozessvollmacht reicht hierfür nicht aus. Wichtig ist dabei zudem, dass der Rechtsanwalt von der Partei umfassend informiert worden ist, und mit dieser über einen etwaigen Vergleichsabschluss gesprochen hat. Gerichte reagieren oft überaus empfindlich, gegebenenfalls mit der Verhängung eines Ordnungsgeldes, wenn sich der Rechtsanwalt im Termin außer Stande sieht, für seine Partei einen Vergleich unwiderruflich abzuschließen, obwohl er mit einer Vollmacht nach § 141 ZPO ausgestattet ist.

Übungsfall 26:

Ihr Mandant ist völlig fertig. Er hatte heute die Ladung des Gerichts im Briefkasten, nach der er am 13.02.2018 zum Gerichtstermin erscheinen soll. Er versteht gar nicht, was er da soll. Schließlich hat er doch einen Anwalt, nämlich Ihre Kanzlei, beauftragt. Und überhaupt: Er hat doch schon vor einem Jahr diese Reise nach Island gebucht. Jetzt kann er doch nicht einfach die Reise absagen.

Mit welchen Vorschlägen können Sie Ihren Mandanten am Telefon beruhigen? Nennen Sie drei Möglichkeiten, wie in dieser Situation reagiert werden kann.

Lösungsvorschlag:

- Es kann Verlegung des Termins beantragt werden, § 227 Abs. 1 S. 1 ZPO.
- Es kann beantragt werden, vom persönlichen Erscheinen des Mandanten abzusehen, § 141 Abs. 1 S. 2 ZPO.
- Der Anwalt kann vom Mandanten mit einer Vollmacht nach § 141 Abs. 3 S. 2 ZPO ausgestattet werden. Dann muss er ebenfalls nicht selbst erscheinen.

Prüfungstipp: Sind §-Angaben eigentlich immer so genau zu machen, dass man auch den Absatz und Satz mit angibt? Es ist stark von der Region abhängig, in der jemand seine Abschlussprüfung macht, wie genau §§ abgefragt werden. Hier sollten Sie sich an das orientieren, was Ihnen Ihr Ausbilder und auch die Lehrkräfte sagen. Insbesondere die Lehrkräfte wissen häufig sehr gut, wie genau Paragrafen anzugeben sind. Grundsätzlich schadet es nichts, hier genau zu arbeiten. Es kann auch vorkommen, dass im Absatz 1 eines Paragrafen etwas geregelt ist, und im Absatz 2 steht dann die Ausnahme oder das Gegenteil. Dann ist natürlich auch der Absatz oder auch Satz sehr wichtig.

Sofern beide Parteien in der Güteverhandlung nicht erscheinen, ist das Ruhen des Verfahrens anzuordnen, § 278 Abs. 4 ZPO. Regen Gebrauch machen einige Gerichte zwischenzeitlich von der Möglichkeit des § 278 Abs. 5 S. 2 ZPO. In geeigneten Fällen kann das Gericht den Parteien eine außergerichtliche Streitschlichtung vorschlagen. Entscheiden sich die Parteien zu einer außergerichtlichen Streitschlichtung, gilt § 251 ZPO (Ruhen des Verfahrens) entsprechend.

Nach § 278 Abs. 6 ZPO kann ein gerichtlicher Vergleich auch dadurch geschlossen werden, dass die **Parteien** dem Gericht einen schriftlichen Vergleichsvorschlag unterbreiten **oder** einen schriftlichen Vergleichsvorschlag des Gerichts durch Schriftsatz gegenüber dem Gericht annehmen. Das Gericht stellt das Zustandekommen und den Inhalt eines nach § 278 Abs. 6 ZPO geschlossenen Vergleichs durch **Beschluss** fest (so genannter Beschlussvergleich).

Erscheint eine Partei in der Güteverhandlung nicht oder ist die Güteverhandlung erfolglos, soll sich die mündliche Verhandlung (früher erster Termin oder Haupttermin) unmittelbar anschließen, § 279 Abs. 1 ZPO. Dem Haupttermin soll der streitigen Verhandlung die Beweisaufnahme unmittelbar folgen, § 279 Abs. 2 ZPO.

Im Anschluss an eine Beweisaufnahme hat das Gericht erneut den Sach- und Streitstand und, soweit bereits möglich, das Ergebnis der Beweisaufnahme mit den Parteien zu erörtern.

Gem. § 159 Abs. 1 ZPO ist über die Verhandlung und jede Beweisaufnahme ein Protokoll aufzunehmen. Darüber hinaus können die Parteien beantragen, ein Protokoll auch über eine Güteverhandlung nach § 278 ZPO aufzunehmen, vgl. dazu § 159 Abs. 2 S. 2 ZPO.

Der Inhalt des **Sitzungsprotokolls** ergibt sich aus § 160 ZPO. Sitzungsprotokolle sind sehr **wichtige Aktenunterlagen**!

Ach so: In der schriftlichen Prüfung ist das Sitzungsprotokoll eher selten ein Thema. Ich möchte Ihnen dieses heute trotzdem vorstellen, denn wer ein Sitzungsprotokoll „lesen" kann, kann aus ihm viele wichtige Dinge entnehmen, so z.B.

- den Ort und den Tag der Verhandlung, § 160 Abs. 1 Nr. 1 ZPO, (So hat man praktisch einen Nachweis in der Akte, dass es diesen Termin gab. Beantragt man z.B. Kostenfestsetzung, wenn man den Prozess gewonnen hat, kann der Kostenbeamte sehr leicht feststellen, ob die Reisekosten zum Termin wirklich angefallen sein können).

- die Namen der Richter, des Urkundsbeamten der Geschäftsstelle oder des ggf. hinzugezogenen Dolmetschers, § 160 Abs. 1 Nr. 2 ZPO,

- die Bezeichnung des Rechtsstreits, § 160 Abs. 1 Nr. 3 ZPO,

- die Namen der erschienenen Parteien, Nebenintervenienten, Vertreter, Bevollmächtigten, Beistände, Zeugen und Sachverständigen und im Fall des § 128a ZPO (Videokonferenz) den Ort, von dem aus sie an der Verhandlung teilnehmen, § 160 Abs. 1 Nr. 4 ZPO (Werden z.B. Reisekosten vom Gegner im Kostenfestsetzungsverfahren geltend gemacht für die Prozessbevollmächtigten oder die Partei selbst, kann man im Sitzungsprotokoll prüfen, wer überhaupt beim Termin anwesend war.),

- die Angabe, dass öffentlich verhandelt oder die Öffentlichkeit ausgeschlossen ist, § 160 Abs. 1 Nr. 5 ZPO,

- die wesentlichen Vorgänge der Verhandlung, § 160 Abs. 2 ZPO.

Darüber hinaus sind gem. § 160 Abs. 3 ZPO im Protokoll **festzustellen**:

- Anerkenntnis, Anspruchsverzicht und Vergleich, § 160 Abs. 3 Nr. 1 ZPO, (dies ist besonders wichtig, denn Vergleiche, die im Termin geschlossen werden, kann man dem Sitzungsprotokoll entnehmen.),

- die Anträge, § 160 Abs. 3 Nr. 3 ZPO (Auch das ist wichtig, wenn z.B. eine Partei in der mündlichen Verhandlung die Klage erweitert hat, so dass dann am Ende auch der Streitwert vielleicht höher festgesetzt wird.).

- Geständnis und Erklärung über einen Antrag auf Parteivernehmung sowie sonstige Erklärungen, wenn ihre Feststellung vorgeschrieben ist, § 160 Abs. 3 Nr. 3 ZPO,

- die Aussagen der Zeugen, Sachverständigen und vernommenen Parteien; bei einer wiederholten Vernehmung braucht die Aussage nur insoweit in das Protokoll aufgenommen zu werden, als sie von der früheren abweicht, § 160 Abs. 3 Nr. 4 ZPO (Ergebnisse von Beweisaufnahmen sind immer wichtig: Sie helfen dem Anwalt zu entscheiden, wie er prozesstaktisch klug vorgeht, z.B. ob er vielleicht doch besser die Klage zurücknimmt.),

- das Ergebnis eines Augenscheins, § 160 Abs. 3 Nr. 5 ZPO,

- die Entscheidungen (Urteile, Beschlüsse und Verfügungen) des Gerichts, § 160 Abs. 3 Nr. 6 ZPO (Das Gericht hat vielleicht einen Termin zur Verkündung einer Entscheidung bestimmt. Dieser muss dann notiert werden. Es kann auch einer Partei nochmals eine Schriftsatzfrist nachgelassen haben, d.h. die Partei darf nochmals einen Schriftsatz einreichen. Auch diese Frist wäre zu notieren.),

- die Verkündung der Entscheidungen, § 160 Abs. 3 Nr. 7 ZPO,

- die Zurücknahme der Klage oder eines Rechtsmittels, § 160 Abs. 3 Nr. 8 ZPO,

- der Verzicht auf Rechtsmittel, § 160 Abs. 3 Nr. 9 ZPO (Ist der Zusatz aufgenommen, dass die Parteien auf Rechtsmittel verzichtet haben, ist die Entscheidung mit der Verkündung rechtskräftig.),

- das Ergebnis der Güteverhandlung, § 160 Abs. 3 Nr. 10 ZPO.

Die Beteiligten können darüber hinaus gem. § 160 Abs. 4 ZPO beantragen, dass bestimmte Vorgänge oder Äußerungen in das Protokoll aufgenommen werden.

Grundsätzlich wird ein Protokoll zunächst gem. § 160a ZPO entweder in gebräuchlicher Kurzschrift, durch verständliche Abkürzungen oder auf einem Ton- oder Datenträger vorläufig aufgezeichnet. Sehr häufig findet man in der Praxis aber auch die Aufnahme des Protokolls während der Sitzung gleich in den PC.

Das Protokoll ist unverzüglich nach der Sitzung herzustellen. Wenn eine Partei dies bis zum rechtskräftigen Abschluss des Verfahrens beantragt, oder das Rechtsmittelgericht eine Ergänzung anfordert, ist das Protokoll um diese Feststellungen zu ergänzen, § 160a Abs. 2 S. 3 ZPO. Zu beachten ist jedoch, dass Aufzeichnungen auf Ton- und Datenträgern nach § 160a Abs. 3 ZPO gelöscht werden können, soweit das Protokoll nach der Sitzung hergestellt oder um die vorläufigen Aufzeichnungen ergänzt ist, wenn die Parteien **innerhalb eines Monats** nach Mitteilung der Abschrift keine Einwendungen erhoben haben; bzw. nach rechtskräftigem Abschluss des Verfahrens. Es ist daher anzuraten, Protokollberichtigungen **kurzfristig zu beantragen**.

Übungsfall 27:

Sie bearbeiten die morgendliche Post. Das LG hat Ihnen ein Protokoll übermittelt, das auch einen zwischen den Parteien geschlossenen Vergleich enthält. Sie legen Ihrem Chef dieses Protokoll mit Akte vor. Plötzlich kommt Ihr Chef tobend aus seinem Zimmer. Eine wichtige Vergleichsregelung zu Ziff. 2 ist im Protokoll nicht korrekt wiedergegeben. Die Vergleichssumme beträgt 15.000,00 €, nicht 1.500,00 €. Er bittet Sie, einen entsprechenden Berichtigungsantrag an das Gericht zu stellen (ohne Angabe von gesetzlichen Bestimmungen).

Lösungsvorschlag:

... beantragen wir innerhalb der Berichtigungsfrist, das Sitzungsprotokoll der Sitzung vom (Datum einsetzen) *zu berichtigen.* Die Parteien haben einen Vergleich im genannten Termin geschlossen. Ziff. 2 des Vergleichstextes ist jedoch im Protokoll nicht korrekt wieder gegeben.

Hier heißt es: *„Der Beklagte verpflichtet sich, zur Abgeltung der Klageforderung 1.500,00 € zu bezahlen."*

Richtig muss es heißen: *„Der Beklagte verpflichtet sich, zur Abgeltung der Klageforderung 15.000,00 € zu bezahlen."*

Erläuterung:

Es dürfte sich bei der falschen Vergleichssumme um einen Tippfehler handeln, der grundsätzlich jederzeit wegen offenbarer Unrichtigkeit berichtigt werden kann. Auch an der Kostenquote wird man voraussichtlich erkennen können, dass die Vergleichssumme nicht korrekt wiedergegeben ist. Da es sich jedoch um einen gravierenden Fehler handelt, sollte in der Praxis in jedem Fall die Berichtigungsfrist eingehalten werden, um Streit darüber zu vermeiden, ob dies nun als „offenbare Unrichtigkeit" gelten kann oder nicht.

Nach § 164 Abs. 1 ZPO können Unrichtigkeiten des Protokolls jederzeit berichtigt werden.

6.   Erledigung der Hauptsache

Als erledigt gilt der Rechtsstreit, wenn die Hauptsache **nach Eintritt der Rechtshängigkeit** gegenstandslos wird, beispielsweise nach Erhebung der Klage die geforderte Summe bezahlt wird, die Sache herausgegeben wurde oder sie beispielsweise ohne Verschulden des Klägers untergeht. Denkbar ist auch ein außergerichtlicher Vergleich. Der Kläger wird in der Praxis nicht bereit sein, die Klage zurückzunehmen, da er dann ein hohes Kostenrisiko trägt (vgl. dazu § 269 Abs. 3 ZPO). Auch ein Verzicht auf den mit der Klage geltend gemachten Anspruch nach § 306 ZPO wird kaum in Frage kommen, denn dann könnte ja der Beklagte die gezahlten Beträge zurückfordern wg. ungerechtfertigter Bereicherung. Sind sich jedoch beide Parteien über die Erledigung der Hauptsache einig, so können sie den Rechtsstreit übereinstimmend für erledigt erklären, § 91a ZPO („Haben die Parteien ..."). Das Gericht ist dann nicht verpflichtet zu prüfen, ob überhaupt ein erledigendes Ereignis eingetreten ist. Hat der Gegner einer Erledigungserklärung zugestimmt, kann diese Erklärung nicht mehr widerrufen werden. Die übereinstimmende Erledigungserklärung muss nicht ausdrücklich erfolgen.

Beispiel:
Der Kläger erklärt den Rechtsstreit für erledigt und regt an, dem Beklagten die Kosten des Verfahrens aufzuerlegen. Der Beklagte seinerseits regt an, die Kosten dem Kläger aufzuerlegen. Hier kann von einer stillschweigenden übereinstimmenden Erledigungserklärung ausgegangen werden, obwohl der Beklagte sich nicht explizit zur Erledigungserklärung des Klägers geäußert hat.

Erklärt der Kläger der Rechtsstreit durch Schriftsatz für erledigt, wird dieser Schriftsatz dem Beklagten mit dem Hinweis zugestellt, dass er der Erledigungserklärung des Klägers binnen einer Notfrist von 2 Wochen ab Zustellung der Erklärung und des Hinweises widersprechen kann. Widerspricht der Beklagte nicht, so gilt seine Zustimmung als erteilt (Zustimmungsfiktion).

Übungsfall 28:

Der Gegner war mit der Zahlung in Verzug, weshalb Klage eingereicht werden musste. Ihr Mandant teilt Ihnen mit, dass der Beklagte nach Klagezustellung die Klageforderung nebst Zinsen vollständig bezahlt hat. Nicht bezahlt hat der Beklagte die Kosten des Rechtsstreits.

Die Hauptsache wird im Schriftsatz für erledigt erklärt. Dieser Schriftsatz wird dem Beklagten mit entsprechender Belehrung zugestellt. Der Beklagte hat keine Lust, auf diese Zustellung zu reagieren. Welche Folge tritt nun im Prozess ein (mit Angabe von gesetzlichen Bestimmungen).

Lösungsvorschlag:

Wenn der Beklagte nicht binnen 2 Wochen (Notfrist) der Erledigungserklärung des Klägers nach Zustellung des Schriftsatzes an ihn widerspricht, tritt eine Zustimmungsfiktion ein und der Rechtsstreit gilt in der Hauptsache als erledigt, § 91a Abs. 1 S. 2 ZPO. Das Gericht entscheidet nun über die Kosten unter Berücksichtigung des bisherigen Sach- und Streitstandes nach billigem Ermessen durch Beschluss, § 91a Abs. 1 S. 1 ZPO.

Prüfungstipp: Es bietet sich bei vielen Prüfungsfragen an, parallel zur Beantwortung auch das Gesetz aufzuschlagen und dort nachzulesen. Aus dem Kopf hätte man bestimmt nicht alle oben angegeben Parameter niedergeschrieben und wertvolle Punkte verschenkt. Nur beispielhaft werden die Aspekte nachstehend bewertet, die z.B. beim zweiten Lösungssatz Punkte auslösen können:

Das *Gericht 1* entscheidet nun über die Kosten *1* unter Berücksichtigung des bisherigen Sach- und Streitstandes *1* nach billigem Ermessen *1* durch Beschluss *1*, § 91a Abs. 1 S. 1 ZPO. *1.*

Eine übereinstimmende Erledigungserklärung beendet den Rechtsstreit in der Hauptsache, ohne dass es einer gerichtlichen Entscheidung bedarf. Das Gericht entscheidet nur noch unter Berücksichtigung des bisherigen Sach- und Streitstands nach billigem Ermessen durch Beschluss über die Kosten des Rechtsstreits, § 91a Abs. 1 ZPO.

Übungsfall 29:

Der Gegner war mit der Zahlung in Verzug, weshalb Klage eingereicht werden musste. Ihr Mandant teilt Ihnen mit, dass der Beklagte nach Klagezustellung die Klageforderung nebst Zinsen vollständig bezahlt hat. Nicht bezahlt hat der Beklagte die Kosten des Rechtsstreits.

Ihr Chef fordert Sie auf, einen Schriftsatz vorzubereiten, mit dem die Hauptsache gegenüber dem Gericht für erledigt erklärt wird. Formulieren Sie einen entsprechenden Text an das Gericht. Adressierung und Rubrum sind nicht erforderlich. Gehen Sie dabei auch auf die Kosten des Verfahrens ein. (ohne Angabe von gesetzlichen Bestimmungen)

Lösungsvorschlag:

... *„hat der Beklagte am (Datum einsetzen) die geltend gemachte Klageforderung nebst Zinsen an den Kläger bezahlt. Der Kläger erklärt aus diesem Grund die Hauptsache für erledigt. Es wird angeregt, dem Beklagten die Kosten des Verfahrens aufzuerlegen, da er sich mit der Zahlung in Verzug befunden hat."*

Erläuterung:

Es ist nicht notwendig, einen Antrag bezogen auf die Kosten zu stellen, da das Gericht von Amts wegen über die Kosten entscheiden muss, § 308 Abs. 2 ZPO. Allerdings wird man in der Praxis häufig eine entsprechende Anregung finden, dem Beklagten die Kosten des Verfahrens aufzuerlegen.

Bei seiner Entscheidung über die Kosten hat das Gericht nur die bis zur Erledigungserklärung vorgetragenen und erhobenen Beweise zu berücksichtigen. Die Kostenentscheidung wird sich daher regelmäßig nach dem mutmaßlichen Ausgang des Rechtsstreits richten. Eine gerichtliche Kostenentscheidung ist gemäß § 91a Abs. 2 ZPO nur anfechtbar, wenn der Beschwerdewert in der Hauptsache 600 € übersteigt, § 511 ZPO. Dabei ist ein solcher Beschluss als Kostengrundentscheidung weiter nur anfechtbar, wenn der Beschwerdegegenstand betreffend die Kosten selbst 200 € übersteigt, § 567 Abs. 2 ZPO.

Übungsfall 30:

Das Landgericht hat dem Beklagten, Ihrem Mandanten, die gesamten Kosten des Verfahrens (Zahlungsklage) auferlegt, nachdem die Parteien die Hauptsache für erledigt erklärt haben. Der Beklagte ist mit der Kostenentscheidung nicht einverstanden.

1. Entscheiden Sie, ob der Mandant diese Kostenentscheidung anfechten kann. (mit Angabe der gesetzlichen Bestimmungen)
2. Formulieren Sie ein Anschreiben an den Mandanten. Dieses muss 3 Hinweise an den Mandanten enthalten. (ohne Angabe von gesetzlichen Bestimmungen).

Lösungsvorschlag:

1.

Gegen die Kostenentscheidung kann sofortige Beschwerde binnen einer Notfrist von 2 Wochen ab Zustellung des Beschlusses des Gerichts eingelegt werden, §§ 91a Abs. 2 S. 1 ZPO, 567 Abs. 1 Nr. 1, 569 Abs. 1 u. 2 ZPO. Da es sich um ein Klageverfahren vor dem Landgericht handelt, übersteigt der Hauptsachewert die Berufungssumme des § 511 ZPO (600,00 €) deutlich. Auch die Kosten dürften ohne Zweifel die erforderlichen 200,00 € Wertgrenze übersteigen, § 567 Abs. 2 ZPO.

2.

Sehr geehrter Mandant,

*in obiger Angelegenheit hat das Gericht Ihnen die **Kosten des Verfahrens auferlegt**. Dies bedeutet, dass die Gegenseite nunmehr die **Kostenfestsetzung** wegen der Höhe der Kosten gegen Sie betreiben kann. Die Kostenentscheidung des Gerichts kann mit dem Rechtsmittel der **sofortigen Beschwerde** angegriffen werden. Für die Einlegung der sofortigen Beschwerde besteht eine **Frist von 2 Wochen ab Zustellung des Beschlusses** des Landgerichts. Da der Beschluss am (Datum einsetzen) hier eingegangen ist, kann die sofortige Beschwerde bis spätestens zum (**Datum einsetzen**) eingelegt werden. Bitte lassen Sie uns umgehend **wissen**, ob Sie die Einlegung einer sofortigen Beschwerde wünschen oder nicht.*

Mit freundlichen Grüßen

Name Rechtsanwalt

Prüfungstipp: Um eine gerechte Bepunktung zu erhalten, wird in der Regel die Angabe einer bestimmten Anzahl von Hinweisen oder Stichpunkten gefordert, denn in einem solchen Brief an den Mandanten kann man sich „austoben" und der Prüfling wüsste nicht, wann die Frage erschöpfend beantwortet ist. Bitte beachten Sie daher auch den nachstehenden Praxishinweis. Die geforderten 3 Stichpunkte sind im obigen Brief enthalten (**hier sogar 5!**)

Praxishinweis:

In der Praxis würde man dem Mandanten in jedem Fall noch eine Empfehlung mit auf den Weg geben, damit er sich leichter entscheiden kann, ob er das Rechtsmittel einlegen möchte oder nicht. Das könnte dann z.B. wie folgt lauten: *„Da Sie sich mit der Zahlung der Forderung in Verzug befunden haben, sehen wir keine Erfolgsaussichten für ein derartiges Rechtsmittel, das mit weiteren Kosten verbunden ist. Das Kostenrisiko für ein solches Beschwerdeverfahren liegt bei rund .... €. Wir können Ihnen daher die Einlegung dieses Rechtsmittels nicht empfehlen. Der guten Ordnung halber bitten wir Sie dennoch, uns eine entsprechende Weisung zu erteilen, ob Sie das Rechtsmittel entgegen unserem Rat dennoch einlegen wollen."*

Manche Kanzleien lassen dem Mandanten gar nicht wirklich die Wahl und schreiben. *„Im Hinblick auf die sehr geringen Erfolgsaussichten und das Kostenrisiko werden wir ein Rechtsmittel NICHT einlegen, sollten wir bis zum (Datum einsetzen) nichts von Ihnen hören."* Ich selbst halte solche Formulierungen für problematisch. Was, wenn der Mandant den Brief gar nicht bekommen hat? Es taucht dann einfach am Tag des Fristablaufs Unsicherheit auf und häufig fängt man dann an, dem Mandanten hinterher zu telefonieren. Ich empfehle daher, solche Sätze nicht zu schreiben, sondern den Mandanten immer konkret um eine Weisung zu bitten (Rechtsmittel einlegen ja oder nein?).

Widerspricht der Beklagte der Erledigungserklärung des Klägers, so spricht man von einseitiger Erledigungserklärung. Der Beklagte wird der Erledigung regelmäßig dann widersprechen, wenn er die Klage von vornherein als unzulässig oder unbegründet angesehen hat oder ein erledigendes Ereignis bestreitet.

Interessant: Die Erledigung der Hauptsache kann nur dann erklärt werden, wenn das erledigende Ereignis nach Zustellung der Klage erfolgt. Von großer praktischer Bedeutung sind die Fälle, in denen sich das erledigende Ereignis zwischen Anhängigkeit (Einreichung der Klage) und Rechtshängigkeit (Zustellung der Klage) geeignet. Erst mit der Zustellung der Klage wird ein Prozessrechtsverhältnis begründet. Eine Erledigung der Hauptsache kann daher nach herrschender Meinung zwischen Anhängigkeit und Rechtshängigkeit der Klage nicht angenommen werden. Zahlt beispielsweise der Beklagte den geltend gemachten Klageanspruch nach Einreichung der Klage, aber vor Zustellung, so scheidet nach der herrschenden Meinung eine Erledigung des Rechtsstreits aus. Aufgrund der Regelung des § 269 Abs. 3 S. 3 ZPO ist in dem Kläger im Falle einer Erledigung vor Rechtshängigkeit (aber nach Anhängigkeit), d.h. zwischen Einreichung und Zustellung der Klage eine unverzügliche Klagerücknahme zu empfehlen. Das Gericht kann, wenn die Klage begründet war und der Beklagte Anlass für die Klageerhebung gegeben hatte (beispielsweise bei Verzug), dem Beklagten die Kosten des Rechtsstreits auferlegen.

Ach so: Dabei kommt es für die Frage, ob § 269 Abs. 3 oder aber § 91a Abs. 1 ZPO einschlägig ist, maßgeblich auf den tatsächlichen Zeitpunkt des erledigenden Ereignisses an. Es kommt nicht darauf an, wann der Kläger vom erledigenden Ereignis Kenntnis erlangt hat.

Übrigens (nur nebenbei): Eine Ermäßigung der Gerichtskosten nach Nr. 1211 Nr. Nr. 4 KV GKG von einer 3,0 Verfahrensgebühr auf eine 1,0 Verfahrensgebühr ist nur möglich, wenn die Parteien sich bei Erledigung der Hauptsache über die Kostentragung einigen oder eine Partei die Kosten übernimmt. Muss das Gericht eine „streitige" Kostenentscheidung treffen, bleibt es bei einer 3,0 Verfahrensgebühr. Dies ist für die Prozesstaktik ein interessanter Aspekt.

7. Die Beweisaufnahme

Erfordert die **Beweisaufnahme** ein besonderes Verfahren, so ist es durch Beweisbeschluss anzuordnen, § 358 ZPO. Bereits vor der mündlichen Verhandlung kann das Gericht einen Beweisbeschluss erlassen, § 358a ZPO. Vor der mündlichen Verhandlung wird ein Beweisbeschluss angeordnet, soweit z.B. die Einholung amtlicher Auskünfte, die schriftliche Beantwortung einer Beweisfrage nach § 377 Abs. 3 ZPO, die Begutachtung durch Sachverständige oder die Einnahme eines Augenscheins erforderlich sind. Die Beweisaufnahme ist vor dem beauftragten oder ersuchten Richter durchzuführen.

Der Beweisbeschluss enthält die Bezeichnung der streitigen Tatsachen, über die der Beweis zu erheben ist, die Bezeichnung der Beweismittel unter Benennung der zu vernehmenden Zeugen und Sachverständigen oder der zu vernehmenden Partei sowie die Bezeichnung der Partei die sich auf das Beweismittel berufen hat.

Geht ein Beweisbeschluss in einer Rechtsanwaltskanzlei ein, so ist der Mandant hierüber unverzüglich zu informieren.

Übungsfall 31:

Sie bearbeiten den Posteingang und stellen fest, dass das Landgericht München I einen Beweisbeschluss in einem Verfahren erlassen hat, in dem Sie den Kläger vertreten.

Ihr Chef bittet Sie, ein entsprechendes Anschreiben an den Mandanten zur Information über diesen Beweisbeschluss vorzubereiten. Zählen Sie vier mögliche Stichpunkte auf, was Ihr Schreiben enthalten könnte. (ohne Angabe von gesetzlichen Bestimmungen)

Lösungsvorschlag:

Mein Schreiben an den Mandanten sollte folgende Punkte enthalten:

- Hinweis auf Termin zur Beweisaufnahme
- Hinweis auf geladene Zeugen
- Hinweis auf evtl. notwendigen Zeugengebührenvorschuss oder – Verzichtserklärungen und deren Beibringung durch den Mandanten
- Hinweis zu ergänzendem Sachvortrag, sofern von Gericht angeregt.

Prüfungshinweis: Weitere sinnvolle Antworten können bewertet werden, max. werden jedoch entsprechend der Vorgabe 4 Stichpunkte bewertet. Man könnte z.B. noch antworten

- Hinweis auf etwaige Schriftsatzfrist
- Hinweis auf Vorgaben für den Gegner
- Hinweis auf Benennung eines geeigneten Sachverständigen.

Übungsfall 32:

Ihr Chef bittet Sie, eine Liste mit den zulässigen Beweismitteln nach der ZPO anzufertigen. Geben Sie dabei auch die gesetzlichen Bestimmungen an.

Lösungsvorschlag:

- Beweis durch **A**ugenschein (§§ 371–372a)
- **Z**eugenbeweis (§§ 373–401)
- Beweis durch **S**achverständige (§§ 402–414)
- Beweis durch **U**rkunden (§§ 415–444)
- Beweis durch **P**arteivernehmung (§§ 445–455).

Hinweis: Sie tun sich schwer damit, sich die Beweismittel der ZPO zu merken? Hier gibt es zwei „Merkwörter", die die Anfangsbuchstaben der Beweismittel wiedergeben und helfen können, die richtigen zu finden: Spauz oder Sapuz

Übungsfall 33:

Sie wurden in einem Zivilprozess als Zeugin geladen und sollen nun zu einem Vorfall aussagen, der sich in München im September 2017 beim Oktoberfest zugetragen hat. Ihre beste Freundin hat, nachdem sie etwa 1 Maß (= 1 Liter Bier) getrunken hatte, auf dem Tisch im Bierzelt getanzt. Dabei hat sie versehentlich einem jungen Mann mit ihrem Stöckelschuh auf die Hand getreten. Dieser hat nun Ihre Freundin auf Zahlung eines Schmerzensgeldes verklagt. Sie möchten nun nicht so gerne aussagen, da sie fürchten, dass Ihre Freundin dann das geforderte Schmerzensgeld zahlen muss.

Dürfen Sie die Aussage verweigern? Schließlich handelt es sich hier um Ihre beste Freundin.

Lösungsvorschlag:

Die Aussage kann nicht verweigert werden, da weder ein persönliches noch sachliches Zeugnisverweigerungsrecht besteht, vgl. §§ 383 u. 384 ZPO.

Prüfungshinweis: Wenn Sie die beiden §§ 383 und 384 ZPO lesen (eine gute Idee!), werden Sie vielleicht denken: Oje, woher soll ich denn wissen, wie ausführlich die Antwort sein muss? Muss ich jetzt etwa vortragen, wer alles ein Zeugnisverweigerungsrecht hätte und warum ich hier keines habe? Die Sorge ist verständlich. In der Regel haben Sie aber in der Prüfung zwei Möglichkeiten, den gewünschten Umfang einer Antwort zu erfahren. Entweder werden die zu vergebenden Punkte bei der Prüfungsfrage vorgegeben (hier hätte ich jetzt z.B. 4 Punkte veranschlagt (siehe unten) oder es wird in der Aufgabenstellung aufgefordert, eine kurze Antwort (z.B. stichpunktartig) zu geben. Wenn Sie keinerlei solche Hinweise finden, sollten Sie sich zunächst auf eine kurze Antwort konzentrieren, damit Sie nicht unnötig Zeit verlieren. Markieren Sie sich die Aufgabe, um – wenn Ihnen am Ende der Prüfung noch Zeit bleibt – hier weitere Ausführungen zu machen. Diese sollten sich aber nicht widersprechen. Sie sollten also an Ihre erste Antwort nur anknüpfen.

Vorschlag für eine mögliche **Bepunktung des Lösungsvorschlags**:

„Die Aussage kann nicht **2** verweigert werden, da weder ein persönliches **0,5** noch sachliches Zeugnisverweigerungsrecht **0,5** besteht, vgl. §§ 383 **0,5** u. 384 **0,5** ZPO."

Erläuterung:

2 Punkte für die Kernaussage: KEIN Zeugnisverweigerungsrecht; jeweils 0,5 P. auf die Unterscheidung zwischen persönlichem und sachlichen Zeugnisverweigerungsrecht; je 0,5 P. auf die dazugehörigen §§.

Übungsfall 34:

Der 17-jährige Jonas Bierl hat in einem Zivilprozess eine Aussage machen müssen. Die Gegenseite beantragt vor Gericht nun seine Vereidigung. Eruieren Sie, wie das Gericht auf diesen Antrag reagieren wird.

Lösungsvorschlag:

Wenn nicht anzunehmen ist, dass der Zeuge unter mangelnder Verstandesreife oder unter Verstandesschwäche leidet, ist er zu vereidigen, da er das 16. Lebensjahr vollendet hat, § 393 ZPO.

8. Beendigung des Verfahrens

Ein Klageverfahren kann auf unterschiedliche Weise beendet werden. Als „Klassiker" wären das Endurteil (§ 300 ZPO), aber auch der Vergleich (im Beschlusswege nach § 278 Abs. 6 ZPO oder im Termin protokolliert, § 160 Abs. 3 Nr. 1 ZPO) zu nennen.

Ist ein Rechtsstreit zur Entscheidung reif, fällt das Gericht ein Endurteil nach § 300 Abs. 1 ZPO. Ist von mehreren zum Zwecke gleichzeitiger Verhandlung und Entscheidung verbundener Prozesse nur einer zur Endentscheidung reif, ist ebenfalls ein Endurteil zu erlassen, § 300 Abs. 2 ZPO.

Viele Fristen beginnen mit der Zustellung des vollständigen Urteils zu laufen. Doch was beinhaltet ein **vollständiges** Urteil?

Nach den §§ 311 Abs. 1, 313 Abs. 1 ZPO hat ein Zivilurteil folgende Bestandteile:

- **Überschrift**, § 311 Abs. 1 ZPO: „Im Namen des Volkes", soll an die Volkssouveränität erinnern, Art. 20 Abs. 1 S. 1 GG.
  An dieser Stelle ist in der Regel auch eine besondere Urteilsart genannt, wie z.B.: Versäumnisurteil, Anerkenntnisurteil, Verzichtsurteil, Teilurteil, Zwischenurteil, Grundurteil, Vorbehaltsurteil und Mischformen, wie beispielsweise ein Teilanerkenntnisurteil, etc.

- **Rubrum**, § 313 Abs. 1 Nr. 1-3 ZPO:
  Letzte mündliche Verhandlung, Gericht, Aktenzeichen und Parteien nebst Vertreten.

- **Urteilstenor** (auch Urteilsformel genannt), § 313 Abs. 1 Nr. 4 ZPO:
  Im Urteilstenor ist das Prozessergebnis festgehalten.
  Der Urteilstenor besteht meistens aus drei Entscheidungen: Entscheidung über die Hauptsache, über die Kosten und die vorläufige Vollstreckbarkeit.

- **Tatbestand**, § 313 Abs. 1 Nr. 5, Abs. 2 ZPO:
  Der Tatbestand ist Grundlage des Richterspruchs und fasst das Parteivorbringen zusammen, § 314 ZPO. Der Tatbestand des Urteils liefert den Beweis für das mündliche Parteivorbringen. Der Beweis kann nur durch das Sitzungsprotokoll entkräftet werden. Eine Berichtigung des Tatbestands ist nach § 320 ZPO innerhalb einer 2-wöchigen Frist ab Zustellung des in vollständiger Form abgefassten Urteils möglich (Höchstfrist: 3 Monate ab Verkündung).

- **Entscheidungsgründe**, § 313 Abs. 1 Nr. 6, Abs. 3 ZPO:
  Mit den Entscheidungsgründen legt das Gericht dar, warum es die Entscheidung so und nicht anders getroffen hat. Hier sind die rechtlichen Schlussfolgerungen des Gerichts und die juristischen Argumente formuliert. In den Entscheidungsgründen werden auch die Beweise gewürdigt.

- **Unterschrift des Richters**, § 315 Abs. 1 ZPO:
  Das Urteil ist von den Richtern, die bei der Entscheidung mitgewirkt haben, zu unterschreiben.

Wird kein vollständiges, sondern vielmehr ein **abgekürztes Urteil** oder auch **gar kein Urteil** zugestellt, sollte daran gedacht werden, die sogenannte **„6-Monats-Frist"** bzw. **„abstrakte Berufungsfrist"** zu notieren. Das ist die Berufungsfrist, die spätestens fünf Monate nach Verkündung zu laufen beginnt. Sie beträgt ebenfalls einen Monat, wird jedoch, weil sie erst nach fünf Monaten und nicht mit der Zustellung des abgekürzten Urteils zu laufen beginnt, gerne auch „6-Monats-Frist" genannt. Sprachlich ist dies nicht ganz korrekt. Denn die Frist beträgt genau genommen weiterhin 1 Monat, sie beginnt aber eben erst nach 5 Monaten zu laufen und läuft dann 1 Monat. Die Berechnung der Frist im Kapitel Fristberechnung vorgestellt. Manche nennen Sie auch die „5+1-Berufungsfrist".

Doch in welchen Fällen erhält man ein abgekürztes Urteil? Nach § 313a Abs. 1 ZPO bedarf es eines Tatbestandes nicht, wenn ein Rechtsmittel gegen das Urteil unzweifelhaft nicht zulässig ist. In diesem Fall bedarf es auch keiner Entscheidungsgründe, wenn die Parteien auf sie verzichten oder wenn ihr wesentlicher Inhalt in das Protokoll aufgenommen worden ist. Derartige **„abgekürzte Urteile"** können nach Nr. 1211 Nr. 2 KV GKG zu einer Reduzierung der Gerichtskosten von 3,0 (Nr. 1210 KV GKG) auf 1,0 führen.

Wird das Urteil in dem Termin, in dem die mündliche Verhandlung geschlossen worden ist, verkündet, so bedarf es des Tatbestands und der Entscheidungsgründe nicht, wenn beide Parteien auf Rechtsmittel gegen das Urteil verzichten, § 313a Abs. 2 ZPO. In den Fällen, in denen das Urteil nur für eine Partei anfechtbar ist, genügt es, wenn diese verzichtet, § 313a Abs. 2 S. 2 ZPO.

Auch bei

- Versäumnisurteilen,
- Anerkenntnisurteilen,
- Verzichtsurteilen

bedarf es keines Tatbestandes und der Entscheidungsgründe, § 313b Abs. 1 S. 1 ZPO. Derartige Urteile sind jedoch als Versäumnisurteile, Anerkenntnisurteile oder Verzichtsurteile zu bezeichnen, § 313b Abs. 1 S. 2 ZPO.

Abgekürzte Urteile sind nach § 313a Abs. 4 ZPO nicht möglich bei:
- Verurteilungen auf künftig fällig werdende wiederkehrende Leistungen (z.B. vertragliche und gesetzliche Rentenansprüchen);
- notwendiger Geltendmachung des Urteils im Ausland.

Bei einem **Teilurteil** entscheidet das Gericht zunächst nur über einen Teil der eingeklagten Ansprüche, § 301 Abs. 1 ZPO. Sofern der Teil aber nicht ein einzelner Anspruch ist, sondern ein Teil vom „Ganzen", muss das Gericht gleichzeitig auch ein Grundurteil über den Rest fällen, § 301 Abs. 2 ZPO.

Bei einem **Grundurteil**, § 304 ZPO, entscheidet das Gericht erst einmal über den Grund. Gegen das Grundurteil kann Berufung eingelegt werden, das sogenannte Betragsverfahren wird dann in erster Instanz ausgesetzt, bis rechtskräftig über den Grund entschieden wird.

Beispiele:
Bei einem Verkehrsunfall wird eine Person schwer verletzt. Im Klageverfahren wird vom vermeintlichen Unfallverursacher Schadenersatz und Schmerzensgeld gefordert. Der Beklagte bestreitet aber, irgendetwas mit dem Unfall zu tun zu haben. Es wird also zuerst einmal darüber gestritten, ob der Beklagte „dem Grunde nach" haftet, ob er also überhaupt für den Schaden verantwortlich ist. Erst wenn diese Frage mit JA beantwortet wird, macht es Sinn über die Höhe des Schmerzensgeldes zu streiten. Normalerweise würde das Gericht über Grund und Höhe im selben Urteil entscheiden. Wenn aber z.B. eine beklagte Partei immer wieder – z.B. während schon die Beweisaufnahme zur Höhe des

Schadens läuft – behauptet, dem Grunde nach gar nicht zu haften, kann das Gericht ein Grundurteil erlassen. Dort findet man dann auch zur Höhe der Forderung nichts. Ist das Grundurteil rechtskräftig, kann man in Ruhe über die Höhe des Schadens „weiterstreiten".

Beim **Anerkenntnisurteil** erkennt die Beklagte Partei an, die Klageforderung ganz oder teilweise (dann Teil-Anerkenntnisurteil) zu schulden, § 307 S. 1 ZPO. Beim Anerkenntnis einer beklagten Partei muss zum Erlass des Urteils keine mündliche Verhandlung stattfinden, § 307 S. 2 ZPO.

Ein **Versäumnisurteil** gegen die Partei kann ergehen, wenn diese säumig war, vgl. dazu § 331 ZPO sowie die Ausführungen im Kapitel „Säumnisverfahren".

Übungsfall 35:

Sie haben Hermann Schmitz auf Zahlung einer Forderung i.H.v. 4.500,00 € verklagt. Hermann Schmitz schreibt gegenüber dem Gericht nach Zustellung der Klage: „Sorry, hab vergessen, die Forderung zu bezahlen. Ich erkenne die Forderung deshalb an. Es tut mir leid Hermann Schmitz".

Ihr Mandant möchte nun wissen, wie es weitergeht. Er befürchtet, dass Schmitz die Sache nur wieder rauszögert und doch nicht bezahlt.

1. **Schreiben Sie Ihrem Mandanten mit wenigen Worten, wie die Sache nun weitergehen wird. (ohne Angabe von gesetzlichen Bestimmungen)**
2. **Was beantragen Sie wo, damit Sie schnellstmöglich die Zwangsvollstreckung aus diesem Urteil betreiben können? (mit Angabe von gesetzlichen Bestimmungen)**

Lösungsvorschlag:

1.

Sehr geehrter Mandant,

wir haben Sie darüber informiert, dass Hermann Schmitz gegenüber dem Gericht ein Anerkenntnis abgegeben hat. Sie möchten nun gerne wissen, wie es weitergeht.

Das Gericht wird nun auf der Basis dieses Anerkenntnisses ein Anerkenntnisurteil erlassen. Gegen dieses Urteil könnte Hermann Schmitz zwar Berufung einlegen, damit zu rechnen ist allerdings nicht, da er ja selbst anerkannt hat und es auch keinen Grund für eine Berufung gäbe. Wir gehen daher im Moment davon aus, dass wir – wie aus der beigefügten Kopie unseres Antrags ersichtlich – die vollstreckbare Ausfertigung des Urteils alsbald übermittelt erhalten. Über den Fortgang der Sache werden wir Sie informieren.

Mit freundlichen Grüßen

Name des Rechtsanwalts

2.

Es muss eine vollstreckbare Ausfertigung beim Prozessgericht beantragt werden, §§ 317 Abs. 2, 724, 725 ZPO, wenn man vollstrecken will.

Ein Verfahren kann natürlich auch durch Zurücknahme der Klage beendet werden. Die **Zurücknahme der Klage** und, soweit sie zur Wirksamkeit der Zurücknahme erforderlich ist, auch die Einwilligung des Beklagten, sind dem Gericht gegenüber zu erklären, § 269 Abs. 2 S. 1 ZPO. Die Zurücknahme der Klage erfolgt durch Einreichung eines Schriftsatzes, oder Erklärung in der mündlichen Verhandlung, § 269 Abs. 2 S. 2

ZPO. Der Schriftsatz ist dem Beklagten zuzustellen, wenn seine Einwilligung zur Wirksamkeit der Zurücknahme der Klage erforderlich ist, § 269 Abs. 2 S. 3 ZPO.

Interessant: Die zulässigen Dateiformate bei Einreichung von elektronischen Dokumenten sind ab 01.01.2018 in einer bundesweit geltenden ERVV (Elektronischer-Rechtsverkehrs-Verordnung) geregelt. Die Dateiversionen, die zulässig sind, kann man im Bundesanzeiger veröffentlicht finden oder unter www.justiz.de aufrufen.

Übungsfall 36:

Ihr Mandant meldet sich telefonisch in der Kanzlei. Bedauerlicherweise hatte er übersehen, dass der Gegner die geforderte Zahlung bereits geleistet hat. Er bittet Sie, die erhobene Klage wieder zurückzunehmen.

Ihr Chef, Herr Dr. Anton Mustermann, beauftragt Sie, den Schriftsatz entsprechend vorzubereiten. Er möchte diesen Schriftsatz beim zuständigen Landgericht München I als elektronisches Dokument über sein beA (besonderes elektronisches Anwaltspostfach) einreichen.

1. **Entwerfen Sie den Text für den Klagerücknahme-Schriftsatz (ohne Angabe von gesetzlichen Bestimmungen).**
2. **Erläutern Sie an diesem Beispiel, worauf bezogen auf die elektronische Signatur des Anwalts zu achten ist (mit gesetzlichen Bestimmungen)?**
3. **Was ist bezogen auf das Dateiformat des elektronischen Dokuments zu beachten (mit gesetzlichen Bestimmungen)?**

Lösungsvorschlag:

1.

An das LG München I, Adresse, Rubrum

… *„nehmen wir die Klage zurück.*

Dr. Anton Mustermann, Rechtsanwalt"

2.

Dr. Anton Mustermann muss als verantwortende Person entweder den Schriftsatz qualifiziert elektronisch signieren oder aber als verantwortende Person einfach elektronisch signieren und auf einem sicheren Übermittlungsweg, der ihm zugeordnet ist, einreichen, § 130a Abs. 3 ZPO. Als sicherer Übermittlungsweg gilt z.B. das beA des Anwalts, § 130 Abs. 4 Nr. 2 ZPO.

3.

Das Dateiformat muss für das Gericht zur Bearbeitung geeignet sein, § 130a Abs. 2 S. 1 ZPO. In der bundeseinheitlichen ERVV (vgl. § 130a Abs. 2 S. 2 ZPO) ist geregelt, dass als geeignetes Dateiformat nur PDF und ggf. zusätzlich TIFF-Dateien erlaubt sind. Die zulässigen Dateiversionen werden im Bundesanzeiger bzw. unter www.justiz.de veröffentlicht. Es also darauf zu achten, dass das Dateiformat den gesetzlichen Anforderungen entspricht. (Ab 01.07.2019 müssen die PDF-Dateien zwingend auch Texterkennung erlauben.)

Hinweis: Ob in den nächsten zwei Jahren bereits Prüfungsfragen mit solchem Inhalt erfolgen, bleibt abzuwarten. Im Rahmen des elektronischen Rechtsverkehrs befindet sich vieles im Wandel, weshalb ich persönlich hoffe, dass man das Thema eher zurückhaltend prüft. Zuviel ist im Umbruch und was heute noch zulässig ist, kann schon morgen nicht mehr zulässig sein. Auf der anderen Seite ist es ein sehr wichtiges Thema, das einen sehr großen Raum in der anwaltlichen Praxis einnimmt. Völlig verschließen wird man sich dem Thema in Unterricht und Kanzlei daher nicht können.

Übungsfall 37:

Sie haben den Schriftsatz auftragsgemäß, nachdem Ihr Chef eine qualifiziert elektronische Signatur angebracht hat und Sie die Signaturprüfung vorgenommen haben, versendet.

Ihre Auszubildende meint, dass man doch jetzt die Frist im Kalender streichen könnte. Was antworten Sie ihr (mit gesetzlicher Bestimmung)?

Lösungsvorschlag:

§ 130a Abs. 5 ZPO regelt, dass ein elektronisches Dokument **eingegangen ist**, sobald es auf der für den Empfang bestimmten Einrichtung des Gerichts gespeichert ist. Dem Absender ist eine automatisierte Bestätigung über den Zeitpunkt des Eingangs zu erteilen. Ist diese automatisierte Bestätigung vorhanden, kann die Frist gestrichen werden. Vorher nicht.

Wichtig: Widerspricht der Beklagte der Zurücknahme der Klage nicht innerhalb einer Notfrist von zwei Wochen seit der Zustellung des Schriftsatzes, so gilt seine Einwilligung als erteilt, wenn der Beklagte zuvor auf diese Folge hingewiesen worden ist, § 269 Abs. 2 S. 4 ZPO. Wird die Klage zurückgenommen, so ist sie als nicht anhängig geworden anzusehen; ein bereits ergangenes, noch nicht rechtskräftiges Urteil wird wirkungslos, ohne dass es einer ausdrücklichen Aufhebung bedarf. Der Kläger ist verpflichtet, die Kosten des Rechtsstreits zu tragen, soweit nicht bereits rechtskräftig über sie erkannt ist oder sie dem Beklagten aus einem anderen Grund aufzuerlegen sind. Ist der Anlass zur Einreichung der Klage vor Rechtshängigkeit weggefallen (zum Beispiel durch Zahlung nach Einreichung (= Anhängigkeit der Klage) und wird die Klage daraufhin zurückgenommen, so bestimmt sich die Kostentragungspflicht unter Berücksichtigung des bisherigen Sach- und Streitstandes nach billigem Ermessen, § 269 Abs. 3 S. 3 ZPO. Das Gericht entscheidet auf Antrag über die nach § 269 Abs. 3 ZPO eintretenden Wirkungen durch Beschluss.

Hinweis: Gegen den Beschluss findet die sofortige Beschwerde statt, wenn der Streitwert der Hauptsache den in § 511 ZPO genannten Betrag (ist gleich 600 €) übersteigt. Die Beschwerde ist unzulässig, wenn gegen die Entscheidung über den Festsetzungsantrag (§ 104 ZPO) ein Rechtsmittel nicht mehr zulässig ist, der Beschwerdegegenstand betreffend die Kosten somit 200 € nicht übersteigt.

Wird nach Klagerücknahme die Klage von neuem angestellt, so kann der Beklagte die Einlassung verweigern, bis die Kosten erstattet sind, § 269 Abs. 6 ZPO.

Ein Verfahren kann somit durch viele Möglichkeiten beendet werden. Tatsache ist jedenfalls, dass es sich nicht einfach so „in Luft auflöst". Mit der Klage hat man praktisch ein Verfahren in Gang gesetzt. Auch wenn man plötzlich keine Lust mehr auf das Verfahren hat, weil es schon sehr lange dauert oder viel Geld kostet, muss es irgendwie zu Ende gebracht werden.

Übungsfall 38:

Sie möchten einen kleinen Wettstreit mit der Auszubildenden Ihrer Kanzlei machen und sagen: *„Ich finde mindestens 6 Möglichkeiten wie ein Rechtsstreit beendet werden kann."* Ihre Auszubildende glaubt Ihnen kein Wort und wettet dagegen. Sie glaubt, dass Sie höchstens 4 Möglichkeiten finden.

Zeigen Sie Ihrer Auszubildenden, dass Sie Recht haben und führen Sie 6 Möglichkeiten auf, einen Rechtsstreit zu beenden.

Lösungsvorschlag:

- Anerkenntnisurteil, § 307 ZPO
- Versäumnisurteil, § 331 ZPO
- Endurteil, § 300 ZPO
- Klagerücknahme, § 269 ZPO
- Vergleich nach § 278 Abs. 6 ZPO
- gerichtlich protokollierter Vergleich, § 160 Abs. 3 Nr. 1 ZPO

(= 6 Möglichkeiten), weitere z.B.

- Erledigung der Hauptsache, § 91a ZPO

Kapitel 3
Anwalts- und Parteiprozess

Zu beachten ist, dass in einigen Verfahren, wie z.B. vor den Landgerichten und Oberlandesgerichten **Anwaltszwang** herrscht, siehe dazu auch § 78 ZPO, d.h. die Partei notwendigerweise durch einen Anwalt vertreten werden muss. Darüber hinaus besteht in Zivilsachen vor dem BGH sogar der Zwang, sich nicht durch „irgendeinen" Rechtsanwalt sondern vielmehr durch einen beim BGH zugelassenen Rechtsanwalt (auch BGH-Anwalt genannt) vertreten zu lassen. Dem gegenüber gibt es in bestimmten Prozessen keinen Anwaltszwang, wohl aber einen **Vertretungszwang**, wo sich die Partei durch andere als Rechtsanwälte vertreten lassen kann, vgl. beispielhaft den Behördenvertreter gem. § 78 Abs. 2 ZPO.

Verfahren, in denen Anwaltszwang herrscht, werden auch **Anwaltsprozess** genannt.

Übungsfall 39:

Bedauerlicherweise hat Ihre Kanzlei einen Prozess für den Kläger vor dem Amtsgericht Köln verloren. Ihr Mandant wird entsprechend informiert. Er ist total sauer und ruft in Ihrer Kanzlei an. Wütend sagt er am Telefon, dass Sie Ihrem Chef einen schönen Gruß von ihm ausrichten können, er würde jetzt die Sache selbst in die Hand nehmen und beim Landgericht Köln die Berufung selbst einreichen. Schließlich verliert Ihre Kanzlei ja bloß Prozesse und da hat er keine Lust abzuwarten, dass das Verfahren vor dem Landgericht Köln „auch noch schief geht". Er, der Mandant, kann das auf jeden Fall besser selbst.

Sie unterrichten Ihren Chef über dieses Telefonat. Er winkt ab. Der Mandant war eh kompliziert, es ist also nicht schade, wenn er jetzt keinen weiteren Auftrag erteilt. Ihr Chef bittet Sie aber, einen Briefentwurf an den Mandanten vorzubereiten in Bezug auf die Meinung des Mandanten, er könne sich selbst vertreten.

Erstellen Sie einen entsprechenden Text für einen Brief an den Mandanten und geben Sie in Ihrem Text vier Punkte an, die angesprochen werden sollten.

Lösungsvorschlag:

Sehr geehrter Herr ... ,

wir kommen zurück auf Ihren Anruf vom heutigen Tag. Mit diesem Anruf haben Sie angekündigt, dass Sie eine weitere Vertretung durch unsere Kanzlei nicht mehr wünschen. Darüber hinaus haben Sie mitgeteilt, dass Sie das Rechtsmittel der Berufung selbst einlegen und sich beim Landgericht Köln selbst vertreten wollen.

Wir bedauern Ihre Enttäuschung, nehmen Ihre Mandatskündigung dennoch zur Kenntnis und betrachten daher von unserer Seite aus das Mandat als beendet.

Der guten Ordnung halber weisen wir Sie aber auf folgendes hin. Da beim Landgericht Anwaltszwang herrscht, vgl. § 78 Abs. 1 ZPO, können Sie sich hier NUR durch einen Rechtsanwalt vertreten lassen. Sie selbst können ein Rechtsmittel NICHT wirksam einreichen. Das Gericht wird eine von Ihnen selbst eingelegte Berufung verwerfen, da Sie nicht berechtigt sind, im Verfahren vor dem Landgericht Prozesshandlungen durchzuführen.

Da die Rechtsmittelfrist am (Datum einsetzen) abläuft, müssen Sie sich rechtzeitig um einen neuen anwaltlichen Vertreter kümmern. Gehen Sie bitte davon aus, dass hier Eile geboten ist, da Ihr neuer Anwalt sich in die Materie erst einarbeiten muss.

Bitte beachten Sie, dass eine Tätigkeit von unserer Kanzlei im Hinblick auf das einzulegende Rechtsmittel nicht mehr erfolgen wird. Die Angelegenheit ist damit für uns erledigt.

Mit freundlichen Grüßen

Dr. Anton Mustermann

Rechtsanwalt

Erläuterung:

Sind alle der erforderlichen vier Punkte in diesem Textentwurf enthalten? Wir prüfen das mal:

> *Sehr geehrter Herr ...,*
>
> *wir kommen zurück auf Ihren Anruf vom heutigen Tag. Mit diesem Anruf haben Sie angekündigt, dass Sie eine weitere Vertretung durch unsere Kanzlei nicht mehr wünschen. Darüber hinaus haben Sie mitgeteilt, dass Sie das Rechtsmittel der Berufung selbst einlegen und sich beim Landgericht Köln selbst vertreten wollen* (**1. Punkt:** Zusammenfassung, worum es geht; kann bewertet werden.).
>
> *Wir bedauern Ihre Enttäuschung, nehmen Ihre Mandatskündigung dennoch zur Kenntnis und betrachten daher von unserer Seite aus das Mandat als beendet* (**2. Punkt:** Klarstellung, dass Mandat als beendet betrachtet wird, damit der Mandant keinen Zweifel mehr hat, ob man nicht doch noch vertritt.).
>
> *Der guten Ordnung halber weisen wir Sie aber auf folgendes hin. Da beim Landgericht Anwaltszwang herrscht, vgl. § 78 Abs. 1 ZPO, können Sie sich hier NUR durch einen Rechtsanwalt vertreten lassen* (**3. Punkt:** Wichtiger Hinweis, dass beim LG Anwaltszwang herrscht.).
>
> *Sie selbst können ein Rechtsmittel NICHT wirksam einreichen. Das Gericht wird eine von Ihnen selbst eingelegte Berufung verwerfen, da Sie nicht berechtigt sind, im Verfahren vor dem Landgericht Prozesshandlungen durchzuführen* (**4. Punkt:** Wichtiger Hinweis, dass selbst eingelegte Berufung nicht wirksam wäre.).
>
> *Da die Rechtsmittelfrist am . . . . (Datum einsetzen) abläuft, müssen Sie sich rechtzeitig um einen neuen anwaltlichen Vertreter kümmern. Gehen Sie bitte davon aus, dass hier Eile geboten ist, da Ihr neuer Anwalt sich in die Materie erst einarbeiten muss* (**5. Punkt:** Wichtiger Hinweis, als nachvertragliche Nebenpflicht zum früheren Anwaltsvertrag, dass Mandant weiß, er muss sich selbst kümmern, und zwar schnell.).
>
> *Bitte beachten Sie, dass eine Tätigkeit von unserer Kanzlei im Hinblick auf das einzulegende Rechtsmittel nicht mehr erfolgen wird* (**6. Punkt:** Nochmaliger Hinweis, als nachvertragliche Nebenpflicht zum früheren Anwaltsvertrag, dass Mandant weiß, unsere Kanzlei unternimmt nichts mehr.).
>
> *Die Angelegenheit ist damit für uns erledigt.*
>
> *MfG*
>
> **Prüfungstipp:** 4 Punkte waren nur gefragt; hier wurden 6 Punkte angegeben. Bei solchen Aufgabenstellungen können auch andere sinnvolle Antworten bewertet werden als die obigen. Der Punkt mit dem Hinweis auf Anwaltszwang beim Landgericht mit § muss auf jeden Fall gebracht werden. Alles andere kann wie oben dargestellt, ebenfalls ergänzt werden. Formulierungen sind jedoch frei. Wichtig ist, dass für den Mandanten klar wird, dass sein Vorhaben, die Berufung selbst einzulegen, nicht zulässig ist und er aktiv werden muss, damit er einen neuen Anwalt beauftragt.
>
> **Fazit:** Der Brief enthält mehr als für die Prüfung gefordert. So viel hätte man also gar nicht schreiben müssen für die Maximal-Punktzahl.

Im Gegensatz dazu kann die Partei im sog. **Parteiprozess** die Vertretung selbst übernehmen, oder sich wahlweise durch einen Anwalt oder einen vertretungsbefugten Bevollmächtigten vertreten lassen.

Die Partei selbst ist im Anwaltsprozess nicht postulationsfähig (verhandlungsfähig); das bedeutet, dass sie selbst keine wirksamen Prozesshandlungen vornehmen kann. Beispielsweise kann die Partei vor dem Landgericht selbst kein wirksames Anerkenntnis abgeben. Dies kann sie allein durch einen sie vertretenen Prozessbevollmächtigten veranlassen. Handlungen, Anträge etc., die eine Partei im Anwaltsprozess selbst stellt, sind damit wirkungslos. Es droht Präklusion oder ein Versäumnisurteil.

Interessant: Die Partei ist allerdings durchaus berechtigt, neben ihrem Prozessbevollmächtigten z.B. in der mündlichen Verhandlung auch das Wort zu verlangen, vgl. dazu § 137 Abs. 4 ZPO, und damit ihr rechtliches Gehör gem. Art. 103 Abs. 1 GG auch persönlich ausüben. Grundsätzlich soll das Gericht die Partei auch hinzuziehen und persönlich anhören, vgl. dazu beispielhaft § 278 Abs. 2 S. 3 ZPO; in der Beweisaufnahme steht der Partei ein Fragerecht zu, § 397 Abs. 2 ZPO.

In Deutschland ist **jeder Rechtsanwalt** berechtigt, vor allen Amts-, Land- und Oberlandesgerichten zu verhandeln. Um beim BGH auftreten zu dürfen, braucht der Anwalt eine entsprechende BGH-Zulassung. Diese erfolgt in einem strengen Auswahlverfahren und nur rund 40 Anwälte von rund 165.000 zugelassenen Anwälten in Deutschland verfügen über eine solche BGH-Zulassung.

Übungsfall 40:

Die Auszubildende Ihrer Kanzlei hat in der Schule gelernt, dass es viele Möglichkeiten gibt, Anträge auch ohne einen Anwalt zu stellen. Sie hat aber nicht so richtig verstanden, wie man das herausfinden kann.

Antworten Sie der Auszubildenden und führen Sie stichpunktartig vier Anträge auf, für die es keinen Anwaltszwang gibt. Geben Sie hierbei auch die gesetzlichen Bestimmungen an.

Lösungsvorschlag:

Nicht dem Anwaltszwang unterliegen solche Anträge und Gesuche, die auch zu Protokoll der Geschäftsstelle erklärt werden können, vgl. dazu § 78 Abs. 3 ZPO wie z.B. (keine abschließende Aufzählung!):

- Antrag auf Bewilligung von Prozesskostenhilfe und Beiordnung eines Rechtsanwalts (§§ 117 Abs. 1, 118 Abs. 1 S. 2 ZPO),
- Antrag auf Durchführung eines selbstständigen Beweisverfahrens,
- (§ 486 Abs. 4 ZPO),
- Antrag auf Erlass eines Arrestes oder einer einstweiligen Verfügung (§§ 920, 936 ZPO).
- u.v.W.

Nach § 78 Abs. 4 ZPO kann ein Rechtsanwalt sich grundsätzlich selbst vertreten. Dies geschieht in der Praxis häufig bei Honorarklagen oder bei der Abwehr von Regressansprüchen. Ein Anwalt kann aber sich selbst nur in all den Fällen vertreten, in denen er auch zur Vertretung einer Partei berechtigt wäre. Ein nicht beim BGH zugelassener Rechtsanwalt kann sich somit in einer Zivilsache vor dem BGH nicht selbst vertreten.

Die Kündigung des Vollmachtsvertrags eines Anwalts erlangt erst durch die Anzeige des Erlöschens der Vollmacht Wirkung, in Anwaltsprozessen darüber hinaus sogar erst durch die Anzeige der Bestellung eines anderen Anwalts, § 87 Abs. 1 ZPO.

Der Parteiprozess ist in § 79 ZPO geregelt. Hier sind auch die Personenkreise aufgelistet, durch die sich eine Partei vertreten lassen kann.

Übungsfall 41:

Ihr Chef betrachtet die morgendlichen Posteingänge und regt sich auf. Schon wieder hat er eine Zustellung in einem Verfahren vom Landgericht Traunstein erhalten, obwohl er doch das Mandat niedergelegt hatte, weil der Mandant keine Vorschusszahlungen mehr geleistet hat.

„Wie lange muss ich das noch mitmachen?", beschwert sich Ihr Chef. Was antworten Sie ihm hierauf?

Lösungsvorschlag:

Die Zustellungen werden in diesem Verfahren noch solange erfolgen, bis sich ein neuer Anwalt bestellt hat, § 87 Abs. 1 ZPO.

Kapitel 4
Das Zustellungsrecht

1. Allgemeines

Durch eine Zustellung soll dem Adressaten die Gelegenheit zur Kenntnisnahme von einem Dokument verschafft werden, dies kann ein Schriftstück, oder aber auch ein elektronisches Dokument sein. Zustellungen sind insbesondere immer dann geboten, wenn durch die Bekanntgabe Rechte begründet werden oder aber mit der Bekanntgabe eines Dokumentes bestimmte rechtliche Wirkungen verbunden sein sollen, wie z.B. mit der Rechtshängigkeit, die durch Klageerhebung (= Zustellung der Klage) erfolgt (§§ 253 Abs. 1 i.V.m. 261 Abs. 1 ZPO). Ebenso sind Zustellungen dann erforderlich, wenn Fristen in Lauf gesetzt werden sollen oder z.B. eine Partei Kenntnis über eine gerichtliche Entscheidung erhalten soll.

Im Gegensatz zur **Zustellung** gibt es die sog. **formlose Mitteilung**. Bei letzterer kommt es lediglich auf die Information des Adressaten an, ohne dass damit unmittelbar Rechte, Pflichten oder prozessuale Wirkungen für ihn begründet werden.

Hinweis: Im Zivilprozess ist die Zustellung von Amts wegen die Regel (§§ 166 bis 190 ZPO); sie kann aber auch auf Betreiben einer Partei erfolgen (§§ 191 bis 195 ZPO).

Die Person, der das Schriftstück übergeben wird, wird als Zustellungsempfänger oder auch Zustellungsadressat bezeichnet. Das Zustellungsrecht vor deutschen Gerichten in der ZPO ab § 166 ff. geregelt.

Das Zustellungsrecht ist ein wichtiges Thema sowohl im Prozess selbst als auch später bei der Zwangsvollstreckung. Denn der Vollstreckungstitel muss grundsätzlich vor der Vollstreckung oder spätestens bei deren Beginn dem Vollstreckungsschuldner wirksam zugestellt worden sein, § 750 Abs. 1 ZPO. Eine einmal durchgeführte Zustellung des

Titels genügt für alle Vollstreckungshandlungen. Das Vollstreckungsorgan hat diese allgemeine Vollstreckungsvoraussetzung von Amts wegen zu prüfen.

2. Rückwirkung der Verjährungshemmung

§ 167 ZPO

„Soll durch die Zustellung eine Frist gewahrt werden oder die Verjährung neu beginnen oder nach § 204 des Bürgerlichen Gesetzbuchs gehemmt werden, tritt diese Wirkung bereits mit Eingang des Antrags oder der Erklärung ein, wenn die Zustellung demnächst erfolgt."

§ 167 ZPO ist eine für die anwaltliche Praxis sehr wichtige gesetzliche Bestimmung, da sie den Zeitpunkt der Hemmung einer Verjährung nach hinten verschiebt.

Beispiel:

Zum Jahresende wird am 31.12. zur Hemmung der Verjährung ein Mahnbescheid beim Zentralen Mahngericht beantragt. Der Mahnantrag geht am 31.12. des Jahres ein. Die Verjährungshemmung tritt jedoch nach § 204 BGB erst durch Rechtshängigkeit, d.h. Zustellung des Mahnbescheides ein. Hier hilft § 167 ZPO weiter. Durch die Einreichung kann die Verjährungsfrist bereits gehemmt werden, wenn die Zustellung „demnächst" erfolgt.

Übungsfall 42:

In Ihrer Kanzlei freuen sich schon alle auf die Sylvester-Feier und bereiten alles dafür vor, die Kanzlei am 31.12. um 12.00 Uhr mittags zu schließen. Am 31.12. meldet sich plötzlich ein Mandant, gegen 10.30 Uhr und bittet darum, noch in diesem Jahr eine Klage einzureichen, da der Anspruch sonst mit dem Ablauf des Jahres verjährt. Ihr Chef hat Mitleid und erklärt sich bereit, die Klage selbst einzureichen. Schließlich geht das mit Spracherkennung und via beA – seinem besonderen elektronischen Anwaltspostfach – ja auch prima. Er weiß, dass er bei dem Gericht, bei dem er die Klage einreichen möchte, auch keine qualifiziert elektronische Signatur anbringen muss, wenn er selbst aus seinem Postfach heraus die Klage einfach elektronisch signiert, d.h. mit seinem Namenszug versieht.

Er bittet Sie jedoch nochmal kurz um eine Checkliste, damit er nichts falsch macht, wenn er die Klage einreicht. Auf welche 3 Punkte weisen Sie ihn hin? (ohne Angabe von gesetzlichen Bestimmungen)

Lösungsvorschlag:

- Die Klage muss einfach elektronisch von ihm signiert sein.
- Er muss prüfen, ob eine Eingangsbestätigung vorliegt, nur wenn die Klage wirklich erfolgreich eingereicht wurde, kann es eine Rückwirkung für die Verjährungshemmung geben.
- Er muss das adressierte Gerichte auf sachliche und örtliche Zuständigkeit prüfen.
- Er muss sein beA als sicheren Übermittlungsweg mit seiner eigenen beA-Karte angemeldet, bedienen.

- Es ist eine Frist von 2 Wochen ab Einreichung zu notieren, um zu prüfen, ob die Gerichtskostenrechnung schon angefordert wurde.

- Er soll die Akte auf Ihren Tisch legen, damit Sie beim Mandanten einen entsprechenden Vorschuss (Gerichtskosten und Verfahrensgebühr) anfordern können.

- usw. (weitere sinnvolle Antworten können bepunktet werden). Auch hier wurden mehr als die geforderten 3 Stichpunkte aufgenommen, zum Abgleich mit Ihrer Lösung.

Durch die Zustellungsbescheinigung nach § 169 ZPO erhält der Zustellungsbetreiber einen Nachweis über die Zustellung, um z.B. den Beginn einer Rechtsmittelfrist oder aber den Ablauf z.B. von Wartefristen im Rahmen der Zwangsvollstreckung (vgl. dazu §§ 720a Abs. 3, 798 ZPO) berechnen zu können.

Wir unterscheiden:

- Abschrift (= heutzutage Kopie),
- Ausfertigung (=Abschrift mit Bestätigung der Übereinstimmung von Original und Abschrift),
- Vollstreckbare Ausfertigung (= Ausfertigung mit Vollstreckungsklausel).

Übungsfall 43:

Ihre Auszubildende ist verwirrt. Mal kommt ein Urteil als Abschrift in die Kanzlei, mal als Ausfertigung. Erst letztens hat sie den Vermerk „vollstreckbare Ausfertigung" gesehen. Sie möchte nun wissen, was der Unterschied zwischen diesen Dokumenten ist und wie man weiter vorgeht, wenn man das eine oder das andere Dokument erhalten hat.

Helfen Sie der Auszubildenden und erklären Sie Ihr die unterschiedlichen Dokumentenformen.

Lösungsvorschlag:

Von Urteilen werden nur Abschriften übermittelt. Ausfertigungen erhält eine Partei nur auf Antrag und nur in Papierform, § 317 Abs. 2 ZPO.

Eine Ausfertigung ist ein mit Gerichtssiegel und Bestätigungsvermerk (Dokument stimmt mit der Urschrift überein, Ort, Datum, Unterschrift des Urkundsbeamten der Geschäftsstelle und anschließende Siegelung mit einem Farbdruck- oder Prägesiegel des Gerichts) versehenes Dokument. Bei der vollstreckbaren Ausfertigung kommt noch hinzu, dass das Dokument eine Vollstreckungsklausel trägt, §§ 724, 725 ZPO.

Weitere Erläuterung: Je nachdem was übermittelt und gebraucht wird, ist die weitere Vorgehensweise abzustimmen.

Wir erhalten eine **Abschrift**:

- Diese wird in der Akte abgeheftet/gespeichert; dem Mandanten ggf. eine Kopie übermittelt. Soll eine vollstreckbare Ausfertigung beantragt werden, geschieht das durch einen „Einzeiler" an das Gericht: *„In Sachen . . . . . bitten wir um Erteilung einer vollstreckbaren Ausfertigung des Urteils des LG München I, Az.: . . . . . vom . . . . . . mit Zustellungsvermerk."*

> **Hinweis:** Urteile werden von Amts wegen zugestellt, deshalb sollte der Zustellvermerk ebenfalls erbeten werden. Vergleiche werden NICHT von Amts wegen zugestellt. Hier ist die Bitte um Erteilung eines Zustellvermerks nicht mit aufzunehmen.

Wir erhalten eine **Ausfertigung**:

- Für die Akte wird eine Kopie/ein Scan gefertigt; der Mandant erhält ebenfalls ggf. eine Kopie. Soll eine vollstreckbare Ausfertigung beantragt werden, wird die Ausfertigung an das Gericht zurückgesandt mit der bitte um Erteilung einer vollstreckbaren Ausfertigung:

  An das Gericht: *„In Sachen .... überreichen wir die Ausfertigung des Urteils des Urteils des LG München I, Az.: .... vom .... mit der Bitte um Erteilung der Vollstreckungsklausel mit Zustellungsvermerk."*

Wir erhalten eine **vollstreckbare Ausfertigung**:

- Für die Akte wird eine Kopie/ein Scan gefertigt; der Mandant erhält ebenfalls ggf. eine Kopie. Aus dieser vollstreckbaren Ausfertigung kann die Zwangsvollstreckung erfolgen, wenn der Zustellvermerk ebenfalls angebracht ist (i.d.R.)! Diese vollstreckbare Ausfertigung sollte pfleglich behandelt werden; d.h. der Gebrauch einer Klarsichthülle bietet sich an.

Die Erteilung einer vollstreckbaren Ausfertigung des Urteils kann bereits in der Klage beantragt werden, wird jedoch leider oft von der Geschäftsstelle übersehen.

Die Erteilung einer vollstreckbaren Ausfertigung des Vergleichs kann bereits im Termin beantragt werden, wird jedoch leider ebenfalls oft von der Geschäftsstelle übersehen. Hier sollte dann nochmals durch Anruf oder weiterer Einzeiler bei Gericht nachgehakt werden.

3. Zustellung an Vertreter und Prozessbevollmächtigte

Bei nicht prozessfähigen Personen ist an ihren gesetzlichen Vertreter zuzustellen; die Zustellung an die nicht prozessfähige Person ist unwirksam, § 170 ZPO. Als gesetzliche Vertreter kommen z.B. der Betreuer einer Partei, der Geschäftsführer einer GmbH oder die Eltern eines Minderjährigen in Betracht.

Nach § 171 ZPO kann bei einem rechtsgeschäftlich bestellten Vertreter (= nicht gesetzlicher Vertreter) mit gleicher Wirkung wie an den Vertretenen zugestellt werden; der Vertreter hat jedoch eine schriftliche Vollmacht vorzulegen.

§ 172 ZPO ist eine Pflichtvorgabe und zwingt zur Zustellung an den für den Rechtszug bestellten Prozessbevollmächtigten. Soweit also ein Prozessbevollmächtigter bestellt ist, hat die Zustellung an ihn zu erfolgen. Dies gilt nicht nur für die Zustellung von Amts wegen, sondern auch für Zustellungen im Parteibetrieb. Der Prozessbevollmächtigte muss für den Rechtszug, in dem die Zustellung bewirkt werden soll, bestellt sein. Er ist mit der ihm erteilten Prozessvollmacht nach § 81 ZPO zu allen den Rechtsstreit betreffenden Prozesshandlungen ermächtigt. Da die Vollmacht im Anwaltsprozess erst mit der Bestellung eines neuen Anwalts/Prozessbevollmächtigten erlischt, § 87 Abs. 1 ZPO, erfolgen die Zustellungen auch bei Niederlegung eines Mandats noch an den früheren Prozessbevollmächtigten, solange kein neuer Prozessbevollmächtigter bestellt ist. Aus nebenvertraglichen Pflichten des Anwaltsvertrags ergibt sich m.E. eine Verpflichtung des Anwalts, ihm noch gem. § 172 ZPO zugestellte Schriftstücke an den neuen Anwalt weiterzuleiten.

Im Anwaltsprozess kann darüber hinaus die Vollmacht auch nicht in ihrem Umfang bezogen auf Zustellungen beschränkt werden. § 83 Abs. 1 ZPO sieht eine Beschränkung lediglich hinsichtlich des Vergleichsabschlusses, einer Verzichtsleistung auf den Streitgegenstand oder Anerkennung des vom Gegner geltend gemachten Anspruchs vor. Im Parteiprozess kann die Vollmacht für einzelne Prozesshandlungen erteilt werden, § 83 Abs. 2 ZPO.

Achtung: Ist ein gegnerischer Anwalt nur vorprozessual aufgetreten und hat sich selbst nicht für ein etwaiges Klageverfahren als zustellungsbevollmächtigt bezeichnet, ist grundsätzlich an den Beklagten selbst zuzustellen; denn das Risiko der tatsächlichen Vertretung durch diesen Prozessbevollmächtigten trägt der Kläger. Es bietet sich in derartigen Fällen daher auch an, nur den Beklagten, nicht aber seinen vorprozessual tätig gewordenen Prozessbevollmächtigten in der Klageschrift anzugeben, um Zustellungsfehler zu vermeiden. Bei Unsicherheiten (ein Verstoß gegen § 172 ZPO würde zur Unwirksamkeit der Zustellung führen) wird empfohlen, an beide, die Partei und ihren vermeintlichen Prozessbevollmächtigten zuzustellen und dabei auch den Gegenanwalt hierauf hinzuweisen (Umgehungsverbot der BerufsO beachten!).

4. Zustellung gegen Empfangsbekenntnis

§ 174 ZPO regelt die Zustellung gegen Empfangsbekenntnis. Obwohl dies hier kein Lehrbuch darstellt, erlaube ich mir an dieser Stelle doch weitergehende Ausführungen, da das Thema zum 01.01.2018 einige sehr praxisrelevante Änderungen erfahren hat. Ich hoffe, Sie sehen mir die etwas längeren Ausführungen nach und sie helfen Ihnen, das Thema, das von ganz großer Wichtigkeit in der Praxis ist, gut zu verstehen.

Hinweis: Zustellungen gegen Empfangsbekenntnis setzen eine gewisse Mitwirkung des Zustellungsempfängers voraus, denn er muss die Kenntnisnahme bestätigen. Anders ist das bei einer Zustellung gegen Zustellungsurkunde. Hier muss keine Mitwirkung des Zustellungsempfängers erfolgen.

Interessant: Dabei ist die Kenntnisnahme nicht dasselbe wie eine Eingangsbestätigung. Das wird aber gerne verwechselt. Als Zustellungsdatum ist der Tag anzusehen, an dem der Anwalt als Zustellungsadressat vom Zugang des übermittelten Schriftstücks Kenntnis erlangt und dieses empfangsbereit entgegengenommen.[1]

---

1 Ausnahmsweise mal Rechtsprechung für den Chef, der Ihnen nicht glaubt ☺: *BGH*, Urt. v. 18.01.2006, Az.: VIII ZR 114/05 NJW-Spezial 2006, 286 = NJW 2006, 1206 ebenso: *BGH*, NJW 2003, 2460.

Beispiel:

Am Montag geht ein Urteil mit einem Formular zur Abgabe eines Empfangsbekenntnisses (EB) in der Kanzlei ein. Gegen das Urteil ist das Rechtsmittel der Berufung möglich, weshalb das Gericht von Amts wegen das Urteil förmlich, d.h. gegen Empfangsbekenntnis zustellt. Das Empfangsbekenntnis erhält keinen Eingangsstempel, das Urteil schon. Damit keine Fristen versäumt werden, wird der Posteingang dem Anwalt nicht vorgelegt, ohne die dazugehörige Berufungsfrist notiert zu haben. Zunächst geht man dabei vom Eingangsdatum aus, hier also der betreffende Montag. Der Anwalt befindet sich zur Zeit aber auf Geschäftsreise. Aus diesem Grund kann er am Montag das Urteil gar nicht zur Kenntnis nehmen. Er nimmt es erst am Mittwoch zur Kenntnis, wenn er wieder in der Kanzlei ist. Und das Datum von Mittwoch ist dann auch das Datum, das auf dem EB zu vermerken ist. Die Frist, die zunächst vorsichtshalber notiert wurde, ist nun natürlich „zu früh" notiert. Hier ist es richtig und wichtig, die nun bekannte korrekte Frist einzutragen und die zu frühe, falsche Frist zu streichen. Nach der ständigen Rechtsprechung des BGH sollten im Fristenkalender keine falschen Fristen stehen.

Manchen ist dieser Aufwand des Frist-Umtragens zu viel. Sie haben andere Ideen, wie man seine Büroorganisation in diesem Punkt gestalten könnte.

1. Idee: Man trägt erst keine Frist ein und wartet, bis der Anwalt den Posteingang mit unterzeichnetem und Datum versehenen EB wieder in das Sekretariat oder die Posteinlaufstelle zurückgibt. Ist das eine gute Idee? Ich finde nicht! Die Gefahr, dass zwischenzeitlich irgendjemand den Posteingang vom Tisch des Anwalts entfernt, ist zu groß.

2. Idee: Man trägt auf dem EB das Datum des Posteingangs ein, auch wenn der Anwalt die Post an diesem Tag nicht zur Kenntnis genommen hat. Dann muss keine Frist umgetragen werden, weil Datum auf dem EB und eingetragene Frist zusammenpassen. Ist das eine gute Idee? Ich finde nein. Denn der Anwalt hat die Post nun mal nicht am Montag zur Kenntnis genommen. Man lügt also das Gericht an. Dass man zu seinen Ungunsten lügt (die Frist würde eigentlich ja später ablaufen), ändert nichts an der Tatsache, dass es eine Lüge wäre.

3. Idee: Man lässt die falsch eingetragene Frist, die ja in unserem Beispiel zwei Tage zu früh notiert ist, falsch im Kalender stehen. Oft ist es ja so, dass der Mandant ohnehin kein Rechtsmittel will. Warum also die Frist erst umtragen, um sie dann nach Info des Mandanten 10 Tage später sowieso wieder zu löschen? Taucht die Fristsache dann im Rahmen der Vorfrist wieder auf, kann man ja immer noch prüfen, wann die Frist jetzt „wirklich" abläuft und dann die Frist umtragen, so das Argument derjenigen, die sich Arbeit sparen möchten. Ist das eine gute Idee? Ich finde nein. Denn ein schlampig geführter Terminkalender kann zu Fristversäumnissen führen, Wiedereinsetzung in den vorigen Stand wird dann von Gerichten gerne versagt.

Ich bleibe also dabei – auch auf die Gefahr, dass meine Kollegen und Kolleginnen das kleinlich finden – bei Fristsachen hört der Spaß auf. Hier ist absolute Genauigkeit gefragt! Auch wenn es Arbeit macht. Klar, es gibt unterschiedliche Kanzleistrukturen, von der Großkanzlei mit 120 Berufsträgern über mittelgroße oder kleinere Kanzleien bis hin zum Einzelkämpfer. Und jede Büroorganisation sollte auch an die Struktur der Kanzlei angepasst werden. Deshalb maße ich mir auch nicht an zu sagen: Das ist der allein richtige Weg. Was aber möglich ist und was nicht, das habe ich versucht, zu zeigen.

Hinweis: In vielen Kanzleien werden Empfangsbekenntnisse mit einem Eingangsstempel versehen. Das ist nicht verboten, kann aber zu Rückfragen führen, wenn der Anwalt dann ein anderes Datum auf dem EB bestätigt, als der Eingangsstempel ausweist. Da man EBs nicht mit Eingangsstempel versehen muss, ist es nach meiner Auffassung besser, es auch nicht zu tun. Als Auszubildende hat man hier aber in der Regel keinen Einfluss darauf, wie so etwas in der Kanzlei gehandhabt wird.

Nun stellt sich natürlich noch eine letzte Frage: Wie lange darf denn der Anwalt auf Geschäftsreise sein, und seine Posteingänge nicht zur Kenntnis nehmen? Grundsätzlich darf ein Anwalt 1 Woche verhindert sein (wg. Urlaub, Krankheit, Geschäftsreise etc.) ohne einen Vertreter zu bestellen. Ist er länger als 1 Woche verhindert, muss er einen Vertreter bestellen. Dies steht in § 53 BRAO.

§ 174 Abs. 1 ZPO regelt also die Möglichkeit, dass das Gericht an einen Anwalt, einen Notar, Gerichtsvollzieher usw. gegen Empfangsbekenntnis zugestellt werden kann.

Vorsicht: Die Zustellung kann in diesem Fall auch per Fax erfolgen, § 174 Abs. 2 ZPO!

Achtung: An Anwälte und die weiteren in § 174 Abs. 1 ZPO Genannten kann auch ein elektronisches Dokument zugestellt werden. Und wichtig: § 174 ZPO wurde zum 01.01.2018 wegen der verstärkten Förderung des elektronischen Rechtsverkehrs ganz erheblich geändert. Ich gehe daher auf diesen Seiten ausschließlich auf die neue Rechtslage ein.

Prüfungstipp: Neue Gesetzestexte sind immens wichtig. Arbeiten Sie nicht mit veralteten Texten. Die Gesetze werden immer wieder neu angepasst und alte Gesetzestexte können zu Fehlern in Schulaufgaben und Prüfungen führen. In Ihrer Einladung zur Abschlussprüfung erhalten Sie in der Regel den entsprechenden Hinweis, nach welchem Rechtsstand Ihre Prüfung erfolgt!

An Rechtsanwälte und die anderen in § 174 Abs. 1 ZPO Genannten kann ab 01.01.2018 auch ein elektronisches Dokument zugestellt werden, § 174 Abs. 3 S. 1 ZPO. Das Dokument ist vom Gericht aus auf einem sicheren Übermittlungsweg im Sinne des § 130a Abs. 4 ZPO zu übermitteln und gegen unbefugte Kenntnisnahme Dritter zu schützen, § 174 Abs. 3 S. 3 ZPO. Damit dies geschehen kann, haben Rechtsanwälte einen sicheren Übermittlungsweg für die Zustellung elektronischer Dokumente durch das Gericht zu eröffnen, § 174 Abs. 3 S. 4 ZPO. Auch diese Regelung gilt seit dem 01.01.2018. Das beA (besondere elektronische Anwaltspostfach), das für jeden zugelassenen Rechtsanwalt durch die Bundesrechtsanwaltskammer (BRAK) empfangsbereit eingerichtet worden ist (vgl. dazu z.B. § 31a Abs. 1 BRAO sowie § 21 RAVPV), ist ein solcher sicherer Übermittlungsweg gem. § 130a Abs. 4 Nr. 2 ZPO. Sicher deshalb, weil die Herkunft gesichert ist. Denn nur ein Anwalt bekommt ein beA und bei der Zulassung zur Anwaltschaft und Aufnahme in das elektronische Anwaltsverzeichnis hat er ein Authentifizierungsverfahren durchlaufen.

Übungsfall 44:

Ihr Chef steckt in einer tiefen Sinnkrise. Das ganze Thema Digitalisierung und Elektronischer Rechtsverkehr ist ihm irgendwie zuviel. Er hat eigentlich gar keine Lust, sich in seinem Alter noch mit diesem Thema zu befassen. Andererseits skypt er regelmäßig mit seinem Enkel und liebt sein Tablet. Da muss doch das mit diesem Elektronischen Rechtsverkehr auch noch zu schaffen sein. Das Thema Empfangsbekenntnis liegt ihm besonders am Herzen. Er weiß, wie wichtig dieses Thema in der Praxis ist. Andererseits – wozu hat er schließlich Mitarbeiter? Noch dazu so fähige, wie Sie?

Ihr Chef kommt auf die Idee, dass Sie ihm doch eine Übersicht erstellen könnten, wie denn ein Empfangsbekenntnis an das Gericht zurückzusenden ist. Er bittet Sie, dies entsprechend vorzubereiten und weist darauf hin, dass Sie bitte zwischen einem Empfangsbekenntnis in Papierform und einem Empfangsbekenntnis in elektronischer Form unterscheiden sollen. Er möchte gerne beide Varianten in dieser Übersicht finden.

Lösungsvorschlag:

Ein **Empfangsbekenntnis**, das vom Gericht per Post oder Fax übermittelt wurde, kann

- schriftlich,
- durch Telekopie (Telefax) oder
- als elektronisches Dokument im Sinne des § 130a ZPO

zurückgesandt werden, § 174 Abs. 4 S. 2 ZPO.

Ein schriftlich oder per Telefax zurückzusendendes Empfangsbekenntnis muss in diesem Fall mit Datum versehen und vom Adressaten unterschrieben zurückgesendet werden, § 174 Abs. 4 S. 1 ZPO.

Bei elektronischer Übermittlung eines in Papierform übersandten Empfangsbekenntnisses, muss dieses in ein PDF umgewandelt (d.h. eingescannt) werden und gem. § 130a ZPO an das Gericht zurückgesandt werden.

Dabei hat der Anwalt zwei Varianten zur Auswahl: Er kann das Empfangsbekenntnis mit einer qualifiziert elektronischen Signatur versehen und über einen elektronischen Briefkasten an das EGVP des Gerichts zurücksenden, der „OSCI-fähig" ist, § 4 Abs. 1 Nr. 2 ERVV, z.B. sein beA oder auch über den Governikus Communicator. Er kann aber auch selbst (nicht durch Mitarbeiter!) über einen sicheren Übermittlungsweg (z.B. sein beA) mit einer einfachen elektronischen Signatur das Empfangsbekenntnis versehen zurückschicken, § 130a Abs. 3 ZPO.

Wird vom Gericht ein **elektronisches Empfangsbekenntnis** (eEB) übermittelt, so ist dieses elektronische Empfangsbekenntnis in strukturierter maschinenlesbarer Form zu übermitteln. Hierfür ist ein vom Gericht mit der Zustellung zur Verfügung gestellter strukturierter Datensatz zu nutzen, § 174 Abs. 4 ZPO.

Zur Erläuterung: Im Gesetz heißt es in § 130a Abs. 3 ZPO *„von der verantwortenden Person **signiert und auf einem sicheren Übermittlungsweg**"*. Mit „signiert" ist bei einem elektronischen Dokument ohne Zweifel die elektronische Signatur – auch einfache elektronische Signatur genannt – gemeint.

Eine einfache elektronische Signatur wäre z.B. der eingetippte Namen unter einem Dokument, das elektronisch versendet wird oder auch eine lesbare eingescannte Unterschrift. Die elektronischen Signaturen sind in der elDASVO geregelt (EU Nr. 910/2014).

Hinweis: Eine Definition, welche Arten von elektronischen Signaturen es gibt, findet sich in der eIDAS-Verordnung, die das bis zum 29.07.2017 in Deutschland geltende Signaturgesetz abgelöst hat.

Es gibt drei relevante elektronische Signaturen im Rahmen des elektronischen Rechtsverkehrs. Die qualifizierte elektronische Signatur wird mittels Signaturkarte und PIN-Eingabe erzeugt. Die fortgeschrittene elektronische Signatur benötigt keine Karte, aber z.B. eine PIN-Eingabe. Und die einfache elektronische Signatur ist der eingetippte Name der verantwortenden Person unter einem elektronischen Dokument, oder die lesbare eingescannte Unterschrift.

Und auch das nur nebenbei: Ein vom **Büropersonal des Anwalts** unterzeichnetes Empfangsbekenntnisses ist **unwirksam.**[2] Anwälte dürfen gem. § 26 RAVPV auch ihre beA-Karten und PINs nicht an andere Personen – auch nicht an vertrauenswürdige Mitarbeiter – herausgeben!

Tipp: Bereits beim Posteingang sollte geprüft werden, ob die auf dem Empfangsbekenntnis bezeichneten Schriftstücke auch wirklich anliegen! Hier werden in der Geschäfts- oder Poststelle des Gerichts durchaus versehentlich auch mal Fehler gemacht. Es ist schwierig, ein unterschriebenes Empfangsbekenntnis wieder zu „entkräften"!

5. Zustellung im Parteibetrieb/Gerichtsvollzieher

Auf Antrag des Gläubigers kann die Zustellung eines Urteils oder anderen Vollstreckungstitels auch **im Parteibetrieb** erfolgen, vgl. § 750 Abs. 1 S. 2 ZPO, dann aber nur durch den Gerichtsvollzieher, § 192 ZPO, oder wenn beide Parteien anwaltlich vertreten sind, von Anwalt zu Anwalt, § 195 ZPO. Der Gläubiger erhält von der Geschäftsstelle eine vollstreckbare Ausfertigung des Urteils ohne Tatbestand und ohne Entscheidungsgründe und übersendet diese mit den erforderlichen Abschriften an den GV. Der GV beglaubigt die Abschriften, fehlende Abschriften kann er selbst herstellen. Diese Art der Zustellung ist dann erforderlich, wenn Vollstreckungsmaßnahmen sofort erfolgen müssen und verhindert werden soll, dass der Schuldner sein Vermögen beiseiteschafft.

Die Zustellung im Parteibetrieb erfolgt durch den Gerichtsvollzieher, der persönlich – gegen Zustellungsurkunde – oder durch die Post – gegen Postzustellungsurkunde – zustellt. Im Parteibetrieb kann die Zustellung auch von Anwalt zu Anwalt erfolgen, siehe unter Ziff. 6 nachfolgend.

Die Zustellung im Parteibetrieb ist auch erforderlich bei Vollstreckungstiteln, die nicht von Amts wegen zugestellt werden, wie z.B. bei Prozessvergleichen, Schiedssprüchen oder notariellen Urkunden.

Übungsfall 45:

Ihre Chefin möchte gerne eine Zustellung im Parteibetrieb vornehmen lassen und fragt Sie, ob Sie wissen, welche Möglichkeiten es hier gibt.

Was antworten Sie Ihrer Chefin?

---

2 *BSG*, NJW 2010, 217.

> **Lösungsvorschlag:**
>
> Es gibt zwei Möglichkeiten der Zustellung im Parteibetrieb. Entweder durch den Gerichtsvollzieher, § 192 ZPO oder von Anwalt zu Anwalt, § 195 ZPO.

6. Zustellung von Anwalt zu Anwalt

In einem anhängigen Verfahren hat die Zustellung an den für den Rechtszug bestellten Prozessbevollmächtigten zu erfolgen, § 172 Abs. 1 ZPO. Eine Zustellung direkt an die Partei wäre in diesem Fall nicht wirksam. Sind beide Parteien durch Anwälte vertreten, so kann ein Dokument auch dadurch zugestellt werden, dass der zustellende Anwalt das Dokument dem anderen Anwalt übermittelt (Zustellung von Anwalt zu Anwalt), § 195 Abs. 1 ZPO. Für die Zustellung an einen Anwalt gilt § 174 Abs. 2 S. 1 und Abs. 3 S. 1, 3 entsprechend, § 195 Abs. 1 S. 5 ZPO. Somit ist die Zustellung ist in diesen Fällen auch per Telefax zulässig, § 174 Abs. 2 S. 1 ZPO. Zum Nachweis der Zustellung von Anwalt zu Anwalt genügt das mit Datum und Unterschrift versehene schriftliche Empfangsbekenntnis des Anwalts, dem zugestellt worden ist, § 195 Abs. 2 S. 1 ZPO. Aber auch die Zustellung von Anwalt zu Anwalt via beA mittels elektronischem Dokument ist möglich, denn in § 195 Abs. 2 S. 2 ZPO wird auf § 174 Abs. 4 S. 2-4 ZPO verwiesen.

Wichtig: Wie ein Anwalt sich bei ordnungsgemäßen Zustellungen von Gerichten, Behörden und Rechtsanwälten zu verhalten hat, ist in § 14 BORA (Neufassung ab 01.01.2018) geregelt. Hier heißt es:

*„Der Rechtsanwalt hat ordnungsgemäße Zustellungen von Gerichten, Behörden **und Rechtsanwälten** entgegenzunehmen und das Empfangsbekenntnis mit dem Datum versehen unverzüglich zu erteilen. Wenn der Rechtsanwalt bei einer nicht ordnungsgemäßen Zustellung die Mitwirkung verweigert, muss er dies dem Absender unverzüglich mitteilen.“*

7. Zustellung durch Einschreiben/Rückschein

Nach § 175 ZPO kann ein Schriftstück auch durch Einschreiben/Rückschein zugestellt werden, wobei zum Nachweis der Zustellung der (ausgefüllte) Rückschein ausreichend ist. Eine Zustellung nach den AGBs der Deutschen Post AG an einen Ersatzempfänger wie z.B. einem Familienangehörigen, einer in der Wohnung/im Betrieb regelmäßig beschäftigten Person, bei der von einer Empfangsberechtigung ausgegangen werden kann sowie dem Postbevollmächtigten scheidet jedoch dann aus, wenn beim Adressaten der Zusatz „eigenhändig" angegeben ist.

8. Ersatzzustellung in der Wohnung, in Geschäftsräumen und Einrichtungen

Grundsätzlich hat die Zustellung an den Adressaten persönlich zu erfolgen, wonach das Schriftstück, der Person, an die zugestellt werden soll, an **jedem Ort** übergeben werden kann, an dem sie angetroffen wird, § 177 ZPO.

Sofern eine Person, der zugestellt werden soll, in ihrer Wohnung, im Geschäftsraum oder einer Gemeinschaftseinrichtung, in der sie wohnt, **nicht angetroffen** wird, kann das Schriftstück auch nach § 178 Abs. 1 ZPO zugestellt werden, an

1. in der Wohnung einem erwachsenen Familienangehörigen, einer in der Familie beschäftigten Person oder einem erwachsenen ständigen Mitbewohner,
2. in Geschäftsräumen einer dort beschäftigten Person,
3. in Gemeinschaftseinrichtungen dem Leiter der Einrichtung oder einem dazu ermächtigten Vertreter.

Eine derartige Ersatzzustellung scheidet aber dann aus, wenn die Person, an die eine Ersatzzustellung erfolgt ist, als Gegner der Person, der zugestellt werden soll, beteiligt ist, § 178 Abs. 2 ZPO.

Beispiel:
Ein Gesellschafter verklagt die GmbH und den Geschäftsführer auf Schadenersatz. Die Ersatzzustellung an den Geschäftsführer (Zustellungsadressat ist der verklagende Gesellschafter) würde wegen § 178 Abs. 2 ZPO ausscheiden.

Bei einer Annahmeverweigerung ist das Schriftstück in der Wohnung oder im Geschäftsraum zurückzulassen, § 179 S. 1 ZPO. Sofern keine Wohnung oder kein Geschäftsraum vorhanden sind, ist das zuzustellende Schriftstück zurückzusenden, § 179 S. 2 ZPO. Mit der Annahmeverweigerung, die zu vermerken ist, gilt das Schriftstück damit als zugestellt, § 179 S. 3 ZPO.

Wird der Zustellungsadressat angetroffen und erklärt jedoch, dass Schriftstück nicht entgegen nehmen zu wollen, so ist nach § 179 ZPO weiter zu verfahren. § 178 ZPO kommt dann nicht zur Anwendung.

Die Ersatzzustellung durch Einlegen in den Briefkasten gem. § 180 ZPO oder eine ähnliche Vorrichtung für den Postempfang ist erst dann zulässig, wenn

- die persönliche Zustellung gescheitert ist, weil der Zustellungsadressat an der angegebenen Anschrift und auch an einem anderen Ort der Zustellung nach § 177 ZPO nicht angetroffen wurde;
- die Zustellung weder in der Wohnung noch im Geschäftsraum oder einer Gemeinschaftseinrichtung möglich war.

Übungsfall 46:
Einem Gegner (natürliche Person) soll ein Schriftstück in seiner Wohnung zugestellt werden. Er wird jedoch mehrfach nicht angetroffen. Ein Aufenthaltsort ist auch nicht bekannt.

> Nutzen Sie die Gelegenheit, um der Auszubildenden Ihrer Kanzlei zu erläutern, wie die Zustellung doch noch bewirkt werden könnte.

Lösungsvorschlag:

Es kann eine Ersatzzustellung nach § 178 Abs. 1 ZPO in der Wohnung einem erwachsenen Familienangehörigen, einer in der Familie beschäftigten Person oder einem erwachsenen ständigen Mitbewohner, vorgenommen werden. Verweigert eine anwesende Person die Annahme, kann Ersatzzustellung durch Einlegung in den Briefkasten erfolgen, § 180 ZPO.

Kapitel 5
Besondere Verfahrensarten

1. Säumnisverfahren

Erscheint der Kläger im Termin zur mündlichen Verhandlung nicht, ist auf Antrag das Versäumnisurteil dahin zu erlassen, dass der Kläger mit seiner Klage abzuweisen ist, § 330 ZPO.

Erscheint dagegen der Beklagte im Termin nicht und beantragt der Kläger gegen den nicht erschienenen Beklagten Versäumnisurteil, ist das tatsächliche mündliche Vorbringen des Klägers als zugestanden anzunehmen. Ist nach dem Vorbringen des Klägers der Klageantrag gerechtfertigt, ist antragsgemäß zu erkennen. Anderenfalls ist die Klage abzuweisen, § 331 Abs. 2 ZPO (die sog. Schlüssigkeitsprüfung).

Interessant: Sofern der Beklagte die Anzeige der Verteidigungsabsicht nicht rechtzeitig anzeigt (§ 276 Abs. 1 S. 2, Abs. 2 ZPO), trifft auf Antrag des Klägers das Gericht die Entscheidung ohne mündliche Verhandlung; dies gilt nicht, wenn die Erklärung des Beklagten noch eingeht, **bevor das von den Richtern unterschriebene Urteil der Geschäftsstelle übergeben ist**. Der Antrag auf Erlass eines Versäumnisurteils nach § 331 Abs. 3 ZPO kann bereits in der Klageschrift gestellt werden. Will man auf Klägerseite die Säumnis des Beklagten nutzen, sollte man daher am Tag des Fristablaufs für den Beklagten bei Gericht anrufen und auf den bereits in der Klageschrift gestellten Antrag hinweisen. Ist der Klageantrag hinsichtlich einer Nebenforderung nicht schlüssig, kann gleichwohl Versäumnisurteil ergehen.

In der Praxis wird nur sehr selten von der Möglichkeit Gebrauch gemacht, bei Ausbleiben einer Partei im Termin zur mündlichen Verhandlung statt eines Versäumnisurteils eine Entscheidung nach Lage der Akten zu beantragen. Die Entscheidung nach Aktenlage gemäß § 331a ZPO birgt für den Kläger grundsätzlich das Risiko, dass das Gericht anders entscheidet, als es in der mündlichen Verhandlung zu erkennen gegeben hat.

Der Partei, gegen die ein Versäumnisurteil erlassen ist, steht gegen das Versäumnisurteil der Einspruch zu, der innerhalb einer **Notfrist** von **zwei Wochen**, die mit der Zustellung des Versäumnisurteils zu laufen beginnt, beim Ausgangsgericht eingelegt werden muss, §§ 338, 339 ZPO.

Die **Einspruchsschrift** soll nach § 340 ZPO enthalten:

- die Bezeichnung des Urteils, gegen das der Einspruch gerichtet wird;
- die Erklärung, dass gegen dieses Urteil Einspruch eingelegt werde.

Beschränkt sich der Einspruch nur auf einen Teil der ergangenen Entscheidung, ist der Umfang der Anfechtung zu bezeichnen.

Übungsfall 47:

Die Auszubildende Ihrer Kanzlei hat im Berufsschulunterricht das Thema „Versäumnisurteil" besprochen. Sie möchten nun sehen, ob Ihre Auszubildende auch in der Schule gut aufgepasst hat. Sie geben daher Ihrer Auszubildenden den Auftrag, in einem Verfahren, in dem gegen Ihren Mandanten ein Versäumnisurteil gerade eben ergangen ist, gegen dieses einen Einspruch vorzubereiten. Ihre Auszubildende legt Ihnen folgenden Entwurf vor:

„... legen wir gegen das Versäumnisurteil, zugestellt am 21.02.2017 EINSPRUCH ein. Dr. Anton Mustermann, Rechtsanwalt."

Sie erkennen sofort, dass im Einspruchsschriftsatz einige wichtige Angaben fehlen. Zählen Sie zwei Angaben auf. Lassen Sie dabei das fehlende adressierte Gericht und das fehlende Rubrum unberücksichtigt.

Lösungsvorschlag:

Es fehlen:

- Angriffs- und Verteidigungsmittel, § 340 Abs. 3 ZPO und
- konkrete Bezeichnung des Urteils, § 340 Abs. 2 S. 1 Nr. 1 ZPO

Erläuterung: Hier sollte das Gericht, welches das Urteil erlassen hat sowie auch das Datum des Erlasses und das Aktenzeichen angegeben werden.

Das Gericht hat von Amts wegen zu prüfen, ob der Einspruch an sich statthaft und ob er in der gesetzlichen Form und Frist eingelegt ist, § 341 Abs. 1 S. 1 ZPO. Fehlt es an einem dieser Erfordernisse (Form und Frist), so ist der Einspruch als unzulässig zu verwerfen. Das Urteil über die Verwerfung kann ohne mündliche Verhandlung ergehen.

Sofern der Einspruch zulässig ist, wird der Prozess, zumindest im Umfang des Einspruches, in die Lage zurückversetzt, in der er sich vor Eintritt der Säumnis befand, § 342 ZPO. Stimmt die Entscheidung, die aufgrund der neuen Verhandlung erlassen wird, mit der im Versäumnisurteil enthaltenen Entscheidung überein, ist auszusprechen, dass diese Entscheidung aufrechtzuerhalten ist, § 343 ZPO. Soweit dies nicht der Fall ist, wird das Versäumnisurteil im neuen Urteil aufgehoben. Die Kosten der Säumnis sind der säumigen Partei auch dann aufzuerlegen, wenn infolge des Anspruchs eine abändernde Entscheidung erlassen wird (Verursacherprinzip), § 344 ZPO.

Übungsfall 48:

Im morgendlichen Posteingang erhalten Sie ein sogenanntes 2. Versäumnisurteil. Sie sind völlig unsicher, welche Frist Sie nun notieren sollen. Beim Versäumnisurteil notieren Sie immer eine 2-wöchige Notfrist. Aber ob das auch beim 2. Versäumnisurteilt gilt? Sie haben so etwas noch nie gesehen und wollen zunächst einmal nachlesen, ob man dieses Urteil überhaupt anfechten kann. Der Mandant wird sicher nicht begeistert sein.

Fassen Sie in kurzen Worten das Ergebnis Ihrer Recherche zusammen und erläutern Sie, was ein 2. Versäumnisurteil ist.

Lösungsvorschlag:

Erscheint die Partei, die den Einspruch eingelegt hat, in der zur mündlichen Verhandlung bestimmten Sitzung oder in derjenigen Sitzung, auf welche die mündliche Verhandlung vertagt ist, nicht oder verhandelt sie in einer dieser Verhandlungen nicht zur Hauptsache, steht gegen das sodann ergehende Versäumnisurteil, durch das der Einspruch verworfen wird, ein weiterer Einspruch nicht zu, § 345 ZPO. Ein solches Urteil kann allein mit der Berufung angefochten werden und insoweit auch nur mit der Begründung, dass ein Fall der schuldhaften Versäumung nicht vorgelegen habe, § 514 Abs. 2 ZPO. Bei einem 2ten Versäumnisurteil ist also unmittelbar vorher schon einmal eine Säumnis passiert.

2. Urkunden- und Wechselprozess

Ein Anspruch, in der die Zahlung einer bestimmten Geldsumme oder die Leistung einer bestimmten Menge anderer vertretbarer Sachen oder Wertpapiere zum Gegenstand hat, kann im Urkundenprozess geltend gemacht werden, wenn sämtliche zur Begründung des Anspruchs erforderlichen Tatsachen durch um Urkunden bewiesen werden können, § 592 S. 1 ZPO.

Achtung: Neben allgemeinen Prozessvoraussetzungen (Parteifähigkeit, Prozessfähigkeit) müssen beim Urkunden- und Wechselprozess (§§ 592, 593 ZPO) folgende **Voraussetzungen** beachtet werden:

- die Klage muss die Erklärung enthalten, dass im Urkundenprozess geklagt wird, § 593 Abs. 1 ZPO;
- die Urkunden müssen in Abschrift der Klage oder einem vorbereitenden Schriftsatz beigefügt werden; im letzteren Fall muss zwischen Zustellung des Schriftsatzes und dem Termin zur mündlichen Verhandlung ein der Einlassungsfrist (§ 274 ZPO) gleicher Zeitraum liegen.

Aha: Eine Widerklage ist im Urkunden- und Wechselprozess nicht statthaft, § 595 Abs. 1 ZPO.

Als Beweismittel sind bezüglich der Echtheit oder Unechtheit einer Urkunde sowie bezüglich anderer als der in § 592 erwähnten Tatsachen nur Urkunden und Antrag auf Parteivernehmung zulässig, § 595 Abs. 2 ZPO. Der Urkundenbeweis kann nur durch Vorlegung der Urkunden angetreten werden, § 595 Abs. 3 ZPO.

Teil 3

Interessant: Bis zum Schluss der mündlichen Verhandlung kann der Kläger Abstand vom Urkundenprozess nehmen, so dass der Rechtsstreit im ordentlichen Verfahren anhängig bleibt, § 596 ZPO. Ist ein Urkundenprozess unstatthaft, ist insbesondere ein dem Kläger obliegender Beweis nicht mit den im Urkundenprozess zulässigen Beweismitteln (§ 595 ZPO) angetreten oder mit solchen Beweismitteln nicht vollständig geführt, so wird die Klage als in der gewählten Prozessart unstatthaft abgewiesen, selbst wenn in dem Termin zur mündlichen Verhandlung der Beklagte nicht erschienen ist oder der Klage nur aufgrund von Einwendungen widersprochen hat, die rechtlich unbegründet oder im Urkundenprozess unstatthaft sind, § 597 Abs. 2 ZPO.

Dem Beklagten, der dem geltend gemachten Anspruch widersprochen hat, ist in allen Fällen, in denen er verurteilt wird, in die Ausführung seiner Rechte vorzubehalten (Vorbehaltsurteil), § 599 ZPO. Ein Urteil, das unter Vorbehalt der Rechte ergeht, ist für die Rechtsmittel und die Zwangsvollstreckung als Endurteil anzusehen, § 599 Abs. 3 ZPO.

Übungsfall 49:

Ihr Mandant hat eine Forderung auf der Grundlage eines Schuldscheins gegen Heribert Arm. Da Heribert Arm nach Kenntnis Ihres Mandanten nicht über viel Geld verfügt, hofft er auf ein schnelles Klageverfahren, bevor am Ende Heribert Arm noch Insolvenz anmeldet. Nun hat Ihr Mandant gelesen, dass ein Zivilprozess beim Amtsgericht durchschnittlich 9 Monate bis zu 1,5 Jahre dauert. Er ist verzweifelt. Gibt es denn gar keine Möglichkeit, die Sache zu beschleunigen?

Formulieren Sie ein entsprechendes kurzes Schreiben an den Mandanten, in dem Sie ihn auf die prozessualen Möglichkeiten unter Angabe der gesetzlichen Bestimmungen hinweisen. Lassen Sie dabei ein etwaiges Mahnverfahren außer Betracht.

Lösungsvorschlag:

Sehr geehrter Mandant,

ich komme zurück auf das geführte Telefonat mit meinem Sekretariat, Frau Azubi. Sie befürchten, dass ein gerichtliches Verfahren zu lange dauern wird und der Schuldner vermutlich am Ende des Verfahrens vermögenslos ist.

Gerne teile ich Ihnen daher mit, dass in Ihrem Fall eine Klage im sog. Urkundenprozess erhoben werden kann, da sich der Anspruch durch Urkunde (hier Schuldschein) nachweisen lässt, § 592 S. 1 ZPO. Dabei würden als Beweismittel lediglich die Urkunde und die Parteieinvernahme zulässig sein, § 595 Abs. 2 ZPO. Das verkürzt ein Verfahren ganz erheblich, da keine umfangreiche Beweisaufnahme erfolgt. Dies ist ein denkbar schnelles Verfahren, das sehr rasch zu einem vorläufig vollstreckbaren Urteil führt, das ohne Sicherheitsleistung für vorläufig vollstreckbar erklärt wird. Wir empfehlen Ihnen daher, dass wir eine solche Klage für Sie bei Gericht einreichen.

Bitte senden Sie uns daher die beigefügte Vollmacht unterschrieben zurück.

Mit freundlichen Grüßen

Dr. Anton Mustermann, Rechtsanwalt

Prüfungstipp: Dieser Brief enthält natürlich auch Formulierungen, für die es möglicherweise keine Punkte gibt. In einigen Kammerbezirken erhalten Prüflinge für die Erstellung eines fachkundlichen Textes mittels PC ganz genaue Angaben, was in einem solchen Brief enthalten sein MUSS. Hieran sollten Sie sich dann auch genauestens halten. Gleichzeitig werden dann aber auch oft die DIN-Normen und Deutsch (d.h. der

Ausdruck, sowie die Rechtschreibung) bewertet. Mit ein paar netten Floskeln klingt ein Brief natürlich netter. In der Praxis würde man immer eine schöne Einleitung zu einem Brief wählen. Hier ist das erkennbar daran, dass wir auf das Telefonat Bezug nehmen und das Problem/die Sorge des Mandanten nochmals wiederholen. Dadurch fühlt sich der Mandant verstanden und findet die Kanzlei gut. Fachlich wichtig sind solche Nettigkeiten aber nicht. Es kann daher sein, dass in dem für Sie zuständigen Kammerbezirk so etwas auch nicht bepunktet wird und Sie nur unnötig Zeit verlieren. Bitte erkundigen Sie sich bei Ihren Lehrkräften, in welchem Umfang solche Briefentwürfe gefordert sind.

Noch etwas: Ich kenne wenig Fälle, wo man einem „normalen" Mandanten auch Paragrafen in den Brief schreibt. Das kann sich nachteilig auswirken. Entweder findet der Mandant die Kanzlei „kompliziert" (schlecht für die Mandantenbindung!) oder er ist ein „Oberschlauer" und fängt an, die Paragrafen nachzulesen. Dann hat man möglicherweise viel Arbeit damit, ihm zusätzliche Fragen rund um das Thema zu beantworten. In der Prüfung sind Paragrafen natürlich aber oft wichtig. Auch wenn Sie selbst also niemals in einem solchen Brief Paragrafen erwähnen würden, wenn diese in der Prüfung gefordert werden, geben Sie diese bitte an. Sonst verlieren Sie wertvolle Punkte.

Hinweis: Dem Gericht muss die Urkunde im Termin im Original vorgelegt werden, § 595 ZPO für die Klage reicht erst einmal eine Abschrift, § 593 Abs. 2 S. 1 ZPO.

Wird dem Beklagten die Ausführung seiner Rechte vorbehalten (z.B. andere Beweismittel anzugeben), so bleibt der Rechtsstreit im ordentlichen Verfahren anhängig, § 600 Abs. 1 ZPO und kann dann fortgesetzt werden. Möglicherweise ergibt sich dann eine andere Entscheidung des Gerichts. Am Ende auch dieses Nachverfahrens wird dann entweder das Vorbehaltsurteil bestätigt (Klingt lustig: „Das Vorbehaltsurteil wird für vorbehaltslos erklärt.") oder aber aufgehoben und die Klage z.B. abgewiesen.

3.   Arrest und einstweilige Verfügung

3.1   Arrest

Arrest und einstweilige Verfügung sind in den §§ 916 ff. ZPO geregelt. In der Praxis vergehen oft mehrere Monate, bevor eine vollstreckbare gerichtliche Entscheidung erwirkt werden kann. In manchen Fällen droht dem Kläger in Gefahr, dass der Beklagte ein künftiges Urteil etwa durch Beiseiteschaffen von Vermögensgegenständen unterläuft. Zur Vermeidung von erheblichen Nachteilen für einen Gläubiger hat das Gesetz Arrest und einstweilige Verfügung als Eilverfahren geregelt. In Arrest und einseitigen Verfügungsverfahren sind die Ladungs- und Einlassungsfristen verkürzt; das Gericht kann ohne mündliche Verhandlung und ohne Anhörung des Gegners entscheiden. Die Rechtslage wird jedoch in derartigen Fällen nur vorläufig geprüft. Da eine umfassende Prüfung aus zeitlichen Gründen nicht möglich ist, sieht die ZPO lediglich eine Sicherung, aber keine Befriedigung des Klägers hier: Antragstellers im gerichtlichen Eilverfahren vor. Erweist sich die Entscheidung im Nachhinein als ungerechtfertigt, so unterliegt der Antragsteller einer verschuldensunabhängigen Haftung, § 945 ZPO.

Interessant: Ein Antrag auf Erlass eines Arrests oder einer einstweiligen Verfügung hemmt die Verjährung, § 204 Abs. 1 Nr. 9 BGB.

Der Arrest findet zur Sicherung der Zwangsvollstreckung in das bewegliche oder unbewegliche Vermögen wegen einer Geldforderung oder wegen eines Anspruchs statt, der in eine Geldforderung übergehen kann, § 916 Abs. 1 ZPO. Man unterscheidet den dinglichen Arrest, § 917 ZPO vom persönlichen Arrest, § 918 ZPO.

Für in die Anordnung des Arrestes ist sowohl das Gericht der Hauptsache als auch das Amtsgericht zuständig, in dessen Bezirk der mit Arrest zu belegende in Gegenstand oder die in ihrer persönlichen Freiheit zu beschränkende Person sich befindet, § 919 ZPO.

Das Arrestgesuch soll die Bezeichnung des Anspruchs unter Angabe des Geldbetrages oder des Geldwertes sowie die Bezeichnung des Arrestgrundes enthalten. Der Anspruch und der Arrestgrund sind glaubhaft zu machen.

Die Entscheidung über ein Arrestgesuch ergeht im Fall einer mündlichen Verhandlung durch Urteil. Wird vom Gericht eine mündliche Verhandlung nicht anberaumt, so ergeht die Entscheidung durch Beschluss. Der Gegner ist nicht zwingend anzuhören.

Den Beschluss, durch den ein Arrest angeordnet wird, hat die Partei, die den Arrest erwirkt hat, zustellen zu lassen, § 922 Abs. 2 ZPO. Gegen den Beschluss, durch den ein Arrest angeordnet wird, findet der Widerspruch statt, § 924 Abs. 1 ZPO.

Die widersprechende Partei hat in dem Widerspruch die Gründe darzulegen, die sie für die Aufhebung des Arrestes geltend machen will, § 924 Abs. 2 ZPO. In diesen Fällen ist Termin zur mündlichen Verhandlung von Amts wegen zu bestimmen. Durch Erhebung des Widerspruchs wird die Vollziehung des Arrestes (§§ 930, 931, 933 ZPO) nicht in gehemmt, § 924 Abs. 3 S. 1 ZPO. Ist Widerspruch erhoben worden, so ist über die Rechtmäßigkeit des Arrestes durch Endurteil zu entscheiden, § 925 Abs. 1 ZPO. Arrestbefehle bedürfen der Vollstreckungsklausel nur, wenn die Vollziehung für einen anderen als den im Befehl bezeichneten Gläubiger oder gegen einen anderen als den im Befehl bezeichneten Schuldner erfolgen soll, § 929 Abs. 1 ZPO.

Die Vollziehung des Arrestbefehls ist unstatthaft, wenn seit dem Tage, an dem der Befehl verkündet oder der Partei, auf deren Gesuch er erging, zugestellt ist, **ein Monat** verstrichen ist, § 929 Abs. 2 ZPO! **Wichtige Frist!**

Die Vollziehung des Arrestes in bewegliches Vermögen wird durch Pfändung bewirkt, § 930 Abs. 1 S. 1 ZPO. Die Vollziehung des persönlichen Sicherheitsarrestes richtet sich, wenn sie durch Haft erfolgt, nach den Vorschriften der §§ 802g, 802h u. 802j Abs. 1 u. 2 ZPO und, wenn sie durch sonstige Beschränkung der persönlichen Freiheit erfolgt, nach den von Arrestgericht zu treffenden besonderen Anordnungen, für welche die Beschränkungen der Haft maßgebend sind.

3.2   Einstweilige Verfügung

Grundsätzlich: Auf die Anordnung einer einstweiligen Verfügung sind die Arrestvorschriften entsprechend anzuwenden, § 936 ZPO, sofern in den §§ 937 bis 945 ZPO keine anderweitige Regelung erfolgt ist.

Für den Erlass einstweiliger Verfügungen ist das Gericht der Hauptsache zuständig, § 937 Abs. 1 ZPO. Auch eine einstweilige Verfügung kann in dringenden Fällen, sowie dann, wenn der Antrag auf Erlass einer einstweiligen Verfügung zurückzuweisen ist, ohne mündliche Verhandlung durch Beschluss ergehen, § 937 Abs. 2 ZPO.

Zu beachten ist: Die Räumung von Wohnraum darf durch einstweilige Verfügung nur wegen verbotener Eigenmacht oder bei einer konkreten Gefahr für Leib oder Leben angeordnet werden, § 940a ZPO.

Damit ein Antragsteller sich nicht auf den Klageweg verweisen lassen muss, sollten die Voraussetzungen zum Erlass einer einstweiligen Verfügung sorgfältig geprüft werden. Die mit der einstweiligen Verfügung bekämpfte Gefahr muss sich konkret abzeichnen, damit ein Verfügungsgrund angenommen werden kann. Ein zeitlicher Zusammenhang (Dringlichkeit) ist ebenfalls erforderlich.

> **Beispiel:**
> Eine Zeitung bezeichnet eine namhafte Schauspielerin als Alkoholikerin. Die Schauspielerin wartet mit einem Antrag auf Erlass einer einstweiligen Verfügung (Unterlassungsverfügung) über drei Monate. Nach diesem langen Zeitraum wird eine Dringlichkeit der Sache nicht mehr angenommen, so dass die Schauspielerin sich auf den normalen Klageweg (auch Hauptsacheklage genannt) verweisen lassen muss.

Mit einer Unterlassungsverfügung wird dem Antragsgegner ein bestimmtes Tun verboten. Das Verbot wird mit der Zustellung dem Antragsgegner gegenüber wirksam. Die Zustellung einer einstweiligen Verfügung ist daher von höchster Wichtigkeit. Sofern die Zustellung nicht innerhalb der Monatsfrist erfolgt, wird die einstweilige Verfügung auf Antrag des Antragsgegners rückwirkend aufgehoben. Dies führt dazu, dass der Antragsteller die durch die einstweilige Verfügung entstandenen Kosten zu tragen hat. In der eine einstweilige Verfügung nur eine vorläufige Regelung darstellt, kann der Gegner Widerspruch erheben oder dem Antragsteller eine Frist für die Klage zur Hauptsache setzen lassen. Um eine entsprechende Ungewissheit auszuräumen, wird in der Regel dem Antragsgegner ein Abschlussschreiben übermittelt. Mit diesem Abschlussschreiben wird der Antragsgegner aufgefordert, die einstweilige Verfügung als verbindlich anzusehen und auf ein Rechtsmittel sowie die Geltendmachung seiner Rechte z.B. auf §§ 926, 927 ZPO gegen die einstweilige Verfügung zu verzichten.

Erfolgt die geforderte Erklärung, die, da sie sich einem gerichtlichen Verfahren anschließt als besondere gebührenrechtliche Angelegenheit zu betrachten ist, ist der Rechtsstreit endgültig erledigt.

3.3 Rechtsbehelfe und Rechtsmittel

Rechtsbehelfe und Rechtsmittel im einstweiligen Verfügungsverfahren machen in der Praxis häufig deswegen Schwierigkeiten, weil es sich um eine besondere Verfahrensart handelt, für die auch teilweise eigene Regeln gelten.

Interessant: Grundsätzlich gilt, dass einstweilige Verfügungen durch Beschluss (dann ohne mündliche Verhandlung) oder durch Endurteil (nach mündlicher Verhandlung) erlassen werden können, §§ 922 Abs. 1 S. 1 ZPO i.V.m. 936 ZPO.

Hinweis: Sofern über den Antrag auf Erlass einer einstweiligen Verfügung ein Endurteil ergeht, kann dieses wie im übrigen Zivilprozess mit der Berufung angefochten werden, sofern die Voraussetzungen für die Berufung erfüllt sind (vgl. dazu § 511 ZPO).

Achtung: Gegen den Beschluss, mit dem einem Antrag auf Erlass einer einstweiligen Verfügung stattgegeben wird, findet der Widerspruch statt, §§ 924 Abs. 1 ZPO i.V.m. 936 ZPO. Der Widerspruch wird bei demselben Gericht eingelegt, das die einstweilige Verfügung erlassen hat.

Die widersprechende Partei hat in dem Widerspruch die Gründe darzulegen, die sie für die Aufhebung der einstweiligen Verfügung geltend machen will, § 924 Abs. 2 S. 1 i.V.m. § 936 ZPO. Nach dem Widerspruch hat das Gericht Termin zur mündlichen Verhandlung von Amts wegen zu bestimmen, § 924 Abs. 2 S. 2 ZPO. Der Widerspruch gegen die einstweilige Verfügung unterliegt grundsätzlich keiner gesetzlichen Frist und wird immer beim Ausgangsgericht eingelegt.

Nach dem Widerspruch wird das Gericht über den Antrag auf Erlass einer einstweiligen Verfügung durch Endurteil entscheiden, §§ 925 i.V.m. 936 ZPO. Dabei kann das Gericht die einstweilige Verfügung ganz oder teilweise bestätigen, abändern oder aufheben, auch die Bestätigung, Abänderung oder Aufhebung von einer Sicherheitsleistung abhängig machen.

Ist die Hauptsache nicht anhängig, hat das erlassende Gericht auf Antrag ohne mündliche Verhandlung anzuordnen, dass die Partei, die die einstweilige Verfügung erwirkt hat, binnen einer zu bestimmenden Frist Klage zu erheben hat, § 926 Abs. 1 ZPO. Wenn dieser Aufforderung durch den Antragsteller nicht Folge geleistet wird, ist auf Antrag des Antragsgegners die Aufhebung der einstweiligen Verfügung durch Endurteil auszusprechen, § 926 Abs. 2 ZPO. Eine Aufhebung der einstweiligen Verfügung kann auch nach § 927 ZPO wegen veränderter Umstände, insbesondere wegen Erledigung des Verfügungsgrundes oder aufgrund des Erbietens einer Sicherheitsleistung beantragt werden, § 927 Abs. 1 ZPO. Auch hier ist eine Endentscheidung durch Endurteil zu erlassen. Sie ergeht durch das Gericht, das die einstweilige Verfügung erlassen hat, und, wenn die Hauptsache nicht anhängig ist, durch das Gericht der Hauptsache, § 927 Abs. 2 ZPO.

Aufpassen: Hat eine Partei Berufung gegen ein Urteil im einstweiligen Verfügungsverfahren eingelegt, ist die Entscheidung über die Berufung **nicht revisibel**, § 542 Abs. 2 ZPO.

Diese gesetzliche Regelung erscheint im Hinblick darauf, dass bei einem solchen Streit der Partei unbenommen bleibt, ihre Rechte im Hauptsacheverfahren geltend zu machen (dies auch gegebenenfalls bis zum BGH), sachgerecht.

3.4　Die Vollziehungsfrist

Achtung: Die Zustellung einer einstweiligen Verfügung muss binnen eines Monats an den Antragsgegner erfolgt sein, § 929 Abs. 2 ZPO.

§ 929 Abs. 2 ZPO

„Die Vollziehung des Arrestbefehls ist unstatthaft, wenn seit dem Tag, an dem der Befehl verkündet oder der Partei, auf deren Gesuch er erging, zugestellt ist, ein Monat verstrichen ist."

Bei Versäumung der Vollziehungsfrist kann keine Wiedereinsetzung beantragt werden, da die Vollziehungsfrist keine der in § 233 ff. ZPO genannten Fristen ist.

4. Prozesskostenhilfeverfahren

In Deutschland gebietet das Prinzip des Rechtsstaats, dass auch Menschen, die nicht in besonders guten wirtschaftlichen Verhältnissen leben, für sie wichtige Prozesse führen bzw. sich im Prozess verteidigen können. Aus diesem Grund gibt es gesetzlich die Möglichkeit, dass die Staatskasse die entstehenden Kosten übernimmt.

Interessant: Prozesskostenhilfe gibt es nur auf Antrag, der Richter prüft also nicht von sich aus, ob eine Partei zur Zahlung der Prozesskosten in der Lage ist. Dabei muss die Partei, die Prozesskostenhilfe bewilligt erhalten möchte, ihre gesamten Einkommens- und Vermögensverhältnisse darlegen, damit das Gericht überprüfen kann, ob die Voraussetzungen zur Bewilligung von Prozesskostenhilfe gegeben sind.

Die Voraussetzung zur Bewilligung von Prozesskostenhilfe sind, § 114 ZPO:

- Die Partei kann die **Prozesskosten nicht**, nur zum Teil, oder nur in Raten **zahlen**.
- Die beabsichtigte Rechtsverfolgung oder Rechtsverteidigung bietet **hinreichend Aussicht** auf Erfolg.
- Die beabsichtigte Rechtsverfolgung oder Rechtsverteidigung erscheint **nicht mutwillig**.

Hinweis: Unter Prozesskosten versteht man z.B.:

- Gerichtskosten
- Sachverständigenkosten
- Kosten für Zeugenauslagen
- Übersetzungskosten
- Rechtsanwaltskosten
- u.a.

Hinweis: Damit der Rechtsanwalt seine Vergütung gegenüber der Staatskasse geltend machen kann, ist es erforderlich, dass er seiner Partei beigeordnet wird. Aufgrund der Beiordnung kann er dann seine Vergütung mit der **Staatskasse** abrechnen.

Wichtig: Es sind daher **zwei** Anträge zu stellen: Antrag auf Bewilligung von Prozesskostenhilfe **und** Antrag auf Beiordnung eines Rechtsanwalts bzw. einer Rechtsanwaltskanzlei in diesem Verfahren.

Der Antrag auf Bewilligung von Prozesskostenhilfe ist gem. § 117 Abs. 1 ZPO beim Prozessgericht zu stellen. Hierfür gibt es keinen Anwaltszwang, § 117 Abs. 1 S. i.V.m. § 78 Abs. 3 ZPO.

Der Antrag hat zu enthalten bzw. dem Antrag ist beizufügen:

- Antrag, dass Prozesskostenhilfe begehrt wird;
- Antrag auf Beiordnung eines Rechtsanwalts/einer Kanzlei;
- Darstellung des Streitverhältnisses unter Angabe der Beweismittel;
- Erklärung der Partei über ihre persönlichen und wirtschaftlichen Verhältnisse (Familienverhältnisse, Beruf, Vermögen, Einkommen und Lasten), § 117 Abs. 2 S. 1 ZPO;
- entsprechende Belege zur Erklärung über die persönlichen und wirtschaftlichen Verhältnisse, § 117 Abs. 2 S. 1 ZPO.

Für die Erklärung der Partei über die persönlichen und wirtschaftlichen Verhältnisse ist das amtlich eingeführte Formular zu verwenden, § 117 Abs. 4 ZPO.

Übungsfall 50:

Ihr Mandant möchte eine Klage auf Zahlung eines Betrags in Höhe von 30.000,00 € beim Landgericht in München I einreichen. Er kann allerdings die Kosten für den Prozess nicht aufbringen. Ihr Mandant fragt per Mail, ob es für derartige Fälle nicht die Möglichkeit gibt, dass der Staat für die Kosten aufkommt.

1. Ihr Chef beauftragt Sie, einen Brief für den Mandanten anzufertigen. In diesem Brief sollen Sie den Mandanten über die Voraussetzungen zur Bewilligung von Prozesskostenhilfe belehren und ihm das notwendige Formular übermitteln.

2. Zudem sollen Sie dem Mandanten mitteilen, welche Belege Sie für den entsprechenden Antrag benötigen. Zählen Sie vier mögliche Belege auf (nur Ziff. 2. ohne Angabe von gesetzlichen Bestimmungen).

Lösungsvorschlag:

1.

Sehr geehrter Herr Mandant,

Sie haben per Mail nachgefragt, ob in Ihrem Fall die Staatskasse die Prozesskosten übernehmen könnte. Prozesskostenhilfe erhält auf Antrag die Partei, die die Prozesskosten nicht, nur zum Teil oder nur in Raten leisten kann, § 115 Abs. 1 ZPO.

Wir können gerne einen solchen Antrag für Sie stellen. Dem Antrag auf Bewilligung von Prozesskostenhilfe ist die Erklärung über ihre persönlichen und wirtschaftlichen Verhältnisse beizufügen. In dieser Erklärung sind sowohl ihre Einkommens- und Vermögensverhältnisse aufzulisten als auch etwaige Belastungen anzugeben. Das Formular ist von Ihnen persönlich zu unterschreiben. Gerne fügen wir Ihnen ein solches Formular als Anlage bei. Bitte lesen Sie auch die Ausfüllhinweise zu diesem Formular sehr sorgfältig. Hier sind weitere sehr wichtige Hinweise für Sie enthalten. Füllen Sie bitte das Formular vollständig aus, unterschreiben es und senden es uns im Original zurück.

2.

Da die Angaben im obigen Formular zu belegen sind, bitten wir Sie, sowohl zu Ihren Einkommens- als auch Vermögensverhältnissen und Ihren Belastungen Belege zu übersenden. Hierbei handelt es sich insbesondere um folgende Belege, wie z.B. der Mietvertrag, Lohnabrechnungen, etwaige Kreditverträge, Kontoauszüge usw. Sobald uns die Unterlagen alle vorliegen, können wir den entsprechenden Antrag stellen.

Mit freundlichen Grüßen,

Unterschrift Rechtsanwalt

Wie geht es nach dem Antrag weiter?

Das Gericht prüft, ob die Voraussetzungen für die Bewilligung der PKH gegeben sind. Es kann dabei auch einen Termin zur mündlichen Erörterung bestimmen, wenn z.B. eine Einigung zu erwarten ist, § 118 Abs. 1 S. 3 ZPO.

Und wenn das Gericht dem Antragsteller seine Angaben nicht glaubt?

Dann kann es die Abgabe einer eidesstattlichen Versicherung fordern, § 118 Abs. 2 S. 1 ZPO. Das Gericht kann aber auch die Vorlegung von Urkunden anordnen und Auskünfte einholen oder sogar Zeugen und Sachverständige vernehmen, § 118 Abs. 2 S. 2 und 3 ZPO.

Wird Prozesskostenhilfe bewilligt, so ergibt sich aus § 122 Abs. 1 ZPO, dass die Bundes- oder Landeskasse (je nachdem, ob ein Bundesgericht oder ein Gericht auf Länderebene betroffen ist) rückständige und entstehende Gerichtskosten und Gerichtsvollzieherkosten trägt und die beigeordneten Rechtsanwälte Ansprüche auf Vergütung gegen die eigene Partei nicht geltend machen können.

Hinweis: Im Fall des Unterliegens hat die PKH-Partei aber gleichwohl die Kosten der Gegenseite zu erstatten, § 123 ZPO. Ganz ohne Prozesskostenrisiko geht es daher auch im Falle der Bewilligung einer Prozesskostenhilfe nicht.

Stellt sich nach Prüfung der persönlichen und wirtschaftlichen Verhältnisse durch das Gericht heraus, dass die Partei zu keinerlei Zahlungen in der Lage ist, werden sämtliche oben genannten Kosten von der Staatskasse getragen. Die Vergütung des eigenen Anwalts kann dieser auf der Grundlage der Beiordnung gegenüber der Staatskasse abrechnen (siehe z.B. § 45 RVG).

Es ist aber durchaus möglich, dass die Partei genügend Einkommen hat (= einzusetzendes Einkommen), so dass vom Gericht entsprechende Ratenzahlungen festgesetzt werden können. Die Dauer der Raten und ihre Höhe regelt § 115 Abs. 2 ZPO (**Tipp:** Lesen!).

Übungsfall 51:

Ihrem Mandanten wurde Prozesskostenhilfe bewilligt unter der Bedingung, dass er Ratenzahlungen an die Staatskasse leistet. Das einzusetzende Einkommen Ihres Mandanten beträgt 700,00 €.

1. Berechnen Sie unter Angabe der gesetzlichen Bestimmungen die monatliche Rate, die von der Partei an die Staatskasse zu leisten ist.

2. Was würden Sie auf die Frage des Mandanten antworten, wie lange eine Partei maximal Ratenzahlungen an die Staatskasse leisten muss?

Lösungsvorschlag:

1.

Bei einem Betrag bis zu 600,00 € ist die Hälfte des einzusetzenden Einkommens als Rate anzusetzen, somit von den ersten 600,00 € ein Betrag in Höhe von 300,00 €, § 115 Abs. 2 S. 3 ZPO. Der den Betrag von 600,00 € überschießende Betrag ist voll anzusetzen, somit hier 100,00 €. Die Gesamtrate, die die Partei an die Staatskasse zu leisten hat beträgt daher 400,00 €, § 115 Abs. 2 ZPO.

2.

Die maximale Dauer beträgt 48 Monate, § 115 Abs. 2 S. 4 ZPO.

Übungsfall 52:

Für ein Klageverfahren vor dem Amtsgericht belaufen sich die zu zahlenden Prozesskosten einschließlich Gerichtskosten für die Partei auf insgesamt 410,32 €. Ihr Mandant möchte gerne Prozesskostenhilfe bewilligt erhalten. Ihr Chef ermittelt ein einzusetzendes Einkommen des Mandanten in Höhe von 280,00 €.

Kann der Partei unter diesen Voraussetzungen Prozesskostenhilfe bewilligt werden? Formulieren Sie unter Angabe der gesetzlichen Bestimmung einen entsprechenden Briefentwurf an den Mandanten.

Lösungsvorschlag:

Sehr geehrter Mandant,

da das von Ihnen nach unserer Berechnung einzusetzende monatliche Einkommen 280,00 € beträgt, würde sich für Sie eine monatlich an die Staatskasse zu leistende Ratenzahlung in Höhe von 140,00 € ergeben, § 115 Abs. 2 S. 3 ZPO. Die zu erwartenden Prozesskosten (Ihre RA-Gebühren einschließlich der Gerichtskosten) betragen voraussichtlich jedoch lediglich 410,32 €. Diese Kosten würden daher in weniger als vier Monatsraten bezahlt sein. Aus diesem Grund greift die sogenannte PKH-Sperre, § 115 Abs. 4 ZPO. Die Bewilligung von Prozesskostenhilfe würde abgelehnt werden.

Bitte teilen Sie uns mit, ob Sie dennoch die Einreichung der Klage auf eigenes Kostenrisiko wünschen.

Mit freundlichen Grüßen

Dr. Anton Mustermann, Rechtsanwalt

Übungsfall 53:

Ihr Mandant hat in einem Klageverfahren Prozesskostenhilfe unter Ratenzahlung erhalten. Die monatliche Ratenhöhe betrug für Ihren Mandanten 150,00 €. Das Verfahren dauerte in erster Instanz 3 ½ Jahre. Ihr Mandant hat insgesamt 42 Monatsraten geleistet. Bedauerlicherweise wurde der Prozess in der ersten Instanz verloren.

Ihr Mandant möchte Berufung gegen das Urteil einlegen, sofern ihm auch für das Berufungsverfahren Prozesskostenhilfe bewilligt wird. Ihr Mandant möchte daher wissen, ob er weiter Ratenzahlungen leisten muss, wenn das Verfahren fortgesetzt wird.

Ihr Mandant möchte zudem wissen, warum er nun die Kosten der ersten Instanz an die Gegenseite erstatten soll. Sie hatten ihn zwar schon vor Klageeinreichung auf die Gesetzeslage hingewiesen, offenbar hat Ihr Mandant jedoch den Hinweis Ihrer Kanzlei verdrängt.

Erstellen Sie ein kurzes Schreiben an den Mandanten, in dem Sie ihm die entsprechenden Auskünfte erteilen. (ohne gesetzliche Bestimmungen)

Lösungsvorschlag:

Sehr geehrter Mandant,

die Bewilligung der Prozesskostenhilfe hat auf die Verpflichtung, die gegnerischen Kosten zu erstatten, keinen Einfluss. Hierauf hatten wir Sie bereits bei Klageeinreichung hingewiesen. Das bedeutet, dass Sie die Kosten des gegnerischen Anwalts auch dann zu tragen haben, wenn der Prozess verloren wird. Dies würde auch für ein etwaiges Berufungsverfahren gelten.

Was Ihre Frage hinsichtlich der Prozesskostenhilfe sowie etwaiger Ratenzahlungen für das Berufungsverfahren betrifft, möchten wir auf folgendes hinweisen:

Für das Berufungsverfahren muss separat Prozesskostenhilfe bewilligt werden, da sich die erste Bewilligung nicht auch auf ein Berufungsverfahren erstreckt. Die insgesamt maximale Zahlungsdauer bei Anordnung von Ratenzahlungen beträgt 48 Monate. Da Sie bereits 42 Monate Raten geleistet haben, müssten im Falle der Bewilligung von Prozesskostenhilfe unter den gleichen Voraussetzungen nur noch 6 Monate lang Raten gezahlt werden.

Erläuterung: Hier ist es nicht gefragt, aber in der Praxis würde man den Auftraggeber darüber hinaus in einem solchen Schreiben auch noch darauf hinweisen, dass das Gericht jederzeit eine Aufhebung der Prozesskostenhilfe anordnen kann, wenn z.B. gegen anlassbezogene Mitteilungspflichten verstoßen wird oder aber eine entsprechende Aufforderung zur Abgabe einer neuen Erklärung über die persönlichen und wirtschaftlichen Verhältnisse nicht vorgelegt wird oder aber die Ratenzahlungen nicht mehr geleistet werden. Auch kann das Gericht jederzeit eine Überprüfung der persönlichen und wirtschaftlichen Voraussetzungen für die Bewilligung von Prozesskostenhilfe anordnen. Die Pflicht zur Erstattung der gegnerischen Kosten bei Prozessverlust trotz PKH ergibt sich aus § 123 ZPO.

Wichtig: Die Bewilligung von PKH muss für jeden Rechtszug besonders erfolgen, § 119 Abs. 1 S. 1 ZPO. Hat eine Partei bereits die I. Instanz gewonnen, wird das Gericht aber im Falle einer Berufung durch den Gegner nicht mehr prüfen, ob eine hinreichende Aussicht auf Erfolg besteht oder die Beantragung mutwillig erscheint, § 119 Abs. 1 S. 2 ZPO.

Übungsfall 54:

Ihr Mandant freut sich. Er hat gerade Ihre Nachricht erhalten, dass er die I. Instanz gewonnen hat. Allerdings befürchtet er, dass die Gegenseite gegen das Urteil Berufung einlegen wird, wie sie es bereits im Termin zur mündlichen Verhandlung angekündigt hat. Ihr Mandant erkundigt sich daher per E-Mail bei Ihnen, ob denn im Falle einer Berufungseinlegung ein erneuter Prozesskostenhilfeantrag gestellt werden muss und nochmals eine umfassende Prüfung durch das Gericht erfolgt, oder aber, ob die PKH einfach „weiterläuft".

Ihr Chef bittet Sie, ein entsprechendes Schreiben an den Mandanten vorzubereiten. (ohne Angabe von gesetzlichen Bestimmungen)

Lösungsvorschlag:

Sehr geehrter Mandant,

ich komme zurück auf Ihr E-Mail-Schreiben vom (Datum einsetzen). Sie haben um Mitteilung gebeten, ob im Falle einer Berufungseinlegung durch die Gegenseite ein erneuter Prozesskostenhilfeantrag gestellt werden muss und nochmals eine umfassende Prüfung durch das Berufungsgericht erfolgt.

Hierzu möchten wir Ihnen gern folgendes mitteilen:

Die Prozesskostenhilfe muss in der Tat für jeden Rechtszug gesondert beantragt werden. Sollte die Gegenseite daher Berufung einlegen, werden wir für das Berufungsverfahren einen neuen Prozesskostenhilfeantrag unter unserer Beiordnung stellen. Da Sie jedoch die I. Instanz gewonnen haben, wird das Gericht nun nicht mehr prüfen, ob die Rechtsverteidigung hinreichende Aussicht auf Erfolg bietet oder mutwillig erscheint. Insofern gelten für die Bewilligung der Prozesskostenhilfe erleichterte Bedingungen. Allerdings sind Sie bei diesem erneuten Antrag wiederum verpflichtet, eine Erklärung über die persönlichen und wirtschaftlichen Verhältnisse unter Beifügung sämtlicher Belege auszufüllen und zu unterzeichnen. Wir werden Ihnen, sollte die Gegenseite Berufung einlegen, die entsprechenden Formulare mit der Bitte, diese auszufüllen und zu unterzeichnet an uns zurück zu senden, übermitteln.

Zunächst dürfen wir uns über den Erfolg in der I. Instanz freuen. Meine Vergütung habe ich gegenüber der Staatskasse abgerechnet. Von Ihnen sind von Ihnen keine Kosten zu tragen.

Über den Fortgang der Angelegenheit halte ich Sie auf dem Laufenden.

Mit freundlichen Grüßen

Dr. Hans Mustermann, Rechtsanwalt

Erläuterung: Die Lösung dieses Übungsfalls finden Sie in §§ 119 Abs. 1, 114, 115 u. 117 ZPO. **Mein Tipp:** Einfach einmal lesen!

Prüfungshinweis: Nach der neuen Ausbildungsverordnung soll der Unterricht handlungsorientiert erfolgen. Dem entsprechend sind auch die Prüfungsaufgaben häufig keine reine Wissensabfrage mehr, wie früher. Vielmehr soll der Prüfling praxisorientierte Fälle so lösen, dass am Ende ein Produkt dabei herauskommt.

In manchen Kammerbezirken wird dem Prüfling aufgegeben, einen fachkundlichen Text zu erstellen; in manchen Prüfungen wird die Erstellung eines fachkundlichen Textes dabei ähnlich geprüft, wie bis 2016 nach der alten Verordnung das Fach „Fachbezogene Informationsverarbeitung" mit Hilfe eines Computers. Teilweise werden auch noch DIN-Normen und Deutsch (Rechtschreibung/Grammatik) verlangt, teilweise nicht. Sie sollten sich hier bei Ihren Lehrkräften erkundigen, wie dort die Einteilung für diesen Prüfungsbereich aussieht. Damit Sie ein Gefühl dafür bekommen, welche Inhalte **fachlich** wichtig sind, habe ich diese in dem nachstehenden Beispiel entsprechend markiert (siehe Anmerkung in Klammer). Ich hoffe, dies hilft Ihnen besser einzuschätzen, welche Inhalte fachlich in jedem Fall enthalten sein sollten. Soweit Teile des Briefes eher den Ausdruck betreffen, habe ich dies in der Klammer mit „Ausdruck" vermerkt.

Lösungsvorschlag mit Anmerkungen:

Sehr geehrter Mandant,

ich komme zurück auf Ihr E-Mail-Schreiben vom (Datum einsetzen). Sie haben um Mitteilung gebeten, ob im Falle einer Berufungseinlegung durch die Gegenseite ein erneuter Prozesskostenhilfeantrag gestellt werden muss und nochmals eine umfassende Prüfung durch das Berufungsgericht erfolgt.

Hierzu möchten wir Ihnen gern folgendes mitteilen: (**Anm.:** Bis dahin ist das alles nur eine nette Einleitung; wird der Ausdruck des Briefes auch bewertet, ist so eine Einleitung wichtig. Fachlich ist das nur eine Wiederholung der Frage des Mandanten und bringt i.d.R. keine Punkte.).

Die Prozesskostenhilfe muss in der Tat für jeden Rechtszug gesondert beantragt werden (**Anm.:** Fachlich wichtig!).

Sollte die Gegenseite daher Berufung einlegen, werden wir für das Berufungsverfahren einen neuen Prozesskostenhilfeantrag unter unserer Beiordnung stellen (**Anm.:** Fachlich wichtig. Wir sollten dem Mandanten mitteilen, was wir für ihn tun.).

Da Sie jedoch die I. Instanz gewonnen haben, wird das Gericht nun nicht mehr prüfen, ob die Rechtsverteidigung hinreichende Aussicht auf Erfolg bietet oder mutwillig erscheint (**Anm.:** Fachlich wichtig.).

Insofern gelten für die Bewilligung der Prozesskostenhilfe erleichterte Bedingungen (**Anm.:** Ausdruck).

*Allerdings sind Sie bei diesem erneuten Antrag wiederum verpflichtet, eine Erklärung über die persönlichen und wirtschaftlichen Verhältnisse unter Beifügung sämtlicher Belege auszufüllen und zu unterzeichnen (**Anm.:** Fachlich wichtig!).*

*Wir werden Ihnen, sollte die Gegenseite Berufung einlegen, die entsprechenden Formulare mit der Bitte, diese auszufüllen und zu unterzeichnet an uns zurück zu senden, übermitteln (**Anm.:** Ausdruck).*

*Zunächst dürfen wir uns über den Erfolg in der I. Instanz freuen. Meine Vergütung habe ich gegenüber der Staatskasse abgerechnet. Von Ihnen sind von Ihnen keine Kosten zu tragen. (**Anm.:** Ausdruck, auch fachlich, aber nach der Aufgabenstellung nicht verlangt.)*

*Über den Fortgang der Angelegenheit halte ich Sie auf dem Laufenden. (**Anm.:** Ausdruck)*

Mit freundlichen Grüßen

Dr. Hans Mustermann, Rechtsanwalt

Hinweis: Ganz ohne Kostenrisiko kann auch eine PKH-Partei nicht prozessieren! § 123 ZPO regelt die Verpflichtung des Mandanten, dass er im Fall des Unterliegens die dem Prozessgegner entstandenen Kosten erstatten muss.

Übungsfall 55:

Ein Mandant meldet sich in Ihrer Kanzlei und möchte, dass Sie für ein Klageverfahren für ihn Prozesskostenhilfe beantragen. Er hat Ihnen diesbezüglich schon sämtliche Unterlagen zur Vorbereitung der Klage in die Kanzlei geschickt. Seinem Anschreiben können Sie u.a. folgenden Absatz entnehmen: „Da ich davon ausgehe, dass mir Prozesskostenhilfe bewilligt wird, bitte ich Sie mir noch zu bestätigen, dass von mir dann keinerlei Zahlungen zu leisten sind und ich auf keinen Fall mit Kosten belastet werde."

Ihr Chef beauftragt Sie, zu dieser Auffassung Ihres Mandanten einen Brief an den Mandanten zu entwerfen. (ohne Angabe von gesetzlichen Bestimmungen)

Lösungsvorschlag:

Sehr geehrter Mandant,

ich komme zurück auf Ihr Schreiben vom (Datum einsetzen). Sie teilen hier mit, dass Sie davon ausgehen, dass bei Bewilligung der Prozesskostenhilfe unter unserer Beiordnung auf Sie keinerlei Kosten zukommen. Diese Annahme ist jedoch nicht richtig. Die Bewilligung der Prozesskostenhilfe hat lediglich zur Auswirkung, dass Sie Gerichtskosten, Sachverständigenkosten und Zeugengebühren nicht zahlen müssen. Auf Grundlage unserer Beiordnung können wir unsere Vergütung mit der Staatskasse abrechnen. All dies hat allerdings keinen Einfluss auf die Verpflichtung, im Falle des Unterliegens die gegnerischen Anwaltskosten zu erstatten. Sollten Sie daher den Prozess verlieren, so sind Sie verpflichtet, die gegnerischen anwaltlichen Kosten zu tragen.

Aus diesem Grund birgt der Prozess auch im Falle einer Bewilligung von Prozesskostenhilfe unter unserer Beiordnung ein gewisses Prozesskostenrisiko. Hierauf möchten wir Sie ausdrücklich hinweisen.

Mit freundlichen Grüßen

Dr. Hans Mustermann, Rechtsanwalt

Erläuterung: Die Lösung dieses Übungsfalls finden Sie in § 123 ZPO.

Interessant: § 124 ZPO regelt einige Möglichkeiten, wann eine bewilligte PKH auch wieder aufgehoben werden kann. **Nicht verwechseln:** Die Aufhebung der Bewilligung der PKH hat nicht gleichzeitig auch eine Aufhebung der Beiordnung zur Folge. Die Aufhebung der Bewilligung der PKH kann nämlich z.B. auch dann erfolgen, wenn der Mandant gelogen hat, eine angeordnete Monatsrate länger als drei Monate nicht bezahlt usw. (§ 124 ZPO lesen!). Solange der Rechtsanwalt beigeordnet ist, kann er auch bei einer aufgehobenen Bewilligung der PKH weiterhin mit der Staatskasse abrechnen. Das ist auch gut so. Denn andernfalls wäre der Anwalt ja, bezogen auf seine Vergütung, davon abhängig, dass sich der Mandant korrekt verhält und keinen Grund für die Aufhebung der Bewilligung der PKH „liefert".

Übungsfall 56:

Ihre Chefin bittet Sie, eine Auflistung zu entwerfen. Diese soll an Mandanten versendet werden, für die ein Antrag auf Prozesskostenhilfe gestellt wird. Geben Sie unter Angabe von gesetzlichen Bestimmungen vier Stichpunkte an, worauf Sie den Mandanten hinweisen.

Lösungsvorschlag:

- Hinweis auf notwendiges Ausfüllen des Formulars zur Erklärung über die persönlichen und wirtschaftlichen Verhältnisse, § 117 Abs. 2 S. 1 ZPO.

- Notwendigkeit, entsprechende Belege zur Erklärung über die persönlichen und wirtschaftlichen Verhältnisse beizufügen, § 117 Abs. 2 S. 1 ZPO.

- Hinweis, dass das Gericht Monatsraten oder aus dem Vermögen zu zahlende Beträge festsetzen kann, § 120 Abs. 1 ZPO.

- Hinweis, dass bei Verbesserung der wirtschaftlichen Verhältnisse um mehr als regelmäßig € 100,00 das Gericht informiert werden muss, § 120a Abs. 2 S. 1 und 2 ZPO.

Weitere mögliche Stichpunkte wären auch:

- Hinweis, dass das Gericht bei Änderung der Anschrift unverzüglich zu informieren ist, § 120a Abs. 2 S. 1 ZPO.

- Hinweis, dass bei wesentlicher Verbesserung der wirtschaftlichen Verhältnisse aufgrund des Gewinns des Prozesses eine Festsetzung von Zahlungen erfolgen kann, § 121 Abs. 3 ZPO.

- Hinweis, dass die Bewilligung der Prozesskostenhilfe auf die Verpflichtung, die gegnerischen Kosten zu erstatten, keinen Einfluss hat, § 123 ZPO.

- u.a.

Erläuterung: Viele der oben genannten Hinweise sind bereits in den Ausfüllhinweisen der Erklärung über die persönlichen und wirtschaftlichen Verhältnisse enthalten, die dem Mandanten zu übersenden sind. Diese sollten daher auch nicht abgetrennt werden, um Portokosten zu sparen. Da diese Ausfüllhinweise allerdings häufig sehr umfangreich sind und auch kompliziert geschrieben, wird man in der Praxis sehr häufig feststellen, dass Kanzleien ihre Mandanten im Anschreiben nochmals gesondert auf wichtige Punkte hinweisen. Bei der obigen Aufgabenstellung sind lediglich vier Stichpunkte mit Paragraf gefragt. Sinnvolle Antworten werden in solchen Fällen regelmäßig ebenfalls bewertet. Da hier allerdings sehr viele Hinweise erteilt werden können, finden Sie oben lediglich eine Auswahl. In den meisten Prüfungen wird bei derartigen Fragen ein großzügiger Bewertungsmaßstab angelegt.

Kapitel 6
Fristen und Termine

*Eine **Frist** ist ein abgegrenzter, bestimmter oder zumindest bestimmbarer Zeit**raum**, der nicht zusammenhängend zu verlaufen braucht (vgl. dazu § 191 BGB) und unterschiedliche Rechtswirkungen auslösen kann.*

So unterscheidet man z.B. materiell-rechtliche und prozessuale Fristen.

Bei den **prozessualen Fristen** gibt es verschiedene Begriffsbestimmungen, die teilweise übergreifend sind. Grob unterscheidet man zwischen **gesetzlichen** und **richterlichen** Fristen. Gesetzliche Fristen ergeben sich aus dem Gesetz wie z.B. Rechtsmittelfristen. Richterliche Fristen werden vom Gericht gesetzt, wobei es für die richterlichen Fristen häufig auch gesetzliche Grundlagen gibt wie z.B. eine Erwiderungsfrist auf gegnerisches Vorbringen.

Werden Fristen schuldhaft versäumt, kann dies die nachstehenden Folgen haben:

- Der Mandant kann seine Rechte nicht mehr weiter verfolgen.
- Die Kosten der Gegenseite sind möglicherweise zu tragen.
- Der Mandant verklagt vielleicht den Anwalt auf Schadenersatz.
- Die Haftpflichtversicherung des Anwalts macht vielleicht zusätzlich Ärger. Eventuell ist nicht der gesamte Schaden gedeckt, dann muss der Anwalt diesen privat evtl. ersetzen. Oder die Haftpflichtversicherung kündigt dem Anwalt. Er ist aber verpflichtet, eine Haftpflichtversicherung zu haben; andere Versicherungen nehmen ihn vielleicht auf, verlangen aber deutlich höhere Prämien.
- Der Anwalt verliert seinen guten Ruf. Auch andere Mandanten kommen nicht mehr zu ihm.

Besondere Beachtung verdienen die Notfristen.

Notfristen sind nur solche, die im Gesetz ausdrücklich als Notfristen bezeichnet sind, § 224 Abs. 1 S. 2 ZPO.

Für **Notfristen** gilt:

- Es kann keine Vereinbarung über den Fristlauf zwischen den Parteien getroffen werden, § 224 Abs. 1 S. 1 ZPO.
- Notfristen können nicht verlängert oder verkürzt werden. Die Anordnung des Ruhens des Verfahrens nach § 251 S. 2 ZPO hat auf Notfristen (und die in § 233 ZPO bezeichneten Rechtsmittelfristen) keinen Einfluss.
- Bei Versäumung von Notfristen kann unter bestimmten Voraussetzungen Wiedereinsetzung in den vorigen Stand beantragt werden.

Übungsfall 57:

Ihre Arbeitskollegin, eine Auszubildende aus dem 2. Ausbildungsjahr, kommt auf Sie zu und erzählt Ihnen lachend, dass in der Schule über „Notfristen" gesprochen worden ist. Sie gibt offen zu, dass Sie das Thema ziemlich langweilig fand und gar nicht genau aufgepasst hat. Das Wort „Notfristen" findet sie allerdings ziemlich lustig.

1. Erläutern Sie der Auszubildenden, was man unter dem Begriff „Notfristen" versteht und woran man solche Fristen erkennt. (mit Angabe von gesetzlichen Bestimmungen)

2. Nennen Sie drei mögliche Folgen bei Versäumung einer Notfrist. (ohne Angabe von gesetzlichen Bestimmungen.

Lösungsvorschlag:

1.

Notfristen sind nur solche, die im Gesetz als Notfristen gekennzeichnet sind, § 224 Abs. 1 S. 1 ZPO. Notfristen können nicht verkürzt, aber auch nicht verlängert werden, § 224 Abs. 1 S. 2 ZPO.

Wird daher eine Notfrist schuldhaft versäumt, kann der Prozess allein deswegen verloren werden. Wurde eine Notfrist nicht schuldhaft versäumt, besteht die Möglichkeit einen Antrag auf Wiedereinsetzung in den vorigen Stand zu stellen, § 233 ff. ZPO.

2.

Die möglichen Folgen bei Versäumung einer Notfrist sind z.B.

• Haftung der Anwalt/die Kanzlei gegenüber dem Mandanten (Schadenersatzpflicht)

• Ausschluss des Mandanten mit der Prozesshandlung

• Belastung des Mandant mit Prozesskosten.

Hinweis: Mögliche Antworten könnten aber auch sein:

• Kanzlei verliert ihren guten Ruf

• Haftpflichtversicherung will nicht eintreten, wenn das Versäumnis vorsätzlich erfolgt ist

• Beschwerde des Mandanten bei der Rechtsanwaltskammer

• u.a.

Sinnvolle Antworten können bei solchen Fragen in der Regel bewertet werden.

Übungsfall 58:

Sie möchten für Ihre Kanzlei eine Fristentabelle erstellen und haben sich hierfür die nachstehende Grundtabelle angelegt.

Nehmen Sie 5 Rechtsmittel in diese Tabelle auf!

Frist	Dauer	§

Lösungsvorschlag:

Frist	Dauer	§
Berufungsfrist	1 Monat	517 ZPO
Revisionsfrist	1 Monat	548 ZPO
Frist für die Beschwerde gegen die Nichtzulassung der Revision	1 Monat	544 Abs. 1 S. 2 ZPO
sofortige Beschwerde	2 Wochen	569 Abs. 1 S. 1 ZPO
Rechtsbeschwerde	1 Monat	575 Abs. 1 S. 1 ZPO

Hinweis: Im materiellen Recht und Zivilprozessrecht ist der Begriff der „Ereignisfristen" bekannt. Das fristauslösende Ereignis ist i.d.R. die Zustellung oder Bekanntgabe eines Schriftstücks (vgl. z.B. §§ 166 ff. ZPO) oder z.B. auch die Entstehung eines Anspruchs. Bei den so genannten Ereignisfristen zählt der Tag, in den das fristauslösende Ereignis fällt, nicht mit (§ 187 Abs. 1 BGB, vgl. dazu auch unter Kapitel 8 Fristberechnung).

*Ein **Termin** ist ein bestimmter Zeit**punkt**, an dem etwas geschehen soll oder an dem eine Rechtwirkung eintritt.*

Auch bei den Terminen unterscheiden wir materiell-rechtliche Termine von prozessrechtlichen Terminen. Materiell-rechtliche Termine sind z.B. Zahlungs- oder Liefertermine; Termin im Sinne des Prozessrechts ist z.B. der Verhandlungstermin.

*Rechts**behelfe** bleiben in derselben Instanz; Rechts**mittel** führen in die nächst höhere Instanz!*

Mit Rechts**behelfen** können Entscheidungen des Gerichts angefochten werden. Rechtsbehelfe führen nicht in die nächst höhere Instanz, sondern lediglich dazu, dass das Ausgangsgericht seine Entscheidung überprüft. Rechtsbehelfe können aber auch Notfristen sein, so z.B.

• der Einspruch gegen ein Versäumnisurteil, § 338 ZPO
• die Rechtspflegererinnerung, § 11 Abs. 2 RpflG.

Rechts**mittel** führen dazu, dass die angefochtene Entscheidung vom dem nächst höheren Gericht überprüft wird. Rechtsmittel sind z.B.:

- die Berufung im Zivilprozess, § 511 ZPO
- die Revision, § 548 ZPO
- die Nichtzulassungsbeschwerde, § 544 ZPO
- die sofortige Beschwerde, § 569 ZPO.

Kapitel 7
Rechtsmittel und Rechtsbehelfe im Zivilprozess

Im nachfolgenden werden einige (nicht alle) sehr wichtige Fristen der ZPO im Überblick dargestellt, die immer wieder auch Bestandteil einer Abschlussprüfung sind.

1. Berufung

Die Berufung ist **statthaft**

- gegen Endurteile, § 511 ZPO des ersten Rechtszugs,
- gegen das 2. Versäumnisurteil (Einspruch nicht statthaft), § 514 Abs. 2 ZPO.

  Hinweis: Ein 2. Versäumnisurteil erkennt man an der Aufschrift auf der ersten Seite „Zweites Versäumnisurteil" und: Die Berufung ist hier zulassungs- und wertunabhängig (Ausnahme!).

Zulässigkeit der Berufung sonst:

- Wert des Beschwerdegegenstandes **übersteigt 600,00 €**,
  § 511 Abs. 2 Nr. 1 ZPO
  = streitwertabhängige Berufung = **Wertberufung**
  oder
- **Zulassung** durch das Gericht des ersten Rechtszuges,
  § 511 Abs. 2 Nr. 2 ZPO
  = **Zulassungsberufung**.

  Die Zulassung ist von Amts wegen zu prüfen und im Urteil auszusprechen. Eine Prüfung durch das Gericht erfolgt aber nur dann, wenn eine Beschwer bis 600,00 € gegeben ist und die Wertberufung nicht in Frage kommt.

Eine Zulassung durch das Ausgangsgericht erfolgt dann, wenn

- eine Beschwer von 600 € nicht überstiegen wird und
- die Rechtssache von grundsätzlicher Bedeutung ist, § 511 Abs. 4 Nr. 1 ZPO
  oder
- die Entscheidung des Berufungsgerichts der Rechtsfortbildung bzw. Sicherung einer einheitlichen Rechtsprechung dient, § 511 Abs. 4 Nr. 2 ZPO.

Wichtig: Diese drei genannten Zulassungsgründe tauchen immer wieder auf, wenn es um die Frage geht, ob ein Rechtsmittel zuzulassen ist, also nicht nur bei der Berufung. Es schadet daher nichts, wenn man mit diesen drei immer wiederkehrenden Begriffen, ein wenig anfangen kann. Deshalb möchte ich sie kurz erläutern.

Rechtssache ist von grundsätzlicher Bedeutung = z.B. bei Musterprozessen sowie in Verfahren, in denen die Auslegung typischer Vertragsbestimmungen, Tarife, Formularverträge oder AGB's erforderlich wird oder wenn die Auswirkungen des Rechtsstreits die Interessen der Allgemeinheit in besonderem Maße berühren. Das ist z.B. dann der Fall, wenn die Entscheidung über den Einzelfall hinaus für eine Vielzahl von Fällen Anwendung finden kann.

Fortbildung des Rechts = Fall gibt Anlass, Leitsätze für die Auslegung von Gesetzesbestimmungen des materiellen oder formellen Rechts aufzustellen oder Gesetzeslücken auszufüllen

Sicherung einer einheitlichen Rechtsprechung = unzumutbare Unterschiede in der Rechtsprechung sollen in der Entstehung oder im Fortbestand vermieden werden.

> **Beispiel:**
> Das *OLG München* möchte in einem Fall in einer Rechtsfrage anders entscheiden, als dies in einem vergleichbaren Fall der *Bundesgerichtshof* bereits in der Vergangenheit getan hat.

Hinweis: Die Zulassung und Nichtzulassung der Berufung im Zivilprozess sind nicht anfechtbar!

Rechtsmittel/Frist:

- **Berufung, § 511 ZPO**
- **1 Monat, § 517 ZPO**
- **Notfrist**
- **Beginn:** Mit Zustellung des in vollständiger Form abgefassten Urteils, spätestens aber mit dem Ablauf von fünf Monaten nach Verkündung.

Berufungsbegründungsfrist:

- **§ 520 Abs. 2 S. 1 ZPO**
- **2 Monate**
- **keine Notfrist**
- **Beginn:** Zustellung des vollständigen Urteils, spätestens aber mit Ablauf von fünf Monaten nach der Verkündung.
- **Verlängerung** auf Antrag, wenn **Gegner einwilligt** und **ohne seine Einwilligung**, wenn nach freier Überzeugung des Vorsitzenden der Rechtsstreit durch die Verlängerung **nicht verzögert** wird **oder** der Berufungskläger **erhebliche Gründe** darlegt.

2. Revision

Nach § 543 ZPO findet die Revision nur statt, wenn sie
1. das Berufungsgericht **im Urteil oder**

2. das Revisionsgericht **auf Beschwerde** gegen die Nichtzulassung **zugelassen** hat.

Zuzulassen ist die Revision, wenn

1. die Rechtssache grundsätzliche Bedeutung hat **oder**
2. die Fortbildung des Rechts oder die Sicherung einer einheitlichen Rechtsprechung eine Entscheidung des **Revisionsgerichts** erfordert.

Prüfungsfalle: Urteile in Arrest- und einstweiligen Verfügungsverfahren sind **nicht** revisionsfähig, § 542 Abs. 2 ZPO!

> **Beispiele:**
> Sie erhalten im Posteingang ein Urteil des OLG Hamburg. Im Urteil hat das OLG Hamburg die Revision zugelassen.
>
> → Sie notieren die Revisionsfrist.
>
> Sie erhalten im Posteingang ein Urteil des OLG Hamburg als Sachentscheidung. Im Urteil hat das OLG Hamburg sich nicht dazu geäußert, ob es die Revision zulässt.
>
> → Dies gilt als Nichtzulassung. Sie notieren die Frist für die Nichtzulassungsbeschwerde – ggf. Anhörungsrüge, wenn der Wert 20.000 € nicht übersteigt.
>
> Sie erhalten im Posteingang ein Urteil des OLG Hamburg. Im Urteil hat das OLG Hamburg festgehalten, dass die Revision nicht zugelassen ist.
>
> → Dies ist eine Nichtzulassung. Sie notieren die Frist für die Nichtzulassungsbeschwerde – ggf. Anhörungsrüge, wenn der Wert 20.000 € nicht übersteigt.
>
> **Hinweis:**   Lesen Sie hierzu bitte auch Ziff. 3.

Rechtsmittel/Frist:

- **Revision, § 543 ZPO**
- **1 Monat, § 548 ZPO**
- **Notfrist**
- **Beginn:** mit Zustellung des in vollständiger Form abgefassten Berufungsurteils, spätestens aber mit dem Ablauf von fünf Monaten nach Verkündung
- **Einzulegen:** beim Revisionsgericht, d.h. beim BGH, § 549 Abs. 1 S. 1 ZPO.

Revisionsbegründungsfrist:

- **§ § 551 Abs. 2 S. 2 ZPO**
- **2 Monate**
- **keine Notfrist**
- **Beginn:** § 551 Abs. 2 S. 3 ZPO: mit Zustellung des vollständigen Urteils, spätestens aber fünf Monate nach Verkündung.
- **Verlängerung:** Ja, § 551 Abs. 2 S. 5 u. 6 ZPO, auf Antrag vom Vorsitzenden, wenn der Gegner einwilligt; willigt er nicht ein, ist Verlängerung um bis zu zwei Monate möglich, wenn nach freier Überzeugung des Vorsitzenden der Rechtsstreit durch die Verlängerung nicht verzögert wird oder wenn der Revisionskläger erhebliche Gründe darlegt; kann dem Revisionskläger innerhalb dieser Frist Einsicht in die Prozessakten nicht für einen angemessenen Zeitraum gewährt werden, kann der Vorsitzende auf Antrag die Frist um bis zu zwei Monate nach Übersendung der Prozessakten verlängern.

Interessant: Die Revision dient der Überprüfung von Rechtsfragen – Urteil beruht auf Rechtsverletzung. Das Recht ist verletzt, wenn eine Rechtsnorm nicht oder nicht richtig angewendet worden ist, § 546 ZPO.

3. Nichtzulassungsbeschwerde – NZB

Vorsicht: Die Nichtzulassungsbeschwerde (NZB) ist nur möglich, wenn eine Revision nicht zugelassen wurde. Sie kann nicht eingelegt werden, wenn eine Berufung nicht zugelassen wurde!

Rechtsmittel/Frist:

- **Nichtzulassungsbeschwerde, § 544 ZPO**
- **1 Monat, § 544 Abs. 1 S. 2 ZPO**
- **Notfrist**
- **Beginn:** Zustellung des in vollständiger Form abgefassten Urteils
- **Ablauf:** spätestens bis zum Ablauf von sechs Monaten nach der Verkündung des Urteils
- **Einzulegen:** immer beim BGH, § 544 Abs. 1 S. 2 ZPO (**Achtung:** BGH-Anwaltszwang!).

NZB-Begründungsfrist:

- **2 Monate, § 544 Abs. 2 S. 2 ZPO**
- **keine Notfrist**
- **Beginn:** nach Zustellung des in vollständiger Form abgefassten Urteils
- **Ablauf:** spätestens bis zum Ablauf von sieben Monaten nach der Verkündung § 544 Abs. 2 S. 1 ZPO
- **Verlängerung:** möglich nach §§ 544 Abs. 2 S. 2, 551 Abs. 2 S. 5 u. 6 ZPO.

Hinweis: Mit der Zustellung der Entscheidung über die Stattgabe der Nichtzulassungsbeschwerde beginnt die Revisionsbegründungsfrist, 2 Monate, § 544 Abs. 6 S. 3 i.V.m. § 551 Abs. 3 S. 2 ZPO.

Bis **30.06.2018** ist die Nichtzulassungsbeschwerde **bei Zurückweisung** einer Berufung nur zulässig, wenn der Beschwerdegegenstand € 20.000,00 übersteigt, § 26 Nr. 8 S. 1 EGZPO. Es bleibt abzuwarten, ob die Wertgrenze **ab dem 01.07.2018** weiter Gültigkeit haben wird. Dies ist ein prüfungsrelevantes Thema. Bitte erkundigen Sie sich daher unbedingt nach der aktuellen Rechtslage! Es ist möglich, dass die Wertgrenze zeitlich nochmals in § 26 Nr. 8 EGZPO verlängert wird, in die ZPO z.B. in § 544 ZPO aufgenommen wird oder aber auch ganz entfällt.

4. Die Anhörungsrüge

§ 321a ZPO regelt die Abhilfe bei Verletzung des Anspruchs auf rechtliches Gehör.

Voraussetzungen

- Rechtsmittel und/oder Rechtsbehelf nicht zulässig und
- Rechtsmittel und/oder Rechtsbehelf auch nicht zugelassen

und

- rechtliches Gehör wurde in entscheidungserheblicher Weise verletzt
  und
- Rügeschrift (keine Prüfung von amts wegen!)
  - § 321a Abs. 2 ZPO
  - beim Ausgangsgericht
  - Bezeichnung des Prozesses, dessen Fortführung begehrt wird,
  - Darlegung der Verletzung des Anspruchs auf rechtliches Gehör **und** der Entscheidungserheblichkeit der Verletzung.

Rechtsbehelf/Frist:

- **Anhörungsrüge, § 321a ZPO**
- **2 Wochen, § 321a Abs. 2 ZPO**
- **Notfrist**
- **Beginn:** Nach Kenntnis von der Verletzung des rechtlichen Gehörs; der Zeitpunkt der Kenntniserlangung ist glaubhaft zu machen. Nach Ablauf eines Jahres seit Bekanntgabe der angegriffenen Entscheidung kann die Rüge nicht mehr erhoben werden. Formlos mitgeteilte Entscheidungen gelten mit dem dritten Tage nach Aufgabe zur Post als bekannt gegeben.
- **Einzulegen:** Beim Ausgangsgericht, § 321a Abs. 2 S. 4 ZPO.

Hinweis: Ist ein Rechtsmittel oder ein Rechtsbehelf gegen ein Urteil nicht möglich, so ist zu prüfen, ob diese Rüge wegen Verletzung des rechtlichen Gehörs erhoben wird.

Aber Achtung: Ist ein Rechtsmittel oder ein anderer Rechtsbehelf möglich, ist die Gehörsrüge nicht statthaft, auch wenn eine Verletzung des rechtlichen Gehörs vorliegt.

5. Sofortige Beschwerde

Die sofortige Beschwerde findet gem. § 567 Abs. 1 ZPO statt gegen die im ersten Rechtszug ergangenen Entscheidungen der Amtsgerichte und Landgerichte, wenn

1. dies im Gesetz ausdrücklich bestimmt ist oder
2. es sich um solche eine mündliche Verhandlung nicht erfordernde Entscheidungen handelt, durch die ein das Verfahren betreffendes Gesuch zurückgewiesen worden ist.

Rechtsmittel/Frist:

- **Sofortige Beschwerde, § 567 ZPO**
- **2 Wochen**, wenn nichts anderes bestimmt ist, **§ 569 Abs. 1 ZPO**
- **Notfrist**
- **Ausnahme: 1 Monat, Notfrist**, wenn z.B. PKH abgelehnt wird, § 127 Abs. 2 S. 2 u. 3 ZPO (**Tipp:** lesen!) oder durch die Staatskasse, wenn PKH bewilligt wird, § 127 Abs. 3 S. 1 u. 3 ZPO.

- **Beginn:** Mit der Zustellung der Entscheidung, spätestens mit dem Ablauf von fünf Monaten nach der Verkündung des Beschlusses
- **Einzulegen:** Beim Ausgangs- oder Beschwerdegericht, § 569 Abs. 1 S. 1 ZPO.

> **Achtung:** Das ist eine Ausnahme! Die sofortige Beschwerde ist ein **Rechtsmittel** und Rechtsmittel werden sonst immer beim Rechtsmittelgericht eingelegt. Da das Ausgangsgericht/der Rechtspfleger aber einer sofortige Beschwerde abhelfen darf, § 572 Abs. 1 ZPO, kann die sofortige Beschwerde auch beim Ausgangsgericht eingelegt werden. Erfolgt keine Abhilfe, muss die sofortige Beschwerde dem Rechtsmittelgericht vorgelegt werden. Die Partei erhält diese Information und wartet dann die Entscheidung des Rechtsmittelgerichts ab.

6. Sofortige Beschwerde – Kostenentscheidungen

Über die Erstattung von Kosten erfolgt zunächst eine Entscheidung dem **Grunde** nach (Kostengrundentscheidung), §§ 308 Abs. 2, 91 ff. ZPO. Erst nach der Kostengrundentscheidung folgt eine Festsetzung der Kosten der **Höhe** nach, vergleiche dazu § 103 Abs. 2 ZPO.

> **Beispiele** für Kosten**grund**entscheidungen:
> - „Der Beklagte trägt die Kosten des Rechtsstreits."
> - „Von den Kosten des Rechtsstreits tragen der Kläger ¼; der Beklagte ¾."
> - „Die Kosten des Rechtsstreits trägt der Kläger, mit Ausnahme der Kosten der Säumnis, diese hat der Beklagte zu tragen."
> - u.s.w.
>
> Beschwerdesumme: ➔ mind. € 200,01
>   § 567 Abs. 2 S. 1 ZPO.

Nach § 99 Abs. 1 ZPO sind Kostengrundentscheidungen isoliert (= ohne Anfechtung der Hauptsache) nicht möglich. Hiervon gibt es Ausnahmen!

Eine **Kostengrundentscheidung** ist z.B. **isoliert anfechtbar** nach:

- § 91a Abs. 2 ZPO: Bei Erledigung der Hauptsache, wenn das Gericht über die Kosten unter Berücksichtigung des bisherigen Sach- und Streitstandes nach billigem Ermessen durch Beschluss entschieden hat, durch sofortige Beschwerde, wenn der Streitwert der Hauptsache den in § 511 ZPO genannten Betrag (€ 600,00) übersteigt.
- § 99 Abs. 2 ZPO: Ist die Hauptsache durch eine aufgrund eines Anerkenntnisses ausgesprochene Verurteilung erledigt, findet gegen die Kostenentscheidung die sofortige Beschwerde statt. Dies gilt nicht, wenn der Streitwert der Hauptsache den in § 511 ZPO (€ 600,00) genannten Betrag nicht übersteigt.
- § 269 Abs. 5 ZPO: Bei Klagerücknahme, wenn über die Kosten nur noch durch Beschluss entschieden wird. Auch hier gilt, dass die sofortige Beschwerde nur dann zulässig ist, wenn der Streitwert der Hauptsache den in § 511 ZPO genannten Betrag übersteigt. Die Beschwerde ist hier unzulässig, wenn gegen die Entscheidung über den Festsetzungsantrag § 104 ZPO ein Rechtsmittel nicht mehr zulässig ist, d.h. wenn durch KFB bereits rechtskräftig die Kostenhöhe festgestellt wurde.

- § 494a Abs. 2 ZPO: Kommt ein Antragsteller (selbständiges Beweisverfahren) der gerichtlichen Anordnung auf Klagerhebung innerhalb einer gesetzten Frist nicht nach, hat das Gericht auf Antrag durch Beschluss auszusprechen, dass er die dem Gegner entstandenen Kosten zu tragen hat. Diese Entscheidung unterliegt der sofortigen Beschwerde.

Möchte sich eine Partei gegen einen Kostenfestsetzungsbeschluss (§§ 104 Abs. 3, 107 Abs. 3 ZPO, 788 ZPO) wehren, so kann sie dies ebenfalls mit der sofortigen Beschwerde tun, wenn der Wert des Beschwerdegegenstands 200,00 € übersteigt, § 567 Abs. 2 S. 2 ZPO.

Mindest-Beschwerdesumme ➜   € 200,01

Wird der Mindest-Beschwerdewert von **€ 200,01 nicht erreicht**, kann innerhalb der zweiwöchigen Notfrist **Rechtspfleger-Erinnerung** nach § 11 Abs. 2 RpflG eingelegt werden.

Hinweis: Die Paragrafenkette für die sofortige Beschwerde gegen einen Kostenfestsetzungsbeschluss (= KFB) in einem Zivilverfahren ist lang. Hieran kann man sehen, dass von angehenden Rechtsanwaltsfachangestellten eine Menge verlangt wird.

Beispiel:
Mit einem KFB wurden 300,00 € Kosten zu wenig festgesetzt (man sagt auch „abgesetzt", wenn beantragte Kosten nicht festgesetzt werden). Der Antragsteller kann daher eine sofortige Beschwerde einlegen, §§ 104 Abs. 3 S. 1, 567 Abs. 1 Nr. 1, 567 Abs. 2 S. 2 ZPO, 569 Abs. 1 S. 1 u. 2 ZPO, § 11 Abs. 1 RPflG.

Zur Erläuterung:

§ 104 Abs. 3 S. 1 ZPO: Hier ist geregelt, dass gegen einen KFB die sofortige Beschwerde möglich ist.

§ 567 Abs. 1 Nr. 1 ZPO: Hier ist geregelt, dass die sofortige Beschwerde unter anderem dann möglich ist, wenn sie im Gesetz ausdrücklich geregelt ist (Das ist ja hier in § 104 Abs. 3 S. 1 ZPO der Fall).

§ 567 Abs. 2 ZPO: Hier ist geregelt, dass die sofortige Beschwerde in Kostensachen aber nur dann möglich ist, wenn der Wert 200,00 € übersteigt (Das ist hier der Fall).

§ 569 Abs. 1 S. 1 ZPO: Hier ist geregelt, dass die Frist für die sofortige Beschwerde 2 Wochen beträgt und eine Notfrist ist.

§ 569 Abs. 1 S. 2 ZPO: Hier ist geregelt, dass die Frist mit der Zustellung zu laufen beginnt.

§ 11 Abs. 1 RPflG: Hier ist geregelt, dass die sofortige Beschwerde auch dann eingelegt werden kann, wenn der Beschluss (wie hier beim KFB!) nicht vom Gericht, sondern vom Rechtspfleger erlassen wurde.

§ 11 Abs. 2 RPflG würde im Übrigen dann die Rechtspfleger-Erinnerung regeln, die gegen einen KFB eingelegt werden kann, wenn die sofortige Beschwerde nicht möglich ist, weil z.B. der Wert von 200,01 € nicht erreicht wird.

Prüfungstipp: Ob man sich all diese Paragrafen merken kann, falls die in einer Prüfung mal verlangt werden? Wohl nur schwer! In den meisten Kammerbezirken ist es erlaubt, sich Paragrafenverweise an den Rand zu schreiben. Erkundigen Sie sich bitte nach den Gepflogenheiten in Ihrem Kammerbezirk bei Ihren Lehrkräften. Für die sofortige Beschwerde gegen einen KFB würde es sich empfehlen, sich § 104 Abs. 3 ZPO zu merken und die entsprechenden weiteren Paragrafen hier am Rand zu vermerken, sofern das erlaubt ist (Bitte Lehrer oder Ausbilder fragen!).

7. Rechtsbeschwerde

Zulässig:
- gegen Beschluss, wenn
  - ausdrücklich im Gesetz bestimmt, § 574 Abs. 1 Nr. 1 ZPO
  - Beschwerdegericht, Berufungsgericht oder OLG im 1. Rechtszug sie im Beschluss zugelassen hat, § 574 Abs. 1 Nr. 2 ZPO
  - und im Fall des § 574 Abs. 1 Nr. 1, die Rechtssache grundsätzliche Bedeutung hat, Fortbildung des Rechts oder Sicherung einer einheitlichen Rechtsprechung eine Entscheidung des Rechtsbeschwerdegerichts erfordert.

Wichtig zu wissen: Die Zulassungs- und die Nichtzulassungsentscheidung der Rechtsbeschwerde sind nicht anfechtbar!

Rechtsmittel/Frist:
- **Rechtsbeschwerde, § 574 ZPO**
- **§ 575 Abs. 1 S. 1 ZPO**
- **1 Monat**
- **Notfrist**
- **Beginn:** Zustellung des Beschlusses
- **Einzulegen:** beim Rechtsbeschwerdegericht – BGH – § 133 GVG
- **keine Abhilfebefugnis!**

Rechtsbeschwerdebegründungsfrist
- **§ 575 Abs. 2 ZPO**
- **1 Monat (Verlängerung möglich und üblich)**
- **Beginn:** Zustellung des Beschlusses, der mit der Rechtsbeschwerde angefochten wird.

8. Berufung gegen 2. Versäumnisurteil

Rechtsmittel/Frist:
- **Berufung gegen 2. VU**
- **1 Monat, Notfrist**, siehe unter Berufung

  nur, soweit sie darauf gestützt wird, dass ein Fall der schuldhaften Versäumung nicht vorgelegen habe, § 514 Abs. 2 ZPO

  Weder Zulassung noch Beschwerdewert von mehr als € 600,00 notwendig, § 514 Abs. 2 S. 2 ZPO!

9. Tatbestandsberichtigung, § 320 ZPO

Enthält der Tatbestand des Urteils Unrichtigkeiten, die nicht unter die Vorschriften des § 319 ZPO (offenbare Unrichtigkeit) fallen, Auslassungen, Unklarheiten oder Widersprüche, so kann die Berichtigung innerhalb einer zweiwöchigen Frist durch Einreichung eines Schriftsatzes beantragt werden, § 320 ZPO. Die Frist beginnt mit Zustellung des in vollständiger Form abgefassten Urteils, § 320 Abs. 2 S. 1 ZPO. Zum vollständigen Urteil vergleiche §§ 313 Abs. 1, 315 Abs. 1 ZPO.

Die Berichtigung des Tatbestandes ist ausgeschlossen, wenn sie nicht binnen drei Monaten seit der Verkündung des Urteils beantragt wird, § 320 Abs. 2 S. 3 ZPO. Die Notierung der Höchstfrist ist insbesondere dann wichtig, wenn das Gericht das vollständige Urteil nicht abfasst. Hier sollte rechtzeitig die Berichtigung des Tatbestands beantragt und angekündigt werden, dass die Begründung des Berichtigungsantrags folgt, sobald das Urteil in vollständiger Form vorliegt bzw. der Antrag auf Berichtigung zurückgenommen wird, sollte sich nach Übersendung des Urteils herausstellen, dass der Tatbestand korrekt ist. Auf diese Weise kann man das Gericht auch zu einer schnelleren Abfassung des Urteils anhalten.

> **Beispiel:**
> Am 12.01.2018 wird ein Urteil des LG München I (1. Instanz) verkündet. Das Urteil wird in abgekürzter Form (ohne Tatbestand und Entscheidungsgründe) am 19.01.2018 zugestellt. Welche Fristen sind zu notieren? (Zur Fristberechnung siehe Kap. 8.).
>
> **Berufungsfrist**
> Beginn: 13.06.2018, §§ 222 Abs. 1 ZPO, 187 Abs. 1 BGB
> Ablauf: 12.07.2018, §§ 222 Abs. 1 ZPO, 188 Abs. 2 BGB
>
> **Berufungsbegründungsfrist**
> Beginn: 13.06.2018, §§ 222 Abs. 1 ZPO, 187 Abs. 1 BGB
> Ablauf: 12.08.2018, §§ 222 Abs. 1 ZPO, 188 Abs. 2 BGB, jedoch Sonntag, daher Ablauf erst am nächsten Werktag, 13.08.2018, § 222 Abs. 2 ZPO (§ 193 BGB)
>
> **Tatbestandsberichtigungs-Höchstfrist:**
> Beginn: 13.01.2018, §§ 222 Abs. 1 ZPO, 187 Abs. 1 BGB
> Ablauf: 12.04.2018, §§ 222 Abs. 1 ZPO, 188 Abs. 2 BGB

Zudem sind **entsprechende Vorfristen** für die Berufungs- und Berufungsbegründungsfrist zu notieren. Hier gibt es keine gesetzlichen Vorgaben; i.d.R. entscheidet der Anwalt, wie lange die entsprechenden Vorfristen sein sollen; meist 1 Woche Vorfrist bei Rechtsmitteleinlegungsfristen und 2 Wochen Vorfrist bei Rechtsmittelbegründungsfristen.

10. Berufungsfrist bei Urteilsergänzung

Wird innerhalb der Berufungsfrist ein Urteil durch eine nachträgliche Entscheidung ergänzt, § 321 ZPO, so beginnt mit der Zustellung der nachträglichen Entscheidung der Lauf der Berufungsfrist auch für die Berufung gegen das zuerst ergangene Urteil **von neuem**. Wird gegen beide Urteile von derselben Partei Berufung eingelegt, so sind beide Berufungen miteinander zu verbinden, § 518 ZPO.

Eine Urteilsergänzung kann z.B. in Betracht kommen, wenn die **Kostenentscheidung** im Urteil **fehlt** (z.B.: „Der Beklagte trägt die Kosten des Verfahrens.")! Zu beachten ist dabei, dass die Urteilsergänzung innerhalb einer **Frist von 2 Wochen** ab Zustellung des Urteils durch Schriftsatz zu beantragen ist, § 321 Abs. 2 ZPO.

11.   Anschlussberufung

Anschlussberufung nach § 524 Abs. 1 ZPO möglich durch Einreichung der Berufungsanschlussschrift beim Berufungsgericht. Auch dann statthaft, wenn der Berufungsbeklagte auf die Berufung verzichtet hat oder die Berufungsfrist verstrichen ist, § 524 Abs. 2 S. 1 ZPO. Sie ist zulässig bis zum Ablauf der dem Berufungsbeklagten gesetzten Frist zur Berufungserwiderung, § 524 Abs. 2 S. 2 ZPO.

Rechtsmittel/Frist:

- **Anschlussberufung, § 524 ZPO**
- **innerhalb der Frist für die Berufungserwiderung, § 524 Abs. 2 S. 2 ZPO; Ausnahme siehe § 524 Abs. 2 S. 3 ZPO** (künftig fällig werdende Leistungen)
- **Begründungspflicht** in der Anschlussschrift, § 524 Abs. 3 S. 1 ZPO
- Sie verliert ihre Wirkung, wenn die Berufung zurückgenommen, verworfen oder durch Beschluss zurückgewiesen wird, d.h., sie ist vom Schicksal der Berufung abhängig, § 524 Abs. 4 ZPO.

Wann kommt die Anschlussberufung in der Praxis vor?

Beispiel:
Mandant klagt 5.000 € ein. Das Gericht spricht ihm 4.000 € zu; wegen der übrigen 1.000 € weist das Gericht die Klage ab. Der Mandant wäre mit dem Urteil einverstanden, wenn der Beklagte keine Berufung einlegt. Für den Fall, dass der Beklagte Berufung einlegt, wäre der Mandant aber nicht einverstanden, da er dann befürchten müsste, nicht nur die 1.000 € nicht zu erhalten, sondern er müsste auch noch um die weiteren 4.000 € bangen. Der Mandant weiß aber möglicherweise erst zu spät, ob sich der Beklagte mit der Berufung gegen das Urteil wehrt. Denn bis er erfährt, ob der Beklagte Berufung eingelegt hat, ist seine eigene Berufungsfrist möglicherweise schon abgelaufen. Der Gesetzgeber hat für diese Fälle die Möglichkeit der Anschlussberufung vorgesehen.

D.h., der Mandant, der gegen das Urteil nur dann Berufung einlegen möchte, wenn der Gegner Berufung einlegt, kann also getrost die Einlegung der Berufung durch die Gegenseite abwarten. Sein Risiko liegt nur darin, dass seine Anschlussberufung dann ihre Wirkung verliert, wenn der Beklagte seine Berufung wieder zurücknimmt. Aber das dürfte nicht weiter schlimm sein, denn für diesen Fall wollte der Mandant ja auch Berufung nicht einlegen. Will sich der Mandant auf jeden Fall gegen die Abweisung der 1.000 € wehren, muss er auf jeden Fall eine fristgerechte Berufung einlegen und keine Anschlussberufung!

Legt er fristgerecht Berufung ein und der Gegner zuerst auch, bleibt seine Berufung in diesem Fall der „echten" Berufung weiter anhängig, selbst wenn der Gegner seine Berufung zurücknimmt.

12.   Verfahrensfortgang nach Berufung

12.1   Einleitung

Nach Einlegung einer Berufung kann es mit dem Verfahren unterschiedlich weitergehen. Es kann passieren, dass der Rechtsmittelführer die Berufung zurücknimmt. Es kann auch ein Termin bestimmt werden und die Parteien schließen einen Vergleich. Es kann aber auch zu unterschiedlichen Entscheidungen des Gerichts kommen. Und damit man weiß, welches Rechtsmittel dann zu notieren ist, soll dies nachstehend kurz vorgestellt werden.

12.2   Verwerfung oder Zurückweisung einer Berufung

In der Praxis ist streng zwischen der **Verwerfung** und **Zurückweisung** einer Berufung zu unterscheiden. Die Verwerfung der Berufung ist in § 522 Abs. 1 geregelt, während § 522 Abs. 2 ZPO die Zurückweisung der Berufung behandelt.

Die Verwerfung einer Berufung erfolgt immer dann, wenn formelle Mängel gegeben sind, die Berufung an sich nicht statthaft ist, sie nicht in der gesetzlichen Form und Frist eingelegt wurde und es auch an einer Berufungsbegründung mangelt, d.h., der Berufungsbegründungsschriftsatz nicht oder verspätet zu den Akten gereicht wurde. Die Zurückweisung ist immer Sachentscheidung. Das Gericht wird immer als erstes die Frage prüfen, ob das Rechtsmittel form- und fristgerecht beim richtigen Gericht eingegangen ist. Erst wenn dies bejaht wird, erfolgt eine Prüfung in der Sache selbst.

12.3   Verwerfung der Berufung

§ 522 ZPO

„(1)[1] Das Berufungsgericht hat von Amts wegen zu prüfen, ob die Berufung an sich statthaft und ob sie in der gesetzlichen Form und Frist eingelegt und begründet ist. 2Mangelt es an einem dieser Erfordernisse, so ist die Berufung **als unzulässig zu verwerfen**."

Nach § 520 Abs. 1 ZPO ist der Berufungskläger verpflichtet, die Berufung zu begründen (**Muss**-Vorschrift). Die Frist für die Berufungsbegründung beträgt **zwei Monate** und beginnt mit der Zustellung des in vollständiger Form abgefassten Urteils, spätestens aber mit dem Ablauf von fünf Monaten nach der Verkündung, § 520 Abs. 2 S. 1 ZPO. Da es sich nicht um eine Notfrist handelt, kann die Frist unter bestimmten Voraussetzungen auf Antrag von dem Vorsitzenden verlängert werden.

Wenn in § 522 Abs. 1 S. 2 ZPO die fehlende Begründung als Verwerfungsgrund geregelt ist, wird nicht auf die sachliche Begründetheit einer Berufung abgestellt, sondern vielmehr auf die Tatsache, **ob** der Berufungskläger **überhaupt** eine Berufungsbegründung eingereicht hat, somit sämtliche formellen Vorschriften eingehalten wurden. Für den Fall, dass zwar die Berufungsbegründung eingereicht wurde, das Gericht die Berufung aber sachlich für unbegründet hält, würde es nicht die Berufung verwerfen, sondern vielmehr zurückweisen.

§ 522 Abs. 1 ZPO regelt darüber hinaus weiter

„3Die Entscheidung **kann** durch **Beschluss** ergehen. 4Gegen den **Beschluss** findet die Rechtsbeschwerde statt."

Die Verwerfung einer Berufung **kann** durch **Beschluss** ergehen, dies regelt § 522 Abs. 1 S. 3 ZPO. Durch Beschluss wird die Verwerfung regelmäßig dann erfolgen, wenn eine mündliche Verhandlung **nicht** stattgefunden hat. Sofern das Gericht eine mündliche Verhandlung anberaumt (was es durchaus kann), wird es über die Verwerfung der Berufung durch **Urteil** entscheiden. Diese Unterscheidung ist enorm wichtig für die Frage, welches Rechtsmittel zu notieren ist. Gegen den eine Berufung verwerfenden **Beschluss** findet nach § 522 Abs. 1 S. 4 ZPO die **Rechtsbeschwerde** statt.

Sollte das Gericht die Berufung durch **Urteil** verwerfen, so ist die **Revision**, sollte diese nicht zugelassen worden sein, gegebenenfalls die **Nichtzulassungsbeschwerde** gegen die Nichtzulassung der Revision bzw. Anhörungsrüge statthaft, siehe auch jeweils dort.

12.4 Zurückweisung der Berufung durch Beschluss

Ist die Berufung form- und fristgerecht eingereicht und auch statthaft, schaut sich der Richter bzw. die Kammer die Sache inhaltlich an und prüft, ob man dem Rechtsmittelführer Recht geben will/kann. Unter Umständen wird das Gericht einen Gerichtstermin anberaumen und dann z.B. durch Urteil entscheiden. In besonderen Fällen kann das Gericht aber auch ohne Gerichtstermin im Beschlusswege entscheiden. Das ist für einen Rechtsmittelführer oft sehr hart, wenn ihm das Berufungsgericht seine Berufung praktisch ohne Termin „um die Ohren haut".

§ 522 Abs. 2 ZPO regelt die Zurückweisung der Berufung durch Beschluss. Voraussetzung für eine solche „Beschlusszurückweisung" ist:

- unverzügliche Entscheidung
- einstimmige Entscheidung
- Berufung hat offensichtlich keine Aussicht auf Erfolg
- es gibt auch keinen Revisionsgrund (d.h. die Rechtssache hat keine grundsätzliche Bedeutung und die Fortbildung des Rechts oder die Sicherung einer einheitlichen Rechtsprechung erfordern auch keine Entscheidung des Berufungsgerichts
- eine mündliche Verhandlung ist auch nicht geboten (z.B. aus Gründen der Menschlichkeit)
- das Gericht hat das rechtliche Gehör gewährt und auf die Absicht, im Beschlusswege unter Frist zur Stellungnahme hingewiesen.

Und jetzt kommts: § 522 Abs. 3 ZPO regelt

„Gegen den Beschluss steht dem Berufungsführer das Rechtsmittel zu, das bei einer Entscheidung durch Urteil zulässig wäre."

„Na, toll!" Da weiß man ja jetzt erst mal gar nicht, was damit gemeint ist!

Es ist zunächst zu prüfen, ob die **Nichtzulassungsbeschwerde (NZB)** das statthafte Rechtsmittel gegen einen Zurückweisungsbeschluss darstellt. Es ist nicht zu prüfen, ob die Revision möglich wäre, denn eine Entscheidung durch Beschluss darf das Berufungsgericht nur in solchen Fällen vornehmen, in denen auch kein Revisionsgrund für die Zulassung einer Revision gegeben wäre. Wäre ein Revisionsgrund gemäß § 543 Abs. 2 ZPO gegeben (grundsätzliche Bedeutung, Rechtsfortbildung oder Sicherung einer einheitlichen Rechtsprechung), darf nicht durch Beschluss entschieden werden, nur durch Urteil (und dann müsste ja auch die Revision zugelassen werden). Nur wenn das Gericht Zulassungsgründe verneint, kann es durch Zurückweisungsbeschluss entscheiden. Da die Revision ausscheidet, ist beim Notieren der Fristen zu prüfen, ob die **Nichtzulassungsbeschwerde** statthaft ist.

> **Achtung:** Eine Nichtzulassungsbeschwerde kann bis zum 30.06.2018 jedoch nur dann eingereicht werden, wenn der Wert der mit der Revision geltend zu machenden Beschwerde 20.000,00 € übersteigt, § 26 Nr. 8 S. 1 EGZPO! Ist der Wert nicht erreicht, muss die Frist für die Anhörungsrüge gem. § 321a ZPO notiert werden. Kompliziert? Ja. Das kann man wohl behaupten! Von daher wünsche ich Ihnen, dass Ihre Prüfungsausschüsse bei diesem Thema ein wenig zurückhaltend prüfen. Wissen muss man das natürlich schon für die Praxis. Bitte prüfen Sie, ob ab 01.07.2018 diese Wertgrenze noch besteht! Im kostenlosen Newsletter von www.isar-fachseminare.de wird darüber berichtet, sobald es bekannt ist.

13. Einspruch gegen ein Versäumnisurteil

Frist:

- **2 Wochen** (bei Zustellung in Deutschland), § 339 Abs. 1 ZPO
- **1 Monat** (bei Zustellung im Ausland), § 339 Abs. 2 S. 1 ZPO (evtl. auch länger siehe § 339 Abs. 2 S. 2 ZPO)
- **Notfristen**
- **Beginn:** Zustellung des Versäumnisurteils
- beim Ausgangsgericht (Prozessgericht) § 340 Abs. 1 ZPO.

14. Anzeige der Verteidigungsabsicht

Frist:

- **2 Wochen** (bei Zustellung in Deutschland), § 276 Abs. 1 S. 1 ZPO
- **1 Monat** (bei Zustellung im Ausland), § 276 Abs. 1 S. 3 ZPO (evtl. auch länger siehe § 276 Abs. 1 S. 4 ZPO)
- **Notfristen**
- **Beginn:** Zustellung der Klage
- beim Prozessgericht, § 276 Abs. 1 ZPO.

> **Achtung:** Mit der Frist zur Verteidigungsanzeige setzt das Gericht auch eine Frist zur Klageerwiderung von mind. 2 weiteren Wochen fest, § 276 Abs. 1 S. 3 ZPO. Die Frist zur Klageerwiderung ist keine Notfrist, sie kann auch länger als 2 Wochen sein und eine Fristverlängerung ist zusätzlich möglich.

Kapitel 8
Fristberechnung

1. Einführung

Materiell-rechtliche Fristen, die sich aus dem BGB ergeben sowie zivilprozessuale Fristen werden nach §§ 187 ff. BGB berechnet. In § 222 Abs. 1 ZPO findet sich ein eigener Verweis für die Fristberechnung auf die Vorschriften des Bürgerlichen Gesetzbuchs.

Übungsfall 59:

Sie bearbeiten Montagmorgens den Posteingang. In Ihrer Kanzlei werden die Fristen ausschließlich im Papierkalender eingetragen. Ihre Auszubildende beobachtet Sie dabei, wie Sie sich diverse Utensilien zurechtlegen. Neugierig fragt Ihre Auszubildende, was man denn alles so braucht, wenn man Fristen notieren muss.

Führen Sie stichpunktartig 6 brauchbare Utensilien auf. (ohne Angabe einer Begründung und ohne gesetzliche Bestimmungen)

Lösungsvorschlag:

- Eingangsstempel
- Stifte in verschiedener Farbe
- Lineal
- Termin- und Fristenkalender
- Fristenstempel
- Hefter
- Fristenzettel
- usw.

Hinweis: Bei derartigen Fragen können alle sinnvollen Antworten bewertet werden.

Prüfungstipp: Da hier eine Begründung für die entsprechenden Utensilien nicht verlangt wird, müssen Sie eine solche auch nicht angeben. Sie würden hier nur wertvolle Zeit verlieren und keine weiteren zusätzlichen Punkte erhalten.

---

2. Fristbeginn und Fristende

Nach § 187 Abs. 1 BGB beginnt eine Ereignisfrist erst nach dem Tag des Ereignisses zu laufen. **Die Frist beginnt um 00.00 Uhr zu laufen.**

§ 187 Abs. 1 BGB: *„Ist für den Anfang einer Frist ein Ereignis oder ein in den Lauf eines Tages fallender Zeitpunkt maßgebend, so wird bei der Berechnung der Frist der Tag nicht mitgerechnet, in welchen das Ereignis oder der Zeitpunkt fällt."*

Im Zivilprozess ist das für die Fristberechnung maßgebende **Ereignis** die Zustellung. **Das bedeutet:** Bei der vollständigen Fristberechnung wird darauf geachtet, dass Fristen einen Tag nach der Zustellung zu laufen beginnen. Die Reihenfolge ist hier sehr wichtig! Die ZPO sagt zunächst: „Fristen beginnen mit der Zustellung. Zur Berechnung schaust Du aber ins BGB. Und das BGB sagt: Bei der Berechnung der Ereignisfristen zählst Du den Tag des Ereignisses nicht mit."

Dabei unterscheiden wir die sogenannte „Prüfungs- oder Schulaufgaben-Berechnung" von der in der Praxis sehr häufig angewendeten „Fingermethode".

Was heißt das? Schauen wir uns dies doch einmal am Beispiel einer Berufungsfrist an. Das Berechnen einer Frist ist im Gesetz genau geregelt. Da die Berufung gegen ein Zivilurteil eine ZPO-Frist ist, müssen wir zunächst in der ZPO nachschauen, wo dort etwas zu den Fristen geregelt ist. Wir finden § 222 Abs. 1 ZPO. Dieser besagt, dass für die Fristberechnung die Vorschriften des BGB gelten. Dieser Verweisungsparagraf ist wichtig, denn die Paragrafen im BGB gelten normalerweise natürlich zuerst einmal für BGB-Fragen. Zum Beispiel zur Berechnung von BGB-Fristen.

§ 517 ZPO regelt die Berufungsfrist selbst: *„Die Berufungsfrist beträgt einen Monat; sie ist eine Notfrist und **beginnt mit der Zustellung** des in vollständiger Form abgefassten Urteils, spätestens aber mit dem Ablauf von fünf Monaten nach der Verkündung."*

Aber Achtung: Nach § 187 Abs. 1 BGB (der wegen § 222 Abs. 1 ZPO hier gilt!) beginnt eine Ereignisfrist erst **nach** dem Tag des Ereignisses zu laufen.

§ 187 Abs. 1 BGB: *„Ist für den Anfang einer Frist ein Ereignis oder ein in den Lauf eines Tages fallender Zeitpunkt maßgebend, so wird bei der Berechnung der Frist der Tag **nicht mitgerechnet**, in welchen das Ereignis oder der Zeitpunkt fällt."*

Im Zivilprozess ist das entsprechende Ereignis die **Zustellung** oder manchmal auch die **Verkündung** eines Urteils.

Das heißt: Wenn wir in der Schulaufgabe oder der schriftlichen Abschlussprüfung eine ZPO-Frist berechnen sollen und es wird das Ereignis (hier die Zustellung des vollständigen Urteils) angegeben, dann schreiben wir als Datum für den Fristbeginn bei vollständiger Fristberechnung immer den Tag, der dem Ereignis folgt, hin.

> **Beispiele:**
> Am 10.01. eines Jahres wird ein vollständiges Urteil zugestellt. Fristbeginn ist der 11.01. dieses Jahres.
> Am 03.01. eines Jahres wird ein Urteil verkündet. Fristbeginn ist der 04.01. dieses Jahres.

Und wann läuft nun eine Frist ab? Hier gilt über § 222 Abs. 1 ZPO der § 188 Abs. 2 BGB. Die Absätze sind übrigens wichtig! § 188 Abs. 1 BGB regelt z.B. die Tagesfristen; § 188 Abs. 2 BGB aber die Wochen- und Monatsfristen.

*„Eine Frist, die nach Wochen, nach Monaten oder nach einem mehrere Monate umfassenden Zeitraum – Jahr, halbes Jahr, Vierteljahr – bestimmt ist, endigt im Falle des § 187 Abs. 1 mit dem Ablauf desjenigen Tages der letzten Woche oder des letzten Monats, welcher durch seine Benennung oder seine **Zahl dem Tage entspricht**, in den das **Ereignis** oder der Zeitpunkt fällt,"* § 188 Abs. 2. 1. Hs. BGB.

Wie?

Achtung: Wird ein Urteil am **09**.03. eines Jahres in vollständiger Form zugestellt, endet die Frist rechnerisch am **09**.04. dieses Jahres.

Hinweis: Wir können sehr froh sein, dass der Gesetzgeber sich den Trick mit dem Fristbeginn bei Ereignisfristen hat einfallen lassen. Sonst hätten wir nämlich ganz schön Stress beim Ausrechnen der Fristen. Würde nämlich die Frist am Ereignistag – d.h. z.B. am Tag der Zustellung - zu laufen beginnen, würde man am Ende ja einen Tag mehr als 1 Monat berechnen, weil im obigen Beispiel der 09. zweimal „drankäme". Außerdem hätte man das Problem, dass ja die Zustellung nicht um 00.00 Uhr passiert, d.h. man müsste unter Umständen sogar noch irgendwelche Stunden ausrechnen. Deshalb hat sich der Gesetzgeber vor hundert Jahren oder mehr ausgedacht: Das machen wir ganz einfach. Egal ob die Zustellung um 09.00 Uhr oder um 13.00 Uhr passiert, der Tag der Zustellung selbst zählt bei der Berechnung sowieso nicht! Wir lassen die Frist erst am nächsten Tag beginnen und dann läuft sie ziffernmäßig exakt einen Monat später ab. Genial! Vielen Dank lieber Gesetzgeber für diese tolle Idee!!

Und was hat dies nun mit der Kalender- oder Fingermethode zu tun?

In einer Abschlussprüfung oder einer Schulaufgabe muss man die Frist oft komplett berechnen, d.h. man muss den Fristbeginn und den Fristablauf angeben. In einer Schulaufgabe oder Prüfung sähe das dann so aus:

Beispiel:
Am 09.01.2018 wird ein vollständiges Urteil in einer Zivilsache zugestellt.
Berechnung der 1-monatigen Berufungsfrist:
Fristbeginn: 10.01.2018, §§ 187 Abs. 1 BGB, 222 Abs. 1 ZPO
Fristende: 09.02.2018, §§ 188 Abs. 2 BGB, 222 Abs. 1 ZPO.

In der Kanzlei benutzt man oft die „Fingermethode". D.h. man macht sich meistens keine Gedanken mehr darüber, wann die Frist zu laufen beginnt (ist ja eh klar, einen Tag nach dem Ereignis) und schaut nur noch, wann die Frist abläuft. Das ist ja auch die viel wichtigere Information. Ist das Urteil am 09.03. zugestellt worden, läuft die Frist eben am 09.04. ab. Alles was man jetzt noch prüfen muss, ist, ob dieser Tag auf einen Samstag, Sonntag oder Feiertag fällt. Wäre das der Fall, läuft die Frist erst am nächsten Werktag ab.

Wir merken uns:

- Die Berufungsfrist ist z.B. eine Ereignisfrist.
- Bei Ereignisfristen zählt der Tag des Ereignisses nicht mit; die Frist beginnt erst am Tag danach zu laufen.
- In der Schulaufgabe oder Prüfung achten wir auf die Worte: vollständige Fristberechnung.
- Wir geben den Fristbeginn und den Fristablauf an.
- Wir geben die Paragrafen vollständig mit Absätzen an.

Spielt die Uhrzeit eine Rolle? Klare Antwort ja! Grundsätzlich lernen viele, dass die Frist am Tagesende, d.h. um 24.00 Uhr abläuft. Der BGH hat aber vor Jahren einmal entschieden, dass es „keine symbolische Sekunde" zwischen 24.00 Uhr und 0.00 Uhr gäbe. 24.00 Uhr und 0.00 Uhr sind daher dasselbe und da 00.00 Uhr den Tagesbeginn markiert, ist die Frist, wenn sie um 24.00 Uhr/00.00 Uhr einginge, damit abgelaufen. Richtiger wäre es also zu schreiben: **23.00 Uhr 59 Minuten und 59 Sekunden.** Das ist natürlich ziemlich lang und nach meiner persönlichen Meinung ist eigentlich klar, dass bei Übungs- und Prüfungsaufgaben, wenn es 24.00 Uhr heißt, der Tagesablauf gemeint ist und auch klar ist, dass die Frist vor Ablauf des Tages eingereicht sein muss.

Prüfungstipp: Erkundigen Sie sich bitte bei Ihrem Prüfungsausschuss, ob eine Uhrzeit beim Fristablauf angegeben werden soll und ob Sie 24.00 Uhr oder 23.59 Uhr schreiben müssen. In manchen Kammerbezirken wird wegen dieser BGH-Entscheidung die Uhrzeit nicht mehr verlangt!

Beispiel:
Am 26.03.2018 wird ein vollständiges Urteil in einer Zivilsache zugestellt.
Berechnung der 1-monatigen Berufungsfrist:

Fristbeginn: **27.03.2018**, §§ 187 Abs. 1 BGB, 222 Abs. 1 ZPO

Fristende: 26.04.2018, §§ 188 Abs. 2 BGB, 222 Abs. 1 ZPO

Hinweis: Der Fristbeginn kann auf einen Samstag oder Sonntag fallen, nicht aber das Fristende!

Beispiel:
Der Anwalt ist am 23.06.2018 in der Kanzlei und öffnet die Eingangspost, die im Briefkasten lag (oder: Der Anwalt ist am 23.06.2018 in der Kanzlei und bearbeitet die ihm schon Freitag vorgelegte Post. Er war am Freitag nicht in der Kanzlei, sondern auf Geschäftsreise.). Er zeichnet das Empfangsbekenntnis mit dem Datum des 23.06.2018 ab.

Fristbeginn: **Sonntag, 24.06.2018**, §§ 187 Abs. 1 BGB, 222 Abs. 1 ZPO (**kein** Scherz!)

Sehr wichtig: Fehlt bei einer nach Monaten bestimmten Frist in dem letzten Monat der für ihren Ablauf maßgebende Tag, so endigt die Frist mit dem Ablauf des letzten Tages dieses Monats, § 188 Abs. 3 BGB.

Beispiel:
Am **31.10.**2018 wird ein vollständiges Urteil in einer Zivilsache zugestellt.

Fristbeginn: 01.11.2018, §§ 187 Abs. 1 BGB, 222 Abs. 1 ZPO

Fristende: **30.11.2018**, §§ 188 Abs. 2, **3** BGB, 222 Abs. 1 ZPO

Hinweis: § 188 Abs. 3 BGB ist hier sehr wichtig! Bitte auch angeben!

---

§ 222 ZPO regelt ergänzend Besonderheiten, die bei der Fristberechnung von ZPO-Fristen gelten. So ist in § 222 Abs. 2 ZPO geregelt, dass für den Fall, dass das Ende einer Frist auf einen Sonntag, einen allgemeinen Feiertag oder einen Sonnabend fällt, die Frist mit Ablauf des nächsten Werktages endet. Gegenüber § 193 BGB gilt § 222 Abs. 2 ZPO auch in den Fällen, wenn das Fristende ein festes Enddatum ist. Bei der Fristberechnung einer zivilprozessualen Frist wäre daher, wenn das Fristende auf einen Sonntag, einen allgemeinen Feiertag oder einen Sonnabend fällt, § 222 Abs. 2 ZPO als lex specialis vorrangig vor § 193 BGB.

Beispiel:

Am 30.01.2018 wird ein vollständiges Urteil in einer Zivilsache zugestellt.

Berufungsfrist:

Fristbeginn: 31.01.2018, §§ 187 Abs. 1 BGB, 222 Abs. 1 ZPO

Fristende: 28.02.2018, §§ 188 Abs. 2 u. **3** BGB, 222 Abs. 1 ZPO

Berufungsbegründungsfrist:

Fristbeginn: 31.01.2018, §§ 187 Abs. 1 BGB, 222 Abs. 1 ZPO

Fristende rechnerisch: 30.03.2018, §§ 188 Abs. 2 BGB, 222 Abs. 1 ZPO, jedoch Karfreitag, daher tatsächliches Fristende am nächsten Werktag, Dienstag, den 03.04.2018, § 222 Abs. 2 ZPO.

Hier wird in vielen Prüfungen die Angabe des § 193 BGB verlangt, der aber bei einer ZPO-Frist nicht gebraucht wird, da es § 222 Abs. 2 ZPO gibt. Oft werden aber auch beide Paragrafen gelten gelassen (aber natürlich nur einer davon bewertet).

Im gesamten Bundesgebiet bestehen folgende **gesetzlichen Feiertage**:

- Neujahr,
- Karfreitag,
- Ostermontag,
- Christi Himmelfahrt,
- 1. Mai (Tag der Arbeit),
- Pfingstmontag,
- 3. Oktober (Tag der deutschen Einheit),
- 1. und 2. Weihnachtstag (25./26. Dezember).

Darüber hinaus gibt es weitere Feiertage der **einzelnen Bundesländer**, die nur dort gelten, so z.B. in Bayern (teilweise):

- 06.01. – Hl. Drei Könige (**Achtung:** aber auch nicht in allen Teilen Bayerns!),
- 15.08. – Maria Himmelfahrt.

Eine Frist kann im jeweiligen Bundesland/Gebiet oder Gemeindegebiet am dortigen Feiertag nicht ablaufen. Besonders deutlich wird das am Beispiel des 08.08. eines Jahres. Dieser Tag (Stadtfest) ist nur in Augsburg ein Feiertag.

Beispiel:

Am 06.01. (Hl. Drei Könige) kann in München eine Frist nicht ablaufen, in Hamburg aber schon, da dieser Tag dort kein (landes)gesetzlicher Feiertag ist.

Übungsfall 60:

Um Ihre Auszubildende ein wenig anzuspornen, schließen Sie mit ihr eine kleine Wette. Wenn Sie es schafft, Ihnen innerhalb von einer Minute sechs gesetzliche Feiertrage, die bundesweit gelten, zu nennen, würden Sie ihr einen Kaffee kochen.

Helfen Sie der Auszubildenden, diese Wette zu gewinnen!

Lösungsvorschlag:

- 01.01. (Neujahr)
- Karfreitag
- Ostermontag
- Christi Himmelfahrt
- Pfingstmontag
- 01.05.
- 03.10.
- 25.12.
- 26.12.

Prüfungstipp: Es waren nur 6 Stichpunkte gefordert, daher sollten Sie für Ihre Prüfung auch nur 6 auflisten. Eine Bepunktung weiter aufgeführter Feiertage wird in der Regel nicht erfolgen, so dass Sie hier lediglich wertvolle Zeit verlieren würden. Schreiben Sie nur solche Stichpunkte auf, bei denen Sie sich sicher sind. In manchen Kammerbezirken gibt es für falsch aufgeführte Stichpunkte auch Punkteabzug. Es soll auf diese Weise vermieden werden, dass Prüflinge „einfach alles" hinschreiben, in der Hoffnung, dass irgendetwas davon dann schon passen wird. Dies wird jedoch – wie bereits erwähnt – in den einzelnen Prüfungen auch unterschiedlich gehandhabt.

Übungsfall 61:

Sie haben den Auftrag von Ihrer Chefin erhalten, mit der Auszubildenden das Notieren von Fristen zu üben. Ihre Auszubildende erhält von Ihnen einen Kostenfestsetzungsbeschluss vorgelegt. Der Rechtspfleger hat 300,00 € weniger festgesetzt als von Ihnen beantragt worden ist. Der Beschluss wurde der Kanzlei am 16.03.2018 zugestellt. Ihre Auszubildende notiert folgendes:

Sofortige Beschwerdefrist
Fristbeginn: 17.03.2018
Fristablauf: 30.03.2018

Prüfen Sie die notierte Fristberechnung und weisen Sie Ihre Auszubildende auf den enthaltenen Fehler hin. Berechnen Sie das Fristende neu!

Lösungsvorschlag:

Der Fristbeginn ist korrekt berechnet, § 187 Abs. 1 BGB.

Der Fristablauf ist falsch berechnet.

Der 30.03.2018 ist ein Feiertag (Karfreitag). An einem Feiertag können Fristen nicht ablaufen, § 222 Abs. 2 ZPO (alternativ: 193 BGB). Die Frist läuft daher erst am nächsten Werktag ab. Da Fristen auch nicht an einem Samstag oder Sonntag ablaufen können und der 2. April ebenfalls ein Feiertag ist (Ostermontag), ist das tatsächliche Fristende Dienstag, 03.04.2018.

Übungsfall 62:

Ihre Auszubildende kommt aufgeregt zu Ihnen. Sie hat gerade in der Akte entdeckt, dass eine Berufungsfrist auf den 28.02.2018 notiert worden ist, obwohl das vollständige Urteil am 31.01.2018 zugestellt worden ist. Ihre Auszubildende geht davon aus, dass die Frist falsch eingetragen worden ist.

Worauf weisen Sie Ihre Auszubildende hin? Bitte antworten Sie ausführlich unter Angabe der gesetzlichen Bestimmungen.

Lösungsvorschlag:

Grundsätzlich regelt zwar § 188 Abs. 2 BGB, dass eine Ereignisfrist, die nach Wochen, nach Monaten oder nach einem mehrere Monate umfassenden Zeitraum - Jahr, halbes Jahr, Vierteljahr - bestimmt ist, im Falle des § 187 Abs. 1 BGB mit dem Ablauf desjenigen Tages der letzten Woche oder des letzten Monats endigt, welcher durch seine Benennung oder seine Zahl dem Tage entspricht, in den das Ereignis oder der Zeitpunkt fällt. Das wäre dann aber der 31.02.2018 und den gibt es nicht.

Fehlt daher bei einer nach Monaten bestimmten Frist in dem letzten Monat der für ihren Ablauf maßgebende Tag, so endigt die Frist mit dem Ablauf des letzten Tages dieses Monats, § 188 Abs. 3 BGB.

3. Berechnung der „5+1-Berufungsfrist"

Die Berufungsfrist beträgt einen Monat (1 Monat); sie ist eine Notfrist und beginnt mit der Zustellung des in vollständiger Form abgefassten Urteils, spätestens aber mit dem Ablauf von fünf Monaten nach der Verkündung, § 517 ZPO. Manchmal erhält man in der Kanzlei „nur" eine abgekürzte Fassung des Urteils (d.h. ohne Tatbestand und Entscheidungsgründe). Die Notierung de 5+1-Berufungsfrist, manche nennen sie auch „6-Monats-Frist" (was nicht ganz korrekt ist, da die Frist ja nicht 6 Monate beträgt, sondern nach wie vor einen Monat, aber eben erst 5 Monate nach Verkündung zu laufen. beginnt und dann 1 Monat später (also 6 Monate nach Verkündung) abläuft. Wieder andere nennen diese Frist „abstrakte Berufungsfrist". Letztendlich kommt es nicht so sehr darauf an, wie man die Frist nennt, sondern dass sie korrekt berechnet wird.

Beispiel:
Am 16.01.2018 war Verkündungstermin in einer Zivilsache beim LG Köln (NRW). Das Urteil wird in abgekürzter Form am 07.02.2018 zugestellt. Wann läuft die Berufungsfrist ab?

Fristbeginn: 17.06.2018, 00.00 Uhr, §§ 187 Abs. 1 BGB, 222 Abs. 1 ZPO

Fristablauf: 16.07.2018, 23.59 Uhr, §§ 188 Abs. 2 BGB, 222 Abs. 1 ZPO

Abwandlung 1:
Fall wie zuvor. Die Zustellung des vollständig abgefassten Urteils erfolgt sodann am 09.07.2018.

Fristbeginn: 10.07.2018, 00.00 Uhr, §§ 187 Abs. 1 BGB, 222 Abs. 1 ZPO

Fristablauf: 09.08.2018, 23.59 Uhr, §§ 188 Abs. 2 BGB, 222 Abs. 1 ZPO, aber **Achtung**!

Teil 3

Teil 3

Die 5+1-Frist läuft ab (16.07.2018), es gilt als Fristablauf der **frühere Fristablauf** am 16.07.2018!

Abwandlung 2:

Fall wie oben. Die Zustellung des vollständig abgefassten Urteils erfolgt am 11.05.2018.

Fristbeginn: 12.05.2018, 00.00 Uhr, §§ 187 Abs. 1 BGB, 222 Abs. 1 ZPO

Fristablauf: 11.06.2018, 23.59 Uhr, §§ 188 Abs. 2 BGB, 222 Abs. 1 ZPO

Achtung: Hier gilt gilt diese Frist zum 11.06.2018 als Ablauffrist. Die 5+1-Frist vom 16.07.2018 ist zu streichen. Also: Auch hier gilt die Frist, die früher abläuft!

4. Übungsfälle zur Fristberechnung

Übungsfall 63:

Es ist Montag, der 05.02.2018. Sie bearbeiten den Posteingang. Im Posteingang finden Sie ein vollständiges Urteil des Oberlandesgerichts München. Das Oberlandesgericht München hat das entsprechende Rechtsmittel zugelassen.

Füllen Sie den nachstehenden Fristenzettel entsprechend aus!

Fristname / §	
Fristdauer / §	
Notfrist ja/nein	
Fristbeginn nach Gesetz	
Fristbeginn Datum / §§:	
Fristablauf Datum / §§	

Lösungsvorschlag:

Fristname / §	Revision, § 543 ZPO
Fristdauer / §	1 Monat, § 548 Abs. 1 ZPO
Notfrist ja/nein	ja
Fristbeginn nach Gesetz	ab Zustellung des vollständigen Urteils, spätestens 5 Monate nach Verkündung
Fristbeginn Datum / §§:	06.02.2018, §§ 222 Abs. 1 ZPO, § 187 Abs. 1 BGB
Fristablauf Datum / §§	05.03.2018, §§ 222 Abs. 1 ZPO, 188 Abs. 2 BGB

Übungsfall 64:

Es ist Montag, der 05.02.2018. Sie bearbeiten den Posteingang. Im Posteingang finden Sie ein vollständiges Urteil des Oberlandesgerichts München. Das Oberlandesgericht München hat das entsprechende Rechtsmittel nicht zugelassen. Der Beklagte wurde verurteilt, 43.000,00 € an den Kläger nebst Zinsen zu bezahlen.

Füllen Sie den nachstehenden Fristenzettel entsprechend aus!

Fristname / §	
Fristdauer / §	
Notfrist ja/nein	
Einzulegen beim	
Fristbeginn nach Gesetz	
Fristbeginn Datum / §§:	
Fristablauf Datum / §§	

Lösungsvorschlag:

Fristname / §	Nichtzulassungsbeschwerde, § 544 Abs. 1 S. 1 ZPO
Fristdauer / §	1 Monat, § 544 Abs. 1 S. 2 ZPO
Notfrist ja/nein	ja
Einzulegen beim:	Revisionsgericht, BGH
Fristbeginn nach Gesetz	ab Zustellung des vollständigen Urteils, spätestens 5 Monate nach Verkündung
Fristbeginn Datum / §§:	06.02.2018 § 222 Abs. 1 ZPO, § 187 Abs. 1 BGB
Fristablauf Datum / §§	05.03.2018 § 222 Abs. 1 ZPO, § 188 Abs. 2 BGB

Erläuterung: § 544 Abs. 1 S. 2 ZPO regelt: Die Beschwerde ist innerhalb einer Notfrist von einem Monat nach Zustellung des in vollständiger Form abgefassten Urteils, spätestens aber bis zum Ablauf von sechs Monaten nach der Verkündung des Urteils bei dem Revisionsgericht einzulegen. Der Fristbeginn ist daher wie oben im Lösungsvorschlag anzugeben. Wäre gefragt: „Innerhalb welcher Frist ist diese einzulegen?", könnte man das Gesetz an dieser Stelle abschreiben. So muss man aber „umdenken". Eine solche Transferleistung wird erwartet.

Übungsfall 65:

Sie sind Auszubildende in Ihrer Kanzlei. Die Office-Managerin möchte, dass Sie im Bereich des Fristennotierens besser werden und legt Ihnen die folgende Tabelle vor, mit der Bitte, die entsprechenden Daten auszufüllen:

Zustellung des vollständigen Urteils	Berufung Fristbeginn	Berufung Fristablauf	Berufungs-begründung Fristbeginn	Berufungs-begründung Fristablauf
06.04.2018				
30.04.2018				
31.05.2018				
11.09.2018				

Lösungsvorschlag:

Zustellung des vollständigen Urteils	Berufung Fristbeginn	Berufung Fristablauf	Berufungs-begründung Fristbeginn	Berufungs-begründung Fristablauf
06.04.2018	07.04.2018	06.05.2018, jedoch Sonntag, daher 07.05.2018	07.04.2018	06.06.2018
30.04.2018	01.05.2018	30.05.2018	01.05.2018	30.06.2018 jedoch Samstag, daher 02.07.2018
31.05.2018	01.06.2018	30.06.2018 jedoch Samstag, daher 02.07.2018	01.06.2018	31.07.2018
11.09.2018	12.09.2018	11.10.2018	12.09.2018	11.11.2018 jedoch Sonntag, daher 12.11.2018

5. Fristverlängerungsanträge

Zu beachten ist, dass auch im Falle einer Fristverlängerung § 224 Abs. 3 ZPO der § 190 BGB bei der Berechnung einer prozessualen Frist vorgeht. Nach § 224 Abs. 3 ZPO wird im Falle der Verlängerung die neue Frist von dem Ablauf der vorigen Frist an berechnet, wenn nicht im einzelnen Fall etwas anderes bestimmt ist.

Über einen Antrag auf Fristverlängerung kann ohne mündliche Verhandlung entschieden werden, § 225 Abs. 1 ZPO. Eine Abkürzung oder wiederholte Verlängerung darf nur nach Anhörung des Gegners bewilligt werden, § 222 Abs. 2 ZPO. Zu beachten ist darüber hinaus, dass in der ZPO weitere Sonderregelungen für Fristverlängerungen bei bestimmten Prozesshandlungen vorgesehen sind, wie z.B. bei der Berufungsbegründungsfrist nach § 520 Abs. 2 S. 2 ZPO.

Die Verlängerung einer Berufungsbegründungsfrist ist nach § 520 Abs. 2 ZPO möglich.

§ 520 (2) ZPO: „Die Frist für die Berufungsbegründung beträgt zwei Monate und beginnt mit der Zustellung des in vollständiger Form abgefassten Urteils, spätestens aber mit Ablauf von fünf Monaten nach der Verkündung. Die Frist kann auf Antrag von dem Vorsitzenden verlängert werden, wenn der Gegner einwilligt. Ohne Einwilligung kann die Frist um bis zu einem Monat verlängert werden, wenn nach freier Überzeugung des Vorsitzenden der Rechtsstreit durch die Verlängerung nicht verzögert wird oder wenn der Berufungskläger erhebliche Gründe darlegt."

Wichtig ist bei **Fristverlängerungsanträgen**, dass alle rechtlichen Punkte eingehalten sind. Als Beispiel ist § 520 Abs. 2 ZPO oben dargestellt. Inhaltlich finden wir eine solche Regelung z.B. auch bei der Revisionsbegründungsfrist. Bedeutsam sind die unterstrichenen Passagen:

* Antrag (also keine Fristverlängerung von Amts wegen)
* „kann" heißt: Der Richter kann, er muss aber nicht! Vielfach unterschätzt in der Praxis!
* wenn der Gegner einwilligt (dies ist somit bei einer Verlängerung der Berufungsbegründungsfrist erforderlich; doch die Ausnahme folgt im nächsten Satz!)
* ohne Einwilligung (Ausnahme)
* „kann" – wiederum nicht „muss"
* „bis zu einem Monat"; d.h.: nicht länger
* „freier Überzeugung"; d.h.: der Richter entscheidet selbst
* „nicht verzögert"; d.h. wir prüfen: bleibt genug Zeit bis zum Termin?
* „oder"; d.h. nicht „und"
* „erhebliche Gründe darlegt"; d.h. erheblich müssen die Gründe sein (auch das entscheidet der Richter) und (das weiß man aus der Rechtsprechung): die erheblichen Gründe müssen mit dem Antrag vorgebracht werden; ein Nachschieben ist nicht möglich.

Da das Thema Fristverlängerungsantrag in der Praxis eine sehr große Rolle spielt und im Situationsgespräch im FFG auch einmal zur Sprache kommen kann, möchte ich nun ausnahmsweise einmal einen kleinen Ausflug in die Rechtsprechung zu diesem Thema machen. Keine Angst! In der Prüfung müssen Sie die Rechtsprechung weder vom Datum noch mit Aktenzeichen kennen. Dass man als „gute/r ReFa" aber die Tendenz der Rechtsprechung in diesem Punkt kennt, ist selbstverständlich!

Fristverlängerungsanträge müssen

- **vor** Fristablauf gestellt werden,
- über sie kann aber nach Fristablauf entschieden werden.[3]

Nach ständiger Rechtsprechung des BGH kann erwartet werden, dass dem ersten Verlängerungsantrag stattgegeben wird, **wenn ein erheblicher Grund**, § 520 Abs. 2 S. 3 ZPO, vorgetragen wird.[4]

Anerkannte erhebliche Gründe sind:

- Arbeitsüberlastung[5]
- Urlaubsabwesenheit[6]

Bei Darlegung erheblicher Gründe

- besteht **keine Verpflichtung**, sich vor Ablauf der ursprünglichen Frist über eine positive Verlängerung der Frist zu vergewissern. Aber vor Ablauf der hypothetischen Frist (das ist die Frist, auf die verlängert werden sollte), muss man sich sehr wohl informieren, ob die Fristverlängerung erfolgt ist!

Lehnt das Gericht eine Fristverlängerung ab, ist eine Anfechtung des Beschlusses, mit dem der Antrag auf Fristverlängerung zurückgewiesen wird, nicht möglich, § 225 Abs. 3 ZPO.

6.   Fristeinreichung per Fax

Eine Fristsache kann schriftlich (§ 130 ZPO) oder elektronisch (§ 130a ZPO) einge-reicht werden. Bei der schriftlichen Einreichung ist auch eine Einreichung per Fax möglich, siehe § 130 Nr. 6 ZPO. Dies ist sehr wichtig zu wissen! Das „Telefax" – kurz auch „Fax" genannt, gehört nach dem Verfahrensrecht zur schriftlichen Einreichung! Dies darf nicht mit der elektronischen Einreichung im Sinne des Verfahrensrechts ver-wechselt werden. Die elektronische Einreichung ist in § 130a ZPO geregelt und hat völlig andere Anforderungen.

---

3 *BGH*, Urt. v. 30.09.1987, Az.: IVb ZR 86/86, BGHZ 102, 37, 40; *BGH*, Beschl. v. 15.03.2005, Az.: VI ZB 83/04 , NJW-RR 2005, 792.
4 *BGH*, Beschl. v. 26.01.2017, Az.: IX ZB 34/16; vgl. *BGH*, Beschl. v. 18.09.2001, Az.: VI ZB 26/01 , VersR 2001, 1579, 1580; v. 21.02.2000, Az.: II ZB 16/99 , VersR 2000, 1433, 1434; v. 01.08.2001, Az.: VIII ZB 24/01, VersR 2002, 1576; v. 13.12.2005, Az.: VI ZB 52/05 , VersR 2006, 568 Rn. 6; v. 16.10.2007, Az.: VI ZB 65/06, NJW-RR 2008, 367 Rn. 9.
5 *BGH*, Beschl. v. 07.05.1991, Az.: XII ZB 48/91, NJW 1991, 2080, 2081; v. 13.12.2005, Az.: VI ZB 52/05 , VersR 2006, 568; v. 10.03.2009, Az.: VIII ZB 55/06, NJW-RR 2009, 933 Rn. 12.
6 *BGH*, Beschl. v. 07.05.1991, Az.: XII ZB 48/91, NJW 1991, 2080, 2081; v. 10.03.2009, Az.: VIII ZB 55/06, NJW-RR 2009, 933; v. 05.06.2012, Az.: VI ZB 16/12, NJW 2012, 2522 Rn. 7.

Übungsfall 66:

Eine Fristsache muss unbedingt heute noch zu Gericht, da heute Fristablauf ist. Ihr Chef entscheidet, dass diese Fristsache per Telefax an das Gericht übermittelt werden soll.

Nennen Sie 5 Prüfungsschritte, die Sie vornehmen, wenn Sie die Fristsache an das Gericht faxen! (ohne Angabe von gesetzlichen Bestimmungen)

Lösungsvorschlag:

- Prüfung, ob der Schriftsatz vollständig ist.
- Prüfung, ob der Rechtsanwalt den Schriftsatz unterschrieben hat.
- Prüfung der richtigen Faxnummer des Gerichts.
- Prüfung des Sendeberichts auf OK-Vermerk.
- Prüfung des Sendeberichts auf Seitenzahl.
- Prüfung des Sendeberichts auf Uhrzeit.
- Prüfung des Sendeberichts auf Faxnummer.

Hinweis: Weitere sinnvolle Antworten können bewertet werden.

Kapitel 9
Der Wiedereinsetzungsantrag

1. Einführung

Die Wiedereinsetzung in den vorigen Stand gem. §§ 233 ff. ZPO dient der Beseitigung eines Rechtsnachteils, den eine Partei im Verfahren nach der ZPO wegen einer unverschuldeten Fristversäumung erlitten hat. Wird Wiedereinsetzung gewährt, wird der Prozess fortgeführt, als hätte es das Fristversäumnis nicht gegeben.

Die Versäumung einer Prozesshandlung hat zur allgemeinen Folge, dass die **Partei mit der vorzunehmenden Prozesshandlung ausgeschlossen wird**, § 230 ZPO. Andere Folgen der Säumnis können z.B. **Kostennachteile** oder die **Fiktion ungünstiger Prozesshandlungen** sein.

Eine Wiedereinsetzung ist gem. § 233 Abs. 1 ZPO nur möglich bei Versäumung:
- einer Notfrist;
- der Wiedereinsetzungsfrist selbst,
- Frist zur Begründung der Berufung,
- Frist zur Begründung der Revision,
- Frist zur Begründung der Nichtzulassungsbeschwerde,
- Frist zur Begründung der Rechtsbeschwerde.

Vorsicht Falle: **Wiedereinsetzung ist nicht möglich** z.B. bei

- Versäumung eines Termins,
- Versäumung der Widerrufsfrist eines Vergleichs,
- Verjährungsfristen,
- usw.

Wiedereinsetzung ist grundsätzlich nur dann möglich, wenn eine **Partei ohne ihr Verschulden** verhindert war, die oben genannten Fristen einzuhalten. Hat die Partei schuldhaft eine Frist versäumt, scheidet die Wiedereinsetzung aus.

Achtung Haftungsfalle: Ein Verschulden des Prozessbevollmächtigten der Partei muss sich die Partei wie eigenes Verschulden zurechnen lassen, § 85 Abs. 2 ZPO.

Interessant: Anwälte dürfen bestimmte Tätigkeiten auf fachlich geschultes, sorgfältig ausgewähltes und regelmäßig kontrolliertes Personal übertragen.

Aber: Hat der Anwalt sein Büro nicht ordnungsgemäß organisiert und passiert deshalb ein Fehler, liegt ein Organisations**verschulden** des Anwalts vor und die Wiedereinsetzung wird versagt.

2. Antrag und Verfahrensablauf

Gemäß § 234 Abs. 1 S. 1 ZPO muss die Wiedereinsetzung innerhalb einer **zweiwöchigen** Frist beantragt werden.

Doch Achtung: Die Frist beträgt **einen Monat**, wenn die Partei verhindert ist, die Frist zur Begründung der Berufung, der Revision, der Nichtzulassungsbeschwerde oder der Rechtsbeschwerde einzuhalten, § 234 Abs. 1 S. 2 ZPO. Die längere Wiedereinsetzungsfrist bei den genannten Rechtsmittelbegründungsfristen hängt unter anderem mit dem erheblichen Mehraufwand zusammen, den die Begründungsschrift gegenüber einer Einlegungsschrift hat.

Fristbeginn ist der Ablauf desjenigen Tages, an dem das **Hindernis behoben** wurde, §§ 234 Abs. 2, 222 Abs. 1 ZPO, § 187 Abs. 1 BGB. Für den Fristablauf gilt § 188 Abs. 2 ZPO; die Frist endet daher mit dem Ablauf desjenigen Tages der letzten Woche oder des letzten Monats, welcher durch seine Benennung oder seine Zahl dem Tage entspricht, in den das Ereignis oder der Zeitpunkt fällt. Fehlt bei einer nach Monaten bestimmten Frist in dem letzten Monat der für ihren Ablauf maßgebende Tag, so endigt die Frist mit dem Ablauf des letzten Tages dieses Monats, § 188 Abs. 3 ZPO. Darüber hinaus gilt § 222 Abs. 2 ZPO; fällt das Ende einer Frist auf einen Sonntag, einen allgemeinen Feiertag oder einen Sonnabend, so endet die Frist mit Ablauf des nächsten Werktages.

Prüfungstipp: § 222 Abs. 2 ZPO geht bei der Berechnung von ZPO-Fristen § 193 BGB vor (inhaltsgleich). Allerdings wird in Prüfungen häufig § 193 BGB abgefragt. Erkundigen Sie sich bitte daher bei Ihren Lehrkräften, welcher Paragraf in Ihrem Kammerbezirk gefragt ist.

Um irgendwann einmal Rechtssicherheit zu erlangen, ist ein Wiedereinsetzungsantrag nach Ablauf eines Jahres, vom Ende der versäumten Frist an gerechnet, nicht mehr möglich, § 234 Abs. 3 ZPO.

Übungsfall 67:

Ihre Auszubildende hat in der Berufsschule das erste Mal davon gehört, dass man bei einer unverschuldeten Fristversäumung Wiedereinsetzung in den vorigen Stand beantragen kann. Sie findet das Thema ziemlich spannend, denn eine Klassenkameradin hat ihr erzählt, dass deren Kanzlei einen „mega-Haftungsfall" hatte und nun nicht sicher ist, ob die Haftpflichtversicherung der Kanzlei überhaupt die Höhe des Schadens deckt.

Sie nutzen die Gelegenheit und beauftragen Ihre interessierte Auszubildende damit, wichtige Inhalte eines Wiedereinsetzungsantrags in einer Zusammenfassung stichpunktartig (6 Stichpunkte) darzustellen. (ohne Angabe von gesetzlichen Bestimmungen)

Lösungsvorschlag:

Zusammenfassend lässt sich der notwendige Inhalt eines Wiedereinsetzungsantrags wie folgt darstellen:

- übliche Inhalte bestimmender Schriftsätze
- Antrag auf Wiedereinsetzung
- Begründung des Wiedereinsetzungsantrags
- Glaubhaftmachung der Wiedereinsetzungsgründe
- Nachholung der versäumten Prozesshandlung
- Unterschrift (postulationsfähiger) Rechtsanwalt (beim BGH muss also ein BGH-Anwalt unterschreiben!)

Im Einzelnen:

Zum notwendigen Inhalt eines Wiedereinsetzungsgesuchs gehört grundsätzlich Sachvortrag, aus dem sich ergibt, dass der Antrag rechtzeitig nach Behebung des Hindernisses gestellt worden ist, es sei denn, die Frist ist nach Lage der Akten offensichtlich eingehalten.

Gem. § 236 Abs. 1 ZPO richtet sich die **Form des Wiedereinsetzungsantrags** nach den Vorschriften für die versäumte Prozesshandlung. Ist z.B. die Einlegung des Einspruchs gegen ein Versäumnisurteil versäumt worden, muss der Antrag in Form des § 340 ZPO erfolgen.

Die Partei muss alle **Tatsachen angeben**, die den Wiedereinsetzungsantrag begründen, § 236 Abs. 1 ZPO. Das sind diejenigen Tatsachen, die zwar eine Fristversäumung darlegen, aber ein Verschulden der Partei oder des Bevollmächtigten ausschließen.

Die Gründe sind in der Antragschrift darzulegen, es sei denn, sie sind offenkundig oder amtsbekannt. Eine Verpflichtung des Gerichts, von sich aus Wiedereinsetzungsgründe zu ermitteln, besteht nicht. Ein Nachschieben von Gründen ist unzulässig. Erkennbar unklare oder ergänzungsbedürftige Angaben, deren Aufklärung nach § 139 ZPO (richterliche Hinweispflicht) geboten gewesen wäre, können jedoch auch noch nach Fristablauf erläutert und vervollständigt werden.

Zusätzlich ist durch entsprechenden Sachvortrag darzulegen, dass der Wiedereinsetzungsantrag rechtzeitig nach Behebung des Hindernisses gestellt ist, so dass diejenigen Tatsachen angegeben werden müssen, aus denen sich ergibt, dass die Partei die Wiedereinsetzungsfrist gem. § 234 ZPO gewahrt hat.

Alle Tatsachen, aus denen sich die Begründung für die Wiedereinsetzung ergibt, müssen gem. § 294 ZPO **glaubhaft gemacht werden**. Wer eine tatsächliche Behauptung glaubhaft zu machen hat, kann sich aller Beweismittel bedienen, und auch zur Versicherung an Eides Statt zugelassen werden, § 294 Abs. 1 ZPO.

Nach Auffassung des BGH sind im Wiedereinsetzungsantrag die den Antrag rechtfertigenden Tatsachen auch dann glaubhaft zu machen, wenn die Antragsbegründung eine eigene Schilderung von Vorgängen durch den Prozessbevollmächtigten enthält; zumindest aber hat eine anwaltliche Versicherung zu erfolgen.

Auch ärztliche Atteste, Polizeiberichte, Bestätigungen des Krankenhauses, Flugscheine etc. können zur Glaubhaftmachung vorgelegt werden.

Für die **Glaubhaftmachung** ist erforderlich, dass eine überwiegende Wahrscheinlichkeit für den behaupteten Geschehensablauf bestehen muss. Der Antragsteller hat durch entsprechende verständliche Schilderung die tatsächlichen Abläufe darzulegen.

Innerhalb der Frist des § 234 ZPO muss die Partei die **versäumte Handlung in der vorgeschriebenen Form nachholen**, § 236 Abs. 2 S. 2 ZPO. Ein isolierter Wiedereinsetzungsantrag ist unzulässig. Selbst wenn z.B. ein Rechtsmittel verfristet eingelegt wurde, wird die Verfristung durch den Wiedereinsetzungsantrag nicht geheilt; vielmehr muss das Rechtsmittel in diesem Fall noch einmal eingelegt werden (nachgeholt werden). Nicht selten wird genau diese gesetzliche Anforderung in Wiedereinsetzungsanträgen vergessen und man wartet auf eine Entscheidung über den Antrag, während der Haftungsfall sich manifestiert.

Bei einem Wiedereinsetzungsantrag sind konkrete Angaben zur Organisation der Fristenkontrolle in der Kanzlei zu machen.

Über den Wiedereinsetzungsantrag entscheidet **das Gericht**, das über die **nachgeholte Prozesshandlung zur Entscheidung** berufen ist, § 237 ZPO. Das Verfahren über den Antrag auf Wiedereinsetzung ist mit dem Verfahren über die nachgeholte Prozesshandlung zu verbinden, § 238 Abs. 1 S. 1 ZPO, wobei das Verfahren zunächst zulässigerweise auf die Verhandlung und Entscheidung über den Antrag auf Wiedereinsetzung beschränkt sein kann, § 238 Abs. 1 S. 2 ZPO. Die erfolgte Wiedereinsetzung ist unanfechtbar, § 238 Abs. 3 ZPO, was zuweilen die Gegenseite ärgert.

Teil 4
Zwangsvollstreckung

Unter Zwangsvollstreckung versteht man die Durchsetzung privatrechtlicher Ansprüche eines Gläubigers gegenüber einem Schuldner mit staatlicher Unterstützung. Einem Zwangsvollstreckungsverfahren geht in der Regel ein so genanntes Erkenntnisverfahren voraus. Ein Erkenntnisverfahren entscheidet über das Bestehen eines gerichtlich geltend gemachten Anspruchs. Vollstreckungsmaßnahmen sind z.B. durchzuführen, wenn ein Schuldner

- keine Zahlung leistet
- die Herausgabe einer Sache verweigert (z.B. der Mieter übergibt trotzt Räumungsurteiles die Wohnung nicht)
- vertretbare Handlungen nicht vornimmt (z.B. der Nachbar schneidet die Hecke an der Grundstücksgrenze nicht zurück)
- unvertretbare Handlungen nicht vornimmt (z.B. der Arbeitgeber verweigert die Ausstellung eines Arbeitszeugnisses
- Ansprüchen des Gläubigers auf Duldung oder Unterlassung nicht nachkommt (z.B. der ehemalige Lebensgefährte missachtet das Verbot der Kontaktaufnahme und versendet SMS an die Gläubigerin),

Zwangsvollstreckungsmaßnahmen erfolgen grundsätzlich nur auf Antrag.

Kapitel 1
Allgemeine Voraussetzungen der
Zwangsvollstreckung

1.   Vollstreckungstitel

Übungsfall 1:

In der Kanzlei Glück geht ein Brief des Mandanten Pech ein, der darum bittet, wegen Mietrückständen Zwangsvollstreckungsmaßnahmen gegen seinen Mieter zu ergreifen. Seinem Brief hat Herr Pech drei erfolglose Mahnschreiben an den Mieter beigefügt.

1. Prüfen Sie anhand der ZPO, ob die gewünschte Einleitung der Zwangsvollstreckung möglich ist.

2. Verfassen Sie anhand Ihres Prüfergebnisses ein Antwortschreiben an den Mandanten und erläutern Sie ihm, welche Maßnahmen nun zweckmäßiger Weise eingeleitet werden sollten.

Lösungsvorschlag:

1.

In § 704 ZPO ist geregelt, dass die Zwangsvollstreckung aus Endurteilen, die rechtskräftig oder für vorläufig vollstreckbar erklärt sind, stattfindet. Weiter sind Zwangsvollstreckungsmaßnahmen u.a. aus

- Vergleichen
- Kostenfestsetzungsbeschlüssen
- Entscheidungen, gegen die das Rechtsmittel der Beschwerde stattfindet
- Vollstreckungsbescheiden
- Entscheidungen, die Schiedssprüche für vollstreckbar erklären, sofern die Entscheidungen rechtskräftig oder für vorläufig vollstreckbar erklärt sind
- Beschlüssen nach § 796b oder 796c ZPO
- gerichtlichen und notariellen Urkunden
- für vollstreckbar erklärten Europäischen Zahlungsbefehlen und Titeln

möglich., vgl. hierzu § 794 Abs. 1 ZPO. Herrn Pech liegt bislang kein Titel vor, aus welchem die Zwangsvollstreckung betrieben werden kann. Es muss daher zunächst im Erkenntnisverfahren ein Titel geschaffen werden.

2. Vorschlag zur Formulierung und Gestaltung eines fachkundlichen Textes:

Sehr geehrter Herr Pech,

Sie haben uns mit der Durchführung von Zwangsvollstreckungsmaßnahmen gegen Ihren Mieter beauftragt. Zwingende Voraussetzung für die Einleitung der Zwangsvollstreckung ist aber das Vorliegen eines Titels z.B. eines Urteils oder eines Vollstreckungsbescheides. Wir würden Ihnen jedoch vor Einleitung eines gerichtlichen Verfahrens vorschlagen, Ihrem Mieter ein außergerichtliches Aufforderungsschreiben zukommen zu lassen und ihn unter Fristsetzung zur Zahlung auffordern. Nach Ablauf der Frist würden wir dann ein gerichtli-

> _ches Verfahren einleiten. Da sich Ihr Mieter bereits in Verzug befindet, könnten wir auch sogleich ein gerichtliches Verfahren einleiten._
>
> _Bitte setzen Sie sich zur Abstimmung der Vorgehensweise mit uns telefonisch in Verbindung._
>
> _Mit freundlichen Grüßen_
>
> _Rechtsanwalt Glück_

Erläuterung:

Zwingende Voraussetzung für die Einleitung von Zwangsvollstreckungsmaßnahmen ist das Vorliegen eines Titels. Da der Mieter sich schon in Verzug befindet, könnte man gleich ein gerichtliches Verfahren einleiten. Allerdings würde man dem Mandanten in der Praxis meist empfehlen, den Mieter zunächst außergerichtlich durch Anwaltsschreiben zur Zahlung zu bewegen.

2. Vollstreckungsklausel

> **Übungsfall 2:**
>
> **Das Landgericht Hamburg hat den Parteien einen schriftlichen Vergleichsvorschlag unterbreitet, dem sowohl der Kläger als auch der Beklagte zustimmen. Der Kanzlei Glück als Klägervertreter geht daher am 18.12.2017 ein so genannter Beschlussvergleich gemäß § 278 Abs. 6 ZPO mit folgendem Inhalt zu:**
>
> _I. Der Beklagte verpflichtet sich, an den Kläger einen Betrag in Höhe von 15.000,00 € zu zahlen._
>
> _II. Dem Beklagten wird nachgelassen, diesen Betrag in monatlichen Raten von 5.000,00 € und zwar jeweils zum 1. eines jeden Monats, beginnend mit dem 01.01.2018, zu zahlen. Gerät der Beklagte mit einer Rate mit mehr als 5 Tagen in Rückstand, wird der gesamte offene Restbetrag sofort fällig._
>
> _III. Von den Kosten des Rechtsstreits tragen der Kläger 30 % und der Beklagte 70 %._
>
> **Rechtsanwalt Glück übergibt Ihnen die Akte mit dem Auftrag, dafür Sorge zu tragen, dass bei Nichteinhaltung des Vergleiches unverzüglich die Pfändung des Arbeitseinkommens gegen den Beklagten beantragt wird. Nach Vorliegen des bereits beantragten Kostenfestsetzungsbeschlusses soll so schnell wie möglich ein Antrag auf Abgabe der Vermögensauskunft ohne Sachpfändungsauftrag gestellt werden. Wegen der festzusetzenden Kosten wurde keine Ratenzahlung vereinbart.**
>
> 1. **Recherchieren Sie im Gesetz, welche Maßnahmen zu veranlassen sind, damit bei Nichteinhaltung der Ratenzahlung alle Voraussetzungen zur Beantragung eines Pfändungs- und Überweisungsbeschlusses vorliegen.**
>
> 2. **Erstellen Sie eine To-do-Liste, aus welcher man ersehen kann, welche Maßnahmen von Ihnen zu ergreifen und zu überwachen sind (ohne gesetzliche Bestimmungen).**
>
> 3. **Leiten Sie das Vergleichsprotokoll an den Mandanten weiter, weisen Sie auf die in der Anlage beigefügte Kostenrechnung hin und erläutern Sie ihm im Begleitschreiben die beabsichtigte weitere Vorgehensweise für den Fall, dass der Beklagte seinen Zahlungsverpflichtungen nicht nachkommt und welche Informationen Sie von ihm benötigen.**

Lösungsvorschlag:

1.

Aus dem Vergleich kann die Zwangsvollstreckung betrieben werden. Geregelt ist dies in § 794 Abs. 1 ZPO. Die Zwangsvollstreckung setzt jedoch weiter voraus, dass der Titel mit einer Vollstreckungsklausel versehen ist, §§ 724 Abs. 1, 725 ZPO. Es ist daher beim Landgericht Hamburg die Erteilung einer vollstreckbaren Ausfertigung des Vergleichsprotokolls gemäß § 724 Abs. 2 ZPO zu beantragen.

2.

a) Vollstreckungsklausel (vollstreckbare Ausfertigung) beim Prozessgericht beantragen – Eingang überwachen

b) Zustellung der beglaubigten Abschrift der vollstreckbaren Ausfertigung des Vergleiches an die Beklagtenseite im Parteibetrieb vornehmen, § 195 ZPO - Eingang des Zustellungsnachweises überwachen, § 750 Abs. 1 ZPO

c) Liegt die vollstreckbare Ausfertigung des Kostenfestsetzungsbeschlusses vor? – Ggf. anmahnen

d) Wann ist die Zustellung des Kostenfestsetzungsbeschlusses an den Beklagten erfolgt? – Wartefrist von 2 Wochen gemäß § 798 ZPO notieren

e) Überprüfung, ob festgesetzte Kosten bis zum Ablauf der Wartefrist vom Beklagten beglichen werden – wenn nicht, gemäß Anweisung von Rechtsanwalt Glück beim zuständigen Gerichtsvollzieher Antrag auf Abgabe der Vermögensauskunft nach § 802c ZPO stellen

f) Werden die am 01.01.2018, 01.02.2018 und 01.03.2018 fälligen Raten fristgerecht geleistet bzw. liegt ein Rückstand von mehr als 5 Tagen vor? – Ggf. beim zuständigen Vollstreckungsgericht Antrag auf Erlass eines Pfändungs- und Überweisungsbeschlusses beantragen, §§ 829, 835 ZPO.

3. Vorschlag zur Formulierung und Gestaltung eines fachkundlichen Textes:

… gegen …

Rechtsstreit vor dem Landgericht Hamburg

Sehr geehrter Herr …,

als Anlage übersenden wir Ihnen eine Kopie der Ausfertigung des Vergleichsprotokolls. Wir haben bei Gericht bereits eine vollstreckbare Ausfertigung beantragt, um jederzeit vollstrecken zu können, falls der Schuldner sich nicht an seine Zahlungsverpflichtungen hält.

Die Ratenzahlungen sind zum 01.01.2018, 01.02.2018 und 01.03.2018 fällig. Gerät der Beklagte mit einer Rate mehr als 5 Tage in Rückstand, ist der gesamte offene Restbetrag sofort zur Zahlung fällig. Wir werden die Zahlungseingänge überwachen und, sofern die Beträge nicht fristgerecht eingehen, unverzüglich eine Pfändung des Arbeitseinkommens beantragen. Wir dürfen Sie bitten, regelmäßig Ihre Konten zu prüfen und uns unverzüglich über direkt bei Ihnen eingehende Zahlungen des Beklagten zu informieren, um unnötige Vollstreckungskosten und die Erhebung einer Vollstreckungsabwehrklage zu vermeiden.

In der Anlage übersenden wir Ihnen unsere Vergütungsrechnung und bitten Sie um Zahlungsausgleich. Die Kosten des Rechtsstreits sind zu 70 % vom Beklagten zu tragen. Einen Teil der von Ihnen zu tragenden Kosten wird daher der Gegner erstatten müssen. Wir haben bereits einen Kostenausgleichungsantrag bei Gericht eingereicht. Das Gericht wird hierzu einen Kostenfestsetzungsbeschluss erlassen. Sollte der Beklagte die gegen ihn festzusetzenden Kosten nicht innerhalb der gesetzlichen Zahlungsfrist zahlen, so werden wir dem Gerichtsvollzieher einen Antrag auf Abgabe der Vermögensauskunft erteilen.

Über den Fortgang des Verfahrens werden wir Sie auf dem Laufenden halten und eingehende Beträge an Sie weiterleiten.

Mit freundlichen Grüßen

Rechtsanwalt Glück

Anlagen

Ausfertigung des Vergleichsprotokolls
Vergütungsrechnung

Erläuterung:

Neben dem Titel wird zur Einleitung von Zwangsvollstreckungsmaßnahmen eine Vollstreckungsklausel benötigt.

Die Vollstreckungsklausel stellt eine Erklärung dar, wonach aus einem Titel die Zwangsvollstreckung betrieben werden kann. Die Vollstreckungsklausel signalisiert dem Vollstreckungsorgan, dass der Titel zur Vollstreckung geeignet ist. Die Vollstreckungsorgane haben das Vorhandensein der Klausel zu prüfen. Eine Vollstreckungsklausel wird nur auf Antrag auf einer Ausfertigung eines Urteils oder eines Vergleichs vom Prozessgericht, bei welchem der Rechtsstreit geführt wurde, erteilt. Wir unterscheiden

- die einfache Vollstreckungsklausel (§ 724 ZPO)
- die qualifizierte Vollstreckungsklausel (§§ 726 ZPO ff.)
- die „Blitzklausel" (§ 317 Abs. 2 S. ZPO).

Eine einfache Vollstreckungsklausel wird vom Urkundsbeamten der Geschäftsstelle des Prozessgerichtes (§§ 724, 725 ZPO) oder bei notariellen Urkunden vom Notar (§ 797 Abs. 2 ZPO) erteilt.

Der Text einer einfachen Vollstreckungsklausel lautet wie folgt:

„Vorstehende Ausfertigung wird dem Kläger/Beklagten zum Zwecke der Zwangsvollstreckung erteilt", § 725 ZPO.

Eine qualifizierte Vollstreckungsklausel wird vom Rechtspfleger (§ 20 Nr. 12 Rechtspflegergesetz) oder durch den Notar erteilt. Sie ist erforderlich,

- bei Urteilen, deren Vollstreckung nach ihrem Inhalt von dem durch den Gläubiger zu beweisenden Eintritt abhängig ist (bedingte Leistung, z.B. der Gläubiger muss zuerst eine Bauleistung fertigstellen), § 726 ZPO
- bei der Beantragung vollstreckbarer Ausfertigungen für und gegen einen Rechtsnachfolger (z.B. Erbschaft, Vollstreckung eines Unterhaltstitels nach Eintritt der Volljährigkeit des Kindes, Verpfändung, Abtretung, Übereignung, Unternehmens verkauf etc., § 727 ZPO). Die Rechtsnachfolge ist durch öffentliche oder durch öffentlich-beglaubigte Urkunde nachzuweisen (§ 727 Abs. 1 ZPO), es sei denn, sie ist bei Gericht offenkundig (§§ 291, 727 Abs. 2 ZPO) oder aber sie wird vom Schuldner zugestanden
- bei der Beantragung einer vollstreckbaren Ausfertigung bei Nacherbe oder Testamentsvollstrecker, § 728 ZPO.

Eine schnelle und für den Schuldner überraschende Vollstreckungsmöglichkeit eröffnet die Erteilung der so genannten „Blitzklausel". Gemäß § 317 Abs. 2 ZPO kann die Partei eine vollstreckbare Urteilsausfertigung ohne Tatbestand und Entscheidungsgründe verlangen. Die Ausfertigung enthält in diesem Fall lediglich das Rubrum, den Tenor und die Unterschrift des Richters. Nach Zustellung dieser Ausfertigung an den Schuldner (die schnellste und ausreichende Variante ist die Parteizustellung, §§ 192, 195 ZPO), kann die Vollstreckung betrieben werden.

Bei den nachfolgenden Titeln ist eine Klauselerteilung nicht notwendig, außer es liegt eine Rechtsnachfolge vor:

- Vollstreckungsbescheid (§ 796 Abs. 1 ZPO)
- Kostenfestsetzungsbeschluss im vereinfachten Verfahren (§§ 105, 795a ZPO)
- Arrest und einstweilige Verfügung (§§ 916, 929 Abs. 1, 920, 936 ZPO).

Üblicherweise genügt die Zustellung des Titels ohne Klausel. Bei einigen Titeln muss auch die Klausel zugestellt werden, **lesen Sie hierzu § 750 Abs. 2, 3 ZPO**.

3. Zustellung

Übungsfall 3:

Rechtsanwalt Glück konnte den Schuldner Ernst Haft dazu bewegen, ein notarielles Schuldanerkenntnis wegen der berechtigten Forderungen seines ehemaligen Arbeitgebers, der Firma Ehrlich GmbH, abzugeben. Herr Haft hatte dort Geldbeträge aus der Kasse entwendet. Der Notar übersendet die vollstreckbare Ausfertigung des notariellen Schuldanerkenntnisses vom 24.11.2017 unmittelbar an die Kanzlei Glück. Sie sollen als Mitarbeiterin der Kanzlei Glück nun einen Antrag auf Erlass eines Pfändungs- und Überweisungsbeschlusses wegen angeblicher Ansprüche des Schuldners auf Auszahlung eines Bausparvertrages beantragen.

1. Prüfen Sie, welche zwei Voraussetzungen zur Zwangsvollstreckung noch nicht erfüllt sind.

2. Erstellen Sie ein erforderliches Schreiben (kein Formular).

Lösungsvorschlag:

1.

Voraussetzung für die Zwangsvollstreckung ist die Zustellung des Titels. § 750 Abs. 1 ZPO regelt, dass die Zwangsvollstreckung nur dann begonnen werden darf, wenn der Titel bereits zugestellt ist oder gleichzeitig zugestellt wird. Es muss also vor Beantragung des Pfändungs- und Überweisungsbeschlusses die Zustellung einer beglaubigten Abschrift der vollstreckbaren Ausfertigung des notariellen Schuldanerkenntnisses an den Schuldner erfolgen. Zudem ist bei notariellen Urkunden eine Wartefrist von zwei Wochen ab Zustellung an den Schuldner vor der Zwangsvollstreckung einzuhalten, § 798 ZPO.

2. Vorschlag zur Formulierung und Gestaltung eines fachkundlichen Textes:

An Herrn/Frau Gerichtsvollzieher ....
oder alternativ: An die Verteilerstelle für Gerichtsvollzieher-Aufträge beim Amtsgericht ...

Neuer Zustellauftrag
Zwangsvollstreckungsverfahren Firma Ehrlich GmbH ./. Ernst Haft, Adresse

> Sehr geehrte/r Frau/Herr Gerichtsvollzieher,
>
> als Anlage übersenden wir Ihnen die vollstreckbare Ausfertigung des notariellen Schuld-anerkenntnisses des Notars ..... vom 24.11.2017, Urk. Nr. .... nebst beglaubigter Ablichtung. Wir bitten Sie um Zustellung an den Schuldner und um Rückleitung des Titels nebst Zustellnachweises an uns.
>
> Mit freundlichen Grüßen
>
> Rechtsanwalt Glück
>
> **Anlagen**
>
> vollstreckbare Ausfertigung des notariellen Schuldanerkenntnisses des Notars ... vom 24.11.2017, Urk. Nr. ...
> beglaubigte Ablichtung des notariellen Schuldanerkenntnisses des Notars ... vom 24.11.2017, Urk. Nr. ...

Erläuterung:

Zwingende weitere Voraussetzung für die Zwangsvollstreckung ist die Zustellung des Titels. § 750 Abs. 1 ZPO regelt nämlich, dass die Zwangsvollstreckung nur dann begonnen werden darf, wenn das Urteil bereits zugestellt ist oder gleichzeitig zugestellt wird.

Ein isolierte Zustellungsauftrag an den Gerichtsvollzieher unterliegt nicht dem Formularzwang, d.h. das verbindliche Gerichtsvollzieherformular kann für einen reinen Zustellauftrag genutzt werden (dort Modul D), muss aber nicht.

Urteile und Beschlüsse werden von Amts wegen zugestellt, §§ 166 Abs. 1, § 329 Abs. 3 ZPO.

Wichtig:
- Vergleiche, §§ 160 Abs. 4, 278 Abs. 6 ZPO
- notarielle Urkunden, § 794 Abs. 1 Nr. 5 ZPO
- Arreste und einstweilige Verfügungen, §§ 916, 936 ZPO

sind im Parteibetrieb zuzustellen, da sie nicht von Amts wegen zugestellt werden. Diese kann entweder durch:

- Zustellung von Anwalt zu Anwalt, § 195 ZPO gegen Empfangsbekenntnis, oder
- durch den Gerichtsvollzieher, § 192 ZPO,

erfolgen.

Bei der Vollstreckung aus notariellen Urkunden ist zudem eine Wartefrist von 2 Wochen vor Beginn der Zwangsvollstreckung einzuhalten, § 798 ZPO.

Zusammenfassung:
Die allgemeinen Voraussetzungen der Zwangsvollstreckung sind:
- Titel
- Klausel
- Zustellung

Kapitel 2
Besondere Voraussetzungen der Zwangsvollstreckung

1. Wartefristen

Übungsfall 4:

Im Posteingang vom 06.12.2017 findet sich eine vollstreckbare Ausfertigung des notariellen Schuldanerkenntnisses mit dem Nachweis, dass die Zustellung an den Schuldner am 30.11.2017 erfolgt ist.

1. Prüfen Sie, ob die Zwangsvollstreckung eingeleitet werden kann.
2. Erfassen Sie eine sinnvolle Wiedervorlage mit Wiedervorlagengrund.

Lösungsvorschlag:

1.

Die Zwangsvollstreckung aus einer notariellen Urkunde darf nur beginnen, wenn der Schuldtitel mindestens zwei Wochen vorher zugestellt worden ist, §§ 798, 794 Abs. 1 Nr. 5 ZPO. Vor der Beantragung des Pfändungsbeschlusses ist zunächst eine 2-wöchige Wartefrist ab Zustellung des Titels an den Schuldner einzuhalten.

2.

Wiedervorlage 15.12.2017 (Zustelldatum 30.11.2017 + zwei Wochen Wartefrist, frühester Pfändungsbeginn ist somit 15.12.2017), § 751 Abs. 1 ZPO.

Wiedervorlagengrund: Zwangsvollstreckung betreiben

Erläuterung:

Bei folgenden Titeln muss nach der Zustellung noch eine 2-wöchige Wartefrist vor Einleitung der Zwangsvollstreckung erfüllt werden, § 798 ZPO:

- Kostenfestsetzungsbeschluss, der nicht auf ein Urteil aufgesetzt ist
- aus Beschlüssen nach § 796b (Anwaltsvergleiche)
- aus Beschlüssen nach § 796c (Notarvergleiche)
- aus Urkunden, die von einem deutschen Gericht oder von einem deutschen Notar innerhalb der Grenzen seiner Amtsbefugnisse in der vorgeschriebenen Form aufgenommen sind, sofern die Urkunde über einen Anspruch errichtet ist, der einer vergleichsweisen Regelung zugänglich, nicht auf Abgabe einer Willenserklärung gerichtet ist und nicht den Bestand eines Mietverhältnisses über Wohnraum betrifft und der Schuldner sich in der Urkunde wegen des zu bezeichnenden Anspruchs der sofortigen Zwangsvollstreckung unterworfen hat.

Auch die Sicherungsvollstreckung gemäß § 720a ZPO verlangt eine 2-wöchige Wartefrist. Der Titel und bestimmte Vollstreckungsklauseln (vgl. hierzu auch die Ausführungen in Kapitel 3 Sicherungsvollstreckung) müssen mindestens zwei Wochen vor Vollstreckungsbeginn zugestellt werden, § 750 Abs. 3 ZPO.

2.   Sicherheitsleistung

Übungsfall 5:

Beim Bearbeiten des morgendlichen Posteinganges freut sich Rechtsanwalt Glück über ein positives Urteil des Landgerichtes München I, das seiner Klage vollumfänglich stattgegeben hat. Der Urteilstenor lautet wie folgt:

I.   Die Beklagte wird verurteilt, an die Klägerin 12.900,00 € nebst Zinsen in Höhe von 5 Prozentpunkten über dem jeweiligen Basiszinssatz seit dem 01.09.2017, zu zahlen.

II. Die Beklagte hat die Kosten des Rechtsstreits zu tragen.

III. Das Urteil ist gegen Sicherheitsleistung in Höhe von 110 % des jeweils zu vollstreckenden Betrages vorläufig vollstreckbar.

Die Mandantin möchte so schnell wie möglich die Zwangsvollstreckung betreiben, da sie befürchtet, dass die Beklagte in Vermögensverfall geraten könnte.

1. Prüfen Sie, unter welchen Voraussetzungen eine sofortige Zwangsvollstreckung ohne weitere Anträge möglich ist (ohne gesetzliche Bestimmungen).

2. Erstellen Sie am PC eine Liste derjenigen Titel, aus denen eine Zwangsvollstreckung ohne Einschränkung schon vor Rechtskraft möglich ist und geben Sie an, wo dies gesetzlich geregelt ist.

Lösungsvorschlag:

1.

Das Urteil ist noch nicht rechtskräftig, d.h. die Beklagte könnte noch Rechtsmittel hiergegen einlegen. Die Zwangsvollstreckung vor Eintritt der Rechtskraft kann daher nur begonnen werden, wenn die Klägerin eine Sicherheit in Höhe von 110 % des zu vollstreckenden Betrages leistet.

2.

Vorläufig vollstreckbar ohne Sicherheitsleistung sind gemäß § 708 ZPO folgende Titel:

- Anerkenntnis- oder Verzichtsurteile
- Versäumnisurteile (auch Vollstreckungsbescheide, lesen Sie bitte hierzu § 700 Abs. 1 ZPO) und Urteile, die nach Lage der Akte gegen die säumige Partei ergehen
- Urteile, durch die der Einspruch als unzulässig verworfen wird
- Urteile im Urkunden , Wechsel- oder Scheckprozess
- Urteile, die ein Vorbehaltsurteil im Urkunden , Wechsel- oder Scheckprozess für vorbehaltslos erklären
- Urteile, durch die Arreste oder einstweilige Verfügungen abgelehnt oder aufgehoben werden
- Urteile in Mietstreitigkeiten
- bestimmte Urteile, denen Unterhalts und Rentenansprüche zugrunde liegen
- Urteile bzgl. Besitz, Besitzstörung etc.
- Berufungsurteile in vermögensrechtlichen Streitigkeiten
- Urteile in vermögensrechtlichen Streitigkeiten, wenn der Gegenstand der Verurteilung in der Hauptsache 1.250,00 € nicht übersteigt oder wenn nur die Entscheidung über die Kosten vollstreckbar ist und eine Vollstreckung im Wert von nicht mehr als 1.500,00 € ermöglicht.

Vorläufig vollstreckbar ohne Sicherheitsleistung sind zudem:

- Arresturteile und Urteile im einstweiligen Verfügungsverfahren, §§ 922, 936 ZPO
- Urteile der Arbeitsgerichte, § 62 Abs. 1 S. 1 ArbGG
- Urteile, die auf Antrag auch ohne Sicherheitsleistung für vorläufig vollstreckbar erklärt wurden, weil die Aussetzung der Vollstreckung dem Gläubiger einen schwer zu ersetzenden oder schwer abzusehenden Nachteil bringen würde oder es aus einem sonstigen Grund für den Gläubiger unbillig wäre, insbesondere weil er die Leistung für seine Lebenshaltung oder seine Erwerbstätigkeit dringend benötigt, § 710 ZPO.

Erläuterung:

Aus Urteilen darf die Zwangsvollstreckung nur stattfinden, wenn sie

- rechtskräftig oder
- für vorläufig vollstreckbar erklärt worden sind, § 704 Abs. 1 ZPO.

Andere Urteile sind gegen eine der Höhe nach zu bestimmende Sicherheit für vorläufig vollstreckbar zu erklären, § 709 ZPO. Würde die Vollstreckung dem Schuldner einen nicht zu ersetzenden Nachteil bringen, so hat ihm das Gericht auf Antrag zu gestatten, die Vollstreckung durch Sicherheitsleistung oder Hinterlegung ohne Rücksicht auf eine Sicherheitsleistung des Gläubigers abzuwenden, § 712 ZPO.

Achtung: Dieser Antrag muss vor Schluss der mündlichen Verhandlung gestellt werden, auf die das Urteil ergeht. Die tatsächlichen Voraussetzungen sind glaubhaft zu machen, § 714 ZPO.

Auch bei einer Sicherungsvollstreckung kann der Schuldner die Zwangsvollstreckung abwenden. **Lesen Sie hierzu den § 720a Abs. 3 ZPO.**

Ist vom Gericht nicht angeordnet worden, in welcher Weise die Sicherheit zu leisten ist, so hilft der § 108 Abs. 1 S. 1 ZPO weiter. Dort steht, dass die Sicherheit entweder durch eine

- schriftliche, unwiderrufliche, unbedingte und unbefristete Bürgschaft eines im Inland zum Geschäftsbetrieb befugten Kreditinstituts oder
- durch Hinterlegung von Geld oder solchen Wertpapieren, die nach § 234 Abs. 1 und 3 des Bürgerlichen Gesetzbuchs zur Sicherheitsleistung geeignet sind

geleistet werden kann. Die Sicherheitsleistung ist durch eine öffentliche oder öffentlich beglaubigte Urkunde nachzuweisen und vor oder gleichzeitig mit Beginn der Zwangsvollstreckung zuzustellen, § 751 Abs. 2 ZPO.

Kann oder will der Gläubiger die Vollstreckung nur aus einem Teilbetrag betreiben, richtet sich die Höhe der Sicherheitsleistung nach dem Verhältnis des Teilbetrages zum Gesamtbetrag, § 752 ZPO. Das kommt in der Praxis z.B. dann vor, wenn der Mandant nicht die gesamte Sicherheitsleistung aufbringen kann. Manchmal sind die Urteilssummen nämlich so hoch, dass der Mandant von seiner Bank z.B. die erforderliche Bürgschaft nicht vollumfänglich erhält.

Freigabe der Sicherheitsleistung:

Ist das vorläufig vollstreckbare Urteil rechtskräftig geworden, so kann der Gläubiger die Freigabe einer nach den §§ 709, 711, 712 Abs. 2 S. 2 ZPO geleisteten Sicherheit unter Vorlage eines Rechtskraftzeugnisses beim Prozessgericht verlangen, § 715 ZPO.

In den sonstigen Fällen der Sicherheitsleistung und auch für den Fall, dass der Schuldner die Freigabe der Sicherheitsleistung begehrt, gilt § 109 ZPO:

(1) Ist die Veranlassung für eine Sicherheitsleistung weggefallen, so hat auf Antrag das Gericht, das die Bestellung der Sicherheit angeordnet oder zugelassen hat, eine Frist zu bestimmen, binnen der ihm die Partei, zu deren Gunsten die Sicherheit geleistet ist, die Einwilligung in die Rückgabe der Sicherheit zu erklären oder die Erhebung der Klage wegen ihrer Ansprüche nachzuweisen hat.

(2) Nach Ablauf der Frist hat das Gericht auf Antrag die Rückgabe der Sicherheit anzuordnen, wenn nicht inzwischen die Erhebung der Klage nachgewiesen ist; ist die Sicherheit durch eine Bürgschaft bewirkt worden, so ordnet das Gericht das Erlöschen der Bürgschaft an. Die Anordnung wird erst mit der Rechtskraft wirksam.

Übungsfall 6:

Der Mandant Gert Nehr, Am Galgenberg 13, 60385 Frankfurt am Main, wurde vom Amtsgericht Frankfurt am Main mit Urteil vom 19.01.2018, Az.: 12 C 850/14, zur Zahlung eines Betrages in Höhe von 4.000,00 € an den Kläger Mark Rele, Bruchfeldstr. 29, 60528 Frankfurt am Main, vertreten durch Rechtsanwältin Anna Gernhard, An der Hauptwache 30, 60313 Frankfurt am Main, verurteilt. Das Urteil ist vorläufig vollstreckbar. Dem Beklagten wird nachgelassen, die Vollstreckung durch Sicherheitsleistung in Höhe von 120 % der zu vollstreckenden Forderung abzuwenden, es sei denn, der Kläger leistet Sicherheit in gleicher Höhe. Rechtsanwalt Jochen Glück, Neue Mainzer Str. 125, 63111 Frankfurt am Main, hat im Auftrag des Herrn Nehr gegen das erstinstanzliche Urteil sofort Berufung eingelegt. Das Aktenzeichen beim Landgericht Frankfurt lautet: 20 S 12/18. Herr Nehr will unbedingt Vollstreckungsmaßnahmen verhindern und die Sicherheitsleistung erbringen. Er zahlt hierzu die Sicherheitsleistung bar in der Kanzlei Glück ein.

Sie sind beauftragt, die Leistung der Sicherheit zu vollziehen und bei der Hinterlegungsstelle den Betrag einzuzahlen. Füllen Sie hierzu den Antrag auf Annahme von Geldleistungen aus:

Absender

HL ◀

Aktenzeichen
der Hinterlegungsstelle

An das
Amtsgericht
- Hinterlegungsstelle -

Antrag auf Annahme
von Geldhinterlegungen

Ort   Datum

1.	Hinterleger(in)	Name, Vorname, Straße, Hausnummer, PLZ, Ort

	Vertreter(in) Nur bei Antragstellung	Name, Vorname, Straße, Hausnummer, PLZ, Ort

2.	Hinterlegter Betrag Nur gesetzliche oder gesetzlich zugelassene Zahlungsmittel	EUR	in Buchstaben: Euro

3. Hinterlegungs-
grund

a) Sicherheits-
leistung

Sicherheitsleistung gemäß

☐ Beschluss   ☐ Urteil   ☐   ☐ des Amtsgerichts   ☐ des Landgerichts   ☐ des Oberlandesgerichts

Ort   Datum   Aktenzeichen

in Sachen

☐ zur Abwendung   ☐ zur Einstellung   ☐ zur Herbeiführung   der Zwangsvollstreckung aus

genaue Bezeichnung des Titels

b) sonstiger
Grund

Angabe zur Rechtfertigung der Hinterlegung

Wenn die Sache, in der hinterlegt wird, bei einem Gericht (einer Behörde) anhängig ist, Nennung dieser Sache, des Gerichts (der Behörde) und des Aktenzeichens

4. Bezeichnung der dem Antrag beigefügten Schriftstücke

5. Empfangsbe-
rechtigte,

die für den hinterlegten Betrag in Betracht kommen.

Name, Vorname, Straße, Hausnummer, PLZ, Ort, Kontoangabe

HS 1 Antrag auf Annahme von Geldhinterlegungen (§§ 7 ff. HintG) – ausfüllbares Formular –
Gestaltung: OLG Frankfurt am Main;   Ersteller: JVA Darmstadt (06.13) (zweiseitig)

Fortsetzung Seite 2

6.	Bei Hinterlegung zur Befreiung der Schuldnerin/des Schuldners von ihrer/seiner Verbindlichkeit	Name, Vorname, Straße, Hausnummer, PLZ, Ort

Angabe des Gläubigers/der Gläubigerin (Bei Ungewissheit über den Gläubiger /die Gläubigerin Angabe aller in Betracht kommenden Personen.)

Begründung siehe Nr. 3 (Hinterlegungsgrund)

Gegenleistung, von der das Recht der Gläubigerin/des Gläubigers (Nr. 5) zum Empfang des hinterlegten Betrages abhängig gemacht wird.

Auf das Recht der Rücknahme wird ☐ verzichtet. ☐ nicht verzichtet.

_____
Unterschrift der Antragstellerin/des Antragstellers

Anlage

☐ nein
☐ ja_____ Blatt

Lösungsvorschlag:

Absender

Rechtsanwalt
Jochen Glück
Neue Mainzer Str. 125
63111 Frankfurt am Main

_____ **HL** _____ ◄   Aktenzeichen
der Hinterlegungsstelle

An das
Amtsgericht Frankfurt am Main
- Hinterlegungsstelle -

Gerichtsstr. 2
60313 Frankfurt

**Antrag auf Annahme
von Geldhinterlegungen**

Ort   Datum

Frankfurt _____ _____

1. Hinterleger(in)	Name, Vorname, Straße, Hausnummer, PLZ, Ort Nehr, Gert, Am Galgenberg 13, 60385 Frankfurt am Main	
Vertreter(in) Nur bei Antragstellung	Name, Vorname, Straße, Hausnummer, PLZ, Ort Rechtsanwalt Glück, Jochen, Neue Mainzer Str. 125, 63111 Frankfurt am Main	

2. Hinterlegter Betrag Nur gesetzliche oder gesetzlich zugelassene Zahlungsmittel	EUR **€4.800,00**	in Buchstaben: Euro **viertausendachthundert**

3. Hinterlegungsgrund

a) Sicherheitsleistung

Sicherheitsleistung gemäß

☐ Beschluss ☒ Urteil ☐   ☒ des Amtsgerichts ☐ des Landgerichts ☐ des Oberlandesgerichts

Ort	Datum	Aktenzeichen
Frankfurt am Main	19.01.2018	12 C 850/17

In Sachen
Rele, Mark ./. Nehr, Gert

☒ zur Abwendung ☐ zur Einstellung ☐ zur Herbeiführung   der Zwangsvollstreckung aus

genaue Bezeichnung des Titels

vorläufig vollstreckbares Urteil des Amtsgerichtes Frankfurt vom 19.01.2018

b) sonstiger Grund

Angabe zur Rechtfertigung der Hinterlegung

Wenn die Sache, in der hinterlegt wird, bei einem Gericht (einer Behörde) anhängig ist, Nennung dieser Sache, des Gerichts (der Behörde) und des Aktenzeichens

Berufungsverfahren ist anhängig vor dem Landgericht Frankfurt am Main, Az.: 20 S 12/18

4. Bezeichnung der dem Antrag beigefügten Schriftstücke

beglaubigte Abschrift des Urteils vom 19.01.2018, Az.: 12 C 850/17 und Hinterlegungsvollmacht

5. Empfangsberechtigte,

die für den hinterlegten Betrag in Betracht kommen.

Name, Vorname, Straße, Hausnummer, PLZ, Ort, Kontoangabe
Rele, Mark, Bruchfeldstr. 29, 60528 Frankfurt am Main

HS 1 Antrag auf Annahme von Geldhinterlegungen (§§ 7 ff. HintG) – ausfüllbares Formular –
Gestaltung: OLG Frankfurt am Main; Ersteller: JVA Darmstadt (06.13) (zweiseitig)

Fortsetzung Seite 2

6.	Bei Hinterlegung zur Befreiung der Schuldnerin/des Schuldners von ihrer/seiner Verbindlichkeit	Name, Vorname, Straße, Hausnummer, PLZ, Ort

Angabe des Gläubigers/der Gläubigerin (Bei Ungewissheit über den Gläubiger /die Gläubigerin Angabe aller in Betracht kommenden Personen.)

Begründung siehe Nr. 3 (Hinterlegungsgrund)

Gegenleistung, von der das Recht der Gläubigerin/des Gläubigers (Nr. 5) zum Empfang des hinterlegten Betrages abhängig gemacht wird.

Auf das Recht der Rücknahme wird ☐ verzichtet. ☒ nicht verzichtet.

Anlage

Jochen Glück
Unterschrift der Antragstellerin/des Antragstellers

☐ nein
☒ Ja   Blatt

3. Eintritt eines Kalendertages

Übungsfall 7:

Der Beklagte Ludwig Lässig hat sich in einem gerichtlichen Vergleich verpflichtet, bis spätestens zum 15.01.2018 einen Betrag in Höhe von 3.000,00 € an den Kläger Richard Rastlos zu leisten. Am 15.01.2018 erscheint Herr Richard Rastlos in der Kanzlei Glück und teilt mit, dass der Vergleichsbetrag nicht bei ihm eingegangen ist. Er fordert, dass noch am selben Tag der Gerichtsvollzieher mit der persönlichen Zustellung eines vorläufigen Zahlungsverbotes an den Arbeitgeber des Schuldners beauftragt wird.

Recherchieren Sie die Rechtslage.

Lösungsvorschlag:

Ist die Geltendmachung des Anspruchs von dem Eintritt eines Kalendertages abhängig, so darf die Zwangsvollstreckung nur beginnen, wenn der Kalendertag abgelaufen ist, § 751 Abs. 1 ZPO. Der Gerichtsvollzieher darf daher erst am 16.01.2018 beauftragt werden.

Erläuterung:

Sofern der Fälligkeitszeitpunkt auf einen Sonn- und Feiertag oder auf einen Samstag fällt (§ 193 BGB), so darf nach der herrschenden Meinung die Zwangsvollstreckung erst mit Ablauf des auf den nächsten Werktag folgenden Tages beginnen.

Die Ausnahme zu § 751 Abs. 1 ZPO bildet die Vorratspfändung, vgl. hierzu die Erläuterungen zu Fall 31.

4. Zug-um-Zug-Leistung

Übungsfall 8:

Ein Urteil des Landgerichtes Zwickau hat folgenden Tenor:

I. Der Beklagte wird verurteilt, an den Kläger 75.000,00 €, Zug um Zug gegen Herausgabe des Pkw Typ Porsche, 911 Carrera, 560 PS, karminrot, Fahrgestell Nr. SJ11091943, zu zahlen.

II. Es wird festgestellt, dass sich der Beklagte in Annahmeverzug befindet.

III. Der Beklagte hat die Kosten des Rechtsstreits zu tragen.

Prüfen Sie, ob der Gerichtsvollzieher vor Einleitung der Zwangsvollstreckung noch damit beauftragt werden muss, dem Beklagten die Gegenleistung – die Übergabe des Fahrzeuges – anzubieten.

Lösungsvorschlag:

Das Landgericht Zwickau hat in Ziffer II des Urteiles festgestellt, dass sich der Beklagte in Annahmeverzug befindet. Das Fahrzeug muss daher nicht nochmals durch Gerichtsvollzieher angeboten werden. Damit sind die Voraussetzungen des § 756 Abs. 1 und § 765 Nr. 1 ZPO erfüllt, die Zwangsvollstreckung kann eingeleitet werden.

Erläuterung:

Bei einer Zug-um-Zug-Leistung, d.h. die Forderung hängt von einer Gegenleistung ab, darf eine Zwangsvollstreckung nur dann stattfinden, wenn

• der Gläubiger seine Gegenleistung erbracht hat oder
• der Schuldner sich in Annahmeverzug befindet oder
• der Gerichtsvollzieher bietet dem Schuldner konkret die Gegenleistung an
• der Gerichtsvollzieher bietet dem Schuldner die Gegenleistung wörtlich an, der Schuldner erklärt, dass er die Leistung ablehnt.

Die Erbringung der Gegenleistung durch den Gläubiger und der Nachweis, dass der Gläubiger den Schuldner in Annahmeverzug gesetzt hat, muss durch eine öffentliche Urkunde oder öffentlich beglaubigte Urkunde nachgewiesen werden. Der Nachweis ist spätestens mit der Zwangsvollstreckung zuzustellen, §§ 756 Abs. 1, 765 ZPO. Eine öffentliche Urkunde wird von einer öffentlichen Behörde (§ 415 ZPO) ausgestellt; so ist z.B. der Nachweis durch ein Gerichtsvollzieherprotokoll möglich.

Zusammenfassung:

Die besonderen Voraussetzungen der Zwangsvollstreckung sind:

• Wartefrist
• Sicherheitsleistung
• Eintritt eines Kalendertages
• Zug-um-Zug-Leistung

Kapitel 3
Sicherungsvollstreckung

Übungsfall 9:

Anna Schrubber wurde im Rechtsstreit gegen Dr. Pius Pinsel Prozesskostenhilfe bewilligt. In erster Instanz wird Dr. Pius Pinsel verurteilt, einen Betrag in Höhe von 10.000,00 € an die Klägerin zu leisten. Das Urteil ist gegen Sicherheitsleistung in Höhe von 110 % des zu vollstreckenden Betrages vorläufig vollstreckbar. Der Beklagte legt gegen das Urteil Berufung ein. Anna Schrubber ist finanziell nicht in der Lage, die Sicherheit zu stellen. Sie vermutet, dass Dr. Pinsel die Berufung nur eingelegt hat, um Zeit zu gewinnen. Anna Schrubber befürchtet, dass bis zur Beendigung des Berufungsverfahrens weitere Gläubiger gegen Dr. Pinsel vollstrecken könnten und sie am Ende leer ausgehen wird. Sie hat Kenntnis davon, dass Dr. Pinsel Eigentümer einer wertvollen Uhrensammlung ist. Eine Sicherheitsleistung wird die Gläubigerin Anna Schrubber jedoch nicht leisten können.

1. Prüfen Sie, ob auch ohne Sicherheitsleistung sofort die Uhrensammlung des Dr. Pinsel gepfändet werden kann.

2. Informieren Sie Frau Schrubber schriftlich über das Rechercheergebnis und die Möglichkeiten der weiteren Vorgehensweise.

Lösungsvorschlag:

1.

Kann eine Sicherheit nicht gestellt werden, so hat der Gläubiger die Möglichkeit, eine so genannte Sicherungsvollstreckung gemäß § 720a ZPO durchzuführen. Die Sicherungsvollstreckung führt zur Pfändung, also zur Sicherung, nicht jedoch zur Verwertung des gepfändeten Vermögens. Voraussetzung für die Sicherungsvollstreckung ist jedoch, dass der Titel mindestens zwei Wochen vor Beginn der Zwangsvollstreckung an den Schuldner zugestellt wurde, § 750 Abs. 3 ZPO. § 750 Abs. 2 ZPO nennt diejenigen Klauseln, die gleichfalls mindestens zwei Wochen vor Beginn der Vollstreckung an den Schuldner zugestellt werden müssen. Bei der Sicherungsvollstreckung darf bewegliches Vermögen, also auch die Uhrensammlung des Dr. Pinsel, gepfändet werden, § 720 Abs. 1 a ZPO. Somit könnte zwei Wochen nach Zustellung des Urteils der Gerichtsvollzieher mit der Pfändung der Uhrensammlung beauftragt werden.

2. Vorschlag zur Formulierung und Gestaltung eines fachkundlichen Textes:

Anna Schrubber ./. Dr. Pius Pinsel

Sehr geehrte Frau Schrubber,

in Ihrem Rechtsstreit gegen Dr. Pinsel könnten Zwangsvollstreckungsmaßnahmen auch ohne eine Sicherheitsleistung bereits jetzt, d.h. vor Rechtskraft des Urteils eingeleitet werden. Im Rahmen einer sogenannten Sicherungsvollstreckung ist es möglich, Zwangsvollstreckungsmaßnahmen durchzuführen und insbesondere die von Ihnen erwähnte Uhrensammlung durch den Gerichtsvollzieher pfänden zu lassen. Die Uhren werden dabei lediglich zur Sicherung Ihrer Ansprüche gepfändet. Eine Verwertung der Uhren, z.B. durch Versteigerung, würde erst nach positivem Abschluss des Berufungsverfahrens erfolgen.

Auch weitere Zwangsvollstreckungsmaßnahmen, wie z.B. ein Antrag auf Abgabe der Vermögensauskunft, eine Kontenpfändung oder die Eintragung einer Sicherungshypothek sind im Rahmen der Sicherungsvollstreckung möglich. Wir müssten zwei Wochen vor Einleitung der Sicherungsvollstreckung das erstinstanzliche Urteil an den Gegner zustellen lassen. Herr Dr. Pinsel hätte dann noch die Möglichkeit, die Sicherungsvollstreckung durch Leistung einer Sicherheit in Höhe von 110 % des Urteilsbetrages abzuwenden. Auf diese Sicherheit könnte dann nach Ende des Rechtsstreits bei einem ganz oder teilweisen Obsiegen durch Sie zurückgegriffen werden.

Wir weisen Sie ausdrücklich darauf hin, dass Sie sich für den Fall einer eventuellen Aufhebung oder Abänderung des Urteils durch das Berufungsgericht gemäß § 717 Abs. 2 ZPO schadensersatzpflichtig machen können, sofern durch die Einleitung der Zwangsvollstreckung vor der Rechtskraft des Urteils Herrn Dr. Pinsel ein Schaden entsteht. Es ist daher Ihre berechtigte Sorge vor einer drohenden Vermögenslosigkeit des Schuldners gegen dieses Risiko der Schadenersatzpflicht abzuwägen.

Bitte teilen Sie uns mit, ob wir die Sicherungsvollstreckung einleiten und den Gerichtsvollzieher mit der Pfändung der Uhrensammlung beauftragen sollen, oder ob Sie den Ausgang des Berufungsverfahrens abwarten wollen. Für Rückfragen stehen wir Ihnen gerne zur Verfügung.

Mit freundlichen Grüßen

Rechtsanwalt

Erläuterung:

Der Gläubiger kann aus einem nur gegen Sicherheitsleistung vorläufig vollstreckbaren Urteil, durch das der Schuldner zur Zahlung eines Geldbetrages verurteilt wurde, auch ohne Leistung einer Sicherheit die so genannte Sicherungsvollstreckung gemäß § 720a ZPO betreiben. Dies bietet sich dann an, wenn der Gläubiger die Sicherheit nicht stellen kann oder möchte und die Gefahr besteht, dass der Schuldner bis zur endgültigen Entscheidung des Rechtsstreits Vermögenswerte beseitigt oder andere Gläubiger vorrangig pfänden. Bei der Sicherungsvollstreckung wird nur gepfändet; eine Verwertung (z.B. Versteigerung gepfändeter Gegenstände, Überweisung gepfändeter Geldbeträge usw.) darf nicht erfolgen. Gepfändetes Geld muss hinterlegt werden, §§ 720a Abs. 2, 930 Abs. 2, 3 ZPO. Eine **Pfändung** in Forderungen erfolgt daher durch einen **Pfändungsbeschluss;** eine **Verwertung** mittels **Überweisungsbeschluss** darf erst nach Rechtskraft des Urteils erfolgen! Im Wege der Sicherungsvollstreckung kann

- ein Sachpfändungsauftrag erteilt werden
- eine Pfändung von Forderungen und Rechten erfolgen
- ein Antrag auf Abgabe der Vermögensauskunft gestellt werden
- eine Vorpfändung oder
- die Eintragung einer Sicherungshypothek erfolgen.

Auf dem jeweiligen Vollstreckungsauftrag sollte der Hinweis abgebracht werden, dass eine Sicherungsvollstreckung nach § 720a ZPO vorgenommen wird. Eine Verwertung darf nicht beantragt werden. Vor Beginn einer Zwangsvollstreckungsmaßnahme im Rahmen der Sicherungsvollstreckung muss der Titel mindestens 2 Wochen zuvor zugestellt werden, § 750 Abs. 3 ZPO. Eine einfache Vollstreckungsklausel bedarf der Zustellung nicht. Die nachfolgenden Klauselarten müssen jedoch ebenfalls mindestens zwei Wochen vor Beginn der Sicherungsvollstreckung zugestellt werden (§ 750 Abs. 2 ZPO):

- vollstreckbare Ausfertigung bei bedingten Leistungen, § 726 ZPO
- vollstreckbare Ausfertigung für und gegen Rechtsnachfolger, § 727 ZPO
- vollstreckbare Ausfertigung bei Nacherbe oder Testamentsvollstrecker, § 728 ZPO
- vollstreckbare Ausfertigung gegen Vermögens- und Firmenübernehmer, § 729 ZPO
- vollstreckbare Ausfertigung gegen Nießbraucher, § 738 ZPO
- vollstreckbare Ausfertigung bei Gütergemeinschaft während des Rechtsstreits, § 742 ZPO
- vollstreckbare Ausfertigung bei beendeter Gütergemeinschaft, § 744 ZPO
- Zwangsvollstreckung bei fortgesetzter Gütergemeinschaft, § 745 Abs. 2 ZPO
- vollstreckbare Ausfertigung für und gegen Testamentsvollstrecker, § 749 ZPO.

Der Schuldner hat die Möglichkeit, die Sicherungsvollstreckung dadurch abzuwenden, dass er eine Sicherheit in der vom Gericht festgesetzten Höhe leistet, § 720a Abs. 3 ZPO. Der Gläubiger sitzt allerdings immer „am längeren Hebel". Leistet er seinerseits dann doch die Sicherheit, kann er natürlich vollstrecken. Im Hinblick auf die etwaige Schadensersatzpflicht des Gläubigers wird dies in der Praxis jedoch häufig nicht gemacht, denn der Gläubiger ist ja durch die Sicherheitsleistung des Schuldners „abgesichert".

Achtung: Eine Zwangsvollstreckung vor endgültiger Rechtskraft ist für den Gläubiger risikobehaftet. Bei einer Aufhebung oder Abänderung der gerichtlichen Entscheidung kann der Schuldner den Schaden, der ihm aufgrund der Zwangsvollstreckung entstanden ist, gegen den Gläubiger geltend machen, § 717 Abs. 2 ZPO.

Die Mandantschaft sollte daher vor Einleitung von Vollstreckungsmaßnahmen nachweisbar über das Risiko aufgeklärt und gebeten werden, ihre Entscheidung, ob und welche Vollstreckungsmaßnahmen gewünscht sind, schriftlich der Kanzlei mitzuteilen.

Übungsfall 10:

RA Glück möchte ein Qualitätshandbuch für seine Kanzlei erstellen. Für die Zwangsvollstreckung soll eine Checkliste erstellt werden, anhand derer alle seiner Mitarbeiter prüfen können, ob die Voraussetzungen für die Einleitung von Vollstreckungsmaßnahmen allesamt vorliegen und wenn nicht, welche Maßnahmen sie noch zu veranlassen bzw. zu überwachen haben. RA Glück möchte auch, dass in dieser Checkliste die gesetzlichen Bestimmungen genannt werden.

Prüfen Sie die generellen Voraussetzungen der Zwangsvollstreckung und erstellen Sie die gewünschte Check- und Maßnahmenliste.

Lösungsvorschlag:

Prüfung	Gesetzesquelle	Maßnahme
Vollstreckungstitel vorhanden?	§ 704 ZPO § 794 Abs. 1 ZPO	weitere Sachbearbeitung
Vollstreckungsklausel vorhanden? Ausnahmen: • Vollstreckungsbescheid • Vereinfachter Kostenfestsetzungsbeschluss • Einstweilige Verfügung • Einstweilige Anordnung	§§ 724, 725 ZPO § 796 Abs. 1 ZPO §§ 105, 795a ZPO §§ 916, 929 Abs. 1 ZPO §§ 920, 936 ZPO	vollstreckbare Ausfertigung beim Erstgericht bzw. Rechtsmittelgericht beantragen
Titel von Amts wegen zugestellt? Zustellung im Parteibetrieb notwendig? Klauselzustellung notwendig?	§§ 166 Abs. 1, § 329 Abs. 3 ZPO § 185 ZPO § 195 ZPO § 192 ZPO § 750 Abs. 2, 3 ZPO	ggf. öffentliche Zustellung beantragen Zustellung von Anwalt zu Anwalt Zustellung durch den Gerichtsvollzieher Zustellung vor oder mit Beginn der Zwangsvollstreckung veranlassen
Ist eine 2-wöchige Wartefrist zu beachten? • Kostenfestsetzungsbeschlüsse • Anwaltsvergleiche • Notarvergleiche • Gerichtliche u. notarielle Urkunden • Sicherungsvollstreckung	 § 798 ZPO §§ 798, 794 Abs. 1 Nr. 4 b, 796a ZPO §§ 798, 794 Abs. 1 Nr. 4 b, 796c ZPO §§ 798, 794 Abs. 1 Nr.5 ZPO § 750 Abs.3 ZPO	Wartefrist berechnen (§§ 221 Abs. 1, 2 ZPO, 187 Abs 1, 188 Abs. 2 BGB) und eine entsprechende Wiedervorlage erfassen
Ist das Urteil rechtskräftig?	§ 704 ZPO	geeignete Vollstreckungsmaßnahmen einleiten
Ist das Urteil vorläufig ohne Sicherheitsleistung vollstreckbar?	§ 708 ZPO	abklären, ob Zwangsvollstreckung eingeleitet werden soll, Hinweis an Mandant wg. möglicher Schadensersatzansprüche, § 717 Abs. 2 ZPO Ausnahme hierzu: vermögensrechtlichen Streitigkeiten nach § 708 Nr. 10 ZPO, sofern sie keine Versäumnisurteile sind.

Prüfung	Gesetzesquelle	Maßnahme
Ist das Urteil gegen Sicherheitsleistung vorläufig vollstreckbar?	§ 709 ZPO § 108 Abs. 1 S. 1 ZPO § 752 ZPO § 720a ZPO	abklären, ob Mandantschaft eine Sicherheit erbringen will, Hinweis an Mandant auf die Möglichkeit, nur einen Teilbetrag zu vollstrecken. Hinweis auf Möglichkeit einer Sicherungsvollstreckung
Ist Sicherheitsleistung erbracht?	§ 751 Abs. 2 ZPO	Zustellung des Nachweises der Sicherheitsleistung durch öffentliche oder öffentlich beglaubigte Urkunde vor oder gleichzeitig mit der Zwangsvollstreckung
Sicherungsvollstreckung gewünscht?	§ 720a ZPO § 750 Abs. 3 ZPO	Zustellung des Urteils und ggf. der Vollstreckungsklausel 2-wöchige Wartefrist ab Zustellung beachten
Liegt eine Zug-um-Zug Leistung vor?	§§ 756, 765 ZPO	sofern die Gegenleistung noch nicht erbracht oder kein Annahmeverzug des Schuldners vorliegt, Gegenleistung über GV anbieten lassen. Annahmeverzug durch öffentliche oder öffentlich beglaubigte Urkunden nachweisen und Zustellung dieser Urkunde an Schuldner veranlassen

Hinweis: Diese Aufgabe ist sehr umfangreich und zeitaufwendig gestellt und würde in einer Prüfung den „Rahmen sprengen" Teilbereiche hieraus wie z.B. Titel, Klausel, Zustellung etc. könnten jedoch geprüft werden.

Kapitel 4
Vorbereitende Arbeiten

1. Informationsbeschaffung

Übungsfall 11:

RA Glück möchte in seiner Kanzlei einige Arbeitsabläufe standardisieren und hierzu auch Textbausteine und Formulare entwickeln.

Überlegen Sie sich, welche Informationen über den Schuldner hilfreich wären, um gezielte Zwangsvollstreckungsmaßnahmen einleiten und schnell und möglichst erfolgreich vollstrecken zu können. Entwickeln Sie hierzu einen „Schuldnerfragebogen" in Tabellenform, den die Mandanten ausfüllen können, aber auch von der Kanzlei entsprechend der gewonnenen Erkenntnisse im Rahmen der Zwangsvollstreckung gepflegt werden kann. Geben Sie dabei 10 Punkte (ohne gesetzliche Bestimmungen) an.

Lösungsvorschlag:

Nachname:	
Geburtsname:	
Vorname/n	
Geburtsdatum:	
Geburtsort:	
Adresse	
Telefonnummer/n	
Telefaxnummer	
E-Mail	
Beruf/Arbeitgeber	
Familienstand	
Ehegatte berufstätig, Höhe des Einkommens?	
Kinder, Alter der Kinder, eigenes Einkommen, Höhe?	
Bankkonto	
Grundstück, Anschrift	
sonstige Vermögenswerte	
Vermögensauskunft geleistet/wann?	
Insolvenzverfahren	

Hinweis: Der Lösungsvorschlag umfasst mehr als die geforderten 10 Punkte und soll Ihnen aufzeigen, welche Antworten sinnvoll und möglich sind. Schreiben Sie in einer Prüfung nur die geforderte Anzahl, mehr kostet Sie nur Zeit und bringt keine zusätzlichen Punkte.

Übungsfall 12:

Die Mandantin Frau Sabine Sonnenschein ruft in der Kanzlei Glück an und erzählt, dass sie noch im Besitz einer vollstreckbaren Ausfertigung eines Versäumnisurteiles gegen Herrn Bernhard Diener in Höhe einer Hauptforderung von 10.000,00 € ist. Das Urteil datiert vom 01.08.2013. Im Jahre 2015 ist zuletzt erfolglos die Zwangs-vollstreckung versucht worden. Frau Sonnenschein beabsichtigt, eventuell eine neue Zwangsvollstreckung zu versuchen. Die zuletzt bekannte Schuldneradresse war 2015 in der Tulpenstraße 13 in 70180 Stuttgart. Frau Sonnenschein möchte zunächst wissen, welche kostengünstige Möglichkeiten es gibt, herauszufinden, ob sich die finanziellen Verhältnisse des Schuldners eventuell verbessert haben, so dass neuer-liche Vollstreckungsmaßnahmen erfolgsversprechend sein könnten. Sie wäre bereit, für diese Vorrecherchen – ohne Anwaltsvergütung – Kosten von bis zu 70,00 € zu investieren.

Erstellen Sie einen Plan, wie zweckmäßigerweise die gewünschten Auskünfte ohne Einbeziehung von Vollstreckungsorganen recherchiert werden können. Geben Sie vier Punkte (ohne gesetzliche Bestimmungen) an.

Lösungsvorschlag:

- Ermittlung der aktuellen Schuldneranschrift
  Zunächst ist zu klären, ob der Schuldner noch unter der zuletzt bekannten Adresse wohnhaft ist. Hierzu könnte z.B. im Internet recherchiert werden, ob aktuelle Tele-fonbucheinträge vorhanden sind, eine Anschriftenprüfung über die Deutsche Post versucht oder eine Einwohnermeldeamtsanfrage eingeholt werden. Ggf. ergeben sich aus den sozialen Netzwerken wie z.B. Facebook, XING, verwertbare Informationen.
- Prüfung, ob sich der Schuldner im Insolvenzverfahren befindet. Nach Ermittlung der aktuellen Anschrift kann über das Internetportal www.insolvenzbekanntmachungen. de herausgefunden werden, ob öffentliche Bekanntmachungen aus einem Insolven-zverfahren vorliegen. Hierzu sollten die in Betracht kommenden Insolvenzgerichte – also auch die Altadressen – angefragt werden.
- Auskunft aus dem Schuldnerverzeichnis. Die Internetadresse www.vollstreckungspor-tal.de gibt Aufschluss darüber, ob der Schuldner in den Schuldnerverzeichnissen der zentralen Vollstreckungsgerichte eingetragen ist. Auch hier sollte bei den in Betracht kommenden zentralen Vollstreckungsgerichten (ggf. hat ein Umzug in ein anderes Bundesland stattgefunden) angefragt werden.
- Einholung einer Bonitätsauskunft. Möglich ist auch die Einholung einer Bonitätsaus-kunft einer Auskunftei. Die anfallenden Kosten sollten vorher abgeklärt werden.
- Ggfs. auch Rückfrage bei der Mandantin, welche Kenntnisse sie noch über den Schuldner hat.

Erläuterung:

Vor der Einleitung von Zwangsvollstreckungsmaßnahmen sind immer Überlegungen anzustellen, welche Vollstreckungsmaßnahmen geeignet sind, schnell und zielgerichtet den gewünschten Erfolg zu bringen. Je mehr Informationen über den Schuldner zur Verfügung stehen, desto konkreter kann die Vollstreckung gestaltet und optimal ausge-schöpft werden. Bei der Informationsbeschaffung sind oftmals auch Kreativität (z.B. Te-lefonate im Umfeld des Schuldners) und eine „Spürnase" gefragt. Erlangte Daten sind unbedingt, am besten auf einem Schuldnerfragebogen, in der Akte zu dokumentieren. Kostenauslösende Maßnahmen sind vor der Einleitung im Hinblick auf die Forderungs-höhe und die Erfolgsaussichten zu bewerten und ggf. mit dem Gläubiger abzustimmen.

Übungsfall 13:

Gleicher Sachverhalt wie in Übungsfall Nr. 12. Die von Ihnen durchgeführten Recherchen haben ergeben, dass laut aktueller Auskunft des Einwohnermeldeamtes der Schuldner noch in der Tulpenstraße 13 in 70180 Stuttgart gemeldet ist. Eine Befragung der Nachbarn vor Ort hat aber ergeben, dass Herr Diener dort schon vor einem Jahr ausgezogen ist, sein Aufenthalt ist unbekannt. In den zentralen Schuldnerverzeichnissen ist Herr Diener nicht eingetragen. Die Mandantin Sonnenschein möchte den Schuldner zur Abgabe der Vermögensauskunft laden lassen.

1. Prüfen Sie, wie der tatsächliche Aufenthaltsort des Schuldners Bernhard Diener noch ermittelt werden kann.

2. Erstellen Sie anhand des geschilderten Sachverhaltes einen Auftrag an den Gerichtsvollzieher und füllen Sie hierzu die nachfolgenden auszugsweisen Passagen des verbindlichen Vollstreckungsauftrages aus.

G	**Abnahme der Vermögensauskunft** (bitte Hinweise in der Anlage 2 des Formulars beachten)
G1	☐ nach den §§ 802c, 802f ZPO (ohne vorherigen Pfändungsversuch)

G2	☐ nach den §§ 802c, 807 ZPO (nach vorherigem Pfändungsversuch)
	Sofern der Schuldner wiederholt nicht anzutreffen ist,
	   ☐ bitte ich um Rücksendung der Vollstreckungsunterlagen.
	   ☐ beantrage ich, das Verfahren zur Abnahme der Vermögensauskunft nach den §§ 802c, 802f ZPO einzuleiten.

G3	☐ erneute Vermögensauskunft nach § 802d ZPO (wenn der Schuldner bereits innerhalb der letzten zwei Jahre die Vermögensauskunft abgegeben hat) Die Vermögensverhältnisse des Schuldners haben sich wesentlich geändert, weil _____ _____ _____ Zur Glaubhaftmachung füge ich bei: _____ _____ _____
G4	weitere Angaben im Zusammenhang mit der Vermögensauskunft ☐ _____ _____

H	☐ **Erlass des Haftbefehls nach § 802g ZPO**
	Bleibt der Schuldner dem Termin zur Abgabe der Vermögensauskunft unentschuldigt fern oder weigert er sich ohne Grund, die Vermögensauskunft zu erteilen, beantrage ich den Erlass eines Haftbefehls nach § 802g Absatz 1 ZPO. Die Gerichtsvollzieherin/den Gerichtsvollzieher bitte ich, den Antrag an das zuständige Amtsgericht weiterzuleiten und dieses zu ersuchen, nach Erlass des Haftbefehls diesen an
	   ☐ den Gläubiger ☐ den Gläubigervertreter zu übersenden.
	   ☐ die zuständige Gerichtsvollzieherin/den zuständigen Gerichtsvollzieher weiterzuleiten. Gegenüber der Gerichtsvollzieherin/dem Gerichtsvollzieher stelle ich den Antrag auf Verhaftung des Schuldners.

I	☐ **Verhaftung des Schuldners (§ 802g Absatz 2 ZPO)** Haftbefehl des Amtsgerichts Datum Geschäftszeichen _____ _____ _____

J ☐ **Vorpfändung (§ 845 ZPO)**
Anfertigung der Benachrichtigung über die Vorpfändung und Zustellung sowie unverzügliche Mitteilung über die Vorpfändung
☐ für pfändbare Forderungen, die der Gerichtsvollzieherin/dem Gerichtsvollzieher bekannt sind oder bekannt werden
☐ für die folgenden Forderungen:

_____

_____

_____

K ☐ **Pfändung körperlicher Sachen**

K1 ☐ Pfändung von Forderungen aus Wechseln und anderen Papieren, die durch Indossament übertragen werden können

K2 ☐ Taschenpfändung/Kassenpfändung

K3 ☐ Pfändung soll nach Abnahme der Vermögensauskunft durchgeführt werden, soweit sich aus dem Vermögensverzeichnis pfändbare Gegenstände ergeben.

4

K4 ☐ Mit der Erteilung einer Fruchtlosigkeitsbescheinigung nach § 32 der Geschäftsanweisung für Gerichtsvollzieher (GVGA) bin ich **nicht** einverstanden.

K5 Aufträge und Hinweise zur Pfändung und Verwertung, z. B. zu besonderen Gegenständen
☐ _____

L **Ermittlung des Aufenthaltsorts des Schuldners (§ 755 ZPO)** (bitte Hinweise in der Anlage 2 des Formulars beachten)

L1 ☐ Mir ist bekannt, dass der Schuldner unbekannt verzogen ist.

L2 ☐ Negativauskunft des Einwohnermeldeamtes ist beigefügt.

Ermittlung

L3 ☐ der gegenwärtigen Anschriften sowie der Angaben zur Haupt- und Nebenwohnung des Schuldners durch Nachfrage bei der **Meldebehörde**

L4 ☐ des Aufenthaltsorts durch Nachfragen beim **Ausländerzentralregister** und bei der aktenführenden **Ausländerbehörde**

L5 ☐ der bekannten derzeitigen Anschrift sowie des derzeitigen oder zukünftigen Aufenthaltsorts des Schuldners bei den **Trägern der gesetzlichen Rentenversicherung**

L6 ☐ der Halterdaten nach § 33 Absatz 1 Satz 1 Nummer 2 des Straßenverkehrsgesetzes (StVG) des Schuldners beim **Kraftfahrt-Bundesamt**

L7 ☐ der gegenwärtigen Anschriften, des Ortes der Hauptniederlassung oder des Sitzes des Schuldners durch Einsicht in das **Handels-, Genossenschafts-, Partnerschafts-, Unternehmens- oder Vereinsregister**

L8 ☐ der gegenwärtigen Anschriften, des Ortes der Hauptniederlassung oder des Sitzes des Schuldners durch Einholung einer Auskunft bei den nach Landesrecht **für die Durchführung der Aufgaben nach § 14 Absatz 1 der Gewerbeordnung (GewO) zuständigen Behörden**

L9 Hinweise zur Reihenfolge der Ermittlungen (wenn Anfrage nach den Modulen L3, L7 und L8 ergebnislos oder ein Fall des Moduls L1 gegeben ist)
☐ _____

M **Einholung von Auskünften Dritter (§ 802l ZPO)**
(bitte Hinweise zur Einholung von Auskünften Dritter in der Anlage 2 des Formulars beachten)

M1 ☐ Ermittlung der Namen, der Vornamen oder der Firma sowie der Anschriften der derzeitigen Arbeitgeber eines versicherungspflichtigen Beschäftigungsverhältnisses des Schuldners bei den **Trägern der gesetzlichen Rentenversicherung**

M2 — Ersuchen an das **Bundeszentralamt für Steuern,** bei den Kreditinstituten die in § 93b Absatz 1 der Abgabenordnung (AO) bezeichneten Daten abzurufen

M3 — Ermittlung der Fahrzeug- und Halterdaten nach § 33 Absatz 1 StVG zu einem Fahrzeug, als dessen Halter der Schuldner eingetragen ist, beim **Kraftfahrt-Bundesamt**

M4 — Die vorstehend ausgewählte/-n Drittauskunft/Drittauskünfte sollen nur eingeholt werden, wenn der Schuldner seiner Pflicht zur Abgabe der Vermögensauskunft nicht nachkommt.

M5 — Antrag auf aktuelle Einholung von Auskünften (§ 802l Absatz 4 Satz 3 ZPO)
Zur Änderung der Vermögensverhältnisse des Schuldners trage ich vor:

_____
_____

N — **Angaben zur Reihenfolge bzw. Kombination der einzelnen Aufträge**

N1 — Die Aufträge _____ werden ohne Angabe einer Reihenfolge erteilt.
(Bezeichnung der Module bitte angeben)

N2 — Der Pfändungsauftrag soll **vor** weiteren Aufträgen durchgeführt werden.

5

Lösungsvorschlag:

G — **Abnahme der Vermögensauskunft** (bitte Hinweise in der Anlage 2 des Formulars beachten)

G1 — ☒ nach den §§ 802c, 802f ZPO (ohne vorherigen Pfändungsversuch)

G2 — ☐ nach den §§ 802c, 807 ZPO (nach vorherigem Pfändungsversuch)
Sofern der Schuldner wiederholt nicht anzutreffen ist,
  ☐ bitte ich um Rücksendung der Vollstreckungsunterlagen.
  ☐ beantrage ich, das Verfahren zur Abnahme der Vermögensauskunft nach den §§ 802c, 802f ZPO einzuleiten.

G3 — ☐ erneute Vermögensauskunft nach § 802d ZPO (wenn der Schuldner bereits innerhalb der letzten zwei Jahre die Vermögensauskunft abgegeben hat)
Die Vermögensverhältnisse des Schuldners haben sich wesentlich geändert, weil

_____
_____
_____

Zur Glaubhaftmachung füge ich bei:

_____
_____
_____

G4 — weitere Angaben im Zusammenhang mit der Vermögensauskunft
☐ _____

H — ☐ **Erlass des Haftbefehls nach § 802g ZPO**
Bleibt der Schuldner dem Termin zur Abgabe der Vermögensauskunft unentschuldigt fern oder weigert er sich ohne Grund, die Vermögensauskunft zu erteilen, beantrage ich den Erlass eines Haftbefehls nach § 802g Absatz 1 ZPO. Die Gerichtsvollzieherin/den Gerichtsvollzieher bitte ich, den Antrag an das zuständige Amtsgericht weiterzuleiten und dieses zu ersuchen, nach Erlass des Haftbefehls diesen an
☐ den Gläubiger ☐ den Gläubigervertreter zu übersenden.

☐ die zuständige Gerichtsvollzieherin/den zuständigen Gerichtsvollzieher weiterzuleiten. Gegenüber der Gerichtsvollzieherin/dem Gerichtsvollzieher stelle ich den Antrag auf Verhaftung des Schuldners.

I — ☐ **Verhaftung des Schuldners (§ 802g Absatz 2 ZPO)**
Haftbefehl des Amtsgerichts   Datum   Geschäftszeichen

_____   _____   _____

J ☐ **Vorpfändung (§ 845 ZPO)**
Anfertigung der Benachrichtigung über die Vorpfändung und Zustellung sowie unverzügliche Mitteilung über die Vorpfändung

☐ für pfändbare Forderungen, die der Gerichtsvollzieherin/dem Gerichtsvollzieher bekannt sind oder bekannt werden

☐ für die folgenden Forderungen:

_____

_____

_____

K ☐ **Pfändung körperlicher Sachen**

K1 ☐ Pfändung von Forderungen aus Wechseln und anderen Papieren, die durch Indossament übertragen werden können

K2 ☐ Taschenpfändung/Kassenpfändung

K3 ☐ Pfändung soll nach Abnahme der Vermögensauskunft durchgeführt werden, soweit sich aus dem Vermögensverzeichnis pfändbare Gegenstände ergeben.

4

K4 ☐ Mit der Erteilung einer Fruchtlosigkeitsbescheinigung nach § 32 der Geschäftsanweisung für Gerichtsvollzieher (GVGA) bin ich **nicht** einverstanden.

K5 Aufträge und Hinweise zur Pfändung und Verwertung, z. B. zu besonderen Gegenständen

☐ _____

L **Ermittlung des Aufenthaltsorts des Schuldners (§ 755 ZPO)** (bitte Hinweise in der Anlage 2 des Formulars beachten)

L1 ☒ Mir ist bekannt, dass der Schuldner unbekannt verzogen ist.

L2 ☒ Negativauskunft des Einwohnermeldeamtes ist beigefügt.

Ermittlung

L3 ☐ der gegenwärtigen Anschriften sowie der Angaben zur Haupt- und Nebenwohnung des Schuldners durch Nachfrage bei der **Meldebehörde**

L4 ☐ des Aufenthaltsorts durch Nachfragen beim **Ausländerzentralregister** und bei der aktenführenden **Ausländerbehörde**

L5 ☒ der bekannten derzeitigen Anschrift sowie des derzeitigen oder zukünftigen Aufenthaltsorts des Schuldners bei den **Trägern der gesetzlichen Rentenversicherung**

L6 ☒ der Halterdaten nach § 33 Absatz 1 Satz 1 Nummer 2 des Straßenverkehrsgesetzes (StVG) des Schuldners beim **Kraftfahrt-Bundesamt**

L7 ☐ der gegenwärtigen Anschriften, des Ortes der Hauptniederlassung oder des Sitzes des Schuldners durch Einsicht in das Handels-, Genossenschafts-, Partnerschafts-, Unternehmens- oder Vereinsregister

L8 ☐ der gegenwärtigen Anschriften, des Ortes der Hauptniederlassung oder des Sitzes des Schuldners durch Einholung einer Auskunft bei den nach Landesrecht **für die Durchführung der Aufgaben nach § 14 Absatz 1 der Gewerbeordnung (GewO) zuständigen Behörden**

L9 Hinweise zur Reihenfolge der Ermittlungen (wenn Anfrage nach den Modulen L3, L7 und L8 ergebnislos oder ein Fall des Moduls L1 gegeben ist)

☐ _____

M **Einholung von Auskünften Dritter (§ 802l ZPO)**
(bitte Hinweise zur Einholung von Auskünften Dritter in der Anlage 2 des Formulars beachten)

M1 ☐ Ermittlung der Namen, der Vornamen oder der Firma sowie der Anschriften der derzeitigen Arbeitgeber eines versicherungspflichtigen Beschäftigungsverhältnisses des Schuldners bei den **Trägern der gesetzlichen Rentenversicherung**

M2	☐ Ersuchen an das **Bundeszentralamt für Steuern,** bei den Kreditinstituten die in § 93b Absatz 1 der Abgabenordnung (AO) bezeichneten Daten abzurufen
M3	☐ Ermittlung der Fahrzeug- und Halterdaten nach § 33 Absatz 1 StVG zu einem Fahrzeug, als dessen Halter der Schuldner eingetragen ist, beim **Kraftfahrt-Bundesamt**
M4	☐ Die vorstehend ausgewählte/-n Drittauskunft/Drittauskünfte sollen nur eingeholt werden, wenn der Schuldner seiner Pflicht zur Abgabe der Vermögensauskunft nicht nachkommt.
M5	☐ Antrag auf aktuelle Einholung von Auskünften (§ 802l Absatz 4 Satz 3 ZPO) Zur Änderung der Vermögensverhältnisse des Schuldners trage ich vor:

N	**Angaben zur Reihenfolge bzw. Kombination der einzelnen Aufträge**
N1	☐ Die Aufträge _____ werden ohne Angabe einer Reihenfolge erteilt. (Bezeichnung der Module bitte angeben)
N2	☐ Der Pfändungsauftrag soll **vor** weiteren Aufträgen durchgeführt werden.

5

Erläuterung:

Die Ermittlung des Aufenthaltsortes durch den Gerichtsvollzieher nach § 755 ZPO setzt einen Vollstreckungsauftrag voraus. Eine alleinige Aufenthaltsermittlung ohne Vollstreckungsauftrag ist nicht möglich. Dem Gläubiger ist es dabei überlassen, welchen Vollstreckungsauftrag er wählt, z.B. Sachpfändungsauftrag, Antrag auf Abgabe der Vermögensauskunft usw. Erst wenn eine Ermittlung des Aufenthaltsortes über die Meldebehörden gescheitert ist, darf der Gerichtsvollzieher die weiteren Auskünfte beim Ausländerzentralregister, den Trägern der Rentenversicherung und beim Kraftfahrt-Bundesamt erheben. Die im Gesetz vorgegebene Reihenfolge ist einzuhalten. Anfragen beim Ausländerzentralregister über EU-Bürger sind nur in Ausnahmefällen möglich, § 755 Abs. 2 S. 2 ZPO.

Hinweis: Mit Inkrafttreten des Reparaturgesetzes zur Reform der Sachaufklärung in der Zwangsvollstreckung am 26.11.2016 kann nun eine Aufenthaltsermittlung unabhängig von der Forderungshöhe beauftragt werden. Nach alter Rechtslage (bis 25.11.2016) musste die Hauptforderung mindestens 500,00 € betragen.
Allerdings hat der Gesetzgeber es versäumt, diese Wertgrenze auch im § 74a Abs. 1 S. 1 Sozialgesetzbuch X zu streichen. Eine Auskunft der Rentenversicherungsträger ist bis zur Korrektur des Sozialgesetzbuches X daher weiterhin nur möglich, wenn die Hauptforderungshöhe den Betrag von 500,00 € übersteigt. Bis zur Drucklegung dieses Werks im Januar 2018 wurde die Anpassung des Sozialgesetzbuches nicht vorgenommen.

Für die Aufenthaltsermittlung fallen sowohl Gerichtsvollzieherkosten als auch Kosten bei den Behörden an. Im Übungsfall Nr. 13 wurde dem Gerichtsvollzieher eine aktuelle Einwohnermeldeauskunft (diese sollte nicht älter als einen Monats sein) vorgelegt, so dass eine weitere kostenpflichte Anfrage entbehrlich ist.

Übungsfall 14:

In der Akte Vogel ./. Wild liegt ein rechtskräftiger Vollstreckungsbescheid des Amtsgerichtes Coburg vom 10.01.2018, Az.: 18-1234567-0, über eine Hauptforderung in Höhe von 45.000,00 € zzgl. Zinsen in Höhe von 5 %-Punkten über dem Basiszinssatz seit dem 01.05.2017, vorgerichtlicher Mahnkosten in Höhe von 20,00 € sowie Kosten des Mahnverfahrens in Höhe von 939,26 € vor. Herr Vogel teilt mit, dass der Schuldner vermutlich eine Eigentumswohnung in 41539 Dormagen, Unter den Hecken, besitzt.

1. **Prüfen Sie anhand des Gesetzestextes, welche konkreten Arten der Zwangsvollstreckung aufgrund der vorliegenden Informationen möglich sind.**

2. **Leiten Sie geeignete Schritte ein, herauszufinden, ob der Schuldner tatsächlich eine Wohnung in Dormagen, Unter den Hecken, im Eigentum hat und verfassen Sie hierzu ein Schriftstück an die entsprechende Abteilung des zuständigen Amtsgerichts in 41456 Neuss. Die Möglichkeit des automatisierten Abrufverfahrens aus dem elektronischen Grundbuch steht Ihnen hierbei nicht zur Verfügung. Erläutern Sie zudem, wie Sie das zuständige Amtsgericht für Dormagen ermitteln können.**

Lösungsvorschlag:

1.

Eine Eigentumswohnung stellt unbewegliches Vermögen dar. Die Zwangsvollstreckung in unbewegliches Vermögen erfolgt nach den §§ 864–871 ZPO. Möglich wäre die Eintragung einer Zwangssicherungshypothek, die Zwangsversteigerung und die Zwangsverwaltung der Eigentumswohnung, §§ 866, 869 ZPO, §§ 1 ff. ZVG. Diese Maßnahmen können allein oder neben den übrigen ausgeführt werden, § 866 Abs. 2 ZPO.

2.

Das zuständige Amtsgericht für Dormagen lässt sich z.B. über das Ortsverzeichnis, einer Kanzlei-Software oder über die Internetseiten www.gerichtsverzeichnis.de, www.gerichte.org, ermitteln. Dies ist das Amtsgericht Neuss.

Vorschlag zur Formulierung und Gestaltung eines fachkundlichen Textes:

Amtsgericht Neuss
Grundbuchamt
41456 Neuss

Auskunft aus dem Grundbuch

Sehr geehrte Damen und Herren,

wir sind im Auftrag unseres Mandanten Herrn … Vogel, Adresse, mit der Zwangsvollstreckung gegen Herrn … Wild, Adresse, beauftragt. Eine uns legitimierende Vollmacht fügen wir der Anlage bei.

Nach uns vorliegenden Informationen soll der Schuldner Herr … Wild in 41539 Dormagen, Unter den Hecken, Eigentümer einer Wohnung sein, so dass ggf. Zwangsvollstreckungsmaßnahmen zur Realisierung der Forderung unseres Mandanten möglich wären.

Wir bitten um Prüfung und Mitteilung, ob Herr …. Wild, Grundbesitz in Dormagen hat. Wenn ja, bitten wir um Übersendung eines unbeglaubigten Grundbuchauszuges. Die anfallenden Kosten bitten wir uns mitzuteilen, damit kurzfristig eine Überweisung erfolgen kann.

> *Zum Nachweis des berechtigten Interesses fügen wir eine Kopie des Vollstreckungstitels bei.*
>
> *Mit freundlichen Grüßen*
>
> *Rechtsanwalt*
>
> **Anlagen**
> *Vollmacht*
> *Fotokopie des Vollstreckungsbescheides des AG Coburg vom 10.01.2018,*
> *Az.: 18-1234567-0*

Erläuterung:

Die Grundbücher, die auch als Loseblattgrundbuch geführt werden können, werden von den Amtsgerichten geführt (Grundbuchämter), § 1 Grundbuchordnung. Diese sind für die in ihrem Bezirk liegenden Grundstücke zuständig.

Ein berechtigtes Interesse an der Auskunft aus dem Grundbuch muss gemäß § 12 GBO nachgewiesen werden.

Notaren steht der Zugang zur Internetgrundbucheinsicht in einem uneingeschränkten automatisierten Abrufverfahren offen. Rechtsanwälte können für Maßnahmen der Zwangsvollstreckung, bei dinglicher Berechtigung am Grundstück sowie beim Vorliegen einer Vollmacht des Eigentümers zum eingeschränkten Grundbuchabrufverfahren zugelassen werden.

Eine weitere Informationsquelle in Grundstücksangelegenheiten ist das Katasteramt, das das Liegenschaftsverzeichnis führt. Bei berechtigtem Interesse sind dort folgende kostenpflichtige Auskünfte zu erhalten:

- Bezeichnung (Gemarkung, Flur und Flurstücknummer)
- geografische Lage des Grundstückes
- Auflistung der baulichen Anlagen und Liegenschaften
- Art und Weise, wie das Grundstück genutzt wird
- Größe des Grundstückes,
- Eigentümer des Grundstückes.

2. Anlegen eines Forderungskontos

Übungsfall 15:

Die Kanzlei Glück aus Frankfurt am Main erhält von der Mandantin Erna Klein ein Paket unsortierter Vollstreckungsunterlagen aus dem Jahr 2010 zur Schuldnerin Susi Sorglos. Damals hat Rechtsanwalt Fuchs, aus Hamburg, Vollstreckungsmaßnahmen aus einem Vollstreckungsbescheid versucht. Bis auf zwei geringe Ratenzahlungen verliefen diese Maßnahmen erfolglos. Frau Klein möchte nun einen neuen Vollstreckungsversuch durch die Kanzlei Glück, Frankfurt, in Auftrag geben.

Fertigen Sie eine Liste mit 6 Punkten, welche Eingaben bei der Erstellung eines neuen Forderungskontos in der EDV zu tätigen sind. Die Stammdaten der Kanzlei Glück sind im EDV-Programm hinterlegt.

Lösungsvorschlag:

- Name und Adresse der Gläubigerin
- Angabe, ob die Gläubigerin zum Vorsteuerabzug berechtigt ist
- Name und Adresse der Schuldnerin, soweit vorhanden und aus den Vollstreckungs-unterlagen ersichtlich, das Geburtsdatum und den Geburtsort der Schuldnerin
- Bezeichnung des/der Titel mit Aktenzeichen
- Hauptforderung/en
- Zinsen auf Hauptforderung/en
- vorgerichtliche Mahnkosten
- Kosten des Mahnverfahrens nebst Zinsen/festgesetzte Kosten
- unverzinsliche Rechtsanwaltsgebühren für jede durchgeführte Vollstreckungsmaß-nahme des Rechtanwalts Fuchs
- unverzinsliche Kosten (z.B. Gerichtsvollzieherkosten, Gerichtskosten, Auskunftskos-ten)
- jede einzelne Teilzahlung der Schuldnerin.

Hinweis: In der Antwort sind mehr als die geforderten 6 Punkte aufgelistet. Dies sollten Sie in der Abschlussprüfung nicht tun. Geben Sie hier immer nur die geforderte Anzahl an, weitere Ausführungen werden i.d.R. nicht bewertet. Da hier aber mehr als 6 Antwortmöglichkeiten bestehen, ist der Lösungsvorschlag ausführlicher.

Erläuterung:

Ein Forderungskonto dokumentiert, welche Forderungen dem Gläubiger gegenüber dem Schuldner zustehen. Es enthält

- die Stammdaten, d.h. die Daten des Gläubigers, des Schuldners, des Gläubigerver-treters, ggf. des Schuldnervertreters
- die Bezeichnung des Schuldtitels
- Hauptforderung/en
- Zinsen auf die Hauptforderung/en
- die Verfahrenskosten (Kosten des Mahnverfahrens, festgesetzte Prozesskosten)
- Zinsen auf die Verfahrenskosten
- Zwangsvollstreckungskosten (Rechtsanwaltsgebühren, Gerichtsvollzieherkosten, Gerichtskosten, Auskunftskosten usw.)
- geleistete Zahlungen.

Im Forderungskonto sind alle in der Forderungsangelegenheit entstehenden Kosten und geleistete Zahlungen zu verbuchen, so dass jederzeit auf Knopfdruck der offene Forderungsbetrag abgerufen werden kann.

3. Verbuchung von Zahlungseingängen

Übungsfall 16:

Die Buchhaltung der Kanzlei Glück stellt auf dem Kontoauszug vom 18.12.2017 einen Zahlungseingang der Schuldnerin Isolde Grimm in Höhe von 500,00 € mit dem Verwendungszweck „1. Rate" fest und bittet Sie um Mitteilung, wie sie diesen Betrag zu verbuchen hat (Honorar, Auslagen, Fremdgeld?). Mit der Mandantschaft ist vereinbart, dass eingehende Fremdgelder mit den verauslagten Kosten und den Vergütungsansprüchen der Kanzlei verrechnet werden. Das Forderungskonto weist am 18.12.2017 folgende Positionen auf:

Datum	Bezeichnung	Betrag
15.02.2017	Hauptforderung verzinst mit 5 % Festzins ab dem 15.02.2015	3.000,00 €
14.03.2017	RA-Gebühren gem. Nr. 3309 VV RVG	107,96 €
14.03.2017	Gerichtskosten	20,00 €
20.04.2017	Gerichtsvollzieherkosten	34,29 €

Die verauslagten Kosten wurden von der Kanzlei Glück gegenüber der Gläubigerin noch nicht berechnet.

1. Analysieren Sie, wie der Zahlungseingang der Schuldnerin anhand der Vorgaben im Gesetz auf dem Forderungskonto zu verbuchen ist.

2. Ermitteln Sie, wie der Zahlungseingang buchhalterisch in der Kanzlei Glück auf dem Mandantenkonto zu verteilen ist.

3. Informieren Sie anschließend die Mandantschaft über den Geldeingang und eine sich ggf. ergebende Auszahlung.

Lösungsvorschlag:

1.

Die Schuldnerin hat auf dem Überweisungsbeleg keine Tilgungsbestimmung getroffen. Gemäß den §§ 366, 367 Abs. 1 BGB ist der Zahlungseingang daher zunächst auf die Kosten, dann auf die Zinsen und anschließend auf die Hauptforderung zu verbuchen, so dass sich folgende Verbuchung ergibt:

Ratenzahlungseingang		500,00 €
./. Kosten		162,25 €
(RA-Gebühren	107,96 €	
Gerichtskosten	20,00 €	
Gerichtsvollzieherkosten	34,29 €)	
./. Zinsen		
5 % Festzins aus 3.000,00 € vom 15.02.2017 bis 18.12.2017		
= 304 Zinstage =		126,67 €

Formel zur Zinsberechnung:
$$\frac{\text{Kapital} \times \text{Prozentsatz} \times \text{Tage}}{100 \times 360 \text{ (Bankenmethode)}}$$

Auf Hauptforderung zu verbuchen:	**211,08 €**

2.

Die Kanzlei Glück wird zunächst die von ihr verauslagten Kosten (Gerichts- und Gerichtsvollzieherkosten) in Höhe von 54,29 € auf Auslagen sowie die entstandene Gebührenforderung in Höhe von 107,96 € auf Honorar verbuchen. Der überschießende Betrag in Höhe von 337,75 € (Zinsen und Teilhauptforderung) ist als Fremdgeld zu verbuchen und an die Gläubigerin auszuzahlen.

3. Vorschlag zur Formulierung und Gestaltung eines fachkundlichen Textes:

Sehr geehrte/r Frau/Herr …

in Ihrer Forderungsangelegenheit gegen Frau Grimm haben wir am 18.12.2017 eine erste Ratenzahlung der Schuldnerin in Höhe von erhalten.	*500,00 €*
Wir haben von diesem Betrag die bei uns aus eigenen Mitteln verauslagten Gerichts- und Gerichtsvollzieherkosten in Höhe von sowie unsere Rechtsanwaltsgebühren für die Vollstreckungsmaßnahme	*54,29 €*
in Höhe von,	*107,96 €*
somit insgesamt	*162,25 €*
in Abzug gebracht.	

Eine entsprechende Rechnung fügen wir in der Anlage bei.

Den zu Ihren Gunsten verbleibenden Betrag in Höhe von haben wir heute auf Ihr Konto überwiesen.	*337,75 €*

Dieser Betrag setzt sich wie folgt zusammen:
5 % Festzins aus 3.000,00 € vom 15.02.2017 bis 18.12.2017

= 304 Zinstage =	*126,67 €*
Teilhauptforderung	*211,08 €*
	337,75 €

Den weiteren Ratenzahlungseingang werden wir für Sie überwachen.

Mit freundlichen Grüßen

Rechtsanwalt Glück

Anlage
Vergütungsrechnung

Erläuterung:

Gibt der Schuldner bei seiner Zahlung nicht an, wie die Zahlung zu verrechnen ist, so finden die §§ 366, 367 BGB Anwendung. In § 366 Abs. 2 BGB ist hierzu Folgendes geregelt:

„Trifft der Schuldner keine Bestimmung, so wird zunächst die fällige Schuld, unter mehreren fälligen Schulden diejenige, welche dem Gläubiger geringere Sicherheit bietet, unter mehreren gleich sicheren die dem Schuldner lästigere, unter mehreren gleich lästigen die ältere Schuld und bei gleichem Alter jede Schuld verhältnismäßig getilgt."

Diese Norm ist auf Forderungen anzuwenden, die ausschließlich Hauptforderungen darstellen.

> **Beispiel:** Der Gläubiger hat fünf offene Rechnungen gegenüber dem Schuldner. Der Schuldner zahlt einen Teilbetrag. Die Verrechnung hat nach § 366 Abs. 2 BGB zuerst auf die älteste Rechnung zu erfolgen.

Sofern der Schuldner neben der Hauptforderung auch Zinsen und Kosten zu zahlen hat, so bestimmt § 367 Abs. 1 BGB, dass die Teilzahlung zunächst auf die Kosten, dann auf die Zinsen und zuletzt auf die Hauptforderung zu verbuchen ist.

Eine Tilgungsbestimmung kann der Schuldner nur so lange treffen, wie er freiwillig zahlt. Leistet er an den Gerichtsvollzieher, so erfolgt die Verrechnung nach § 367 BGB.

Damit man jederzeit Auskunft darüber geben kann, welche Beträge vom Schuldner noch zu leisten sind, sollte das Forderungskonto immer aktualisiert werden. D.h., weiter auflaufende Kosten für weitere Zwangsvollstreckungsmaßnahmen sind hier regelmäßig zu erfassen, ebenso weitere Zahlungseingänge. Das **Forderungskonto** betrifft also die **Schuld** des **Schuldners**. Daneben gibt es ein **Aktenkonto**, welches z.B. Aufschluss darüber gibt, welche **Forderungen** der **Rechtsanwalt** gegenüber dem **Mandanten** hat, bzw. ob noch Fremdgelder weiterzuleiten sind. Im Aktenkonto werden daher z.B. auch offene Kostenrechnungen erfasst.

Kapitel 5
Verfahren zur Abgabe der Vermögensauskunft

1.   Vermögensverzeichnis, Schuldnerverzeichnis

> **Übungsfall 17:**
>
> **Herr Xaver Armdran hat vom Gerichtsvollzieher eine Zahlungsfrist zur Begleichung einer Forderung von zwei Wochen erhalten. Für den Fall, dass eine fristgerechte Zahlung nicht erfolgt, wurde vom Gerichtsvollzieher ein Termin zur Abgabe der Vermögensauskunft bestimmt. Herr Armdran möchte in nächster Zeit ein Auto kaufen und benötigt hierzu einen Bankkredit. Er befürchtet nun, dass seine Bank von dem laufenden Zwangsvollstreckungsverfahren Kenntnis erlangen könnte und ihm einen Kredit verweigern würde. Herr Armdran ist sich nicht sicher, ob er vielleicht schon in einem Register eingetragen ist, da er in der Vergangenheit immer wieder mal Forderungen nicht beglichen hat. Die Kanzlei Glück soll prüfen, ob es Eintragungen gibt. Herr Armdran möchte dann bestehende Eintragungen löschen lassen und auch verhindern, dass er wegen des aktuell laufenden Zwangsvollstreckungserfahrens in ein Register eingetragen wird.**

Recherchieren Sie:

1. in welchen Registern Herr Armdran eingetragen sein könnte
2. wer berechtigt ist, diese Register einzusehen und Informationen abrufen darf
3. wie lange Eintragungen in diesen Registern bestehen bleiben
4. wie bestehende Eintragungen gelöscht werden können
5. wie verhindert werden kann, dass wegen des aktuell laufenden Vollstreckungsverfahrens eine Eintragung erfolgt.

Lösungsvorschlag:

1.

- beim zentralen Vollstreckungsgericht im Vermögensverzeichnisregister, § 802f Abs. 6 ZPO, § 802k ZPO.
- im Schuldnerverzeichnis, § 882b ZPO.

2.

Die bei den zentralen Vollstreckungsgerichten hinterlegten Vermögensverzeichnisse können von den Gerichtsvollziehern, Vollstreckungsgerichten, Insolvenzgerichten, Registergerichten, Strafverfolgungsbehörden und anderen Vollstreckungsbehörden (z.B. Hauptzollämter) abgerufen werden, § 802k Abs. 2 ZPO.

Die Einsichtnahme in das Schuldnerverzeichnis ist gemäß § 882f ZPO jedem gestattet, der darlegt, Angaben nach § 882b ZPO zu benötigen:

- für Zwecke der Zwangsvollstreckung
- um gesetzliche Pflichten zur Prüfung der wirtschaftlichen Zuverlässigkeit zu erfüllen
- um Voraussetzungen für die Gewährung von öffentlichen Leistungen zu prüfen
- um wirtschaftliche Nachteile abzuwenden, die daraus entstehen, dass der Schuldner seinen Zahlungsverpflichtungen nicht nachkommt
- für Zwecke der Strafverfolgung
- zur Selbstauskunft

3.

Vermögensverzeichnisse sind nach Ablauf von zwei Jahren seit Abgabe der Auskunft oder bei Eintragung eines neuen Vermögensverzeichnisses zu löschen, § 802k Abs. 1 S. 4 ZPO.

Eine Eintragung im Schuldnerverzeichnis wird nach Ablauf von drei Jahren seit dem Tag der Eintragungsanordnung von dem zentralen Vollstreckungsgericht nach § 882h Abs. 1 gelöscht, § 882e Abs. 1 ZPO gelöscht.

4.

Eine vorzeitige Löschung aus dem Vermögensverzeichnisregister ist nicht möglich.

Eine Löschung aus dem Schuldnerverzeichnis kann das zentrale Vollstreckungsgericht nach § 882e Abs. 3 ZPO, anordnen, wenn

- die vollständige Befriedigung des Gläubigers nachgewiesen worden ist,
- das Fehlen oder der Wegfall des Eintragungsgrundes bekannt geworden ist oder
- die Ausfertigung einer vollstreckbaren Entscheidung vorgelegt wird, aus der sich ergibt, dass die Eintragungsanordnung aufgehoben oder einstweilen ausgesetzt ist.

> **5.**
>
> Herr Armdran kann Eintragungen dadurch verhindern, dass er die Forderung vollständig und rechtzeitig begleicht oder aber mit dem Gerichtsvollzieher eine Zahlungsfrist oder einen Ratenzahlungsplan vereinbart, § 802b Abs. 2 ZPO, und fristgerecht erfüllt.

Erläuterung:

Bei den zentralen Vollstreckungsgerichten werden zwei Register geführt:
- das Vermögensverzeichnisregister
- das Schuldnerverzeichnis.

Diese sind streng voneinander getrennt zu betrachten und dürfen nicht verwechselt werden. Eine Eintragung in das Vermögensverzeichnis führt nicht automatisch zu einer Eintragung im Schuldnerverzeichnis und umgekehrt!

Das Vermögensverzeichnisregister verwaltet die hinterlegten Vermögensauskünfte. Eine Einsichtnahme und ein Abruf ist nur Gerichtsvollziehern, Vollstreckungsgerichten, Insolvenzgerichten, Registergerichten, Strafverfolgungsbehörden und anderen Vollstreckungsbehörden (z.B. Hauptzollämter) erlaubt.

Im Schuldnerverzeichnis dagegen sind Eintragungen der Gerichtsvollzieher, der Finanzbehörden und der Insolvenzgerichte hinterlegt. Eintragungen sind von Amts wegen gem. § 882c Abs. 1 ZPO vorzunehmen, wenn
- der Schuldner seiner Pflicht zur Abgabe der Vermögensauskunft nicht nachgekommen ist,
- eine Vollstreckung nach dem Inhalt des Vermögensverzeichnisses offensichtlich nicht geeignet wäre, zu einer vollständigen Befriedigung des Gläubigers zu führen, auf dessen Antrag die Vermögensauskunft erteilt oder dem die erteilte Auskunft zugeleitet wurde, oder
- der Schuldner dem Gerichtsvollzieher nicht innerhalb eines Monats nach Abgabe der Vermögensauskunft oder Bekanntgabe der Zuleitung nach § 802d Abs. 1 S. 2 ZPO die vollständige Befriedigung des Gläubigers nachweist, auf dessen Antrag die Vermögensauskunft erteilt oder dem die erteilte Auskunft zugeleitet wurde. Dies gilt nicht, solange ein Zahlungsplan nach § 802b festgesetzt und nicht hinfällig ist.

Eine kostenpflichtige Einsichtnahme in das Schuldnerverzeichnis ist unter dem Internetportal www.vollstreckungsportal.de jedem gestattet, der ein berechtigtes Interesse, vgl. hierzu § 882f ZPO, hat. Aus dem Schuldnerverzeichnis sind folgende Informationen zu entnehmen:
- Name, Vorname und Geburtsname des Schuldners sowie die Firma und deren Nummer des Registerblatts im Handelsregister
- Geburtsdatum und Geburtsort des Schuldners
- Wohnsitze des Schuldners oder Sitz des Schuldners, einschließlich abweichender Personendaten
- Aktenzeichen und Gericht oder Vollstreckungsbehörde der Vollstreckungssache oder des Insolvenzverfahrens
- der zur Eintragung führende Grund.

2. Vermögensauskunft, § 802c ZPO

Übungsfall 18:

In der Kanzlei Glück kehrt nach einigen Jahren Elternzeit die Rechtsanwaltsfachangestellte Stefanie Fröhlich an ihren Arbeitsplatz zurück. Sie ist erstaunt, welche Änderungen das Gesetz zur Reform der Sachaufklärung in der Zwangsvollstreckung mit sich gebracht hat. Frau Fröhlich möchte gerne wissen, wie ein Verfahren zur Abgabe zur Vermögensauskunft abläuft, wenn der Gläubigerantrag nicht mit einem Sachpfändungsauftrag kombiniert ist und welche Möglichkeiten der Gläubiger hat, wenn der Schuldner zum Termin zur Abgabe der Vermögensauskunft nicht erscheint.

Erstellen Sie am PC ein Schaubild, aus welchem die Kollegin ersehen kann, wie solch ein Verfahren ablaufen kann. Berücksichtigen Sie mögliche Reaktionen des Gerichtsvollziehers, des Schuldners sowie des Gläubigers (ohne gesetzliche Bestimmungen).

Lösungsvorschlag:

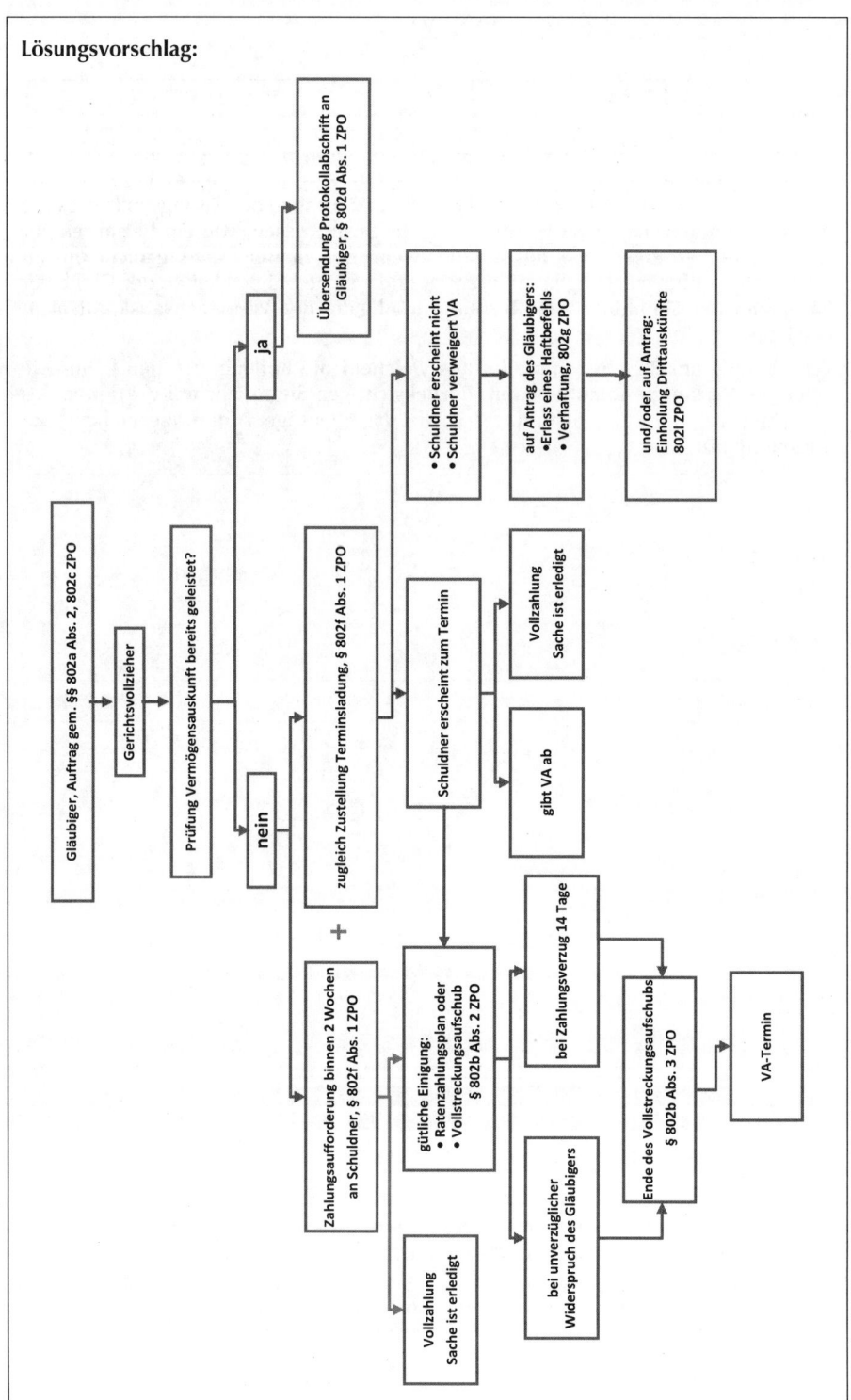

Natterer

3. Haftbefehl

Übungsfall 19:

Die Kanzlei Glück vollstreckt aus einem Vollstreckungsbescheid eine Gesamtforderung einschließlich Zinsen und aller Kosten in Höhe von 490,00 € gegen die Schuldnerin Elvira Klarwitter. Der Gerichtsvollzieher wurde mit der Abnahme der Vermögensauskunft nach § 802c ZPO beauftragt, weil keinerlei Informationen über die Schuldnerin vorliegen. Nach einigen Wochen sendet der Gerichtsvollzieher den Titel an die Kanzlei mit dem Hinweis zurück, dass Frau Klarwitter trotz ordnungsgemäßer Ladung zum anberaumten Termin zur Abgabe der Vermögensauskunft nicht erschienen ist. Der Gerichtsvollzieher bittet um Überweisung der bei ihm angefallenen Kosten.

1. Ermitteln Sie, welche Maßnahme nun zur Fortsetzung der Zwangsvollstreckung, mit dem Ziel Abgabe der Vermögensauskunft, zu veranlassen ist.

2. Formulieren Sie hierzu ein entsprechendes Schriftstück.

3. Informieren Sie die die Mandantin über den bisherigen Verlauf der Zwangsvollstreckung und Ihr geplantes weiteres Vorgehen.

Lösungsvorschlag:

1.

Nachdem die Schuldnerin dem Termin zur Abgabe der Vermögenauskunft unentschuldigt ferngeblieben ist, ist beim Vollstreckungsgericht der Antrag auf Erlass eines Haftbefehls zu beantragen, § 802g ZPO.

2. Vorschlag zur Formulierung und Gestaltung eines fachkundlichen Textes:

An das

Vollstreckungsgericht …

In der Zwangsvollstreckungssache

Name, Adresse   *– Gläubiger –*

vertreten durch Rechtsanwälte Glück, Adresse

gegen

Elvira Klarwitter, Adresse   *– Schuldnerin –*

beantragen wir im Namen und in Vollmacht des Gläubigers, gegen die Schuldnerin einen Haftbefehl nach § 802g ZPO zu erlassen, da diese trotz ordnungsgemäßer Ladung dem Termin zur Abgabe der Vermögensauskunft unentschuldigt ferngeblieben ist.

Wir übersenden hierzu die Mitteilung des Gerichtsvollziehers … vom … sowie den Vollstreckungsbescheid des Amtsgerichtes … vom … Az.: … und die Vollstreckungsunterlagen.

Rechtsanwalt Glück

---

3. Vorschlag zur Formulierung und Gestaltung eines fachkundlichen Textes:

Sehr geehrte/r Frau, Herr ...

in Ihrer Zwangsvollstreckungsangelegenheit gegen Frau Klarwitter haben wir vom Gerichtsvollzieher ... die Mitteilung erhalten, dass die Schuldnerin zum Termin zur Abgabe der Vermögensauskunft am .... nicht erschienen ist.

Wir haben nun beim Vollstreckungsgericht den Erlass eines Haftbefehls beantragt. Nach Vorlage des Haftbefehls wird der Gerichtsvollzieher die Schuldnerin aufsuchen und sie mit dem Haftbefehl konfrontieren. Wir gehen davon aus, dass Frau Klarwitter dann die Vermögensauskunft abgeben oder Zahlung leisten wird.

Über den weiteren Verlauf der Zwangsvollstreckung werden wir Sie wieder informieren.

Mit freundlichen Grüßen

Rechtsanwalt Glück

Erläuterung:

Erscheint der Schuldner unentschuldigt trotz ordnungsgemäßer Ladung zur Abgabe der Vermögensauskunft nicht oder verweigert er die Abgabe, so kann der Gläubiger beim Vollstreckungsgericht einen Haftbefehlsantrag stellen. Funktionell zuständig für die Ausstellung ist dort der Vollstreckungsrichter, weil ein Haftbefehl einen Eingriff in die Grundrechte darstellt. Der Haftbefehlsantrag kann bereits „vorbeugend" zusammen mit dem Antrag auf Abgabe der Vermögensauskunft gestellt werden. Erscheint der Schuldner dann zum Termin nicht oder verweigert er die Abgabe, leitet der Gerichtsvollzieher die Vollstreckungsunterlagen direkt zur Ausstellung des Haftbefehls an das Vollstreckungsgericht weiter. Der Gläubiger hat dabei die Möglichkeit zu wählen, ob das Vollstreckungsgericht den Haftbefehl nach Erlass dem Gerichtsvollzieher zur Verhaftung des Schuldners oder dem Gläubiger zuleiten soll (vgl. hierzu Modul H des verbindlichen Gerichtsvollzieherauftrages).

Eine Haftbefehl wirkt zwei Jahre ab Erlass, § 802h Abs. 1 ZPO. In den meisten Fällen geben die Schuldner die Vermögensauskunft unverzüglich ab, wenn der Gerichtsvollzieher erscheint und den Haftbefehl vollstrecken will. Muss der Gerichtsvollzieher zur Verhaftung des Schuldners dessen Wohnung betreten, ist hierfür keine richterliche Durchsuchungsanordnung erforderlich, vgl. hierzu § 758a Abs. 2 ZPO. Für eine Verhaftung des Schuldners zur Nachtzeit, also von 21.00 bis 6.00 Uhr oder an Sonn-und Feiertagen, ist das Vorliegen eines Nachtbeschlusses nach § 758a Abs. 4 ZPO notwendig. Kommt es zur Verhaftung, so beträgt die Haftdauer (so genannte Beugehaft) maximal sechs Monate; § 802j Abs. 1 ZPO. Von einem Schuldner, der die Abgabe der Vermögensauskunft verweigert und deswegen die vollen 6 Monate inhaftiert war, kann erst nach Ablauf der 2-jährigen Sperrfrist (§ 802d Abs. 2 ZPO) ein neuerliches Verfahren auf Abgabe der Vermögensauskunft betrieben werden. Die Sperrfrist wirkt im Übrigen auch für einen neuen Gläubiger. Ein inhaftierter Schuldner kann jederzeit verlangen, dass ihm die Vermögensauskunft abgenommen wird. Zuständig ist hierfür der Gerichtsvollzieher, in dessen Bezirk die Justizvollzugsanstalt liegt. Für die erheblichen Kosten einer Inhaftierung haftet der Gläubiger.

Da ungewiss ist, ob die anfallenden Kosten der Zwangsvollstreckung vom Schuldner tatsächlich beigetrieben werden können, ist mit dem Gläubiger abzuklären, ob im Extremfall tatsächlich eine Verhaftung vorgenommen werden soll. Veranlasst der Gläubiger die Entlassung des inhaftierten Schuldners, ohne dass dieser die Vermögensauskunft abgegeben hat, so es ist der Haftbefehl verbraucht und eine neuerliche Verhaftung nicht mehr möglich, § 802j Abs. 2 ZPO.

4. Einholung von Drittauskünften

Übungsfall 20:

Die Kanzlei Glück ist mit der Vollstreckung eines Versäumnisurteils gegen den Schuldner Emil Schlauberger wegen einer Hauptforderung in Höhe von 25.000,00 € beauftragt. Da keinerlei Informationen über den Schuldner vorliegen, wurde dem Gerichtsvollzieher Oskar Hurtig ein Auftrag zur Abnahme der Vermögensauskunft nach § 802c ZPO erteilt. Der Schuldner ist zur Abgabe der Vermögensauskunft nicht erschienen. Das Vollstreckungsgericht übersendet daraufhin der Kanzlei Glück den für diesen Fall bereits vorsorglich beantragten Haftbefehl. Die Mandantin Heide Kraut scheut aber das Kostenrisiko einer eventuellen Beugehaft.

1. Ermitteln Sie eine alternative effektive Möglichkeit zur Fortsetzung der Zwangsvollstreckung mit dem Ziel zur Abgabe der Vermögensauskunft.

2. Leiten Sie die Maßnahme durch entsprechendes Ausfüllen des nachstehenden Auszugs des Vollstreckungsformulares ein.

G	**Abnahme der Vermögensauskunft** (bitte Hinweise in der Anlage 2 des Formulars beachten)
G1	☐ nach den §§ 802c, 802f ZPO (ohne vorherigen Pfändungsversuch)
G2	☐ nach den §§ 802c, 807 ZPO (nach vorherigem Pfändungsversuch) Sofern der Schuldner wiederholt nicht anzutreffen ist, ☐ bitte ich um Rücksendung der Vollstreckungsunterlagen. ☐ beantrage ich, das Verfahren zur Abnahme der Vermögensauskunft nach den §§ 802c, 802f ZPO einzuleiten.
G3	☐ erneute Vermögensauskunft nach § 802d ZPO (wenn der Schuldner bereits innerhalb der letzten zwei Jahre die Vermögensauskunft abgegeben hat) Die Vermögensverhältnisse des Schuldners haben sich wesentlich geändert, weil _____ _____ _____ _____ Zur Glaubhaftmachung füge ich bei: _____ _____ _____
G4	weitere Angaben im Zusammenhang mit der Vermögensauskunft ☐ _____
H	☐ **Erlass des Haftbefehls nach § 802g ZPO** Bleibt der Schuldner dem Termin zur Abgabe der Vermögensauskunft unentschuldigt fern oder weigert er sich ohne Grund, die Vermögensauskunft zu erteilen, beantrage ich den Erlass eines Haftbefehls nach § 802g Absatz 1 ZPO. Die Gerichtsvollzieherin/den Gerichtsvollzieher bitte ich, den Antrag an das zuständige Amtsgericht weiterzuleiten und dieses zu ersuchen, nach Erlass des Haftbefehls diesen an ☐ den Gläubiger ☐ den Gläubigervertreter zu übersenden. ☐ die zuständige Gerichtsvollzieherin/den zuständigen Gerichtsvollzieher weiterzuleiten. Gegenüber der Gerichtsvollzieherin/dem Gerichtsvollzieher stelle ich den Antrag auf Verhaftung des Schuldners.

I ☐ **Verhaftung des Schuldners (§ 802g Absatz 2 ZPO)**

Haftbefehl des Amtsgerichts   Datum   Geschäftszeichen

J ☐ **Vorpfändung (§ 845 ZPO)**
Anfertigung der Benachrichtigung über die Vorpfändung und Zustellung sowie unverzügliche Mitteilung über die Vorpfändung

  ☐ für pfändbare Forderungen, die der Gerichtsvollzieherin/dem Gerichtsvollzieher bekannt sind oder bekannt werden

  ☐ für die folgenden Forderungen:

K ☐ **Pfändung körperlicher Sachen**

K1 ☐ Pfändung von Forderungen aus Wechseln und anderen Papieren, die durch Indossament übertragen werden können

K2 ☐ Taschenpfändung/Kassenpfändung

K3 ☐ Pfändung soll nach Abnahme der Vermögensauskunft durchgeführt werden, soweit sich aus dem Vermögensverzeichnis pfändbare Gegenstände ergeben.

4

K4 ☐ Mit der Erteilung einer Fruchtlosigkeitsbescheinigung nach § 32 der Geschäftsanweisung für Gerichtsvollzieher (GVGA) bin ich **nicht** einverstanden.

K5 Aufträge und Hinweise zur Pfändung und Verwertung, z. B. zu besonderen Gegenständen

☐ _____

L **Ermittlung des Aufenthaltsorts des Schuldners (§ 755 ZPO)** (bitte Hinweise in der Anlage 2 des Formulars beachten)

L1 ☐ Mir ist bekannt, dass der Schuldner unbekannt verzogen ist.

L2 ☐ Negativauskunft des Einwohnermeldeamtes ist beigefügt.

Ermittlung

L3 ☐ der gegenwärtigen Anschriften sowie der Angaben zur Haupt- und Nebenwohnung des Schuldners durch Nachfrage bei der **Meldebehörde**

L4 ☐ des Aufenthaltsorts durch Nachfragen beim **Ausländerzentralregister** und bei der aktenführenden **Ausländerbehörde**

L5 ☐ der bekannten derzeitigen Anschrift sowie des derzeitigen oder zukünftigen Aufenthaltsorts des Schuldners bei den **Trägern der gesetzlichen Rentenversicherung**

L6 ☐ der Halterdaten nach § 33 Absatz 1 Satz 1 Nummer 2 des Straßenverkehrsgesetzes (StVG) des Schuldners beim **Kraftfahrt-Bundesamt**

L7 ☐ der gegenwärtigen Anschriften, des Ortes der Hauptniederlassung oder des Sitzes des Schuldners durch Einsicht in das **Handels-, Genossenschafts-, Partnerschafts-, Unternehmens- oder Vereinsregister**

L8 ☐ der gegenwärtigen Anschriften, des Ortes der Hauptniederlassung oder des Sitzes des Schuldners durch Einholung einer Auskunft bei den nach Landesrecht **für die Durchführung der Aufgaben nach § 14 Absatz 1 der Gewerbeordnung (GewO) zuständigen Behörden**

L9 Hinweise zur Reihenfolge der Ermittlungen (wenn Anfrage nach den Modulen L3, L7 und L8 ergebnislos oder ein Fall des Moduls L1 gegeben ist)

☐ _____

M	**Einholung von Auskünften Dritter (§ 802l ZPO)** (bitte Hinweise zur Einholung von Auskünften Dritter in der Anlage 2 des Formulars beachten)
M1	☐ Ermittlung der Namen, der Vornamen oder der Firma sowie der Anschriften der derzeitigen Arbeitgeber eines versicherungspflichtigen Beschäftigungsverhältnisses des Schuldners bei den **Trägern der gesetzlichen Rentenversicherung**
M2	☐ Ersuchen an das **Bundeszentralamt für Steuern**, bei den Kreditinstituten die in § 93b Absatz 1 der Abgabenordnung (AO) bezeichneten Daten abzurufen
M3	☐ Ermittlung der Fahrzeug- und Halterdaten nach § 33 Absatz 1 StVG zu einem Fahrzeug, als dessen Halter der Schuldner eingetragen ist, beim **Kraftfahrt-Bundesamt**
M4	☐ Die vorstehend ausgewählte/-n Drittauskunft/Drittauskünfte sollen nur eingeholt werden, wenn der Schuldner seiner Pflicht zur Abgabe der Vermögensauskunft nicht nachkommt.
M5	☐ Antrag auf aktuelle Einholung von Auskünften (§ 802l Absatz 4 Satz 3 ZPO) Zur Änderung der Vermögensverhältnisse des Schuldners trage ich vor:

N	**Angaben zur Reihenfolge bzw. Kombination der einzelnen Aufträge**
N1	☐ Die Aufträge _____ werden ohne Angabe einer Reihenfolge erteilt. (Bezeichnung der Module bitte angeben)
N2	☐ Der Pfändungsauftrag soll **vor** weiteren Aufträgen durchgeführt werden.

5

3. Informieren Sie Frau Heide Kraut über Ihre weitere geplante Vorgehensweise.

Lösungsvorschlag:

1.

Kommt der Schuldner seiner Pflicht zur Abgabe der Vermögensauskunft nicht nach, so kann der Gerichtsvollzieher mit der Einholung von so genannten Drittauskünften

- bei den Trägern der gesetzlichen Rentenversicherung zur Ermittlung eines Arbeitgebers
- beim Bundeszentralamt für Steuern zur Ermittlung von Bankkonten
- beim Kraftfahrtbundesamt zur Ermittlung von Kfz-Halterdaten

beauftragt beauftragt werden, § 802l Abs. 1 S. 1 Nr. 1–3 ZPO. Die Erhebung von Drittauskünften ist seit dem 26.11.2017 unabhängig von der Forderungshöhe möglich. Die bis dahin geltende Wertgrenze von 500,00 € ist in Wegfall geraten. Allerdings hat der Gesetzgeber es versäumt, auch den § § 74a Abs. 1 S. 1 Sozialgesetzbuch anzupassen. Eine Auskunft der Rentenversicherungsträger ist bis zur Korrektur des Sozialgesetzbuches X nur dann möglich, wenn die Hauptforderungshöhe den Betrag von 500,00 € übersteigt. Bis zur Drucklegung dieses Werks im Januar 2018 wurde die Anpassung des Sozialgesetzbuches nicht vorgenommen.

2. Vorschlag zur Formulierung und Gestaltung eines fachkundlichen Textes:

G **Abnahme der Vermögensauskunft** (bitte Hinweise in der Anlage 2 des Formulars beachten)

G1 ☐ nach den §§ 802c, 802f ZPO (ohne vorherigen Pfändungsversuch)

G2 ☐ nach den §§ 802c, 807 ZPO (nach vorherigem Pfändungsversuch)
Sofern der Schuldner wiederholt nicht anzutreffen ist,

☐ bitte ich um Rücksendung der Vollstreckungsunterlagen.

☐ beantrage ich, das Verfahren zur Abnahme der Vermögensauskunft nach den §§ 802c, 802f ZPO einzuleiten.

G3 ☐ erneute Vermögensauskunft nach § 802d ZPO (wenn der Schuldner bereits innerhalb der letzten zwei Jahre die Vermögensauskunft abgegeben hat)
Die Vermögensverhältnisse des Schuldners haben sich wesentlich geändert, weil

_____

_____

_____

Zur Glaubhaftmachung füge ich bei:

_____

_____

_____

G4 weitere Angaben im Zusammenhang mit der Vermögensauskunft
☐ _____

_____

H ☐ **Erlass des Haftbefehls nach § 802g ZPO**
Bleibt der Schuldner dem Termin zur Abgabe der Vermögensauskunft unentschuldigt fern oder weigert er sich ohne Grund, die Vermögensauskunft zu erteilen, beantrage ich den Erlass eines Haftbefehls nach § 802g Absatz 1 ZPO. Die Gerichtsvollzieherin/den Gerichtsvollzieher bitte ich, den Antrag an das zuständige Amtsgericht weiterzuleiten und dieses zu ersuchen, nach Erlass des Haftbefehls diesen an

☐ den Gläubiger ☐ den Gläubigervertreter zu übersenden.

☐ die zuständige Gerichtsvollzieherin/den zuständigen Gerichtsvollzieher weiterzuleiten. Gegenüber der Gerichtsvollzieherin/dem Gerichtsvollzieher stelle ich den Antrag auf Verhaftung des Schuldners.

I ☐ **Verhaftung des Schuldners (§ 802g Absatz 2 ZPO)**

Haftbefehl des Amtsgerichts   Datum   Geschäftszeichen

_____   _____   _____

J ☐ **Vorpfändung (§ 845 ZPO)**
Anfertigung der Benachrichtigung über die Vorpfändung und Zustellung sowie unverzügliche Mitteilung über die Vorpfändung

☐ für pfändbare Forderungen, die der Gerichtsvollzieherin/dem Gerichtsvollzieher bekannt sind oder bekannt werden

☐ für die folgenden Forderungen:

_____

_____

_____

K ☐ **Pfändung körperlicher Sachen**

K1 ☐ Pfändung von Forderungen aus Wechseln und anderen Papieren, die durch Indossament übertragen werden können

K2 ☐ Taschenpfändung/Kassenpfändung

K3 ☐ Pfändung soll nach Abnahme der Vermögensauskunft durchgeführt werden, soweit sich aus dem Vermögensverzeichnis pfändbare Gegenstände ergeben.

4

K4 ☐ Mit der Erteilung einer Fruchtlosigkeitsbescheinigung nach § 32 der Geschäftsanweisung für Gerichtsvollzieher (GVGA) bin ich **nicht** einverstanden.

K5 Aufträge und Hinweise zur Pfändung und Verwertung, z. B. zu besonderen Gegenständen

☐ _____

_____

L **Ermittlung des Aufenthaltsorts des Schuldners (§ 755 ZPO)** (bitte Hinweise in der Anlage 2 des Formulars beachten)

L1 ☐ Mir ist bekannt, dass der Schuldner unbekannt verzogen ist.

L2 ☐ Negativauskunft des Einwohnermeldeamtes ist beigefügt.

Ermittlung

L3 ☐ der gegenwärtigen Anschriften sowie der Angaben zur Haupt- und Nebenwohnung des Schuldners durch Nachfrage bei der **Meldebehörde**

L4 ☐ des Aufenthaltsorts durch Nachfragen beim **Ausländerzentralregister** und bei der aktenführenden **Ausländerbehörde**

L5 ☐ der bekannten derzeitigen Anschrift sowie des derzeitigen oder zukünftigen Aufenthaltsorts des Schuldners bei den **Trägern der gesetzlichen Rentenversicherung**

L6 ☐ der Halterdaten nach § 33 Absatz 1 Satz 1 Nummer 2 des Straßenverkehrsgesetzes (StVG) des Schuldners beim **Kraftfahrt-Bundesamt**

L7 ☐ der gegenwärtigen Anschriften, des Ortes der Hauptniederlassung oder des Sitzes des Schuldners durch Einsicht in das **Handels-, Genossenschafts-, Partnerschafts-, Unternehmens- oder Vereinsregister**

L8 ☐ der gegenwärtigen Anschriften, des Ortes der Hauptniederlassung oder des Sitzes des Schuldners durch Einholung einer Auskunft bei den nach Landesrecht **für die Durchführung der Aufgaben nach § 14 Absatz 1 der Gewerbeordnung (GewO) zuständigen Behörden**

L9 Hinweise zur Reihenfolge der Ermittlungen (wenn Anfrage nach den Modulen L3, L7 und L8 ergebnislos oder ein Fall des Moduls L1 gegeben ist)

☐ _____

M **Einholung von Auskünften Dritter (§ 802l ZPO)**
(bitte Hinweise zur Einholung von Auskünften Dritter in der Anlage 2 des Formulars beachten)

M1 ☒ Ermittlung der Namen, der Vornamen oder der Firma sowie der Anschriften der derzeitigen Arbeitgeber eines versicherungspflichtigen Beschäftigungsverhältnisses des Schuldners bei den **Trägern der gesetzlichen Rentenversicherung**

M2 ☒ Ersuchen an das **Bundeszentralamt für Steuern,** bei den Kreditinstituten die in § 93b Absatz 1 der Abgabenordnung (AO) bezeichneten Daten abzurufen

M3 ☒ Ermittlung der Fahrzeug- und Halterdaten nach § 33 Absatz 1 StVG zu einem Fahrzeug, als dessen Halter der Schuldner eingetragen ist, beim **Kraftfahrt-Bundesamt**

M4 ☐ Die vorstehend ausgewählte/-n Drittauskunft/Drittauskünfte sollen nur eingeholt werden, wenn der Schuldner seiner Pflicht zur Abgabe der Vermögensauskunft nicht nachkommt.

M5 ☐ Antrag auf aktuelle Einholung von Auskünften (§ 802l Absatz 4 Satz 3 ZPO)
Zur Änderung der Vermögensverhältnisse des Schuldners trage ich vor:

_____

_____

N **Angaben zur Reihenfolge bzw. Kombination der einzelnen Aufträge**

N1 ☐ Die Aufträge _____ werden ohne Angabe einer Reihenfolge erteilt.
(Bezeichnung der Module bitte angeben)

N2 ☐ Der Pfändungsauftrag soll **vor** weiteren Aufträgen durchgeführt werden.

5

---

3. Vorschlag zur Formulierung und Gestaltung eines fachkundlichen Textes:

Sehr geehrte Frau Kraut,

in Ihrer Forderungsangelegenheit gegen Herrn Schlauberger haben wir Herrn Gerichtsvollzieher Hurtig beauftragt, so genannte Auskünfte bei den Trägern der gesetzlichen Rentenversicherung, dem Bundeszentralamt sowie beim Kraftfahrt-Bundesamt einzuholen. Wir hoffen, dass wir dadurch einen Arbeitgeber, Bankkonten und Kfz-Halterdaten des Schuldners ermitteln können. Sofern die Auskünfte Pfändungsmöglichkeiten eröffnen (z.B. Pfändung des Arbeitseinkommens, Pfändung eines Bankkontos) werden wir die notwendigen Maßnahmen einleiten.

Wir werden Sie über die Ergebnisse der Anfragen und die weiteren Schritte zu gegebener Zeit wieder informieren.

Mit freundlichen Grüßen

Rechtsanwalt Glück

Erläuterung:

Erscheint der Schuldner zum Termin zur Abgabe der Vermögensauskunft nicht, oder verweigert er die Abgabe, so kann der Gläubiger neben oder als alternative Möglichkeit zum Haftbefehlsverfahren den Gerichtsvollzieher mit der Einholung von Drittauskünften beauftragen, § 802l ZPO.
Der Gläubiger hat die Wahl, welche Auskünfte eingeholt werden sollen, er muss nicht zwingend alle Möglichkeiten ausschöpfen, zumal neben den Gerichtsvollzieherkosten auch Kosten bei den Abfragestellen anfallen. Die Einholung der Auskünfte kann bereits im Zuge des Antrags auf Abgabe der Vermögensauskunft gestellt werden.

Beachten Sie, dass die Drittauskünfte auch dann eingeholt werden können, wenn der Schuldner die Vermögensauskunft abgegeben hat. Dies ist dann möglich, wenn die im Vermögensverzeichnis angegebenen Vermögensgegenstände eine vollständige Befriedigung des Gläubigers voraussichtlich nicht erwarten lassen, § 802l Abs. 1 S. 1 ZPO. So kann z.B. eine Auskunft beim Bundeszentralamt für Steuern Bankkonten zu Tage fördern, die der Schuldner in der Vermögensauskunft nicht aufgeführt hat oder die Auskunft des Rentenversicherungsträgers einen weiteren oder neuen Arbeitgeber ermitteln.

5.   Nachbesserung/Ergänzung der Vermögensauskunft

Übungsfall 21:

Der Schuldner Kaspar Hauser hat auf Antrag der Kanzlei Glück am 11.12.2017 die Vermögensauskunft abgegeben. Das nachstehende Protokoll geht am 20.12.2017 in der Kanzlei Glück ein:

Verfahren zur Abgabe der Vermögensauskunft   Teil 4

Anlage zur Niederschrift der –Ober- Gerichtsvollzieherin/ des –Ober- Gerichtsvollziehers Johann Bayer	vom 11.12.2017	Geschäftsnummer **DR II** 313/17
bei dem Amtsgericht		

Vermögensverzeichnis

Vor dem Ausfüllen bitte das Merkblatt sorgfältig durchlesen! Zutreffendes ankreuzen ⊠ oder ausfüllen. Bitte deutlich schreiben!

der/ des

Name (auch frühere Namen) Hauser	Vornamen (Rufname unterstreichen) Kaspar	⊠ männlich ☐ weiblich
Geburtsdatum: 01.04.1967	Geburtsort (ggf. auch Kreis und Bezirk angeben) Berlin-Wilmersdorf	

Gesetzliche Vertreterin/ Gesetzlicher Vertreter, Betreuerin / Betreuer der Schuldnerin/ des Schuldners

Anschrift (Straße, Hausnummer, Postleitzahl, Ort)

Münchner Str. 40, 87700 Memmingen

erlernter Beruf Elektriker	zur Zeit tätig als Elektriker

Familienstand ☐ ledig ⊠ verheiratet ☐ getrennt lebend	Bezieht Ihre Ehegattin/ Ehegatte - Lebenspartnerin/ Lebenspartner eigenes Einkommen?
☐ eingetr. Lebenspartnerschaft ☐ geschieden ☐ verwitwet	☐ nein ⊠ ja, Höhe: EUR ☐ unbekannt Name des Ehe-/ Lebenspartners/ der Ehe-/ Lebenspartnerin

Güterstand

⊠ keine besondere Vereinbarung	☐ Gütertrennung	☐ Gütergemeinschaft

Ehe- Lebenspartnerschaftsvertrag Datum:	Notarin/ Notar	Güterrechtsregister beim Amtsgericht/ Standesamt	Geschäftsnummer **GR**

☐ Löschung des Lebenspartnerschaftsvertrags

Unterhaltsberechtigte Kinder (jeweils Vornamen, Namen, Geburtsdatum und Wohnort angeben):

Chantal Britney Hauser, geb. 01.11.2000

Liam Finn Dopfer, geb. 05.07.2007

Verfügen Ihre Kinder über ein eigenes Einkommen?   ☐ nein

Name des Kindes, Art und Höhe des Einkommens:

Art und Höhe des an die Kinder geleisteten Unterhalts (Naturalunterhalt und/ oder Geldbetrag):

⊠   Derzeit keine Zahlung möglich

☐   Naturalunterhalt

☐   mtl.   EUR

ZP 325 Vermögensverzeichnis im Verfahren zur Abgabe der Vermögensauskunft (07.2012)

A. Bewegliche Sachen

Zu Nrn. 1 bis 9: Befinden sich Ihnen gehörige Gegenstände zurzeit nicht in Ihrem Besitz (Gewahrsam), so müssen Sie jeweils hinzufügen, wo sie sich befinden (z. B. „ausgeliehen an ...“). Bei Sachen, die Ihnen nicht allein gehören, Mitberechtigte(n) angeben! Unter Eigentumsvorbehalt erworbene, verpfändete, zur Sicherung übereignete oder gepfändete Sachen sind **nur unter Nr. 9** anzuführen. Es sind auch geliehene, gemietete oder geleaste Gegenstände – unter Angabe der Eigentumsverhältnisse – aufzuführen.

1. Bargeld Wo befindet es sich?	☒ nein	☐ ja, und zwar EUR	andere Währungen:
2. Wertpapiere (z.B. Wechsel, Schecks, Pfandbriefe, Aktien, Fondsanteile usw.) Genau bezeichnen!	☒ nein	☐ ja, und zwar	

3. a) Wohnungseinrichtung und Haushaltswäsche
(siehe Merkblatt, Hinweise zu Nr. 3)

☒ nur Sachen im Rahmen bescheidener Lebensführung

☐ keine eigenen Möbel

☐ Ich wohne möbliert

☐ ich wohne bei der Familie, einer Freundin/ einem Freund

☐ ja, und zwar

b) Kleidungsstücke
(Bei wertvollen Gegenständen Art, Material und Größe angeben)

☐ nur im Rahmen bescheidener Lebensführung und der Berufstätigkeit

☐ folgende Sachen von Wert:

4. Kunstgegenstände und Sammlungen unter Angabe der Art und des Wertes	☒ nein	☐ ja, und zwar
5. Uhren, Schmuck, Gold und ähnliche Wertsachen unter Angabe der Art, des Materials und des Wertes	☒ nein	☐ ja, und zwar
		☐ Nur Modeschmuck ohne besonderen Wert

6. Wertvolle Gebrauchsgegenstände
(anzugeben sind insbesondere Fernsehgeräte, Fotoapparate, Film- und Videokameras, Smartphone, Spielekonsole, Sportgeräte, Jagd- und Sportwaffen, optische Geräte, Computer, Laptop, I-Pad, Werkzeuge, Bücher, Solarien usw.)

☐ ja, und zwar (unter Angabe des Typs, des Herstellungsjahres und des Kaufpreises)

☒ nur veraltete Geräte ohne besonderen Wert

7. a) Fahrzeuge – auch Fahrräder,

Motorräder, Motorroller, Wohnwagen(anhänger), Quads, Wohnmobile–
(Bei Kraftfahrzeugen Typ, Baujahr, aktueller Kilometerstand, amtl. Kennzeichen angeben!)

Für sicherungsübereignete Fahrzeuge siehe Nr. 9b)

☐ nein

☒ ja, und zwar: VW Passat

Baujahr: 1999

Eigentümerin, Eigentümer: Kaspar Hauser

amtl. Kennzeichen: MM-KH 815

Km-Stand: 250.000

Standort: Münchner Str. 40, 87700 Memmingen

Kfz-Versicherung:

Versicherungsnummer:

b) Nutzfahrzeuge
z.B. Rasentraktor, Traktor, Anhänger etc.

☒ nein   ☐ ja, und zwar

ZP 325 Vermögensverzeichnis im Verfahren zur Abgabe der Vermögensauskunft (07.2012)

Bei wem befindet sich der Kfz-Brief bzw. die Zulassungsbescheinigung II?	☒ bei mir ☐ bei
8. Weitere Sachen von Wert (z. B. – wie Gartenhäuser, die nicht der ständigen Unterkunft dienen, Behelfsheime, Verkaufsstände, wertvolle Haustiere, Viehbestände, Zuchttiere,Reitpferde-)	☒ nein ☐ ja, und zwar Die Sachen befinden sich:
9. a) Haben Sie Sachen auf **Abzahlung unter Eigentumsvorbehalt gekauft?** (Anschrift der Verkäuferin / des Verkäufers, Kaufpreis und Restschuld angeben!)	☒ nein ☐ ja, und zwar
b) Haben Sie Sachen (auch Fahrzeuge) **freiwillig verpfändet** oder **zur Sicherung übereignet?** (Genaue Anschrift, Schuldgrund und –höhe angeben!)	☒ nein ☐ ja, und zwar
c) Sind bereits Sachen **gepfändet**, wann und für welche Forderung?	☒ nein ☐ ja, und zwar

B. Forderungen, Guthaben und ähnliche Rechte

10. Monatliche Einkünfte – ggf. besondere Aufstellung beifügen – ☒ Arbeitseinkommen, ☐ sonstige Ansprüche aus Arbeitsverhältnissen	monatlich brutto 1.600,00 EUR		monatlich netto 1.276,39 EUR	
	Weihnachtsvergütung EUR	Urlaubsgeld EUR	Auslösung und sonstige Zulagen EUR	
genaue Bezeichnung (Rechtsform) und Anschrift der Arbeitgeberin/ des Arbeitgebers	Quick-Elektro GmbH, Augsburger Str. 90, 87700 Memmingen			
☐ Leistungen nach dem **Arbeitsförderungsgesetz**, SGB II und SGB XII, sonstige Leistungen ☐ Elterngeld	☐ Arbeitslosengeld	☐ Arbeitsloseng eld II und Kosten für die Unterkunft ☐ In Bedarfsgemein schaft	☐ Unterhaltsgeld	☐ Krankengeld ☐ Hilfe zum Lebensunterhalt, Sozialgeld, Grundsicherung
	Aktenzeichen, Stammnummer	Höhe der Leistung EUR	Zahlungszeitraum	

ZP 325 Vermögensverzeichnis im Verfahren zur Abgabe der Vermögensauskunft (07.2012)

	Leistungsverpflichtete, Leistungsverpflichteter und auszahlende Stelle
	☐ ARGE / Jobcenter in
	☐ Bundesagentur für Arbeit in
	☐ Sozialamt in
	☐ Sonstige

☐ **Renten** (im In- und Ausland)	☐ Altersrente	☐ Hinterbliebenenrente	☐ Unfallrente	☐ Rente wegen verminderter Erwerbsfähigkeit

☒ **Rentenanwartschaften, Versorgungsbezüge**	Leistungsverpflichtete, Leistungsverpflichteter, auszahlende Stelle z.B.:
	☒ Deutsche Rentenversicherung Bund (Ruhrstr. 2, 10709 Berlin) ☐ Anwartschaft auf Betriebsrente oder Pensionsfonds
	☐ Deutsche Rentenversicherung in ☐ Direktversicherung
	☐ Sonstige
	☐ Berufsgenossenschaft
	Renten-, Versicherungs- oder Geschäftsnummer:
	12 123456 H 123

☐ **Private oder betriebliche Altersvorsorge (z.B. Riester- oder Rürup-Rente)** (siehe Anlage III betr. Lebensversicherungen) Renten-, Versicherungs- oder Geschäftsnummer:	

☐ **Sachleistungen** privat genutzter PKW, Wohnung	Leistungsverpflichtete, Leistungsverpflichteter, leistende Stelle:

☐ **Unterhaltsansprüche:**	monatlich EUR	genaue Anschrift der Anspruchsgegnerin/ des Anspruchsgegners

Anzahl der Kinder:		
☐ **Kindergeld** Siehe Merkblatt, Hinweis zu Nr. 10	monatlich EUR	Leistungsverpflichtete, Leistungsverpflichteter, auszahlende Stelle

☐ **Wohngeld** ☐ **Leistungen für Unterkunft und Heizung, soweit nicht im ALG II enth.** Siehe Merkblatt, Hinweis zu Nr. 10	monatlich EUR	Leistungsverpflichtete, Leistungsverpflichteter, auszahlende Stelle

Liegen **Pfändungen** oder **Abtretungen** vor?	☒ nein	☐ ja,	Höhe des Abzugs vom Einkommen	Restschuld
		Ca. EUR	Ca. EUR	Ca. EUR

Bestehen **Forderungen** aus früheren **Arbeitsverhältnissen**?	☒ nein	☐ ja, und zwar

ZP 325 Vermögensverzeichnis im Verfahren zur Abgabe der Vermögensauskunft (07.2012)

Verfahren zur Abgabe der Vermögensauskunft _____ Teil 4

Werden oder wurden **vermögenswirksame Leistungen** (z.B. aus Bausparvertrag) seitens der/ des jetzigen oder einer/ eines vorherigen Arbeitgeberin/ Arbeitgebers erbracht?	☒ nein	☐ ja, und zwar Kontonummer:	Vertragsart

	Empfänger/in der Leistung (Bank, Bausparkasse usw.)

	monatlicher Überweisungsbetrag	jetziger Kontostand
☐ **Ich habe keinerlei Einkommen.** Meinen Lebensunterhalt bestreite ich wie folgt:	EUR	ca. EUR

11. Ansprüche aus Nebenverdienst (wie z. B. Nachhilfeunterricht, Übungsleitervergütung etc.) (siehe Merkblatt, Hinweis zu Nr. 11)	☐ nein	☒ ja, und zwar EUR

12. Ich führe ein Erwerbsgeschäft	☒ nein	☐ ja, habe ich im Ergänzungsblatt I aufgeführt. ☐ mtl. Gewinn: EUR ☐ mtl. Umsatzhöhe: EUR

13. Ansprüche aus Rückerstattung/ Vergütung von Steuern	☒ nein	☐ ja, und zwar	☐ Einkommensteuer/ Kirchensteuer	☐ Lohnsteuer/ Kirchensteuer	☐ Umsatzsteuer / Vorsteuer
		☐ Vermögenssteuer	☐ sonstige Ansprüche, Art:	

Zuständiges Finanzamt:
Steuernummer.

Memmingen

ID-Nummer:

138/123456

Im vergangenen Jahr bin ich einer steuerpflichtigen Tätigkeit nachgegangen:

☒ nein

☐ ja, und zwar ca.   Monate

Die Lohnsteuerbescheinigung des letzten Kalenderjahres befindet sich bei	☒ Finanzamt	☐ Arbeitgeber(in)	☐ Sonstige:

Erstattungsantrag bereits gestellt?	☐ nein	☐ ja	bereits ausgezahlt?	☐ nein	☐ ja

14. Konten, insbesondere:
  – Sparguthaben
  – Gehaltskonten
  – Geschäftskonten
  – Girokonten
  – Paypalkonto
  – Bausparverträge, die **ohne** vermögenswirksame Leistungen angespart werden
(siehe Merkblatt, Hinweis zu Nr. 14)
	☐ nein	☒ ja, und zwar (Es sind auch Konten ohne derzeitiges Guthaben sowie Konten von Dritten, sofern diese benutzt werden, anzugeben! Bei einem Pfändungsschutzkonto bitte ein "P" und bei einem Konto nur für die Zahlung von Sozialleistungen bitte ein "S" hinter der IBAN-Nummer angeben.)

Kontoart und Bank/Sparkasse	Inhaberin/ Inhaber Name, Anschrift	IBAN-Nummer	Kontostand Ca.
P-Konto	Hauser Kaspar	DE-12 3456 7891 2346 78	0 €

☒ Gelder von mir gehen nicht auf das Konto eines Dritten

ZP 325 Vermögensverzeichnis im Verfahren zur Abgabe der Vermögensauskunft (07.2012)

15. Lebensversicherungen, Sterbekassen (siehe Merkblatt, Hinweis zu Nr. 15)	☒ nein	☐ ja, Angaben habe ich im Ergänzungsblatt III aufgeführt ☐ ich bin unwiderruflich Begünstigter einer Lebensversicherung einer anderen Person – Versicherungsgeber: – Versicherungsnummer:
16. Mitgliedschaften bei Genossenschaften (z. B. Volks- und Raiffeisenbanken, Wohnungsgenossenschaften), Beteiligungen an Gesellschaften/ Partnerschaften (siehe Merkblatt, Hinweis zu Nr. 16)	☒ nein	☐ ja, und zwar
17. Ansprüche aus Pacht-, Miet- und Leasingverträgen, auch Untermiete und Ansprüche auf **Rückzahlung geleisteter Mietkautionen und Nebenkosten** – ggf. bes. Aufstellung beifügen – (siehe Merkblatt, Hinweis zu Nr. 17)	☒ nein	☐ ja, und zwar ☐ aus Mietvertrag EUR ☐ aus Mietkautionen EUR ☐ aus Leasingvertrag EUR ☐ aus sonst. Vertrag EUR Name und Anschrift der / des Zahlungspflichtigen: Restlaufzeit ca. Monate/Jahre Wurde die Zahlung der Nebenkosten durch einen Dritten als Darlehen geleistet? ☐ ja von (bitte Darlehensgeber angeben, z. B. ARGE etc.): ☐ nein
18. Haben Sie Rechte an ☐ **Grundstücken (außer Eigentum und grundstücksgleichen Rechten, s. Nr. 22 a)**	☒ nein	☐ ja, und zwar
☐ **Erfindungen (Patente), Urheberrechte, Verlagsrechte, Internetdomain usw.**	☒ nein	☐ ja, und zwar
☐ **Anteile an Erbengemeinschaften** und an fortgesetzten **Gütergemeinschaften, Pflichtteilsansprüche, Erbersatzanspruch** (siehe Merkblatt, Hinweis zu Nr. 18)	☒ nein	☐ ja, und zwar
19. Sonstige Forderungen Anzugeben sind u. a. Forderungen aus Kauf- und Darlehensverträgen, Rückerstattungs- und/oder Ersatzansprüche, Bezugsrechte an/ aus Versicherungen (auch Sachversicherungen), auf Abzahlung gekaufte und noch nicht gelieferte Gegenstände, Schadensersatzansprüche, Ansprüche auf Rückerstattung von Versicherungs- und Mitgliedsbeiträgen, von Energiekosten (Strom, Wasser, Gas) Internetdomaine (siehe Merkblatt, Hinweis zu Nr. 19)	☒ nein	☐ ja, und zwar
20. Verfügen Sie über einen Titel (Urteil, Beschluss usw.), aus dem hinsichtlich der unter Nr. 10 – 19 bezeichneten Forderungen die Zwangsvollstreckung betrieben werden kann?	☒ nein	☐ ja, und zwar

ZP 325 Vermögensverzeichnis im Verfahren zur Abgabe der Vermögensauskunft (07.2012)

21. Welche unter Nr. 12 bis 20 angeführten Ansprüche sind freiwillig **verpfändet** oder **abgetreten?**	☒ keine	☐ folgende: (Gläubiger/in sowie Art und Höhe der Forderung angeben)
22. a) Grundvermögen (Grundstücke, Wohnungs- oder Teileigentum, sonstige grundstücksgleiche Rechte, z. B. Erbbaurecht – auch im Ausland-)	☒ nein	☐ ja, habe ich im Ergänzungsblatt II, Abschnitt A aufgeführt.
b) Schiffe, Schiffsbauwerke, auch Flugzeuge, Sportflugzeuge oder Anteile daran	☒ nein	☐ ja, und zwar
23. Anderes land- und forstwirtschaftliches Vermögen?	☒ nein	☐ ja, habe ich im Ergänzungsblatt II, Abschnitt B aufgeführt.

C. Veräußerungen von Vermögensgegenständen – auch Forderungen – in der Vergangenheit

24. Haben Sie innerhalb der letzten **zwei** Jahre, vor dem ersten zur Abgabe der Vermögensauskunft anberaumten Termin, Gegenstände an eine der nachgenannten Personen

entgeltlich veräußert?	☒ nein	☐ ja, und zwar an (Gegenstände und deren Wert angeben!)
☐ meine Ehegattin / meinen Ehegatten (vor, während oder nach der Ehe)		
☐ meine oder meiner Ehegattin / meines Ehegatten Eltern, Großeltern, Kinder, Enkelkinder		
☐ meine oder meines Ehegatten Geschwister und Halbgeschwister		
☐ die Ehegatten der zuvor genannten Personen		
☐ meiner Lebenspartnerin / meinem Lebenspartner		
☐ Personen, mit denen ich in häuslicher Gemeinschaft lebe oder im letzten Jahr vor der Handlung gelebt habe		
25. Haben Sie innerhalb der letzten **vier** Jahre vor dem ersten zur Abgabe der Vermögensauskunft anberaumten Termin **unentgeltlich** über Gegenstände (auch Geld) verfügt? Gebräuchliche Gelegenheitsgeschenke sind nicht anzugeben. (siehe Merkblatt, Hinweise zu Nrn. 24 und 25)	☒ nein	☐ ja, und zwar (Gegenstände und deren Wert angeben!)

Anlagen zu diesem Hauptblatt	☐ Ergänzungsblatt I	☐ Ergänzungsblatt II	☐ Ergänzungsblatt III	☐ Sonstige Anlagen

Ich habe das Merkblatt für Schuldnerinnen und Schuldner im Verfahren zur Abgabe der Vermögensauskunft erhalten und es beim Ausfüllen des Verzeichnisses beachtet.

Ort, Datum	Unterschrift der Schuldnerin/des Schuldners, der gesetzlichen Vertreterin/ des gesetzlichen Vertreters, der Betreuerin/ des Betreuers (Vor- und Zuname)
Memmingen, 11.12.2017	Die Vermögensauskunft wird ab 2013 elektronisch erfasst. Das Dokument ist dann generell nicht unterschrieben!

ZP 325 Vermögensverzeichnis im Verfahren zur Abgabe der Vermögensauskunft (07.2012)

1. Beurteilen Sie anhand der erteilten Auskünfte des Schuldners die Erfolgsaussichten bei
   a) einer Pfändung des Arbeitseinkommens
   b) einer Sachpfändung des Pkws
   (ohne gesetzlichen Bestimmungen)
2. Der Schuldner hat einige Auskünfte nicht erteilt, die im Falle einer Pfändung des
   Arbeitseinkommens von Relevanz sind. Ermitteln Sie gezielt diese Lücken und
   recherchieren Sie, wie Sie an alle fehlenden Informationen durch eine konkrete
   weitere Vollstreckungsmaßnahme gelangen können (ohne gesetzliche Bestimmungen)
3. Formulieren Sie einen Text an den Gerichtsvollzieher, welcher als Anlage dem
   Gerichtsvollzieherauftrag beigefügt werden kann, da der Platz im Formularmo-
   dul nicht ausreichend ist, um an alle fehlenden Informationen zu gelangen, die
   Sie zur Prüfung der Erfolgsaussichten einer eventuellen Pfändung des Arbeitseinkommens benötigen.

Lösungsvorschlag:

1. a)

Das Einkommen des Schuldners liegt bei drei unterhaltsberechtigten Personen unterhalb
der Pfändungsfreigrenze. Im Rahmen einer Pfändung des Arbeitseinkommens würden
sich keine pfändbaren Beträge ergeben.

1. b)

Der Pkw ist 18 Jahre alt und dürfte, soweit er überhaupt pfändbar ist (eventuell liegt
eine Unpfändbarkeit vor, weil der Schuldner das Fahrzeug zur Berufsausübung benötigt)
keinen Versteigerungserlös erzielen, der die Kosten des Verfahrens deckt (Verbot der
nutzlosen Pfändung).

2.

Das Vermögensverzeichnis weist folgende Lücken auf:

* es fehlt die Angaben zur Höhe des Einkommens der Ehefrau
* es fehlt die Information, ob die volljährige Tochter Chantal Britney über eigenes Einkommen und wenn ja, in welcher Art und in welcher Höhe, verfügt
* es fehlen die Angaben zum Nebenverdienst (Name und Adresse des Arbeitgebers,
  Höhe des Nebenverdienstes).

Hinweis: Diese Informationen könnten dazu führen, bei einem Antrag auf Erlass eines
Pfändungs- und Überweisungsbeschlusses beantragt werden kann, dass unterhaltsberechtigte Personen bei der Berechnung des unpfändbaren Betrages ganz oder teilweise
unberücksichtigt bleiben. Zudem kann die Addition des Einkommens mit dem Nebenverdienst beantragt werden.

Aufgrund der fehlenden Angaben kann beim Gerichtsvollzieher die Nachbesserung bzw.
Ergänzung der Vermögensauskunft durch den Schuldner beantragt werden.

3. Vorschlag zur Formulierung und Gestaltung eines fachkundlichen Textes:

Herrn Gerichtsvollzieher
Johann Bayer
Memmingen

Az.: DR II 313/17 Zwangsvollstreckungsverfahren … ./. Kaspar Hauser

Sehr geehrter Herr Gerichtsvollzieher Bayer,

wir nehmen Bezug auf die Vermögensauskunft des Schuldners, die er am 11.12.2017 unter dem Aktenzeichen DR II 313/17 Ihnen gegenüber abgegeben hat. Der Schuldner hat in seiner Vermögensauskunft folgende Auskünfte nicht erteilt:

1. Angaben über die Höhe des Einkommens seiner Ehefrau

2. Angaben darüber, ob die volljährige Tochter Chantal Britney über eigenes Einkommen, ggf. über Art und Höhe, verfügt

3. Angaben zum Nebenverdienst (Name und Adresse des Arbeitgebers, Höhe der Nebeneinkünfte)

*Wir **beantragen** daher, einen Termin zur Ergänzung der Vermögensauskunft zu bestimmen und den Schuldner zu diesem Termin zu laden, in welchem er die ergänzenden Auskünfte zu erteilen hat.*

Wir bitten um Übersendung einer Protokollabschrift. Den Vollstreckungstitel, das Vermögensverzeichnis sowie die Vollstreckungsunterlagen fügen wir in der Anlage bei.

Sollte der Schuldner zum Termin nicht erscheinen oder die Abgabe der entsprechenden Ergänzungen ohne Grund verweigern, beantragen wir den Erlass eines Haftbefehls nach § 802g ZPO. Wir dürfen Sie bitten, den vorbereiteten Antrag an das Vollstreckungsgericht Memmingen weiterzuleiten. Nach Erlass des Haftbefehls dürfen wir Sie bitten, die Verhaftung des Schuldners vorzunehmen.

Mit freundlichen Grüßen

Rechtsanwalt Glück

Anlagen
Vollstreckungstitel
Vermögensverzeichnis vom 11.12.2017
Vollstreckungsunterlagen
Antrag auf Erlass eines Haftbefehls

Erläuterung:

Soweit ein Vermögensverzeichnis lückenhaft, widersprüchlich oder ungenau vom Schuldner ausgefüllt wurde, kann jeder Gläubiger, also auch derjenige, der das Verfahren nicht betrieben, sondern lediglich eine Protokollabschrift erhalten hat, einen Antrag auf Nachbesserung bzw. Ergänzung der Vermögensauskunft stellen. Eine spezielle gesetzliche Regelung gibt es hierzu nicht. Das bisherige Verfahren auf Abgabe der Vermögensauskunft wird fortgesetzt, weshalb für einen Ergänzungs- bzw. Nachbesserungsantrag keine weiteren Gerichtsvollzieherkosten anfallen.

Hoppla: Das Verfahren auf Ergänzung bzw. Nachbesserung der Vermögensauskunft ist nicht mit der erneuten Vermögensauskunft gemäß § 802d ZPO zu verwechseln!

6. Erneute Abgabe der Vermögensauskunft

Übungsfall 22:

Die Kanzlei Glück erhält am 02.01.2018 ein Telefax der Drittschuldnerin Seniorenparadies GmbH, die mitteilt, dass Isolde Kurz, die Schuldnerin in der Akte Sam Lang ./. Kurz Isolde, ihr Arbeitsverhältnis mit der Seniorenparadies GmbH zum 31.12.2017 gekündigt hat. Ab Januar 2018 werden daher keine pfändbaren Beträge mehr an die Kanzlei Glück abgeführt, man betrachte den vorliegenden Pfändungs- und Überweisungsbeschluss damit als erledigt. In der Akte befindet sich das Vermögensverzeichnis der Schuldnerin vom 25.09.2017. Die sich hieraus bietenden Vollstreckungsmöglichkeiten der Pfändung des Arbeitseinkommens und des Bankkontos wurden ausgeschöpft. Weitere pfändbare Habe war nicht vorhanden. Die Forderung in Höhe von 3.290,00 € ist im Urteil des Amtsgerichtes Dresden vom 21.07.2017, Az. 9 C 1313/17, tituliert.

Entwickeln Sie zwei unterschiedliche Pläne, was Sie veranlassen könnten, um in dieser verfahrenden Zwangsvollstreckungsangelegenheit doch noch voranzukommen (ohne gesetzliche Bestimmungen).

Lösungsvorschlag:

Plan A:
- Recherche, ob ein neuer Arbeitgeber der Schuldnerin bekannt ist
  z.B. durch ein Telefonat mit der Seniorenparadies GmbH oder durch Nachfrage bei der Mandantschaft
  sofern ein neuer Arbeitgeber ermittelt werden kann:
- Zustellung eines vorläufigen Zahlungsverbotes
- Antrag auf Erlass eines Pfändungs- und Überweisungsbeschlusses

Plan B:
- Antrag auf erneute Abgabe der Vermögensauskunft gemäß § 802d ZPO
  ggf. in Kombination mit Einholung von Drittauskünften bei den Trägern der gesetzlichen Rentenversicherung, § 802l ZPO und/oder Haftbefehlsantrag § 802g ZPO
  sofern ein neuer Arbeitgeber ermittelt werden kann:
- Zustellung eines vorläufigen Zahlungsverbotes
- Antrag auf Erlass eines Pfändungs- und Überweisungsbeschlusses
  soweit sich aus dem neuen Vermögensverzeichnis andere Pfändungsmöglichkeiten ergeben:
  geeignete Maßnahmen ergreifen, z.B. Pfändung von Arbeitslosengeld

Plan C:
- isolierter Auftrag an Gerichtvollzieher zur Einholung von Drittauskünften beim Träger der gesetzlichen Rentenversicherung nach § 802l Abs. 1 Nr. 1 ZPO mit der Begründung, dass die im Vermögensverzeichnis vom 25.09.2017 aufgeführten Vermögensgegenstände eine vollständige Befriedigung des Gläubigers nicht erwarten lassen.
  sofern ein neuer Arbeitgeber ermittelt werden kann:
- Zustellung eines vorläufigen Zahlungsverbotes
- Antrag auf Erlass eines Pfändungs- und Überweisungsbeschlusses

Übungsfall 23:

Die Kanzlei Glück erhält am 02.01.2018 ein Telefax der Drittschuldnerin Seniorenparadies GmbH, die mitteilt, dass Isolde Kurz, die Schuldnerin in der Akte Sam Lang ./.Kurz Isolde, ihr Arbeitsverhältnis mit der Seniorenparadies GmbH zum 31.12.2017 gekündigt hat. Ab Januar 2018 werden daher keine pfändbaren Beträge mehr an die Kanzlei Glück abgeführt, man betrachte den vorliegenden Pfändungs- und Überweisungsbeschluss damit als erledigt. In der Akte befindet sich das Vermögensverzeichnis der Schuldnerin vom 25.09.2017. Die sich hieraus bietenden Vollstreckungsmöglichkeiten der Pfändung des Arbeitseinkommens und des Bankkontos wurden ausgeschöpft. Weitere pfändbare Habe war nicht vorhanden. Die Forderung in Höhe von 3.290,00 € ist im Urteil des Amtsgerichtes Dresden vom 21.07.2017, Az. 9 C 1313/17, tituliert.

Trotz intensiver Recherchen, auch durch Einholung von Drittauskünften bei der Deutschen Rentenversicherung nach § 802l Abs. 1 S. Nr. 1 ZPO, konnte ein neuer Arbeitgeber nicht ermittelt werden. Es ist nicht klar, wie

Schuldnerin nach der Kündigung ihres Arbeitsverhältnisses ihren Lebensunterhalt bestreitet.

1. Recherchen Sie, was jetzt noch unternommen werden kann, um in Erfahrung zu bringen, wie die Schuldnerin nach ihrer Eigenkündigung des Arbeitsverhältnisses ihren Lebensunterhalt bestreitet.

2. Erteilen Sie dem zuständigen Vollstreckungsorgan einen geeigneten Auftrag und füllen Sie hierzu das Modul G 3 im Formular aus.

G **Abnahme der Vermögensauskunft** (bitte Hinweise in der Anlage 2 des Formulars beachten)

G1 ☐ nach den §§ 802c, 802f ZPO (ohne vorherigen Pfändungsversuch)

G2 ☐ nach den §§ 802c, 807 ZPO (nach vorherigem Pfändungsversuch)
Sofern der Schuldner wiederholt nicht anzutreffen ist,
☐ bitte ich um Rücksendung der Vollstreckungsunterlagen.
☐ beantrage ich, das Verfahren zur Abnahme der Vermögensauskunft nach den §§ 802c, 802f ZPO einzuleiten.

G3 ☐ erneute Vermögensauskunft nach § 802d ZPO (wenn der Schuldner bereits innerhalb der letzten zwei Jahre die Vermögensauskunft abgegeben hat)
Die Vermögensverhältnisse des Schuldners haben sich wesentlich geändert, weil

_____
_____
_____

Zur Glaubhaftmachung füge ich bei:

_____
_____
_____

G4 weitere Angaben im Zusammenhang mit der Vermögensauskunft
☐

H ☐ **Erlass des Haftbefehls nach § 802g ZPO**
Bleibt der Schuldner dem Termin zur Abgabe der Vermögensauskunft unentschuldigt fern oder weigert er sich ohne Grund, die Vermögensauskunft zu erteilen, beantrage ich den Erlass eines Haftbefehls nach § 802g Absatz 1 ZPO. Die Gerichtsvollzieherin/den Gerichtsvollzieher bitte ich, den Antrag an das zuständige Amtsgericht weiterzuleiten und dieses zu ersuchen, nach Erlass des Haftbefehls diesen an
☐ den Gläubiger ☐ den Gläubigervertreter zu übersenden.
☐ die zuständige Gerichtsvollzieherin/den zuständigen Gerichtsvollzieher weiterzuleiten. Gegenüber der Gerichtsvollzieherin/dem Gerichtsvollzieher stelle ich den Antrag auf Verhaftung des Schuldners.

Lösungsvorschlag:

1.

Da bei der Schuldnerin eine wesentliche Veränderung der Vermögensverhältnisse durch die Kündigung vorliegt, kann von ihr die erneute Abgabe der Vermögensauskunft gemäß § 802d ZPO verlangt werden.

2.

G	**Abnahme der Vermögensauskunft** (bitte Hinweise in der Anlage 2 des Formulars beachten)

G1	☐ nach den §§ 802c, 802f ZPO (ohne vorherigen Pfändungsversuch)

G2	☐ nach den §§ 802c, 807 ZPO (nach vorherigem Pfändungsversuch)
	Sofern der Schuldner wiederholt nicht anzutreffen ist,
	☐ bitte ich um Rücksendung der Vollstreckungsunterlagen.
	☐ beantrage ich, das Verfahren zur Abnahme der Vermögensauskunft nach den §§ 802c, 802f ZPO einzuleiten.

G3	☒ erneute Vermögensauskunft nach § 802d ZPO (wenn der Schuldner bereits innerhalb der letzten zwei Jahre die Vermögensauskunft abgegeben hat)
	Die Vermögensverhältnisse des Schuldners haben sich wesentlich geändert, weil
	<u>die Schuldnerin ihr bisheriges Arbeitsverhältnis mit der Firma Seniorenparadies GmbH zum 31.12.2017 gekündigt hat.</u>
	Zur Glaubhaftmachung füge ich bei:
	<u>Telefax der Firma Sonnenschein GmbH vom 02.01.2018</u>

G4	weitere Angaben im Zusammenhang mit der Vermögensauskunft
	☐

H	☐ **Erlass des Haftbefehls nach § 802g ZPO**
	Bleibt der Schuldner dem Termin zur Abgabe der Vermögensauskunft unentschuldigt fern oder weigert er sich ohne Grund, die Vermögensauskunft zu erteilen, beantrage ich den Erlass eines Haftbefehls nach § 802g Absatz 1 ZPO. Die Gerichtsvollzieherin/den Gerichtsvollzieher bitte ich, den Antrag an das zuständige Amtsgericht weiterzuleiten und dieses zu ersuchen, nach Erlass des Haftbefehls diesen an
	☐ den Gläubiger ☐ den Gläubigervertreter zu übersenden.
	☐ die zuständige Gerichtsvollzieherin/den zuständigen Gerichtsvollzieher weiterzuleiten. Gegenüber der Gerichtsvollzieherin/dem Gerichtsvollzieher stelle ich den Antrag auf Verhaftung des Schuldners.

Erläuterung:

Hat ein Schuldner die Vermögensauskunft abgegeben, kann von ihm üblicherweise erst nach Ablauf eines Zeitraums von 2 Jahren (Sperrfrist) erneut die Abgabe der Vermögensauskunft verlangt werden. Beantragt ein anderer Gläubiger während dieser Sperrfrist die Abgabe der Vermögensauskunft vom Schuldner, so leitet der Gerichtsvollzieher diesem Gläubiger einen Ausdruck der letzten abgegebenen Vermögensverzeichnisses zu, § 802d Abs. 1 S. 1, 2 ZPO. Der Gerichtsvollzieher informiert den Schuldner über die erteilte Abschrift und belehrt ihn über die Möglichkeit der Eintragung in das Schuldnerverzeichnis. Weist der Schuldner dann nicht innerhalb eines Monats die vollständige Befriedigung desjenigen Gläubigers nach, dem eine Abschrift des Vermögensverzeichnisses zugeleitet wurde, ordnet der Gerichtsvollzieher auch für diesen Vorgang die Eintragung in das Schuldnerverzeichnis an. Damit wird der Warnfunktion des Schuldnerverzeichnisses Rechnung getragen.

Tritt jedoch während der 2-jährigen Sperrfrist eine wesentliche Veränderung der Vermögensverhältnisse des Schuldners ein, so kann ein Gläubiger auch während der Schonfrist eine erneute Vermögensauskunft verlangen, § 802d Abs. 1 S. 1 ZPO. Wesentliche Veränderungen sind z.B.

- Arbeitsplatzwechsel, Kündigung des Arbeitsverhältnisses, Arbeitslosigkeit
- Geschäftsaufgabe
- Erbschaft
- gehobener Lebensstil (Auslandsurlaube, neuer Pkw etc.)

Der Antrag auf erneute Abgabe der Vermögensauskunft kann auch mit weiteren Anträgen, z.B.

- Beantragung eines Haftbefehls und/oder Einholung von Drittauskünften, wenn der Schuldner zur Abgabe der Vermögensauskunft nicht erscheint oder diese verweigert
- Zustellung eines Zahlungsverbots
- Sachpfändungsauftrag

kombiniert werden.

Kapitel 6
Arten der Zwangsvollstreckung

1. Zwangsvollstreckung in das bewegliche Vermögen

1.1 Sachpfändungsauftrag

Übungsfall 24:

In der Akte Vogel ./. Wild liegt ein rechtskräftiger Vollstreckungsbescheid des Amtsgerichtes Coburg über eine Hauptforderung in Höhe von 4.000,00 €, zzgl. Zinsen in Höhe von 5 % Punkten über dem Basiszinssatz seit dem 01.05.2017, vorgerichtlicher Mahnkosten in Höhe von 20,00 € sowie Kosten des Mahnverfahrens in Höhe von 537,12 € vor. Der Mandant Vogel (Privatperson) hat Sie darüber informiert, dass der Schuldner Wild neben einer wertlosen Armbanduhr auch eine Rolex-Uhr hat.

1. Prüfen Sie anhand des Gesetzestextes, welche konkrete Zwangsvollstreckungsmaßnahme aufgrund der vom Mandanten erteilten Information einen Vollstreckungserlös erwarten lässt.

2. Prüfen Sie, welches Vollstreckungsorgan für die unter Ziff. 1 gefragte Zwangsvollstreckungsmaßnahme zuständig ist.

Lösungsvorschlag:

1.

Bei der Rolex-Uhr handelt es sich um eine bewegliche Sache. Die Zwangsvollstreckung beweglicher Sachen erfolgt durch Pfändung, § 803 Abs. 1 ZPO. Gepfändete Sachen werden in der Regel durch eine öffentliche Versteigerung, § 814 ZPO, verwertet. Es könnte also die Pfändung und Verwertung der Rolex-Uhr betrieben werden.

Hinweis: Die Zwangsvollstreckung in körperliche Sachen ist in den §§ 808–827 ZPO geregelt.

2.

Die Zwangsvollstreckung wegen einer Geldforderung in körperliche Sachen wird vom Gerichtsvollzieher durchgeführt §§ 753, 808 ZPO.

1.2 Pfandverwertung

Übungsfall 25:

Gleicher Sachverhalt wie Übungsfall 24. Herr Mandant Vogel ruft Sie jedoch an und teilt mit, dass ihm die Rolex-Uhr des Schuldners immer schon gut gefallen habe und er diese gerne hätte. Er fragt an, ob er als Gläubiger die Uhr nach Wegnahme durch den Gerichtsvollzieher ausgehändigt erhalten kann.

Bereiten Sie eine kurze E-Mail an Herrn Vogel vor, in welcher Sie ihm seine Frage beantworten und einen Besprechungstermin zur weiteren Abstimmung vorschlagen.

Vorschlag zur Formulierung und Gestaltung eines fachkundlichen Textes:

Sehr geehrter Herr Vogel,

Sie baten uns um Mitteilung, ob Ihnen die beim Schuldner zu pfändende Rolex-Uhr ausgehändigt werden kann.

Nach § 814 ZPO sind gepfändete Gegenstände vom Gerichtsvollzieher durch eine öffentliche Versteigerung zu verwerten. Bei einer solchen öffentlichen Versteigerung können Sie auch als Gläubiger mitbieten, § 1239 Abs. 1 BGB. Es bietet sich aber auch ein Antrag gem. § 825 ZPO, die Übereignung der gepfändeten Sache auf den Gläubiger, d.h. auf Sie, an.

In diesem Fall würde der geschätzte Wert der Uhr von der Vollstreckungsforderung in Abzug gebracht werden. Die Schätzung soll von einem Sachverständigen vorgenommen werden, kann aber auch durch den Gerichtsvollzieher erfolgen.

Bitte setzen Sie sich kurzfristig mit unserer Kanzlei in Verbindung, damit wir die weitere Vorgehensweise besprechen können.

Mit freundlichen Grüßen

Rechtsanwalt

Erläuterung:

Die Verwertung gepfändeter Sachen erfolgt durch eine Versteigerung vor Ort oder im Internet über eine Versteigerungsplattform, § 814 ZPO. Schauen Sie sich die Internetseite www.justizauktion.de unbedingt einmal an. Sie ist sehr interessant und gibt Aufschluss darüber, wie eine solche Versteigerung im Internet abläuft.

> **Wichtig:**   Man kann den Gerichtsvollzieher aber nicht „zwingen" diese Art der Versteigerung zu wählen. Möchte der Gerichtsvollzieher eine „Vor-Ort-Versteigerung" (die häufig wesentlich teurer ist), muss der Gläubiger das hinnehmen.

Auf Antrag des Gläubigers darf der Gerichtsvollzieher eine gepfändete Sache auch auf eine andere Weise oder an einem anderen Ort verwerten, § 825 Abs. 1 ZPO z.B.

- Übertragung des Eigentums an den Gläubiger oder an einen Dritten
- freihändiger Verkauf
- Versteigerung an einem anderen Ort.

Beispiel 1:   Der Gerichtsvollzieher pfändet in einer dörflichen Umgebung Kunstgegenstände. Eine Versteigerung vor Ort wird voraussichtlich wenig Interessenten anlocken. Eine Versteigerung in einer größeren Stadt dürfte erfolgversprechender sein. Es kann daher beim Gerichtsvollzieher ein Antrag auf Verwertung an einem anderen Ort gestellt werden.

Beispiel 2:   Ein vom Gläubiger unter Eigentumsvorbehalt an den Schuldner verkaufter Pkw wird gepfändet und soll versteigert werden. Der Gläubiger kann beim Gerichtsvollzieher beantragen, dass ihm der Pkw zum Schätzwert übereignet wird.

Beispiel 3:   Der Gerichtsvollzieher hat den gesamten Warenbestand eines Geschäftes mit zahlreichen Kleinteilen gepfändet. Hier könnte zur Zeit- und Kostenreduzierung beim Gerichtsvollzieher ein freihändiger Verkauf beantragt werden.

Diese Anträge sind beim Gerichtsvollzieher zu stellen (Modul K 4 des verbindlichen Formulars für Gerichtsvollzieherauftrages).

§ 825 Abs. 2 ZPO bietet die Möglichkeit, dass die Versteigerung durch eine andere Person als den Gerichtsvollzieher vorgenommen wird. Dieser Antrag ist beim Vollstreckungsgericht zu stellen.

Beispiel 4:   Der Gerichtsvollzieher hat ein Teppichlager gepfändet. Ein Auktionator mit Sachkenntnis ist für eine Versteigerung besser geeignet als der Gerichtsvollzieher. Das Vollstreckungsgericht kann auf Antrag auch die Versteigerung durch eine andere Person anordnen, § 825 Abs. 2 ZPO.

Gepfändetes Geld hat der Gerichtsvollzieher unverzüglich beim Gläubiger abzuliefern, § 815 Abs. 1 ZPO.

Gepfändete Wertpapiere sind, wenn sie einen Börsen- oder Marktpreis haben, von dem Gerichtsvollzieher aus freier Hand zum Tageskurs zu verkaufen und, wenn sie einen solchen Preis nicht haben, nach den allgemeinen Bestimmungen zu versteigern, § 821 ZPO.

1.3 Austauschpfändung

Übungsfall 26:

Fallgestaltung wie im Übungsfall 24. Die Sachpfändung der Rolex-Uhr wurde beauftragt. Am 12.01.2018 geht das Protokoll der Frau Gerichtsvollzieherin Schätzle vom 05.01.2018 in der Kanzlei Glück ein. Aus diesem Protokoll ist ersichtlich, dass die Gerichtsvollzieherin eine vorläufige Austauschpfändung gemäß § 811b ZPO vorgenommen hat, da der Schuldner Wild tatsächlich nur über eine einzige Uhr verfügt und die Rolex-Uhr somit dem Pfändungsverbot gemäß § 811 ZPO unterliegt. Den Wert der gepfändeten Rolex-Uhr beziffert Frau Gerichtsvollzieherin Schätzle auf 5.000,00 €. Sonstige pfändbare Habe hat Frau Schätzle nicht vorgefunden.

1. Überlegen Sie, was von der Kanzlei Glück bis wann zu veranlassen ist.

2. Teilen Sie Herrn Vogel schriftlich den aktuellen Sachstand mit.

Lösungsvorschlag:

1.

Die von der Gerichtsvollzieherin vorgenommene Pfändung ist nur vorläufig und wäre gemäß § 811b Abs. 2 ZPO dann aufzuheben, wenn nicht innerhalb einer Frist von zwei Wochen ab Zustellung der Benachrichtigung über die vorläufige Austauschpfändung ein Antrag auf Zulassung der Austauschpfändung nach § 811a ZPO beim Vollstreckungsgericht gestellt wird. Die Pfändung ist auch dann aufzuheben, wenn ein Antrag auf Austauschpfändung zurückgewiesen wird, § 811b Abs. 2 ZPO. Die Kanzlei Glück hat nun innerhalb einer 2-wöchigen Frist ab Zugang des Gerichtsvollzieherprotokolls am 12.01.2018, d.h. bis spätestens zum 26.01.2018, beim zuständigen Vollstreckungsgericht einen Antrag auf Zulassung der Austauschpfändung gemäß § 811a Abs. 2 ZPO zu stellen.

Erläuterung:

Sofern das Vollstreckungsgericht dem Antrag stattgibt, ist ein geeignetes Ersatzstück, d.h. also eine Uhr oder aber ersatzweise ein Geldbetrag sofort oder nach erfolgter Versteigerung, mit welchem der Schuldner eine Ersatzuhr kaufen kann, entsprechend dem Beschluss des Vollstreckungsgerichtes dem Schuldner zur Verfügung zu stellen.

2. Vorschlag zur Formulierung und Gestaltung eines fachkundlichen Textes:

Vogel ./. Wild

Sehr geehrter Herr Vogel,

als Anlage übersenden wir Ihnen eine Abschrift des Gerichtsvollzieherprotokolls vom 05.01.2018, uns zugegangen am 12.01.2018. Der Schuldner Wild hat lediglich eine einzige Uhr, die Rolex-Uhr, im Eigentum. Sie dient dem persönlichen Gebrauch und ist gemäß § 811 Zivilprozessordnung unpfändbar. Es besteht allerdings die Möglichkeit, im Rahmen einer so genannten Austauschpfändung diesen eigentlich unpfändbaren Gegenstand dennoch zu pfänden und dem Schuldner stattdessen ein geeignetes Ersatzstück oder einen Geldbetrag, mit welchem er sich ein Ersatzstück beschaffen kann, zur Verfügung zu stellen. Die Zulassung einer solchen Austauschpfändung muss jedoch beim Vollstreckungsgericht beantragt werden.

Frau Gerichtsvollzieherin Schätzle hat uns darüber informiert, dass sie die Uhr beim Schuldner im Rahmen einer vorläufigen Austauschpfändung gepfändet hat. Wir haben den erforderlichen Antrag auf Zulassung der Austauschpfändung bereits gestellt und fügen

Ihnen als Anlage diesen Schriftsatz bei. Über die Entscheidung des Gerichts werden wir Sie informieren.

Sofern das Vollstreckungsgericht dem Antrag stattgeben wird, wird dem Schuldner über die Gerichtsvollzieherin eine Ersatzuhr bzw. ein entsprechender Geldbetrag zur Ersatzbeschaffung übergeben. Diese Kosten stellen gleichfalls Kosten der Zwangsvollstreckung dar. Anschließend wird die Gerichtsvollzieherin die Verwertung der gepfändeten Uhr betreiben.

Mit freundlichen Grüßen

Rechtsanwalt Glück

Anlagen
Gerichtsvollzieherprotokoll vom 05.01.2018
Antrag auf Zulassung einer Austauschpfändung vom …

Erläuterung:

In Übungsfall 26 hat die Gerichtsvollzieherin selbstständig die Austauschpfändung vorgenommen, da sie vor Ort beim Schuldner festgestellt hat, dass dieser nur über eine einzige Uhr verfügt.

Aber auch der Gläubiger kann von sich aus beim Vollstreckungsgericht die Zulässigkeit einer Austauschpfändung beantragen, wenn der Schuldner über einen Gegenstand verfügt, der zwar werthaltig, aber durch die §§ 811 Abs. 1 Nr. 1, 5 und 6 unpfändbar ist.

1.4 Vorwegpfändung

Übungsfall 27:

Frau Herta Feile hat für ihr Nagel- und Kosmetikstudio bei der Firma Body & Naildesign GmbH eine Kosmetikliege zum Preis von 2.300,00 € gekauft, jedoch den vereinbarten Kaufpreis nicht bezahlt. Es liegt eine vollstreckbare Ausfertigung eines Versäumnisurteils des Amtsgerichtes Frankfurt gegen Frau Herta Feile vor. Die Kanzlei Glück soll nun für die Gläubigerin die Zwangsvollstreckung einleiten. Die Schuldnerin ruft zuvor in der Kanzlei Glück an und teilt mit, man könne sich die Beauftragung des Gerichtsvollziehers sparen, alle Gegenstände in ihrem Studio benötige sie für ihre Erwerbstätigkeit und deshalb sind diese unpfändbar. Dies habe der Gerichtsvollzieher, der für einen anderen Gläubiger schon bei ihr war, auch so im Vollstreckungsprotokoll festgehalten. Sie würde das Studio noch drei Monate weiterführen, dann ginge sie in Rente.

1. **Kontrollieren Sie anhand der ZPO, ob die Behauptung der Schuldnerin, sämtliche Gegenstände in ihrem Geschäftsbetrieb – also auch die Kosmetikliege – seien unpfändbar, grundsätzlich richtig ist.**

2. **Prüfen Sie weiter, unter welcher Voraussetzung für die Gläubigerin und Verkäuferin der Kosmetikliege Body & Naildesign GmbH eine gezielte Sachpfändung im Studio der Schuldnerin möglich wäre. Sofern Sie zur Prüfung neben dem Gesetzestext noch weitere Informationen und/oder Unterlagen benötigen sollten, richten Sie ein Telefax an die Mandantschaft.**

Lösungsvorschlag:

1.

Aktuell ist die Kosmetikliege, weil sie für die Ausübung des Geschäftsbetriebes der Schuldnerin notwendig ist, unpfändbar, § 811 Nr. 5 ZPO. Allerdings hat die Schuldnerin bei ihrem Anruf in der Kanzlei mitgeteilt, dass sie ihr Geschäft in drei Monaten aufgeben wird. Nach der Geschäftsaufgabe wäre dann die Liege pfändbar. § 811d ZPO eröffnet die Möglichkeit, die Liege bereits jetzt im Wege der Vorwegpfändung zu pfänden, da zu erwarten ist, dass dieser unpfändbare Gegenstand demnächst pfändbar wird. Die Vorwegpfändung ist für die Dauer bis zu einem Jahr möglich.

2.

In § 811 Abs. 5 ZPO ist normiert, dass zur Erwerbstätigkeit erforderliche Gegenstände unpfändbar sind. Dazu gehört die Geschäftsausstattung der Schuldnerin, somit auch die Kosmetikliege. Allerdings wäre eine Pfändung der von der Gläubigerin an die Schuldnerin verkauften Kosmetikliege dann möglich, wenn die Firma Body & Nageldesign GmbH ihre Ware unter Eigentumsvorbehalt verkauft hat, vgl. § 811 Abs. 2 ZPO. Es ist daher zu recherchieren, ob ein Eigentumsvorbehalt vereinbart wurde. Dies lässt sich z.B. aus dem Kaufvertrag, der Kaufpreisrechnung oder, sofern vorhanden, aus den allgemeinen Geschäftsbedingungen der Mandantin entnehmen. Der Eigentumsvorbehalt ist durch eine Urkunde nachzuweisen, § 811 Abs. 2 S. 3 ZPO, hier z.B. durch eine Kopie des Kaufvertrags der Mandantin.

Vorschlag zur Formulierung und Gestaltung eines fachkundlichen Textes:

Sehr geehrte Damen und Herren,

Sie haben uns mit der Zwangsvollstreckung gegen Frau Herta Feile beauftragt. Sofern der Verkauf der Kosmetikliege unter Eigentumsvorbehalt erfolgt ist, kann die Ware, obwohl sie nach § 811 Nr. 5 ZPO unpfändbar ist, weil die Schuldnerin sie zur Ausübung ihrer Gewerbetätigkeit benötigt, für Sie gepfändet werden. Wir dürfen Sie daher um Mitteilung bitten, ob ein Eigentumsvorbehalt vorliegt und wenn ja, dürfen wir Sie um Vorlage des Kaufvertrages oder sonstiger Unterlagen, aus welchem der Eigentumsvorbehalt hervorgeht, bitten.

Mit freundlichen Grüßen

Rechtsanwalt Glück

Erläuterung:

§ 811d ZPO ermöglicht die Pfändung von momentan noch unpfändbaren Gegenständen, die aber in Kürze pfändbar werden, z.B. der Schuldner beabsichtigt, seine Landwirtschaft demnächst wegen Erreichen des Rentenalters aufzugeben. Der gepfändete Gegenstand verbleibt beim Schuldner. Durch die Vorwegpfändung wird der Anspruch des Gläubigers gesichert, d.h. der Schuldner darf über den gepfändeten Gegenstand nicht mehr verfügen, er darf ihn also nicht veräußern, belasten etc. Der gepfändete Gegenstand ist nach Eintritt der Pfändbarkeit vor dem Zugriff anderer Gläubiger geschützt. Wird der gepfändete Gegenstand nicht innerhalb eines Jahres pfändbar, hat der Gerichtsvollzieher die Vorwegpfändung aufzuheben, § 811d Abs. 2 ZPO.

1.5 Mehrfachpfändung, Anschlusspfändung

Übungsfall 28:

Aus dem Gerichtsvollzieherprotokoll ist zu entnehmen, dass Frau Gerichtsvollzieherin Schätzle anlässlich eines Pfändungsversuchs aus einem Urteil des Landgerichts beim Schuldner einen PKW gepfändet hat. Die Pfändung ist für zwei Gläubiger gleichzeitig erfolgt, der Vollstreckungsauftrag der Kanzlei Flink ging zwei Wochen vor dem Pfändungsauftrag der Kanzlei Glück bei der Gerichtsvollzieherin ein. Die Gerichtsvollzieherin wird den PKW eine Woche nach der Pfändung mit einem Startgebot in Höhe von 10.500,00 € im Internetportal www.justizauktion.de einstellen. Nach Erhalt des Gerichtsvollzieherprotokolls ruft die Mandantin Heidi Hase aufgeregt in der Kanzlei Glück an und möchte gern wissen, wie ein eventueller Versteigerungserlös verteilt würde. Sie befürchtet, dass sie den Kürzeren ziehen wird, weil der andere Gläubiger schneller war.

1. Beurteilen Sie anhand des Gesetzes, in welcher Rangfolge die Gläubiger bei einer eventuellen Verteilung eines Versteigerungserlöses zu berücksichtigen wären.

2. Bei der Bearbeitung der Akte stellen Sie fest, dass sich dort seit 4 Wochen noch eine vollstreckbare Ausfertigung des Kostenfestsetzungsbeschlusses befindet, der nicht Gegenstand der laufenden Vollstreckung ist. Prüfen Sie, ob auch hinsichtlich dieses Titels noch eine Pfändung des Pkws möglich ist und was von Ihnen ggf. zu veranlassen ist.

3. Informieren Sie anschließend die Mandantin zu Ziff. 1. und klären Sie sie darüber hinaus auf, wie unter den gegebenen Umständen die beiden Forderungen der Mandantin aus dem Urteil und dem Kostenfestsetzungsbeschluss bei einer eventuellen Versteigerung zu berücksichtigen wären. Gesetzliche Bestimmungen sind nicht anzugeben.

Lösungsvorschlag:

1.

Die Pfändung des Fahrzeuges hat die Gerichtsvollzieherin für beide Gläubiger gleichzeitig vorgenommen und wird für beide gleichermaßen versteigert, es spielt daher in diesem Fall keine Rolle, dass der Auftrag der Kanzlei Flink zuerst bei der Gerichtsvollzieherin eingegangen ist, § 827 Abs. 3 ZPO. Sollte der Versteigerungserlös nicht ausreichen, um beide Forderungen komplett zu bedienen, so erfolgt eine quotale Aufteilung des Erlöses entsprechend dem Verhältnis der jeweiligen Forderungen der Gläubiger gem. § 827 Abs. 2 ZPO.

2.

Eine bereits gepfändete Sache kann nochmals gepfändet werden. Man spricht hier von einer Anschlusspfändung gemäß §§ 826, 827 ZPO. Es sollte daher schnellstmöglich die Gerichtsvollzieherin mit der Anschlusspfändung des Pkws aus dem Kostenfestsetzungsbeschluss beauftragt werden. Es ist davon auszugehen, dass die Wartefrist des § 798 ZPO eingehalten ist, da die Kanzlei bereits seit vier Wochen über eine vollstreckbare Ausfertigung verfügt.

3. Vorschlag zur Formulierung und Gestaltung eines fachkundlichen Textes:

Sehr geehrte Frau Hase,

zu Ihrer Frage, wie ein eventueller Versteigerungserlös des gepfändeten Fahrzeuges unter den beiden Gläubigern zu verteilen wäre, teilen wir Ihnen gerne Folgendes mit:

Die Pfändung des Fahrzeuges ist von Frau Gerichtsvollzieherin Schätzle für beide Gläubiger gleichzeitig erfolgt, so dass Sie neben dem weiteren Gläubiger gleichberechtigt am Erlös teilhaben. Sollte der Versteigerungserlös nicht ausreichen, um beide Forderungen komplett zu bedienen, so erfolgt eine quotale Aufteilung des Erlöses entsprechend dem Verhältnis der jeweiligen Forderung der Gläubiger.

Zu Ihrer Information teilen wir Ihnen weiter mit, dass wir nach Eingang des Gerichtsvollzieherprotokolls die Gerichtsvollzieherin mit einer so genannten Anschlusspfändung aus dem hier inzwischen vorliegenden weiteren Titel, dem Kostenfestsetzungsbeschluss, beauftragt haben. Das bedeutet, dass wegen dieser weiteren Forderung der bereits gepfändete Pkw nochmals gepfändet wird.

Hinsichtlich dieser Forderung nehmen Sie an der Verteilung eines Versteigerungserlöses nachrangig teil, d.h. nur dann, wenn die beiden anderen Forderungen vollumfänglich bezahlt sind. Über das Ergebnis der Versteigerung werden wir Sie informieren.

Mit freundlichen Grüßen

Rechtsanwalt Glück

Hinweis: An diesem Beispiel können Sie sehr schön sehen, wie wichtig es ist, bei Beauftragung von Zwangsvollstreckungsmaßnahmen darauf zu achten, aus allen Titeln gleichzeitig zu vollstrecken bzw. eine Wiedervorlage zu notieren um zu prüfen, ob die Kosten zwischenzeitlich festgesetzt worden sind.

Erläuterung:

Ein bereits gepfändeter Gegenstand kann nochmals gepfändet werden. Wir unterscheiden hier die **Anschlusspfändung** (§ 826 ZPO) und die **Mehrfachpfändung** (§ 827 ZPO). Bei der Anschlusspfändung kann ein wirksam gepfändeter Gegenstand durch denselben oder einen anderen Gläubiger nochmals gepfändet werden. Im Pfändungsprotokoll ist anzugeben, zu welcher Zeit die Anschlusspfändung erfolgt ist. Die Verteilung des Versteigerungserlöses erfolgt entsprechend der zeitlichen Rangfolge der Pfändungen. Zunächst wird die Forderungen des Erstpfändenden berücksichtigt, verbleibt ein Überschuss, so erfolgt die Verteilung an den nächsten Anschlusspfändenden usw.

Bei der Mehrfachpfändung wird ein Gegenstand für mehrere Gläubiger gleichzeitig gepfändet.

Es besteht zwischen allen Gläubigern Ranggleichheit. Ein Versteigerungserlös wird, sofern er nicht für die gesamten Forderungen ausreicht, quotal verteilt.

Beispiel: Der Versteigerungserlös beträgt nach Abzug der Kosten 10.000,00 €. Die Forderung des Gläubigers der Kanzlei Flink beträgt 12.000,00 € (= 75 % der Gesamtforderung), die Forderung von Heide Hase beträgt 4.000,00 € (= 25 % der Gesamtforderung). Heide Hase würde daher 25 % aus dem Versteigerungserlös, also 2.500,00 € erhalten.

Teil 4

1.6 Pfändung zur Nachtzeit, Sonn- und Feiertagen, Durchsuchungsanordnung

Übungsfall 29:

Im Posteingang der Kanzlei Glück finden sich ein Protokoll der Gerichtsvollzieherin Schätzle sowie der Titel und die Vollstreckungsunterlagen. Im Protokoll führt die Gerichtsvollzieherin aus, dass sie trotz zahlreicher Versuche zu unterschiedlichen Tageszeiten den Schuldner nicht angetroffen hat. Nach Auskunft der Nachbarn ist der Schuldner Lkw-Fahrer und viel auf Europas Straßen unterwegs. Meist komme er spät nachts oder am Wochenende nach Hause.

Klären Sie unter Zuhilfenahme des Gesetzes

1. welche Möglichkeiten bestehen, die in die Sackgasse geratene Sachpfändung beim Schuldner fortzusetzen

2. welches Organ für den nächsten notwendigen Vollstreckungsschritt zuständig ist

3. wer funktionell dort entscheidet (ohne Angabe gesetzlicher Bestimmungen).

4. Formulieren Sie bitte für diejenige Maßnahme, für welche keine Formularpflicht besteht, einen geeigneten Antrag.

Lösungsvorschlag:

1.

Die Gerichtsvollzieherin darf nicht ohne Einwilligung des Schuldners seine Wohnung durchsuchen, außer es ist Gefahr in Verzug, z.B. weil zu befürchten ist, dass der Schuldner pfändbare Sache beiseiteschafft. Zum Betreten der Schuldnerwohnung während seiner Abwesenheit oder für den Fall, dass er die Durchsuchung verweigert, ist daher eine richterliche Durchsuchungsanordnung notwendig. Diese ist in § 758a Abs. 1 ZPO geregelt. Die Gerichtsvollzieherin konnte den Schuldner wiederholt zu unterschiedlichen Tageszeiten nicht antreffen. Sofern eine Vollstreckung in der Zeit von 21.00 bis 9.00 Uhr sowie an Sonn- und Feiertagen durchgeführt werden soll, ist auch hierfür ein Beschluss zur Vollstreckung zur Nachtzeit/Unzeit (so genannter Nachtbeschluss) gemäß § 758a Abs. 4 ZPO erforderlich. Einen Formularzwang gibt es für diesen Antrag nicht. Zweckmäßigerweise sollte daher eine richterliche Durchsuchungsanordnung und ein Antrag auf Anordnung der Vollstreckung zur Nachtzeit gestellt werden.

2.

Zuständiges Vollstreckungsorgan für die Durchsuchungsanordnung und der Anordnung zur Vollstreckung zur Nachtzeit/Unzeit ist das Vollstreckungsgericht, § 758a Abs. 1, 4 ZPO.

3.

Funktionell zuständig ist der Richter beim Vollstreckungsgericht. Dies deswegen, weil in die Grundrechte des Schuldners (Unverletzlichkeit der Wohnung Art. 13 GG) eingegriffen wird.

4.

Für einen Antrag auf eine richterliche Durchsuchungsanordnung ist zwingend das verbindlich eingeführte Formular des Bundesjustizministeriums (www.bmjv.de) zu verwenden. Eine Möglichkeit, mit diesem Formular auch gleichzeitig einen Antrag auf Anordnung der Vollstreckung zur Nachtzeit sowie an Sonn- und Feiertagen zu stellen, besteht nicht. Für diesen Antrag gibt es keinen Formularzwang.

Vorschlag zur Formulierung und Gestaltung eines fachkundlichen Textes:

An das Vollstreckungsgericht

In der Zwangsvollstreckungssache

Name, Adresse   – Gläubiger –

vertreten durch Rechtsanwälte Glück, Adresse

gegen

Name, Adresse   – Schuldner-

überreichen wir in der Anlage die vollstreckbare Ausfertigung des ... vom ... Az.: sowie die Vollstreckungsunterlagen und beantragen den Erlass eines Beschlusses gemäß § 758a Abs. 4 ZPO hinsichtlich der Wohnung des Schuldners Herr ...., (Adresse)

an Sonn- und Feiertagen und zur Nachtzeit.

Begründung:

Der Gläubiger betreibt die Zwangsvollstreckung gegen den Schuldner. Die zuständige Gerichtsvollzieherin hat den Schuldner wiederholt zu verschiedenen Tageszeiten nicht angetroffen.

Glaubhaftmachung: *Protokoll der Gerichtsvollzieherin Schätzle vom ...*

– als Anlage G 1 –

Nach Auskunft der Nachbarn ist der Schuldner Lkw-Fahrer und kommt spät nachts oder am Wochenenden nach Hause. Zur Fortsetzung der Zwangsvollstreckung ist daher ein Beschluss gemäß § 758a Abs. 4 ZPO notwendig.

Wir bitten das Vollstreckungsgericht, nach Erlass des Beschlusses diesen zusammen mit den Vollstreckungsunterlagen direkt an Frau Gerichtsvollzieherin Schätzle zur Fortsetzung der Zwangsvollstreckung weiterzuleiten.

Rechtsanwalt Glück

Erläuterung:

Gewährt der Schuldner dem Gerichtsvollzieher keinen Zutritt zu seiner Wohnung, so kann eine Durchsuchung nur mit einem richterlichen Durchsuchungsbeschluss erfolgen.

Achtung: Für diesen Antrag ist zwingend das verbindliche Formular des Bundesjustizministeriums zu verwenden.

Von einer vorherigen Anhörung des Schuldners kann das Vollstreckungsgericht absehen, wenn der Gläubiger gewichtige Gründe darlegt, die den Vollstreckungserfolg gefährden (z.B. Vorwarnung des Schuldners und die Gefahr, dass Vermögenswerte und Unterlagen beiseite geschafft werden). Es empfiehlt sich daher, auf dem Formular entsprechende Angaben zu machen.

Eine richterliche Durchsuchungsanordnung wird nicht benötigt, wenn

* Gefahr in Verzug ist
* ein Haftbefehl oder
* ein Räumungsurteil

zu vollstrecken sind.

> **Wichtig:** Hat der Gläubiger den Pfändungsauftrag mit einem Antrag auf Abgabe der Vermögensauskunft gemäß § 807 ZPO kombiniert, kann der Gerichtsvollzieher bei einer Durchsuchungsverweigerung dem Schuldner die Vermögensauskunft sofort abnehmen. Widerspricht der Schuldner der Sofortabnahme, bestimmt der Gerichtsvollzieher einen Termin zur Abgabe der Vermögensauskunft, ohne dass er vorher eine Zahlungsfrist setzen muss, § 807 Abs. 2 ZPO.

2 Zwangsvollstreckung in Forderungen und andere Rechte

2.1 Pfändungs- und Überweisungsbeschluss, Vorpfändung

Übungsfall 30

In der Akte Vogel ./. Wild liegt ein rechtskräftiger Vollstreckungsbescheid des Amtsgerichtes Coburg über eine Hauptforderung in Höhe von 8.000,00 €, zzgl. Zinsen in Höhe von 5 % Punkten über dem Basiszinssatz seit dem 01.05.2017, vorgerichtlicher Mahnkosten in Höhe von 20,00 € sowie Kosten des Mahnverfahrens in Höhe von 939,26 € vor. Aus dem Schuldnerfragebogen ist ersichtlich, dass Herr Wild bei der bei der Firma Survival Expert GmbH in Köln beschäftigt ist und ein Bankkonto bei der ABC-Bank in Dortmund unterhält. Der Mandant Vogel hat Anhaltspunkte dafür, dass noch weitere Gläubiger versuchen, ihre Forderungen gegen den Schuldner durchzusetzen.

1. Prüfen Sie anhand des Gesetzestextes, welche konkrete Art der Zwangsvollstreckung aufgrund der vorliegenden Information möglich ist,

2. welches Vollstreckungsorgan für die Maßnahmen zuständig ist.

3. Prüfen Sie, welche Möglichkeit es gibt, die Ansprüche des Mandanten schnell zu sichern, d.h. eine Auszahlung von pfändbaren Beträgen oder Kontoguthaben an den Schuldner zu verhindern und ihm im Wettlauf mit den anderen Gläubigern eine gute Position zu verschaffen.

Lösungsvorschlag:

1.

Der Schuldner bezieht ein Arbeitseinkommen, d.h. Herr Wild hat eine Forderung gegen seinen Arbeitgeber auf Zahlung von Arbeitsentgelt. Daneben unterhält er ein Bankkonto. Hieraus könnten sich Forderungen gegen die Bank auf Auszahlung eines Guthabens etc. ergeben. In beide Forderungen des Schuldners gegen die Drittschuldner könnte vollstreckt werden. Hierzu ist ein Antrag auf Erlass eines Pfändungs- und Überweisungsbeschlüsse zu stellen.

2.

Die Zwangsvollstreckung in Forderungen erfolgt durch das Vollstreckungsgericht, §§ 764, 828 ZPO.

3.

Der Erlass eines Pfändungs- und Überweisungsbeschlusses sowie die Zustellung an Drittschuldner können wertvolle Zeit in Anspruch nehmen. Da die Forderung desjenigen Gläubiger, der zuerst wirksam pfändet, auch zuerst bedient wird (§§ 804 Abs. 3, 829 Abs. 2, 3 ZPO), ist Eile geboten. Mit der Zustellung einer Vorpfändung – auch vorläufiges Zahlungsverbot genannt – gemäß § 845 ZPO wird der Drittschuldner, also hier der

> Arbeitgeber und die Bank aufgefordert, nicht an den Schuldner zu zahlen. Auch dem Schuldner wird untersagt, über die Forderungen zu verfügen. Der Pfändungs- und Überweisungsbeschluss muss zwingend innerhalb einer Frist von einem Monat ab Zustellung der Vorpfändung an den Drittschuldner zugestellt werden, ansonsten verliert die Vorpfändung ihre Wirkung, § 845 Abs. 2 ZPO.

Erläuterung:

In der ZPO ist die Vollstreckung in Forderungen und sonstige Rechte in den §§ 828–863 geregelt. Die Pfändung von angeblichen Forderungen des Schuldners an einen Dritten, wie z.B. Ansprüche auf Auszahlung von

- Arbeitseinkommen
- Bankguthaben
- Bausparguthaben
- Lebensversicherungen
- Steuererstattungsansprüchen usw.

erfolgt durch einen Pfändungs- und Überweisungsbeschluss, §§ 829, 829a, 835 ZPO.

Achtung: Für die Beantragung von Pfändungs- und Überweisungsbeschlüsse herrscht Formularzwang, d.h. die vom Gesetzgeber eingeführten Formulare sind zwingend zu nutzen. Für die Pfändung von Unterhaltsansprüchen ist ein gesondertes Formular verbindlich zu verwenden.

Der Antrag ist beim Vollstreckungsgericht, § 764, 828 ZPO in 4-facher Ausfertigung einzureichen. Dem Antrag sind der Original-Titel sowie die bisherigen Original-Vollstreckungsunterlagen beizufügen. Mehrere Forderungen gegen unterschiedliche Drittschuldner können in einem Antrag zusammengefasst werden, z.B. Pfändung des Arbeitseinkommens beim Arbeitgeber und Pfändung der Bankkonten beim Kreditinstitut, § 829 Abs. 1 S. 1. Für jeden weiteren Drittschuldnern ist eine zusätzliche Antragsausfertigung einzureichen. Die Gerichtskosten für die Beantragung eines Pfändungs- und Überweisungsbeschlusses betragen 20,00 €, gleich wie hoch die Anzahl der Drittschuldner ist. Die Zustellung eines Pfändungs- und Überweisungsbeschlusses erfolgt durch den Gerichtsvollzieher. Der Gläubiger kann bei Antragstellung angeben, ob das Vollstreckungsgericht den erlassenen Pfändungs- und Überweisungsbeschluss an die Verteilerstelle für Gerichtsvollzieheraufträge zum Zwecke der Zustellungen weiterleiten soll oder er selber die Zustellung in Auftrag geben möchte. Sofern mehrere Drittschuldner vorhanden sind, sollte der Gläubiger die Zustellung selbst beauftragen. Grund hierfür ist, dass der Gerichtsvollzieher parallel die Ausfertigungen der Beschlüsse an die verschiedenen Drittschuldner zügig zustellen kann. Bei der alternativen Zustellungsvariante wird zunächst an den ersten im Pfändungs- und Überweisungsbeschluss genannten Drittschuldner zugestellt, danach an den zweiten usw. Es kann unter Umständen Wochen dauern, bis alle Zustellungen bewirkt sind und es besteht die Gefahr, dass andere Gläubiger schneller sind. Erst nachdem an alle Drittschuldner zugestellt wurde, erfolgt die Zustellung an den Schuldner, damit dieser nicht gewarnt ist und beispielsweise noch sein Konto leerräumen kann.

Zum vorläufigen Zahlungsverbot:

§ 845 ZPO verlangt als Voraussetzung der Vorpfändung (vorläufiges Zahlungsverbot) lediglich einen vollstreckbaren Schuldtitel. Dieser muss nicht einmal in Schriftform vorliegen, d.h. es kann ein Urteilsspruch telefonisch beim Gericht abgefragt und sodann über den Gerichtsvollzieher eine Vorpfändung an den Drittschuldner und Schuldner zugestellt werden. Die allgemeinen und besonderen Voraussetzungen der Zwangsvollstreckung

- das Vorliegen einer vollstreckbaren Ausfertigung
- die Zustellung des Titels, der Klausel und Urkunden (§ 750 Abs. 2 ZPO)
- die Stellung einer Sicherheitsleistung, Zustellung einer nur gegen Sicherheitsleistung vorläufig vollstreckbaren Titels mit Klausel (§ 750 Abs. 3 ZPO)
- die Beachtung der Wartefrist (§ 798 ZPO)

ist für das Ausbringen eines vorläufiges Zahlungsverbotes nicht erforderlich, da die Vorpfändung nur eine Rangsicherung darstellt. Eine Verwertung erfolgt nicht. Die Zustellung einer Vorpfändung erfolgt zunächst an den Drittschuldner, dann an den Schuldner durch einen beliebigen Gerichtsvollzieher, der entweder die Zustellung persönlich vornimmt oder die Post mit der Zustellung beauftragt. Auf der Zustellurkunde werden Tag, Stunde und Minute der Zustellung vermerkt. Der Gläubiger kann für den Auftrag zum Ausbringen eines vorläufigen Zahlungsverbots das verbindliche Formular für den Vollstreckungsauftrag (Modul J) nutzen. Der Gerichtsvollzieher fertigt in diesem Fall selbst ein Zahlungsverbot an und sorgt für die Zustellung. Alternativ kann der Gläubiger selbst ein Zahlungsverbot erstellen und den Gerichtsvollzieher lediglich mit der Zustellung beauftragen. Für die bloße Zustellung des vorläufigen Zahlungsverbotes herrscht kein Formularzwang, so dass der Gläubiger das Modul D 4 des Vollstreckungsformulars hierzu nutzen kann, aber nicht muss.

Innerhalb einer Frist von einem Monats ab der Zustellung ist dann die Zustellung eines Pfändungs- und Überweisungsbeschlusses an den Drittschuldner zu bewirken, da ansonsten die Arrestwirkung des vorläufigen Zahlungsverbotes entfällt. Die entsprechenden Fristen sind zu notieren.

Tipp: Das Vollstreckungsgericht sollte beim Antrag auf Erlass eines Pfändungs- und Überweisungsbeschlusses darauf hingewiesen werden, dass eine Vorpfändung läuft, so dass dort eine rasche Bearbeitung zu erfolgen hat.

Vorpfändungen können beliebig oft wiederholt werden, z.B. wenn der Pfändungs- und Überweisungsbeschluss nicht innerhalb eines Monats zugestellt werden kann, oder aber um das Konto des Schuldners über einen längeren Zeitraum „lahmzulegen". Sollte jedoch bei wiederholten Zahlungsverboten ein anderer Gläubiger einen Pfändungs- und Überweisungsbeschluss zustellen lassen, verdrängt diese Pfändung die erste Zustellung der Vorpfändung in der Rangfolge.

2.2   Vorratspfändung, Dauerpfändung

Übungsfall 31:

Sie erhalten den Auftrag, aus einer vollstreckbaren Urkunde des Jugendamtes Kindesunterhalt gegen Herrn Ali Mente zu vollstrecken und sollen hierzu sein Arbeitseinkommen bei der Stein-Zeit Hoch- und Tiefbau GmbH pfänden. Nach der Jugendamtsurkunde ist ab dem 01.10.2017 ein jeweils zum ersten eines Monats fälliger Kindesunterhalt in Höhe von 376,00 € geschuldet.

Prüfen Sie, ob Sie nun für jeden Monat, an welchem kein Unterhalt eingeht, erneut ein Pfändungs- und Überweisungsbeschluss beantragen müssen. Recherchieren Sie hierzu die gesetzliche Regelung.

Lösungsvorschlag:

Nach § 751 Abs. 1 ZPO darf die Zwangsvollstreckung erst dann eingeleitet werden, wenn nach Ablauf eines jeden ersten Tages im Monat kein Unterhalt eingegangen ist. Einem Unterhaltsgläubiger, dem ein Anspruch aus einem gesetzlichen Unterhaltsanspruch zusteht, billigt der § 850d Abs. 3 ZPO jedoch auch die Pfändung in **künftig fällig werdendes Arbeitseinkommen** wegen der dann jeweils fällig werdenden Ansprüche zu. Es muss also nicht jeden Monat ein neuer Antrag gestellt werden.

Erläuterung:

Die Pfändung künftig fällig werdender Unterhaltsansprüche in künftig fällig werdendes Arbeitseinkommen bezeichnet man als **Vorratspfändung**. Voraussetzung ist allerdings, dass auch wegen eines schon fälligen Anspruchs gepfändet wird. Der Pfändungs- und Überweisungsbeschluss wirkt und sichert auch den Rang im Hinblick auf künftiges Arbeitseinkommen des Schuldners. Die Vorratspfändung ist neben Unterhaltsansprüchen auch für wegen der aus Anlass einer Verletzung des Körpers oder der Gesundheit zu zahlenden Renten möglich, § 850d ZPO.

Der Gläubiger kann auch künftig fällige Unterhaltsforderungen oder Renten in Forderungen, die nicht Arbeitseinkommen sind, z.B. Mietforderungen, betreiben. Dies bezeichnet man als **Dauerpfändung**. Diese Möglichkeit ist nicht gesetzlich geregelt, sondern hat sich durch Rechtsprechung entwickelt. Allerdings wird die Pfändung erst mit Eintritt der jeweiligen Fälligkeit der Forderung wirksam, z.B. Unterhalt zum jeden Monatsersten. Die Dauerpfändung wirkt daher nicht, so wie die Vorratspfändung, rangwahrend.

Achtung: Für die Beantragung eines Pfändungs- und Überweisungsbeschlusses von Unterhaltsansprüchen ist das gesetzlich vorgeschriebene Formular zwingend zu verwenden.

2.3 Drittschuldnererklärung, pfändbares Arbeitseinkommen

Übungsfall 32:

Der Buchhalter des Autohauses HappyCar, ruft in der Kanzlei Glück an und teilt mit, dass dem Unternehmen heute ein Pfändungs- und Überweisungsbeschluss durch einen Gerichtsvollzieher zugestellt wurde. Gepfändet wurde das gesamte gegenwärtige und künftige Arbeitseinkommen ihres Arbeitnehmers, dem Carreiniger Peter Silie, aufgrund einer titulierten Kaufpreisforderung der Firma Handyworld. Der Buchhalter erzählt, dass dies der erste Pfändungsfall in der Firma überhaupt ist und er bittet um Unterstützung, was nun von der Firma HappyCar zu erledigen ist. Der Arbeitnehmer, Single ohne Unterhaltpflichten, bezieht ein Festgehalt von 1.000,00 € brutto, eine monatliche Schmutzzulage in Höhe von 100,00 € brutto sowie ein Weihnachtsgeld in Höhe von 700,00 € brutto. In zwei Monaten soll der Arbeitnehmer innerhalb des Unternehmens ein neues Arbeitsfeld zugeteilt erhalten und zur Überführung von Kraftfahrzeugen eingesetzt werden. Herr Peter Silie soll dann einen höheren Verdienst erhalten.

Recherchieren Sie,

1. **welche Pflichten den Drittschuldner treffen**
2. **ob das Arbeitseinkommen weiterhin in vollem Umfang vom Drittschuldner an den Arbeitnehmer ausgezahlt werden kann**
3. **ab wann die Pfändung greift und ob sie auch die künftige Tätigkeit des Schuldners als Fahrzeugüberführer erfasst.**

Lösungsvorschlag:

1.

Der Drittschuldner hat auf Verlangen des Gläubigers binnen einer Frist von zwei Wochen ab Zustellung des Pfändungs- und Überweisungsbeschlusses eine Drittschuldnererklärung gemäß § 840 ZPO abzugeben. Das Autohaus HappyCar darf die pfändbaren Beträge nicht mehr an den Schuldner auszahlen, ansonsten macht es sich gegenüber dem Gläubiger schadensersatzpflichtig.

2.

Der Arbeitgeber hat zu ermitteln, ob und inwieweit das Arbeitseinkommen des Arbeitnehmers pfändbar ist. Der Pfändungsumfang ergibt sich aus den §§ 850 ff. ZPO.

Das Nettoeinkommen des Schuldners in Höhe von brutto 1.000,00 € liegt unterhalb der in § 850c Abs. 1 ZPO festgelegten Pfändungsfreigrenze und ist unpfändbar. Die monatliche Schmutzzulage stellt Arbeitseinkommen dar, ist aber nach § 850a Nr. 3 ZPO gleichfalls unpfändbar. Lediglich das Weihnachtsgeld ist hinsichtlich eines Betrages in Höhe von 200,00 € pfändbar, § 850a Nr. 4 ZPO. Dieser Betrag ist zum Zeitpunkt der Fälligkeit der Auszahlung des Weihnachtsgeldes an den Gläubiger abzuführen.

3.

Die Pfändung wird mit der Zustellung des Pfändungs- und Überweisungsbeschlusses an die Firma HappyCar bewirkt, § 829 Abs. 3 ZPO, und erstreckt sich auch auf die künftige Tätigkeit als Fahrzeugüberführers, vgl. hierzu § 833 Abs. 1 ZPO. Die Drittschuldnerin hat dann anhand des geänderten Verdienstes neu zu bewerten, ob sich pfändbare und von ihr abzuführende Beträge ergeben.

Erläuterung:

Eine Drittschuldnererklärung ist auf Antrag des Gläubigers gemäß § 840 Abs. 1 ZPO abzugeben. Der Antrag ist auf Seite 1 des Formularantrages auf Erlass eines Pfändungs- und Überweisungsbeschlusses anzukreuzen:

Raum für Kostenvermerke und Eingangsstempel

Amtsgericht _____

Vollstreckungsgericht

_____

_____

Antrag auf Erlass eines Pfändungs- und Überweisungsbeschlusses insbesondere wegen gewöhnlicher Geldforderungen

1

Es wird beantragt, den nachfolgenden Entwurf als Beschluss auf ☒ Pfändung ☒ und ☒ Überweisung zu erlassen.

☒ Zugleich wird beantragt, die Zustellung zu vermitteln (☒ mit der Aufforderung nach § 840 der Zivilprozessordnung – ZPO).

☐ Die Zustellung wird selbst veranlasst.

Es wird gemäß dem nachfolgenden Entwurf des Beschlusses Antrag gestellt auf

☐ Zusammenrechnung mehrerer Arbeitseinkommen (§ 850e Nummer 2 ZPO)

☐ Zusammenrechnung von Arbeitseinkommen und Sozialleistungen (§ 850e Nummer 2a ZPO)

☐ Nichtberücksichtigung von Unterhaltsberechtigten (§ 850c Absatz 4 ZPO)

☐ _____

_____

Es wird beantragt,

☐ Prozesskostenhilfe zu bewilligen

☐ Frau Rechtsanwältin / Herrn Rechtsanwalt

_____

beizuordnen.

☐ Prozesskostenhilfe wurde gemäß anliegendem Beschluss bewilligt.

Anlagen:

☐ Schuldtitel und ___ Vollstreckungsunterlagen

☐ Erklärung über die persönlichen und wirtschaftlichen Verhältnisse nebst ___ Belegen

☐ _____

_____

☐ Verrechnungsscheck für Gerichtskosten

☐ Gerichtskostenstempler

☐ Ich drucke nur die ausgefüllten Seiten

_____

(Bezeichnung der Seiten)
aus und reiche diese dem Gericht ein.

Datum   (Unterschrift Antragsteller/-in)

Hinweis:
Soweit für den Antrag eine zweckmäßige Eintragungsmöglichkeit in diesem Formular nicht besteht, können ein geeignetes Freifeld sowie Anlagen genutzt werden.

Die Drittschuldnererklärung kann entweder bei der Zustellung des Pfändungs- und Überweisungsbeschlusses gegenüber dem Gerichtsvollzieher auf der Zustellurkunde oder in einem gesonderten Schreiben abgegeben werden. Kommt der Drittschuldner seiner Auskunftspflicht nicht, verspätet oder mit falschen Angaben nach, haftet er gegenüber dem Gläubiger, § 840 Abs. 2 S. 2 ZPO. Der Gläubiger kann den Schaden (z.B. nicht abgeführte pfändbare Beträge) dann im Wege einer Leistungsklage, der so genannten Drittschuldnerklage, gegen den Drittschuldner geltend machen. Dem Schuldner ist bei einer Drittschuldnerklage der Streit zu verkünden, da er ein eigenes Interesse an diesem Verfahren hat (§ 841 ZPO). Der Auskunftsanspruch hingegen ist gegenüber dem Drittschuldner nicht einklagbar.

§ 840c ZPO verlangt nicht, dass der Drittschuldner Auskunft über die Höhe des Arbeitsgeldes, der Steuerklasse, unterhaltspflichtige Personen etc. erteilt. Diese Informationen kann der Gläubiger dadurch erhalten, dass er im Antrag auf Erlass eines Pfändungs- und Überweisungsbeschlusses beantragt, dass der Schuldner die laufenden Lohn- und Gehaltsabrechnungen einschließlich derjenigen der letzten drei Monate vor Zustellung des Pfändungs- und Überweisungsbeschlusses, des Arbeitsvertrages etc. herauszugeben hat. **Lesen Sie hierzu bitte § 836 Abs. 3 ZPO.**

Der Pfändungs- und Überweisungsbeschluss wird dadurch zum Herausgabetitel und kann nach § 883 ZPO durch den Gerichtsvollzieher vollstreckt werden.

Es besteht aber auch die Möglichkeit, den Anspruch des Schuldners gegen den Drittschuldner auf Aushändigung von Entgeltabrechnungen bei der Beantragung des Pfändungs- und Überweisungsbeschluss mit zu pfänden.

Arbeitseinkommen ist nicht uneingeschränkt pfändbar, wir unterscheiden:

- unpfändbare Bezüge, definiert in § 850a ZPO
- bedingt pfändbare Bezüge, definiert in § 850b ZPO
- im Rahmen der Pfändungsfreigrenzen pfändbare Bezüge, definiert in § 850c ZPO

Erhöhte Pfändungsbeträge ergeben sich für Unterhaltsgläubiger und ggf. auf Antrag, vgl. hierzu die Erläuterungen zu Übungsfall 34.

2.4   Pfändungsschutzkonto

Übungsfall 33:

Kai Mauer ruft in der Kanzlei Glück an und bittet um Hilfe. Er wollte gerade am Geldautomaten Geld abheben als seine EC-Karte eingezogen wurde, obwohl sich dort noch ein Guthaben von 920,00 € befindet. Die ABC-Bank erklärte ihm auf Nachfrage, dass ihr am 19.12.2017 ein Pfändungs- und Überweisungsbeschluss zugestellt worden ist und sie daher keine Auszahlungen vom Girokonto an Herrn Mauer mehr vornehmen darf. Die ehemalige Vermieterin des Herrn Mauer vollstreckt aus einem rechtskräftigen Urteil. Kai Mauer, seine Ehefrau und zwei Kinder stehen nun kurz vor Weihnachten ohne Geld da, weitere Konten existieren nicht.

1. **Analysieren Sie anhand der gesetzlichen Bestimmungen, was Herr Mauer kurzfristig unternehmen kann, damit er wieder Zugriff auf sein Konto und sein Guthaben hat.**

> **2. Prüfen Sie weiter, welche zwei weiteren Maßnahmen Herr Mauer zusätzlich ergreifen kann, damit sichergestellt ist, dass Gläubiger auf die mindestens zum Lebensunterhalt für seine Familie notwendigen Geldeingänge auf dem Konto keinen Zugriff haben.**

Lösungsvorschlag:

1.

Ein Pfändungsschutzkonto (P-Konto) gewährt dem Schuldner monatlich einen automatischen Pfändungsschutz, d.h. ein monatlicher Freibetrag auf dem Konto ist vor dem Zugriff von Gläubigern sicher. Der Bankkunde kann jederzeit verlangen, dass das Kreditinstitut sein Girokonto als Pfändungsschutzkonto führt, § 850k Abs. 7 S. 2 ZPO. Ist das Guthaben des Girokontos bereits gepfändet worden, so kann der Schuldner von der Bank verlangen, dass diese innerhalb eines Zeitraums von vier Tagen nach seiner Erklärung die Umwandlung vornimmt, § 850k Abs. 7 S. 3 ZPO. Die Weiterführung des Girokontos als Pfändungsschutzkonto entfaltet rückwirkenden Schutz, auch wenn das Girokonto bereits gepfändet wurde, soweit die Umwandlung innerhalb eines Zeitfensters von 4 Wochen seit der Zustellung des Pfändungs- und Überweisungsbeschlusses an die ABC-Bank erfolgt, § 850k Abs. 1 S. 4 ZPO. Herr Mauer kann also die Umstellung seines Girokontos auf ein Pfändungsschutzkonto verlangen.

2.

Das Pfändungsschutzkonto bietet zunächst nur einen Pfändungsschutz hinsichtlich eines Grundbetrages nach den §§ 850k Abs. 1, 850c Abs. 1 S. 1, 850c Abs. 2a ZPO. Herr Mauer hat eine Ehefrau und zwei Kinder und ist diesen unterhaltsverpflichtet, was zu einer Erhöhung der monatlichen pfandfreien Beträgen führt, § 850k Abs. 2 Nr. 1 a ZPO. Geldeingänge aus Sozialleistungen und Kindergeld sind gleichfalls pfändungsfrei, § 850k Abs. 2 Nr. 1 b ZPO). Um aber eine Erhöhung seines eigenen pfandfreien Grundbetrages zu erreichen, hat Herr Mauer seiner Bank diese weiteren unpfändbaren Beträge nachzuweisen. Dies hat durch Vorlage einer Bescheinigung einer geeigneten Stelle (z.B. des Arbeitgebers, der Schuldnerberatung, eines Sozialleistungsträgers, Rechtsanwalt, Notar, Steuerberaters usw.) bei der ABC-Bank zu erfolgen. Herr Mauer sollte also eine solche Bescheinigung seiner Bank vorlegen, § 850k Abs. 5 S. 2 ZPO.

Darüber hinaus kann Herr Mauer beim zuständigen Vollstreckungsgericht beantragen, dass das Guthaben auf dem Pfändungsschutzkonto für die Dauer von bis zu zwölf Monaten nicht der Pfändung unterworfen ist. Er hat dabei nachzuweisen, dass seinem Konto in den letzten sechs Monaten vor Antragstellung überwiegend nur unpfändbare Beträge gutgeschrieben wurden und auch innerhalb der nächsten 12 Monate nur ganz überwiegend der Eingang nicht pfändbarer Beträge zu erwarten ist, § 850l S. 1 ZPO.

Erläuterung:

Pfändungsschutzkonten können nur von natürlichen Personen geführt werden, § 850k Abs. 7 S. 1 ZPO.

Jede Person darf nur ein Pfändungsschutzkonto unterhalten, § 850k Abs. 8 S. 1 ZPO. Dabei spielt es keine Rolle, ob die Geldeingänge aus Arbeitseinkommen, Sozialleistungen, aus selbständiger Tätigkeit etc. stammen. Die Höhe des Freibetrages richtet sich nach den §§ 850k Abs. 1, 850c Abs. 1 S. 1, 850c Abs. 2a ZPO. Eine Änderung/Anpassung des Freibetrages findet alle zwei Jahre zum 01.07. statt, zuletzt am 01.07.2017. Will der Schuldner eine Erhöhung des pfandfreien Betrages erreichen, z.B.

- weil er gesetzliche Unterhaltspflichten zu erfüllen hat
- Sozialleistungen, Kindergeld oder andere Geldleistungen auf dem Pfändungsschutz-konto eingehen

hat er dies seinem Kreditinstitut durch Vorlage einer Bescheinigung z.B. des Arbeit-gebers, der Familienkasse, des Sozialleistungsträger oder einer sonstigen geeigneten Person (z.B. Steuerberater, Rechtsanwalt) nachzuweisen.

Der Gläubiger und der Schuldner können beim Vollstreckungsgericht aber auch eine abweichende Festsetzung der gesetzlich festgelegten Sockelbeträge beantragen.

> **Beispiel:** Der Gläubiger hat einen Anspruch aus einer vorsätzlich begangenen uner-laubten Handlung und beantragt eine Herabsetzung des Sockelbetrages.
>
> Der Schuldner ist durch Krankheit mit hohen Zusatzkosten belastet und beantragt eine Erhöhung des Sockelbetrages, § 850k Abs. 4 ZPO.

2.5 Erweiterte Pfändungsmöglichkeiten

> **Übungsfall 34:**
>
> **Ein Berufungsurteil enthält folgenden Tenor:**
>
> *I. Der Beklagte wird verurteilt, an die Klägerin ein Schmerzensgeld in Höhe von 8.000,00 €, nebst Zinsen in Höhe von 5 %-Punkten seit dem 24.07.2017 zu zahlen.*
>
> *II. Es wird festgestellt, dass der Forderung der Klägerin eine vorsätzlich begangene unerlaubte Handlung des Beklagten zugrunde liegt.*
>
> *III. Der Beklagte trägt die Kosten des Verfahrens.*
>
> **Rechtsanwalt Glück erklärt hierzu, dass dieser Urteilstenor bei einer Pfändung des Arbeitseinkommens für den Gläubiger vorteilhaft ist.**
>
> **1. Ermitteln Sie, um welchen Vorteil es sich dabei handelt.**
>
> **2. Was ist zu veranlassen, um bei einer Pfändung des Arbeitseinkommens diesen Vorteil zu erlangen?**
>
> **3. Erstellen Sie für die Kanzlei Glück einen Fragenkatalog, anhand welchem vor der Beantragung eines Pfändungs- und Überweisungsbeschlusses geprüft werden kann, welche Anträge zu stellen sind, um für den Gläubiger die optimalen Pfän-dungsbeträge auszuschöpfen (ohne gesetzliche Bestimmungen).**

> **Lösungsvorschlag:**
>
> **1.**
>
> Im Rahmen einer Pfändung des Arbeitseinkommens oder der Pfändung eines Pfändungs-schutzkontos kann der Gläubiger wegen eines titulierten Anspruchs aus einer vorsätz-lich begangenen unerlaubten Handlung beim Vollstreckungsgericht beantragen, dass die Pfändungsbeschränkungen der §§ 850c ZPO, 850k Abs. 1, 2 ZPO nicht greifen und stattdessen das Vollstreckungsgericht den pfändbaren Betrag festsetzt, §§ 850f Abs. 2, 850k Abs. 4 ZPO. Der Gläubiger kann dadurch mehr abschöpfen.

2.

Im Antrag auf Erlass eines Pfändungs- und Überweisungsbeschlusses ist aufzunehmen und zu beantragen, dass das Vollstreckungsgericht den pfändbaren Betrag gemäß § 850f Abs. 2 ZPO ohne Berücksichtigung der Pfändungsbeschränkungen des § 850c ZPO festzusetzen hat.

3. Fragenkatalog:

- Ist ein gesetzlicher Unterhaltsanspruch zu vollstrecken?
- Liegt ein geeigneter Titel vor, aus welchem festgestellt wird, dass der Anspruch aus einer vorsätzlich begangenen unerlaubten Handlung resultiert?
- Hat der Schuldner mehrere Arbeitseinkommen?
- Bezieht der Schuldner pfändbare Sozialleistungen und Arbeitseinkommen?
- Hat der Schuldner unterhaltsberechtigte Angehörige, die über eigenes Einkommen verfügen?
- Bezieht der Schuldner neben dem Arbeitseinkommen auch Naturalleistungen?

Erläuterung:

Einem Gläubiger, der verschärft nach § 850f Abs. 2 ZPO vollstreckt (= privilegierter Gläubiger), steht zudem noch ein Pfändungsvorrecht zu. Das bedeutet, dass ein privilegierter Gläubiger neben einem „Normalgläubiger" der vorrangig pfändet, einen Zugriff auf die Beträge hat, die für den „Normalgläubiger" unpfändbar sind.

Ein Titel aus vorsätzlich begangener unerlaubter Handlung bietet noch einen weiteren Vollstreckungsvorteil: Eine festgestellte Forderung aus einer vorsätzlich begangenen unerlaubten Handlung unterliegt in einem Insolvenzverfahren des Schuldners nicht der Restschuldbefreiung, § 302 Abs. 1 InsO. Der Gläubiger kann nach erteilter Restschuldbefreiung – im Gegensatz zu den übrigen Gläubigern – wieder gegen den Schuldner vollstrecken.

Ein in einem Vollstreckungsbescheid titulierter Anspruch aus einer vorsätzlich begangenen unerlaubten Handlung genügt nach der Rechtsprechung des Bundesgerichtshofes nicht, um eine privilegierte Vollstreckung und eine Nichtteilnahme an der Restschuldbefreiung zu erlangen. Es muss ausdrücklich ein Titel vorliegen, aus welchem sich ein Anspruch aus einer vorsätzlich begangenen unerlaubten Handlung ergibt. Dieser Anspruch kann auch noch durch eine weitere Klage festgestellt werden (Feststellungsklage). Ein Antrag gemäß § 850f ZPO kann auch noch nachträglich beim Vollstreckungsgericht gestellt werden.

Der **Formularantrag auf Erlass eines Pfändungs- und Überweisungsbeschlusses** wegen einer gewöhnlichen Geldforderung sieht einen Antrag auf Festsetzung des pfandfreien Betrages durch das Vollstreckungsgericht nicht vor. Der Antrag kann auf Seite 1 wie im nachfolgenden Beispiel formuliert werden:

Raum für Kostenvermerke und Eingangsstempel

Amtsgericht _____

Vollstreckungsgericht

_____

_____

1

Antrag auf Erlass eines Pfändungs- und Überweisungsbeschlusses insbesondere wegen gewöhnlicher Geldforderungen

Es wird beantragt, den nachfolgenden Entwurf als Beschluss auf ☒ Pfändung ☒ und ☒ Überweisung zu erlassen.

☒ Zugleich wird beantragt, die Zustellung zu vermitteln (☒ mit der Aufforderung nach § 840 der Zivilprozessordnung – ZPO).

☐ Die Zustellung wird selbst veranlasst.

Es wird gemäß dem nachfolgenden Entwurf des Beschlusses Antrag gestellt auf

☐ Zusammenrechnung mehrerer Arbeitseinkommen (§ 850e Nummer 2 ZPO)

☐ Zusammenrechnung von Arbeitseinkommen und Sozialleistungen (§ 850e Nummer 2a ZPO)

☐ Nichtberücksichtigung von Unterhaltsberechtigten (§ 850c Absatz 4 ZPO)

☒ Änderung des unpfändbaren Betrages nach § 850f Abs. 2 ZPO

Es wird beantragt,

☐ Prozesskostenhilfe zu bewilligen

☐ Frau Rechtsanwältin / Herrn Rechtsanwalt

_____

beizuordnen.

☐ Prozesskostenhilfe wurde gemäß anliegendem Beschluss bewilligt.

Anlagen:

☐ Schuldtitel und ___ Vollstreckungsunterlagen

☐ Erklärung über die persönlichen und wirtschaftlichen Verhältnisse nebst ___ Belegen

☐ _____

_____

☐ Verrechnungsscheck für Gerichtskosten

☐ Gerichtskostenstempler

☐ Ich drucke nur die ausgefüllten Seiten

_____
(Bezeichnung der Seiten)
aus und reiche diese dem Gericht ein.

_____

Datum   (Unterschrift Antragsteller/-in)

Hinweis:
Soweit für den Antrag eine zweckmäßige Eintragungsmöglichkeit in diesem Formular nicht besteht, können ein geeignetes Freifeld sowie Anlagen genutzt werden.

Auf Seite 8 kann im Feld „Sonstige Anordnungen" der Antrag näher begründet werden. Sollte der Platz nicht ausreichen, so kann auch eine Anlage verwendet werden.

Beispiel:

> ☒ **Sonstige Anordnungen:**
>
> Es wird angeordnet, dass der unpfändbare Betrag auf 800 € ohne Rücksicht auf die in § 850c ZPO vorgesehenen Beschränkungen festgesetzt wird. Der Anspruch der Gläubigerin beruht auf einer vorsätzlich begangenen unerlaubten Handlung des Schuldners. Der Schuldner ist alleinstehend und hat keine Unterhaltsverpflichtungen. Der notwendige Unterhalt des Schuldners entspricht dem Sozialhilfesatz und ist fiktiv nach den Bestimmungen der Sozialgesetzbücher zu ermitteln.

Auch der Unterhaltsgläubiger genießt Privilegien. Zur Berechnung der pfändbaren Beträge ist nicht die Tabelle § 850c ZPO heranzuziehen, sondern das Vollstreckungsgericht bestimmt den Betrag, der dem Schuldner für seinen notwendigen Unterhalt und zur Erfüllung seiner laufenden gesetzlichen Unterhaltsverpflichtungen verbleiben muss. **Lesen Sie hierzu bitte den § 850d Abs. 1, 2 ZPO.**

Darüber hinaus sind bei der Unterhaltspfändung auch unpfändbare oder beschränkt pfändbare Beträge pfändbar. Dies betrifft die in § 850a Nr. 1, Nr. 2 und Nr. 4 genannten Bezüge, also Mehrarbeitsvergütung, Urlaubs- und Weihnachtsgeld. Dem Schuldner müssen allerdings 50 % der in § 850a ZPO genannten unpfändbaren Beträge verbleiben, vgl. § 850d Abs. 1 S. 2 ZPO.

Die ZPO sieht noch weitere Antragsmöglichkeiten vor, die dazu führen können, dass sich der pfandfreie Betrag des Schuldners erhöht:

- Antrag auf Zusammenrechnung mehrerer Arbeitseinkommen, § 850e Abs. 2 ZPO.

  § 850c ZPO schützt jedes Einkommen des Schuldners. Aber durch einen Antrag auf Zusammenrechnung nach § 850e ZPO berechnet sich der pfandfreie Betrag nur einmal aus dem addierten Wert mehrerer Arbeitseinkommen.

- Antrag auf Zusammenrechnung von Arbeitseinkommen und Naturalleistungen, § 850e Abs. 3 ZPO.

  Erhält der Schuldner neben seinem in Geld zahlbaren Einkommen auch Naturalleistungen, so sind Geld- und Naturalleistungen zusammenzurechnen. In diesem Fall ist der in Geld zahlbare Betrag insoweit pfändbar, als der nach § 850c unpfändbare Teil des Gesamteinkommens durch den Wert der dem Schuldner verbleibenden Naturalleistungen gedeckt.

- Zusammenrechnung von Arbeitseinkommen und Sozialleistungen gemäß § 850e Nr. 2a ZPO.

  Soweit Sozialleistungen pfändbar sind und der Schuldner zudem ein Arbeitseinkommen bezieht, kann eine Zusammenrechnung beantragt werden. Die Einkünfte werden dann als Gesamteinkommen behandelt, aus welchem der pfändbare Betrag zu berechnen ist.

- Nichtberücksichtigung von Unterhaltsberechtigten, § 850c Abs. 4 ZPO.
  Bezieht ein Unterhaltsberechtigter des Schuldners eigene Einkünfte, so kann das Vollstreckungsgericht festsetzen, dass dieser Unterhaltsberechtigte bei der Berechnung des pfändbaren Betrages ganz oder teilweise – dies ist abhängig von der Einkommenshöhe des Unterhaltsberechtigten – unberücksichtigt bleibt.

Wichtig: Eine erweiterte Pfändung geschieht **nur auf Antrag!** Dies gilt nicht für die Unterhaltspfändung.

Bei der Beantragung eines Pfändungs- und Überweisungsbeschlusses ist also im Einzelfall zu prüfen, ob die Möglichkeit einer erweiterten Pfändung besteht und entsprechende Anträge zu stellen sind.

2.6 Drittschuldnerklage

Übungsfall 35:

Das Vollstreckungsgericht hat den von der Kanzlei Glück beantragten Pfändungs- und Überweisungsbeschluss auf Zahlung aller rückständigen, gegenwärtigen und zukünftig fällig werdenden Mieten bezüglich des Mietobjektes Im Paradies 13, 47051 Duisburg, erlassen. Die Drittschuldnerin – die Mieterin Maria Crohn – hat trotz ordnungsgemäßer Zustellung des Pfändungs- und Überweisungsbeschlusses und einer Mahnung keine Drittschuldnererklärung abgegeben und zahlt nun gar keine Miete mehr.

Prüfen Sie, wie der Gläubiger den gepfändeten Mietzins erhalten kann.

Lösungsvorschlag:

In § 840 Abs. 2 S. 2 ZPO ist normiert, dass der Drittschuldner dem Gläubiger für den aus der Nichterfüllung seiner Verpflichtung entstehenden Schadens zu haften hat. Der Gläubiger kann den Mietzins gegen die Drittschuldnerin klageweise im Wege der so genannten Drittschuldnerklage geltend machen. Alternativ kann auch das gerichtliche Mahnverfahren betrieben werden.

Erläuterung:

Bei der Erhebung einer Drittschuldnerklage ist dem Schuldner der Streit zu verkünden, § 841 ZPO, außer es wäre eine Auslandszustellung oder eine öffentliche Zustellung erforderlich. Dies ist deswegen notwendig, weil die Forderung gegen den Schuldner so lange weiterbesteht, bis eine Befriedigung durch den Drittschuldner erfolgt. Für den Schuldner ist es daher von Belang, am Rechtsstreit und an einer zügigen Beitreibung mitzuwirken zu können. Verzichtet der Gläubiger bei Zahlungsverweigerung durch den Drittschuldner auf die Klageerhebung gegen diesen, so muss der Gläubiger die Pfändung freigeben und den Drittschuldner entsprechend informieren. Nur so ist der Schuldner berechtigt, seinerseits die Forderung gegen den Drittschuldner gerichtlich geltend zu machen. Der Gläubiger haftet nämlich dem Schuldner für einen Schaden, der durch eine verzögerte Beitreibung entsteht, § 842 ZPO.

Die sachliche Zuständigkeit für eine Drittschuldnerklage richtet sich in der Regel nach dem zugrundeliegenden Anspruch, d.h. im vorliegenden Übungsfall Fall 35 ist eine ausschließliche Zuständigkeit des Amtsgerichtes gemäß § 23 Abs. 2 a GVG gegeben, da es sich um eine Streitigkeit über Wohnraum handelt.

Die örtliche Zuständigkeit für eine Drittschuldnerklage richtet sich in der Regel nach dem Wohnsitzgericht des Drittschuldners, außer es liegt ein ausschließlicher Gerichtsstand vor. Hier ist die Drittschuldnerin Maria Crohn beim Amtsgericht, in dessen Bezirk sich die Mietwohnung befindet, zu verklagen, vgl. § 29a Abs. 1 ZPO.

2.7   Herausgabeanordnung

Übungsfall 36:

Das Vollstreckungsgericht hat den von der Kanzlei Glück beantragten Pfändungs- und Überweisungsbeschluss auf Zahlung aller rückständigen, gegenwärtigen und zukünftig fällig werdenden Mieten bezüglich des Mietobjektes Im Paradies 13, 47051 Duisburg, (Fall 35) erlassen. Zudem hat das Vollstreckungsgericht angeordnet, dass der Schuldner den Mietvertrag herauszugeben hat.

1. Prüfen Sie, wie der Mietvertrag vom Schuldner erlangt werden kann.

2. Fordern Sie den Schuldner Theo Retisch zur Herausgabe der Urkunde auf.

Lösungsvorschlag:

1.

Der Pfändungs- und Überweisungsbeschluss enthält bereits die Anordnung, dass der Schuldner den Mietvertrag an den Gläubiger herauszugeben hat (§ 836 Abs. 3 ZPO). Somit wird der Pfändungs- und Überweisungsbeschluss zum Herausgabetitel. Der Gerichtsvollzieher kann mit der Herausgabevollstreckung gemäß § 883 ZPO beauftragt werden. Zuvor sollte der Schuldner zur Herausgabe aufgefordert werden.

2. Vorschlag zur Formulierung und Gestaltung eines fachkundlichen Textes:

Einschreiben/Rückschreiben oder alternativ per Zustellung durch den Gerichtsvollzieher

Forderungsangelegenheit … ./. Retisch

Sehr geehrter Herr Retisch,

wie Sie wissen, vertreten wir den Gläubiger (Name, Adresse). Am … wurde Ihnen der Pfändungs- und Überweisungsbeschluss des Amtsgerichtes … Az.: … zugestellt. Das Vollstreckungsgericht hat angeordnet, dass Sie den zwischen Ihnen und Frau Maria Crohn bezüglich des Mietobjektes Im Paradies 13, 47051 Duisburg geschlossenen Mietvertrag an den Gläubiger herauszugeben haben. Wir haben Sie daher aufzufordern, uns das Original dieses Mietvertrages bis spätestens zum

(Frist 1 Woche)

zu überlassen.

Sollten Sie dieser Aufforderung nicht fristgerecht nachkommen, müssen wir den Gerichtsvollzieher mit der Wegnahme beauftragen. Die dadurch entstehenden Kosten gehen zu Ihren Lasten.

Mit freundlichen Grüßen

Rechtsanwalt Glück

Erläuterung:

Nach § 836 Abs. 3 ZPO ist der Schuldner verpflichtet, dem Gläubiger die zur Geltendmachung der Forderung notwendigen Auskünfte (z.B. Miethöhe, Nebenkosten, Fälligkeit, Mietdauer, Mietrückstände usw.) zu erteilen und ihm die über die Forderung vorhanden Unterlagen herauszugeben.

Tipp: Im Antrag auf Erlass eines Pfändungs- und Überweisungsbeschlusses sollte **beantragt** werden, dass der Schuldner bestimmte Urkunden wie z.B. ein Sparbuch, eine

Lebensversicherungspolice, Verdienstabrechnungen, Arbeitsverträge, Mietverträge, Kontoauszüge etc. herauszugeben hat. Die geforderten Urkunden müssen natürlich zum gepfändeten Anspruch passen. Beim Antrag auf Erlass eines Pfändungs- und Überweisungsbeschlusses wegen einer gewöhnlichen Geldforderung gibt es hierzu schon Vorgaben auf Seite 8 sowie ein Feld für einen individuellen Text. Im Formular bei Unterhaltspfändungen ist diese Antragstellung auf Seite 9 vorgesehen.

Wenn das Vollstreckungsgericht dann die Herausgabe anordnet, so stellt der Pfändungs- und Überweisungsbeschluss einen Herausgabetitel dar, mit welchem der Gerichtsvollzieher beauftragt werden kann, die Urkunden gemäß § 833 ZPO zu pfänden.

Erteilt der Schuldner die Auskunft nicht, so ist der Schuldner auf Antrag des Gläubigers verpflichtet, seine Angaben zu Protokoll zu geben und an Eides statt zu versichern. Der Gerichtsvollzieher wird auf Antrag des Gläubigers einen Termin zur Abgabe der eidesstattlichen Versicherung bestimmen und, sofern beantragt, bei Nichterscheinen oder Verweigerung das Haftbefehlsverfahren durchführen.

Die Herausgabe von Unterlagen ist nach § 883 ZPO zu vollstrecken. Findet der Gerichtsvollzieher im Rahmen der Herausgabepfändung die Unterlagen nicht vor, so ist der Schuldner verpflichtet, auf Antrag des Gläubigers zu Protokoll an Eides statt zu versichern, dass er die Sache nicht besitze, auch nicht wisse, wo die Sache sich befinde, § 883 Abs. 2 ZPO.

3. Zwangsvollstreckung zur Erwirkung der Herausgabe von Sachen

3.1 Herausgabe bestimmter beweglicher Sachen

Übungsfall 37:

In dem Kündigungsschutzprozess Hans Dampf ./. Betonwerke Mörtel GmbH schließt Rechtsanwalt Glück folgenden Vergleich:

I. *Die Parteien sind sich darüber einig, dass das zwischen ihnen bestehende Arbeitsverhältnis aufgrund fristgemäßer, betriebsbedingter Kündigung mit Ablauf des 31.12.2017 beendet ist.*

II. *Die Beklagte zahlt an den Kläger für den Verlust des Arbeitsplatzes einen Betrag in Höhe von 12.000,00 € brutto.*

III. *Der Kläger erhält ein wohlwollendes, qualifiziertes Zeugnis, das sich auf Art und Dauer des Arbeitsverhältnisses sowie Führung und Leistung erstreckt.*

IV. *Der Kläger verpflichtet sich, das Notebook Lenovo B5400, Serienummer 45678910, an die Beklagte herauszugeben.*

Während die Beklagte ihre Verpflichtungen aus dem Vergleich vollumfänglich erfüllt hat, hat der Kläger das Notebook bislang nicht an die Beklagte zurückgegeben. Die Mandantin Betonwerke Mörtel GmbH möchte nun von Ihnen wissen, wie das Notebook zurückgeholt werden kann. Die allgemeinen Voraussetzungen der Zwangsvollstreckung sind erfüllt.

1. Recherchieren Sie, welche Möglichkeit das Gesetz zur Lösung des Problems aufzeigt.

2. Gestalten Sie dann ein geeignetes Schriftstück zur Durchsetzung der Ansprüche der Mandantin.

Lösungsvorschlag:

1.

Der Vergleich stellt einen Herausgabetitel einer bestimmten beweglichen Sache, nämlich das Notebook, dar. Die Zwangsvollstreckung zur Erwirkung der Herausgabe einer bestimmten beweglichen Sache ist in § 883 ZPO normiert. Dort ist geregelt, dass der Gerichtsvollzieher die Sache dem Schuldner wegzunehmen und dem Gläubiger zu übergeben hat. Somit ist der Gerichtsvollzieher mit der Herausgabevollstreckung des Notebooks zu beauftragen.

2. Vorschlag zur Formulierung und Gestaltung eines fachkundlichen Textes:

Herrn/Frau Gerichtsvollzieher oder

Verteilerstelle für Gerichtsvollzieheraufträge

In Sachen

Betonwerke Mörtel GmbH, Adresse,   *– Gläubigerin –*

vertreten durch Rechtsanwälte Glück, Adresse

gegen

Hans Dampf, Adresse,   *– Schuldner –*

übergeben wir eine vollstreckbare Ausfertigung des Vergleichsprotokolls des Arbeitsgerichtes .... vom ...., Az.: ...

Wir beantragen gemäß § 883 ZPO die Wegnahme des im Titel bezeichneten Notebooks Lenovo B5400 (Seriennummer 45678910), das vom Schuldner herauszugeben ist. Sofern die herauszugebende Sache beim Schuldner nicht vorgefunden wird, beantragen wir, dem Schuldner die eidesstattliche Versicherung gemäß § 883 Abs. 2 ZPO abzunehmen.

Weiter überreichen wir in der Anlage vorsorglich einen Antrag auf richterliche Durchsuchungsanordnung für den Fall, dass der Schuldner eine Durchsuchung verweigert. In diesem Fall bitten wir, diesen Antrag zusammen mit den Vollstreckungsunterlagen und dem Protokoll an das Vollstreckungsgericht weiterzuleiten.

Wir bitten gleichfalls um Vollstreckung der Rechtsanwaltsgebühren für diesen Antrag, die sich wie folgt berechnen: ...

Rechtsanwalt Glück

Anlage
Vollstreckbare Ausfertigung des Vergleichsprotokolls des Arbeitsgerichtes .... vom .... Az.:
Antrag auf richterliche Durchsuchungsanordnung

Erläuterung:

Wird die herauszugebende Sache nicht vorgefunden, so ist der Schuldner verpflichtet, auf Antrag des Gläubigers zu Protokoll an Eides statt zu versichern, dass er die Sache nicht besitze, auch nicht wisse, wo die Sache sich befinde, § 883 Abs. 2 ZPO.

Beachten Sie, dass die Pfändungsbeschränkungen nach § 811 ZPO für die Herausgabepfändung keine Anwendung finden.

Für die Herausgabevollstreckung herrscht kein Formularzwang, so dass ein formloser Antrag gestellt werden kann. Bei Verwendung des verbindlichen Formulars für den Vollstreckungsauftrag kann die Herausgabepfändung im Modul O eingetragen werden.

3.2 Herausgabe von Grundstücken

Übungsfall 38:

Rechtsanwalt Glück hat folgenden Titel für den Mandanten Frank Reich, Hamburg, erstritten:

I. Die Beklagte wird verurteilt, die Wohnung in der Augsburger Str. 22, erster Stock rechts, 01307 Dresden, bestehend aus zwei Zimmern, einer Küche, einem Bad/WC sowie einem Kelleranteil Nr. 3, an den Kläger herauszugeben.

II. Die Beklagte hat die Kosten des Rechtsstreits zu tragen.

III. Das Urteil ist vorläufig vollstreckbar.

Der Mandant Frank Reich ist über das Urteil erfreut und hofft, dass die streitgegenständliche Wohnung so schnell wie möglich seiner Tochter zur Verfügung gestellt werden kann, die in Kürze ein Studium in Dresden beginnt. Die Kanzlei soll dynamisch alle erforderlichen Schritte in die Wege leiten, Kosten spielen keine Rolle, der Mandant ist in Hamburg unabkömmlich. Herr Reich erwähnt, dass sich in der Wohnung mindestens zehn Katzen aufhalten dürften.

1. Klären Sie ab, wie das vorgegebene Ziel umzusetzen ist und welche funktionelle Zuständigkeit gegeben ist.
2. Formulieren Sie einen geeigneten Antrag hierzu (kein Formular).
3. Notieren Sie stichpunktartig eine Gedächtnisstütze, welche Fragen/Informationen/Hinweise (3 Stück) mit dem zuständigen Vollstreckungsorgan schon im Vorfeld telefonisch besprochen werden könnten (ohne gesetzliche Bestimmungen).

Lösungsvorschlag:

1.

Das Urteil stellt einen Herausgabetitel eines Grundstückes dar. Die Vollstreckung kann entweder nach § 885 oder § 885a ZPO erfolgen. Funktional ist der Gerichtsvollzieher zuständig, er hat die Schuldner aus dem Besitz zu setzen und den Gläubiger in den Besitz einzuweisen, §§ 885 Abs. 1, 885a Abs. 1 ZPO.

2. Vorschlag zur Formulierung und Gestaltung eines fachkundlichen Textes:

Herrn/Frau Gerichtsvollzieherin

In der Zwangsvollstreckungssache

Frank Reich, Adresse,   *– Gläubiger –*

vertreten durch Rechtsanwälte Glück, Adresse

gegen

Name, Adresse,   *– Schuldnerin –*

---

wird anliegend die vollstreckbare Ausfertigung des Räumungsurteils des Amtsgerichts Dresden vom …, Az. …, überreicht mit dem Auftrag, die Schuldnerin aus dem Besitz der im Titel bezeichneten Wohnung in Augsburger Str. 22, erster Stock rechts, 01307 Dresden, bestehend aus zwei Zimmern, einer Küche, einem Bad/WC sowie einem Kelleranteil Nr. 3, zu setzen und den Gläubiger in den Besitz einzuweisen, § 885 ZPO.

Wir weisen darauf hin, dass sich ca. zehn Katzen in der zu räumenden Wohnung befinden, so dass die Hinzuziehung von Mitarbeitern des Tierheimes angeregt wird.

Bitte fordern Sie die Schuldnerin auf, eine Anschrift zum Zweck von Zustellungen oder einen Zustellungsbevollmächtigten zu benennen.

Den Räumungsvorschuss in Höhe von … € haben wir bereits auf Ihr Dienstkonto überwiesen.

Wir bitten um schnellstmögliche Anberaumung eines Räumungstermines.

Rechtsanwalt Glück

Anlage
vollstreckbare Ausfertigung des Räumungsurteils des AG Dresden von …, Az.:

3.

- Hinweis an Gerichtsvollzieher, dass ein Räumungsantrag gemäß § 885 ZPO eingehen wird
- Hinweis auf die Größe der Wohnung 2 Zimmer, Küche, Bad/WC, Kelleranteil
- Hinweis auf die zehn Katzen
- Wie hoch ist der Kostenvorschuss?
- Wie lautet die Bankverbindung des Gerichtsvollziehers?
- Wann kann mit einem Räumungstermin gerechnet werden?
- Ist dem Gerichtsvollzieher die Schuldnerin bekannt? Wenn ja, welche Informationen liegen ihm vor?

Erläuterung:

Für die Räumungsvollstreckung herrscht kein Formularzwang, so dass ein formloser Antrag gestellt werden kann. Bei Verwendung des verbindlichen Formulars für den Vollstreckungsauftrag kann die Herausgabepfändung im Modul O eingetragen werden.

Übungsfall 39:

Gerichtsvollzieherin Schätzle ist von der Kanzlei Glück mit einer Wohnungsräumung gemäß § 885a ZPO beauftragt worden. Am Räumungstag stellen die Gerichtsvollzieherin und die Gläubigerin, die Mandantin Frau Ellen Bogen, vor Ort fest, dass sich in der Wohnung nur noch 50 gefüllte Mülltüten, ein kaputter, alter Fernseher sowie eine zerschlissene, verschmutzte Couch befinden. Die Schuldnerin Mira Belle ist zum Räumungstermin nicht anwesend. Die Wohnung soll schnell renoviert und weitervermietet werden. Frau Ellen Bogen hat daher die zurückgelassenen Gegenstände aus der Wohnung entfernt und im Kellerraum eingelagert. Frau Bogen ruft in der Kanzlei an und möchte wissen, was nun mit den eingelagerten Sachen weiter passiert.

1. Informieren Sie sich über die Rechtslage.

2. Teilen Sie Ihr Ergebnis schriftlich der Mandantin mit.

Lösungsvorschlag:

1.

Die eingelagerten Gegenstände sind einen Monat lang ab Einweisung der Gläubigerin in die Wohnung aufzubewahren. Der Müll darf sofort vernichtet werden, § 885a Abs. 3 S. 2 ZPO. Die unpfändbaren Sachen (vgl. § 811 ZPO) und die Sachen, die bei einer Verwertung vermutlich keinen Erlös erzielen werden, sind jederzeit an die Schuldnerin herauszugeben, sofern diese die Herausgabe verlangt, § 885a Abs. 5 ZPO. Die Couch und der Fernseher sind aufgrund ihres Zustands nicht mehr verwertbar. Nach Ablauf der Aufbewahrungsfrist von einem Monat ab der Räumung kann Frau Bogen diese Gegenstände vernichten lassen, § 885a Abs. 4 S. 4 ZPO.

2. Vorschlag zur Formulierung und Gestaltung eines fachkundlichen Textes:

Sehr geehrte Frau Bogen,

Sie baten uns um Mitteilung, wie Sie nun mit den eingelagerten Gegenständen der Schuldnerin Mira Belle verfahren sollen. Den Müll können Sie sofort entsorgen. Die übrigen Gegenstände müssen Sie einen Monat lang ab dem Räumungstermin aufbewahren. Sollte sich Frau Belle bei Ihnen melden und ihre Sachen einfordern, so sind Sie zur Herausgabe verpflichtet. Die zurückgelassene Couch und der alte defekte Fernseher sind nicht mehr verwertbar, so dass sie nach Ablauf der Aufbewahrungsfrist von einem Monat ab der Räumung von Ihnen vernichtet bzw. entsorgt werden können.

Mit freundlichen Grüßen

Rechtsanwalt Glück

Erläuterung:

Bei der Herausgabevollstreckung von Grundstücken hat der Gläubiger die Wahl, ob er den Gerichtsvollzieher mit einer Räumung nach § 885 ZPO oder nach § 885a ZPO (beschränkter Vollstreckungsauftrag) beauftragt.

Wesentlicher Unterschied zwischen der Vollstreckung nach § 885 ZPO und § 885a ZPO ist der Umstand, dass bei der Räumung nach § 885 ZPO der Gerichtsvollzieher die beweglichen Sachen, sofern diese nicht an den Schuldner oder an eine in § 885 Abs. 2 ZPO genannte Person übergeben werden können, wegzuschaffen und zu verwahren hat. Fordert der Schuldner die Gegenstände nicht innerhalb eines Monats nach der Räumung ab bzw. zahlt er trotz Abforderung nicht innerhalb einer Frist von zwei Monaten ab Räumung die Räumungskosten, hat der Gerichtsvollzieher die Verwertung durch öffentliche Versteigerung entsprechend den §§ 806, 814 und 817 ZPO vorzunehmen.

Beim beschränkten Vollstreckungsauftrag nach § 885a ZPO obliegt die Wegschaffung und Verwahrung von beweglichen Gegenständen, die nicht Gegenstand der Vollstreckung sind, dem Gläubiger. Der Gerichtsvollzieher nimmt lediglich eine Dokumentation der frei ersichtlichen beweglichen Gegenstände im Protokoll vor und kann hierzu auch Bilder in elektronischer Form herstellen.

Bei einem beschränkten Vollstreckungsauftrag nach § 885a ZPO darf der Gläubiger diejenigen Gegenstände, die nicht Gegenstand der Zwangsvollstreckung sind (also z.B. nicht mit einem Vermieterpfandrecht behaftet sind oder Zubehör darstellen) aus der Wohnung wegschaffen, § 885a Abs. 3 S. 1 ZPO und verwahren. Müll darf sofort entsorgt werden. Andere beweglichen Sachen müssen einen Monat ab der Räumung aufbewahrt oder hinterlegt werden (hinterlegt werden müssen z.B. Geld, Wertpapiere, Urkunden, §§ 372–380, 382, 383 und 385 BGB).

Die unpfändbaren Sachen (vgl. § 811 ZPO) und die Sachen, die bei einer Verwertung vermutlich keinen Erlös erzielen werden, sind jederzeit an den Schuldner herauszugeben, sofern dieser die Herausgabe verlangt, § 885a Abs. 5 ZPO. Nach Ablauf eines Monats kann der Gläubiger die Sachen verwerten lassen, § 885a Abs. 4 S. 1 ZPO. Dies erfolgt in der Regel im Wege einer öffentlichen Versteigerung durch einen Gerichtsvollzieher. Sachen die nicht verwertet werden können, dürfen vernichtet werden, § 885a Abs. 4 S. 4 ZPO.

Der beschränkte Vollstreckungsauftrag ist für den Gläubiger kostengünstiger, allerdings hat er die Räumung, die Verwahrung, Verwertung und Vernichtung selber zu organisieren. Für die Wegschaffung, Verwahrung und Vernichtung trägt er die Haftung, welche jedoch auf Vorsatz und grobe Fahrlässigkeit beschränkt ist, § 885a Abs. 3 S. 3 ZPO. Dennoch ist das Haftungsrisiko nicht zu unterschätzen.

4. Zwangsvollstreckung zur Erwirkung von Handlungen oder Unterlassungen

4.1 Vertretbare Handlungen

Übungsfall 40:

Der Beklagte Hanno von Streit wurde vom Amtsgericht Würzburg erstinstanzlich wie folgt verurteilt:

I. Der Beklagte wird verurteilt, die gemeinsame Zufahrt zwischen dem Grundstück der Klägerin, Dornenweg 3 und des Beklagten, Dornenweg 5 in Würzburg, auf der gesamten Länge und Breite mit Rasengittersteinen zu befestigen.

II. Der Beklagte hat die Kosten des Rechtsstreits zu tragen.

Trotz Aufforderung unter Fristsetzung hat der Beklagte die Rasensteine nicht verlegt. Das Urteil soll nun vollstreckt werden. Frau Sonnenschein weist darauf hin, dass sie zur Befestigung der Zufahrt selber nicht in der Lage ist. Die Arbeiten müssen von einer Fachfirma ausgeführt werden.

1. **Prüfen Sie, wie der rechtskräftige Anspruch der Mandantin Sonnenschein vollstreckt werden kann und welche vorbereitenden Informationen hierzu eingeholt werden sollten.**

2. **Fordern Sie diese Information bei der Mandantin in einer E-Mail an.**

3. **Prüfen Sie, welche sachliche Zuständigkeit für die Zwangsvollstreckungsmaßnahme gegeben ist.**

Lösungsvorschlag:

1.

Das Verlegen der Rasensteine stellt eine vertretbare Handlung dar, weil diese Handlung auch von einer dritten Person vorgenommen werden kann. Vertretbare Handlungen sind nach § 887 ZPO dadurch zu vollstrecken, dass der Gläubiger auf Antrag beim Prozessgericht ermächtigt wird, die Handlung auf Kosten des Schuldners vornehmen zu lassen. Gleichzeitig kann beantragt werden, dass der Schuldner zur Vorauszahlung der voraussichtlich anfallenden Kosten für die vorzunehmende Handlung verurteilt wird, § 887 Abs. 2 ZPO. Es sind daher die voraussichtlich anfallenden Kosten für Verlegung der Rasensteine zu ermitteln.

2. Vorschlag zur Formulierung und Gestaltung eines fachkundlichen Textes:

Sonnenschein ./. von Streit
Rechtsstreit vor dem Amtsgericht Würzburg

Sehr geehrte Frau Sonnenschein,

nachdem Herr von Streit die Rasensteine nicht verlegt hat, werden wir nun bei Gericht beantragen, dass Sie ermächtigt werden, die Verlegung der Steine auf Kosten des Beklagten vornehmen zu lassen. Zur Vorbereitung dieses Antrages dürfen wir Sie bitten, von einer Fachfirma einen Kostenvoranschlag für die voraussichtlich anfallenden Kosten für die Verlegung der Rasensteine auf der Zufahrt (Material- und Arbeitskosten) einzuholen und uns zur Verfügung zu stellen. Wir werden dann bei Gericht auch beantragen, dass der Beklagte zur Vorauszahlung dieser Kosten verurteilt wird. Sollten die tatsächlichen Kosten höher ausfallen, können diese nachgefordert werden.

Mit freundlichen Grüßen

Rechtsanwalt Glück

3.

Sachlich zuständig ist für einen Antrag gemäß § 887 ZPO ist das Prozessgericht der ersten Instanz, somit das Amtsgericht Würzburg, das das Urteil gefällt hat.

4.2 Unvertretbare Handlungen

Übungsfall 41:

Der Künstler André Welten wurde vom Amtsgericht Kempten dazu verurteilt, eine lebensgroße Bronzeskulptur, welche den Abfahrtsweltmeister Willy Wedel darstellen soll, für dessen Heimatgemeinde herzustellen.

André Welten verweigert trotz des Urteils die Erstellung des Werks. Die Gemeinde möchte die Bronzeskulptur unbedingt haben und beauftragt die Kanzlei Glück mit der Durchsetzung ihres Anspruchs.

1. Klären Sie anhand des Gesetzes, auf welchem Wege vom Künstler die Erstellung der Skulptur erreicht werden kann.

2. Formulieren Sie ein letztes Aufforderungsschreiben an den Schuldner vor der Einleitung der Zwangsvollstreckung.

Lösungsvorschlag:

1.

Die von André Welten geschuldete Bronzeskulptur erfordert seine speziellen künstlerischen Fähigkeiten, so dass das Werk nicht von einer dritten Person hergestellt werden kann. Es ist also eine nicht vertretbare Handlung geschuldet. Nicht vertretbare Handlungen sind nach § 888 ZPO zu vollstrecken, d.h. es ist beim Prozessgericht ein Antrag zu stellen, dass der Schuldner zur Vornahme der Handlung durch Zwangsgeld und für den Fall, dass dieses nicht beigetrieben werden kann, durch Zwangshaft anzuhalten ist. Das Zwangsgeld darf maximal 25.000,00 € betragen.

2. Vorschlag zur Formulierung und Gestaltung eines fachkundlichen Textes:

per Einschreiben/Rückschein

Sehr geehrter Herr Welten,

*wir nehmen Bezug auf das rechtskräftige Urteil des Amtsgerichtes Kempten vom ...,
Az.: ... Sie wurden verurteilt, für unsere Mandantin, der Gemeinde ... eine lebensgroße
Bronzefigur des Abfahrtweltmeisters Willy Wedel herzustellen. Wir haben Sie letztmals zur
Erstellung der Statue bis längstens*

... (Frist)

*aufzufordern. Sollten Sie diese Frist wiederum ergebnislos verstreichen lassen, so sind wir
beauftragt, gegen Sie ein Zwangsgeld, ersatzweise Zwangshaft festsetzen zu lassen und
durchzusetzen.*

Mit freundlichen Grüßen

Rechtsanwalt Glück

4.3   Erzwingung von Unterlassungen und Duldungen

Übungsfall 42:

Im Urteil des Amtsgerichts München wurde der Beklagte Klaus Taler zu Nachfolgendem verpflichtet:

I.   Der Beklagte hat es zu unterlassen, Zigarettenkippen auf dem Nachbargrundstück der Klägerin Claire Werk, Gartenstraße 10, 80999 München zu entsorgen.

II.   Der Beklagte hat die Kosten des Rechtsstreits zu tragen.

III. Der Beklagte wird verurteilt, es bei Meidung eines für jeden Fall der Zuwiderhandlung fälligen Ordnungsgeldes bis zu 250.000 €, ersatzweise Ordnungshaft bis zu sechs Monaten, es zu unterlassen, Zigarettenkippen auf dem Nachbargrundstück der Kläger, Gartenstraße 10, 80999 München, zu entsorgen.

Nach Mitteilung der Mandantin Werk wirft der Beklagte auch nach Rechtskraft des Urteils nach wie vor täglich seine Zigarettenkippen auf ihr Grundstück und sie fordert nun von der Kanzlei Glück, für Abhilfe zu sorgen.

1. Recherchieren Sie, wie dem Verhalten von Klaus Taler Einhalt geboten werden kann.

2. Überlegen Sie sich, wie die anhaltenden Verstöße nachgewiesen werden können und fordern Sie bei Frau Werk geeignetes Material an.

Lösungsvorschlag:

1.

Die Mandantin hat einen Unterlassungsanspruch gegen Herrn Taler. Ein Unterlassungsanspruch ist nach § 890 Abs. 1 S. 1 ZPO zu vollstrecken. Beim Amtsgericht München – als Prozessgericht der ersten Instanz – ist ein Antrag auf Verhängung eines Ordnungsgeldes für jeden Fall der Zuwiderhandlung und für den Fall, dass dieses nicht beigetrieben werden kann, Ordnungshaft oder zur Ordnungshaft bis zu sechs Monaten zu stellen, § 890 Abs. 1 S. 1 ZPO.

2. Vorschlag zur Formulierung und Gestaltung eines fachkundlichen Textes:

Sehr geehrte Frau Werk,

nachdem Herr Taler nach wie vor seine Zigarettenkippen auf Ihrem Grundstück entsorgt, werden wir gegen Herrn Taler beim Amtsgericht München die Verhängung eines Ordnungsgeldes, ersatzweise Ordnungshaft beantragen. Hierzu benötigen wir geeignete Nachweise, dass Herr Taler nach wie vor Ihrem Unterlassungsanspruch nicht nachkommt. Bitte dokumentieren Sie die Verstöße in Form einer Liste, an welchen Tagen, zu welcher Uhrzeit die Verstöße erfolgt sind. Nennen Sie uns bitte die vollständigen Namen und Adressen von Zeugen, welche die Verstöße beobachtet haben. Sie können uns auch Foto oder Videoaufnahmen, die die Verstöße mit Daten und Uhrzeiten dokumentieren, zur Verfügung stellen.

Mit freundlichen Grüßen

Rechtsanwalt

Erläuterung:

Das einzelne Ordnungsgeld darf den Betrag von 250.000 € die Ordnungshaft insgesamt zwei Jahre nicht übersteigen, § 890 Abs. 1 S. 2 ZPO. Das Ordnungsgeld wird von Amts wegen vollstreckt. Das Ordnungsgeld fließt dabei nicht dem Gläubiger, sondern der Staatskasse zu. Für die Kosten einer Ordnungshaft haftet der Gläubiger.

Neben dem Ordnungsgeldantrag kann ein Gläubiger auch beantragen, dass der Schuldner eine Sicherheit zu stellen hat, welche den durch seine Zuwiderhandlung zukünftig entstehenden Schaden abdeckt (z.B. Entsorgung der Zigarettenkippen durch eine dritte Person), § 890 Abs. 3 ZPO.

Merke: Auch die Vollstreckung eines Duldungstitels (z.B. der Mieter hat das Betreten der Mietwohnung zum Zwecke von Renovierungsmaßnahmen durch Handwerker zu dulden) erfolgt nach § 890 ZPO.

Kapitel 7
Einstweiliger Rechtsschutz

Sinn und Zweck des einstweiligen Rechtsschutzes (auch vorläufiger Rechtsschutz genannt) ist es, eine schnelle gerichtliche Entscheidung außerhalb eines Hauptsacheverfahrens herbeizuführen, um Rechte und Ansprüche zu regeln, zu schützen und zu sichern. Damit soll verhindert werden, dass während eines langwierigen Prozesses, auch über mehrere Instanzen, die Durchsetzung von Rechten und die Realisierung von Ansprüchen erschwert oder gar unmöglich gemacht wird. Es muss eine Eilbedürftigkeit gegeben sein. Beachten Sie, dass die Entscheidungen im einstweiligen Rechtsschutz nur vorläufig sind und letztlich eine Klärung im Hauptsachverfahren herbeizuführen ist. Verfahren des einstweiligen Rechtsschutzes sind:

- das Arrestverfahren
- die einstweilige Verfügung
- die einstweilige Anordnung.

1.   Arrest

Übungsfall 43:

Sabine Sabine Meyer hat gegen ihren ehemaligen Arbeitgeber Lasse Bruch eine noch nicht titulierte Forderung aus geschuldetem Arbeitsentgelt in Höhe von 6.200,00 €. Frau Meyer hat in Erfahrung gebracht, dass Lasse Bruch sein kleines Unternehmen verkauft hat und sich nun täglich im Spielkasino aufhält und hohe Verluste hinnehmen muss. Sie hat die Befürchtung, dass der Erlös aus dem Unternehmensverkauf bald verbraucht ist und sie ihre Forderung von Lasse Bruch nicht erhalten wird. Rechtsanwalt Glück erwirkt zur Sicherung der Ansprüche einen Arrestbeschluss, welcher ihm am 15.01.2018 zugestellt wird. Sie sollen die Vollstreckung einleiten und einen Antrag auf Abgabe der Vermögensauskunft stellen.

1. Klären Sie, ob der Arrestbeschluss die allgemeinen Zwangsvollstreckungsvoraussetzungen erfüllt.

2. Prüfen Sie, welche Fristen zu notieren sind.

3. Die Mandantin teilt mit, dass sie drei Bankkonten des Lasse Buch ermitteln konnte. Wie reagieren Sie auf diese Information?

Lösungsvorschlag:

1.

Die allgemeinen Voraussetzungen der Zwangsvollstreckung sind das Vorliegen eines Titels, einer Vollstreckungsklausel sowie die Zustellung des Titels. Der Arrestbeschluss, auch Arrestbefehl genannt, ist ein zur Zwangsvollstreckung geeigneter Titel, §§ 928 ff. ZPO. Eine Vollstreckungsklausel ist nicht erforderlich, § 929 Abs. 1 ZPO. Die Vollziehung (also die Vollstreckung) eines Arrestbefehls ist bereits vor der Zustellung an den Schuldner möglich. Der Arrestbeschluss erfüllt die allgemeinen Voraussetzungen und ein Antrag auf Abgabe der Vermögensauskunft kann sofort gestellt werden.

2.

Ein Arrestbefehl muss innerhalb eines Monats nach Zustellung an den Gläubiger vollzogen, d.h. vollstreckt werden, §§ 929 Abs. 2 ZPO. Der Arrestbefehl wurde Rechtsanwalt Glück am 06.11.2017 zugestellt, Fristbeginn ist somit der 07.11.2017 (§ 222 Abs. 1 ZPO, § 187 Abs. 1 BGB), Fristende ist am 06.12.2017 (§ 222 Abs. 1 ZPO, § 188 Abs. 2 BGB).

Zudem muss der Arrestbefehl innerhalb einer Woche nach der Vollziehung und vor Ablauf der Monatsfrist an den Schuldner zugestellt werden, §§ 929 Abs. 2, 3 ZPO.

3.

Es sollte beim Arrestgericht der Antrag auf Erlass eines **Pfändungsbeschlusses** (nicht Pfändungs- und Überweisungsbeschluss, siehe Erläuterung unten) wegen der angeblichen Ansprüche des Schuldners gegen die Bank/en beantragt werden, §§ 829, 930 Abs. 2 ZPO.

Erläuterung:

Durch ein Arrestverfahren kann eine Geldforderung oder eine Forderung, die in eine Geldforderung übergehen kann (z.B. Gewährleistungsansprüche), ohne Vollstreckungstitel gesichert werden. Neben diesem Arrestanspruch (§ 916 ZPO) muss auch noch ein Arrestgrund (§§ 917, 918 ZPO) vorliegen. Arrestgründe sind zum Beispiel:

- Vermögen wird beiseite geschafft
- der Schuldner verschwendet Vermögen
- der Schuldner leidet unter Spielsucht
- der Schuldner will seinen Wohnsitz aufgeben oder ins Ausland verlagern
- der Schuldner plant die Veräußerung von Vermögenswerten.

Es gibt zwei Arrestarten, nämlich den **dinglichen Arrest** (§ 917 ZPO) und den **persönlichen Arrest** (§ 918 ZPO). Beim dinglichen Arrest richtet sich die Sicherung der Ansprüche gegen das Vermögen des Schuldners.

Der persönliche Arrest wird durch Haft des Schuldners oder andere freiheitseinschränkende Maßnahmen wie z.B. Einzug seines Reisepasses vollzogen. Der persönliche Arrest ist aber nur dann möglich, wenn keine andere Möglichkeit zur Sicherung der Zwangsvollstreckung in das Vermögen des Schuldners gegeben ist.

Sachlich zuständig für die Anordnung eines Arrestes ist sowohl das Gericht der Hauptsache als auch das Amtsgericht, in dessen Bezirk der mit Arrest zu belegende Gegenstand oder die in ihrer persönlichen Freiheit zu beschränkende Person sich befindet, § 919 ZPO. Der Arrestanspruch und die Arrestgründe sind glaubhaft zu machen; dies kann z.B. durch eidesstattliche Versicherungen, schriftliche oder mündliche Zeugenaussagen vor Gericht, Vorlage von Verträgen etc. geschehen.

Das Arrestgericht entscheidet über das Arrestgesuch entweder ohne mündliche Verhandlung durch Beschluss (Arrestbefehl) oder aber nach mündlicher Verhandlung durch Endurteil. Gegen den Erlass eines Arrestbefehls kann der Antragsgegner Widerspruch einlegen, der jedoch den Vollzug nicht hemmt. Ein Urteil kann, sofern die Voraussetzungen des § 511 ZPO vorliegen, mit der Berufung angefochten werden. Das Gericht hat im Arrestbefehl einen Geldbetrag zu nennen, den der Schuldner hinterlegen kann, um die Vollziehung des Arrestes zu hemmen und die Aufhebung des vollzogenen Arrestes beantragen zu können, § 923 ZPO.

Der Arrestbefehl berechtigt zur Durchführung aller möglichen Vollstreckungsmaßnahmen (z.B. Eintragung einer Sicherungshypothek, Abgabe der Vermögensauskunft,

Sachpfändung usw.). Beachten Sie, dass die Vollstreckung aus einem Arrestbefehl nur der Sicherung und Rangwahrung dient, sie führt nur zur Pfändung, nicht zur Verwertung. Eine Verwertung kann erst dann erfolgen, wenn der Anspruch tituliert ist. So ist eine Forderung des Schuldners gegen einen Drittschuldner nur zu pfänden, nicht zu überweisen, also nur ein Pfändungsbeschluss und nicht ein Pfändungs- und Überweisungsbeschluss zu beantragen. Für den Erlass eines Pfändungsbeschlusses ist das Arrestgericht als Vollstreckungsgericht zuständig; § 930 Abs. 1 S. 3 ZPO.

> **Wichtig:** ein Arrestbefehl muss innerhalb eines Monats ab Verkündung (nach einer mündlichen Verhandlung) bzw. Zustellung (im Beschlusswege ohne mündliche Verhandlung) vollstreckt werden, § 929 Abs. 2 ZPO.
>
> Der Arrestbefehl muss innerhalb einer Woche nach der Vollziehung und vor Ablauf der Monatsfrist des § 929 Abs. 2 ZPO an den Schuldner im Parteibetrieb zugestellt werden, sonst verliert die Vollziehung ihre Wirkung, § 929 Abs. 3 ZPO.

Beachten Sie bitte den unterschiedlichen Fristbeginn!

➡ Entscheidung ergeht ohne mündliche Verhandlung:
Frist beginnt mit der Zustellung der Entscheidung an den Antragsteller zu laufen.

➡ Entscheidung ergeht nach mündlicher Verhandlung:
Frist beginnt der der Verkündung der Entscheidung zu laufen.

2.   Einstweilige Verfügung

Übungsfall 44:

Das Model Cindy Brust möchte zur Frankfurter Buchmesse, die in drei Wochen stattfindet, ein Buch präsentieren. In einer Boulevardzeitung erscheint zuvor ein Vorabdruck, in welchem sie u.a. ihre Liebesbeziehung zu dem prominenten Fußballnationalspieler Kai Sehr schildert. Kai Sehr möchte verhindern, dass die ihn betreffenden Passagen im Buch veröffentlicht werden und beauftragt die Kanzlei Glück, dies zu verhindern. Die betreffenden Seiten im Buch sollen geschwärzt werden.

1. **Recherchieren Sie, welche rechtlichen Schritte gegen eine Veröffentlichung zur Buchmesse eingeleitet werden können.**

2. **Prüfen Sie weiter, wie eine obsiegende Entscheidung, die ohne mündliche Verhandlung am 30.01.2018 an Rechtsanwalt Glück zugestellt wird, zu vollstrecken ist.**

Lösungsvorschlag:

1.

Die Sache ist eilbedürftig, so dass eine kurzfristige Entscheidung des Gerichts erforderlich ist. Rechtsanwalt Glück hat daher einen Antrag auf Erlass einer einstweiligen Verfügung gemäß §§ 936, 922 Abs. 1 S. 1 ZPO zu stellen.

2.

Der Vollzug (oder anders: die Vollstreckung) einer einstweilen Verfügung erfolgt dadurch, dass die einstweilige Verfügung an den Antragsgegner im Parteiweg, d.h. durch den Gerichtsvollzieher (§ 192 ZPO) oder von Anwalt zu Anwalt (195 ZPO) zuzustellen ist. Dies gilt sowohl für eine einstweilige Verfügung, die ohne mündliche Verhandlung im Beschlusswege ergangen ist, als auch für ein Urteil, das nach einer mündlichen Verhandlung verkündet worden ist. Enthält die einstweilige Verfügung auch eine Androhung von Zwangsmitteln (z .B. Ordnungsgeld), so erfolgt der Vollzug durch die Beantragung eines solchen Zwangsmittels beim Prozessgericht. Einer Vollstreckungsklausel bedarf es nicht, § 929 Abs. 1 ZPO.

Eine einstweilige Verfügung muss innerhalb eines Monats ab Verkündung (nach einer mündlichen Verhandlung) bzw. Zustellung (im Beschlusswege ohne mündliche Verhandlung) zugestellt und vollzogen werden, § 929 Abs. 2 ZPO.

Erläuterung:

Ein einstweiliges Verfügungsverfahren ist ein Eilverfahren, in welchem das Gericht wegen Eilbedürftigkeit eine vorläufige Regelung oder Sicherung eines Anspruches, der nicht auf Zahlung gerichtet ist (z.B. Herausgabe einer dringend benötigten Sache, Zutritt zu einer Wohnung, um eine Gefahr abzuwenden) trifft. Neben einem solchen Verfügungsanspruch muss auch ein Verfügungsgrund vorliegen. Ein Verfügungsgrund besteht dann, wenn ohne die einstweilige Verfügung die Durchsetzung des Anspruchs gefährdet wäre oder die einstweilige Verfügung zur Erhaltung des Rechtsfriedens notwendig erscheint. Verfügungsanspruch und Verfügungsgrund sind glaubhaft zu machen, was z.B. durch eidesstattliche Versicherungen, Vorlage von Urkunden, Zeugenaussagen erfolgen kann. Auf das einstweilige Verfügungsverfahren sind die Vorschriften über die Anordnung von Arresten und über das Arrestverfahren entsprechend anzuwenden, soweit sich aus den §§ 937 ff. ZPO keine abweichenden Vorschriften ergeben.

Sachlich zuständig ist das Gericht der Hauptsache, § 937 Abs. 1 ZPO. Das Gericht entscheidet entweder ohne mündliche Verhandlung durch Beschluss oder nach mündlicher Verhandlung durch Urteil. Gegen einen Beschluss kann der Antragsgegner Widerspruch einlegen (§ 924 Abs. 1 ZPO), dem Antragsgegner steht gegen die Zurückweisung des Antrags auf Erlass einer einstweilen Verfügung die sofortige Beschwerde (§ 569 ZPO) zu. Gegen ein nach mündlicher Verhandlung ergangenes Urteil steht dem Antragsteller und dem Antragsgegner das Rechtsmittel der Berufung, sofern die Voraussetzungen vorliegen, § 511 ZPO, zu.

Eine einstweilige Verfügung ist, egal ob sie im Beschlusswege oder durch Urteil ergangen ist, vom Antragsteller dem Antragsgegner durch Parteizustellung, also entweder durch den Gerichtsvollzieher (ist zu empfehlen) oder von Anwalt zu Anwalt zuzustellen. Mit der Zustellung dokumentiert und signalisiert der Antragsteller, dass er die Durchsetzung seiner Ansprüche vom Antragsgegner fordert. Zugestellt werden muss in jedem Falle eine Ausfertigung, zumindest eine beglaubigte Abschrift der einstweiligen Verfügung. Die Antragsschrift und die Anlagen müssen nur dann ebenfalls zugestellt werden, wenn das Gericht es ausdrücklich anordnet oder wenn die gerichtliche Entscheidung ausdrücklich auf die Antragsschrift oder deren Anlagen Bezug nimmt und sie zum Gegenstand der Entscheidung selbst macht.

Wichtig: Eine einstweiligen Verfügung muss innerhalb einer Frist von einem Monat ab Verkündung oder ab Zustellung an den Antragsteller an den Antragsgegner erfolgen, § 929 Abs. 2 ZPO. Wird diese Frist nicht eingehalten, „verfällt" die einstweilige Verfügung.

Beachten Sie bitte den unterschiedlichen Fristbeginn!

➡ Entscheidung ergeht ohne mündliche Verhandlung:
Frist beginnt mit der Zustellung der Entscheidung an den Antragsteller zu laufen.

➡ Entscheidung ergeht nach mündlicher Verhandlung:
Frist beginnt der der Verkündung der Entscheidung zu laufen.

3. Einstweilige Anordnung

Erläuterung:

Die einstweilige Anordnung gewährt vorläufigen Rechtsschutz und stellt eine Eilentscheidung des Gerichtes dar.

Beispiel 1: Nach einem heftigen Streit verlässt der Ehemann Hans Dampf die Ehewohnung und zieht zu seiner Mutter. Er verweigert jegliche Unterhaltszahlung. Die Ehefrau Britta Kohl-Dampf weiß nicht, wie sie die beiden kleinen Kinder und sich ernähren soll. Einen langwierigen Unterhaltsrechtsstreit kann sie nicht abwarten. Welche Möglichkeit bietet sich zur Lösung dieses Problems?

Frau Britta Kohl-Dampf kann den Erlass einer einstweiligen Anordnung beim Familiengericht beantragen. Das Gericht kann durch einstweilige Anordnung eine vorläufige Maßnahme treffen, soweit dies nach den für das Rechtsverhältnis maßgebenden Vorschriften gerechtfertigt ist und ein dringendes Bedürfnis für ein sofortiges Tätigwerden besteht (§ 49 FamFG). Das Familiengericht kann bis zur Entscheidung im Unterhaltsverfahren eine vorläufige Unterhaltsregelung treffen.

Beispiel 2: Die Auszubildende Klara Fall verletzt sich kurz vor ihrer Abschlussprüfung am Arm. Das Schulamt lehnt ihren Antrag auf Gewährung einer Schreibzeitverlängerung in der schriftlichen Abschlussprüfung ab. Die Prüfung findet in einer Woche statt. Was kann Klara Fall noch unternehmen?

Hier kann vor dem zuständigen Verwaltungsgericht ein Antrag auf Erlass eine einstweiligen Anordnung gestellt werden, um eine schnelle gerichtliche Entscheidung vor Prüfungsbeginn herbeizuführen (§ 123 Abs. 1 Verwaltungsgerichtsordnung)

In Zwangsvollstreckungsverfahren verfolgt ein Antrag auf Erlass einer einstweiligen Anordnungen das Ziel, den Vollzug einer angefochtenen Entscheidung bis zur Entscheidung hierüber auszusetzen, also die Zwangsvollstreckung erst einmal zu stoppen (§§ 707, 719, 732 Abs. 2, 766 Abs. 1 S. 2, 769, 771 Abs. 3 ZPO).

Kapitel 8
Insolvenzverfahren

Übungsfall 45:

Rechtsanwalt Jochen Glück, Neue Mainzer Str. 125, 63111 Frankfurt, vollstreckt aus einem Versäumnisurteil des Amtsgerichtes Landsberg am Lech vom 21.09.2017, Az. 1 C 1313/17, für die Hesselbrink GmbH, vertreten durch den Geschäftsführer Bernhard Hesselbrink, Mozartplatz 42, 60322 Frankfurt einen Urteilsbetrag in Höhe von 4.000,00 € nebst 5 % Zinsen hieraus seit dem 01.01.2017, zzgl. Mahnkosten in Höhe von 15,00 € und vorgerichtlichen Rechtsanwaltskosten in Höhe von 347,60 € gegen den Schuldner Axel Höhle, Zugspitzweg. 5, 86999 Landsberg am Lech. Die Forderung resultiert aus einer Reparaturleistung. Der Gerichtsvollzieher wurde mit der Abnahme der Vermögensauskunft beauftragt. Nach zwei Wochen sendet der Gerichtsvollzieher den Titel an die Kanzlei mit dem Hinweis zurück, dass das Amtsgericht Landsberg am Lech, Lechstr. 7, 86899 Landsberg am Lech, am 01.12.2017 über das Vermögen des Schuldners Axel Höhle das Insolvenzverfahren eröffnet hat und wegen des Vollstreckungsverbots im Insolvenzverfahren die beantragte Zwangsvollstreckungsmaßnahme nicht durchgeführt werden kann. Zur Insolvenzverwalterin wurde Rechtsanwältin Heidemarie von Schwanenburg, Am Englischen Garten 13, 86899 Landsberg a. Lech, bestimmt. Das Aktenzeichen des Insolvenzverfahren lautet: IK 520/17, Rechtsanwalt Glück führt den Fall unter dem Zeichen 1234/17.

Für den Vollstreckungsversuch sind 54,00 € an Rechtsanwaltsgebühren und 23,90 € an Gerichtsvollzieherkosten angefallen.

Melden Sie die Forderung für die Hesselbrink GmbH unter Verwendung des nachstehenden Formulars an.

Forderungsanmeldung im Insolvenzverfahren

Anmeldungen sind stets nur an den Insolvenzverwalter
(Treuhänder, Sachwalter) zu senden, nicht an das Gericht.
Bitte beachten Sie auch das gerichtliche Merkblatt zur Forderungsanmeldung.

Schuldner	
Insolvenzgericht: Amtsgericht	**Aktenzeichen**

Gläubiger	**Gläubigervertreter**
Genaue Bezeichnung des Gläubigers mit Postanschrift, bei Gesellschaften mit Angabe der gesetzlichen Vertreter	Die Beauftragung eines Rechtsanwalts ist freigestellt. Die Vollmacht muß sich ausdrücklich auf Insolvenzsachen erstrecken.
	☐ **Vollmacht** anbei bzw. folgt umgehend
Geschäftszeichen	Geschäftszeichen

Angemeldete Forderungen

Jede selbständige Forderung ist getrennt anzugeben. Reicht der Raum auf diesem Formular nicht aus, so sind die weiteren Forderungen in einer Anlage nach dem folgenden Schema aufzuschlüsseln.

Erste Hauptforderung im Rang des § 38 InsO (notfalls geschätzt)	€
Zinsen, höchstens bis zum Tag vor der Eröffnung des Verfahrens ___ % aus ___ € seit dem	€
Kosten, die vor der Eröffnung des Verfahrens entstanden sind	€
Summe	€

Zweite Hauptforderung im Rang des § 38 InsO (notfalls geschätzt)	€
Zinsen, höchstens bis zum Tag vor der Eröffnung des Verfahrens ___ % aus ___ € seit dem	€
Kosten, die vor der Eröffnung des Verfahrens entstanden sind	€
Summe	€

1

Nachrangige Forderungen (§ 39 InsO)

Diese Forderungen sind nur anzumelden, wenn das Gericht ausdrücklich hierzu aufgefordert hat (§ 174 Abs. 3 InsO). Die gesetzliche Rangstelle ist durch Ankreuzen zu bezeichnen. Ab Nachrang 3 sind Zinsen und Kosten gesondert anzugeben und der jeweiligen Hauptforderung zuzuordnen (vgl. § 39 Abs. 3 InsO).

1. ☐ Nachrang des § 39 Abs. 1 Nr. 1	€
2. ☐ Nachrang des § 39 Abs. 1 Nr. 2	€
3. ☐ Nachrang des § 39 Abs. 1 Nr. 3	€
4. ☐ Nachrang des § 39 Abs. 1 Nr. 4	€
5. ☐ Nachrang des § 39 Abs. 1 Nr. 5	€
6. ☐ Nachrang des § 39 Abs. 2	€
Zinsen (§ 39 Abs. 3) zu Nachrang 3 - 4 - 5 - 6	€
Kosten (§ 39 Abs. 3) zu Nachrang 3 - 4 - 5 - 6	€
Summe der nachrangigen Forderungen	€

Abgesonderte Befriedigung unter gleichzeitiger Anmeldung des Ausfalls wird beansprucht.

☐ Ja, Begründung siehe Anlage

☐ Nein

Forderung aus vorsätzlich begangener unerlaubter Handlung

☐ Ja, die Tatsachen, aus denen sich ergibt, dass es sich nach der Einschätzung der anmeldenden Gläubigerin oder des anmeldenden Gläubigers um eine Forderung aus einer vorsätzlich begangenen unerlaubten Handlung der Schuldnerin oder des Schuldners handelt, sind in der Anlage genannt

☐ Nein

Grund und nähere Erläuterung der Forderungen (z. B. Warenlieferung, Miete, Darlehen, Reparaturleistung, Arbeitsentgelt, Wechsel, Schadensersatz)

Als Unterlagen, aus denen sich die Forderungen ergeben, sind beigefügt (möglichst in 2 Exemplaren):

....

(Ort)   (Datum)   (Unterschrift und evtl. Firmenstempel)

Bitte reichen Sie diese Anmeldung und alle weiteren Unterlagen immer in zwei Exemplaren ein. Beachten Sie auch die Hinweise im gerichtlichen Merkblatt zur Forderungsanmeldung.

2

Lösungsvorschlag:

Forderungsanmeldung im Insolvenzverfahren

**Anmeldungen sind stets nur an den Insolvenzverwalter
(Treuhänder, Sachwalter) zu senden, nicht an das Gericht.
Bitte beachten Sie auch das gerichtliche Merkblatt zur Forderungsanmeldung.**

Schuldner

Axel Höhle, Zugspitzweg 5, 86999 Landsberg am Lech

Insolvenzgericht: Amtsgericht	86999 Landsberg am Lech	**Aktenzeichen** IK 520/17

Gläubiger	**Gläubigervertreter**
Genaue Bezeichnung des Gläubigers mit Postanschrift, bei Gesellschaften mit Angabe der gesetzlichen Vertreter	Die Beauftragung eines Rechtsanwalts ist freigestellt. Die Vollmacht muß sich ausdrücklich auf Insolvenzsachen erstrecken.
Hesselbrink GmbH vertreten durch den Geschäftsführer Bernhard Hesselbrink Mozartplatz 42 60322 Frankfurt am Main	Rechtsanwalt Jochen Glück Neue Mainzer Str. 125 63111 Frankfurt am Main
	☒ **Vollmacht** anbei bzw. folgt umgehend
Geschäftszeichen	Geschäftszeichen 1234/17

Angemeldete Forderungen

**Jede selbständige Forderung ist getrennt anzugeben. Reicht der Raum auf diesem Formular
nicht aus, so sind die weiteren Forderungen in einer Anlage nach dem folgenden Schema aufzuschlüsseln.**

Erste Hauptforderung im Rang des § 38 InsO (notfalls geschätzt)	4.000,00 €
Zinsen, höchstens bis zum Tag vor der Eröffnung des Verfahrens 5 % aus 4.000,00 € seit dem 01.01.2017	151,07 €
Kosten, die vor der Eröffnung des Verfahrens entstanden sind	440,50 €
Summe	4.591,57 €

Zweite Hauptforderung im Rang des § 38 InsO (notfalls geschätzt)	€
Zinsen, höchstens bis zum Tag vor der Eröffnung des Verfahrens % aus € seit dem	€
Kosten, die vor der Eröffnung des Verfahrens entstanden sind	€
Summe	€

1

Nachrangige Forderungen (§ 39 InsO)
Diese Forderungen sind nur anzumelden, wenn das Gericht ausdrücklich hierzu aufgefordert hat (§ 174 Abs. 3 InsO). Die gesetzliche Rangstelle ist durch Ankreuzen zu bezeichnen. Ab Nachrang 3 sind Zinsen und Kosten gesondert anzugeben und der jeweiligen Hauptforderung zuzuordnen (vgl. § 39 Abs. 3 InsO).

1. ☐ Nachrang des § 39 Abs. 1 Nr. 1	€
2. ☐ Nachrang des § 39 Abs. 1 Nr. 2	€
3. ☐ Nachrang des § 39 Abs. 1 Nr. 3	€
4. ☐ Nachrang des § 39 Abs. 1 Nr. 4	€
5. ☐ Nachrang des § 39 Abs. 1 Nr. 5	€
6. ☐ Nachrang des § 39 Abs. 2	€
Zinsen (§ 39 Abs. 3) zu Nachrang 3 - 4 - 5 - 6	€
Kosten (§ 39 Abs. 3) zu Nachrang 3 - 4 - 5 - 6	€
Summe der nachrangigen Forderungen	€

Abgesonderte Befriedigung unter gleichzeitiger Anmeldung des Ausfalls wird beansprucht.
☐ Ja, Begründung siehe Anlage
☒ Nein

Forderung aus vorsätzlich begangener unerlaubter Handlung
☐ Ja, die Tatsachen, aus denen sich ergibt, dass es sich nach der Einschätzung der anmeldenden Gläubigerin oder des anmeldenden Gläubigers um eine Forderung aus einer vorsätzlich begangenen unerlaubten Handlung der Schuldnerin oder des Schuldners handelt, sind in der Anlage genannt
☒ Nein

Grund und nähere Erläuterung der Forderungen (z. B. Warenlieferung, Miete, Darlehen, Reparaturleistung, Arbeitsentgelt, Wechsel, Schadensersatz)

Forderung aus Reparaturleistung gemäß vollstreckbarer Ausfertigung des Versäumnisurteils des Amtsgerichts Landsberg am Lech vom 21.09.2017, Az.: 1 C 1313/17

Als Unterlagen, aus denen sich die Forderungen ergeben, sind beigefügt (möglichst in 2 Exemplaren):

Kopie des Versäumnisurteils des Amtsgericht Landsberg am Lech vom 21.09.2017, Az.: 1 C 1313/17
Kopie der Vollstreckungsunterlagen
Forderungskonto

Frankfurt am Main,   Rechtsanwalt Glück
....
(Ort)   (Datum)   (Unterschrift und evtl. Firmenstempel)

Bitte reichen Sie diese Anmeldung und alle weiteren Unterlagen immer in zwei Exemplaren ein.
Beachten Sie auch die Hinweise im gerichtlichen Merkblatt zur Forderungsanmeldung.

2

Erläuterung:

Die Eröffnung eines Insolvenzverfahrens führt zu einem Vollstreckungsverbot für die Gläubiger (§§ 87, 89 Abs. 1, 294 Abs. 1 InsO), d.h. die einzelnen Insolvenzgläubiger dürfen während des Insolvenzverfahrens weder in das Vermögen des Schuldners, noch in die Insolvenzmasse vollstrecken. Die **Einzelzwangsvollstreckung,** d.h. der einzelne Gläubiger vollstreckt aufgrund eines Titels ggf. in Konkurrenz mit anderen Gläubigern, ist in der Regel nicht mehr zulässig. Stattdessen können die Insolvenzgläubiger ihre Forderungen innerhalb der Anmeldefrist beim Insolvenzverwalter anmelden. Wird die Frist versäumt, kann die Anmeldung noch nachträglich bis zum Schlusstermin angemeldet werden. Sofern durch die verspätete Anmeldung ein zusätzlicher Prüftermin abzuhalten ist, sind die dadurch anfallenden Mehrkosten von 20,00 € (Anlage 1 GKG KV Nr. 2340) vom Gläubiger zu tragen. Im Insolvenzverfahren herrscht das Prinzip der **Gesamtvollstreckung.** Dies bedeutet, dass eine zu verteilende Masse gleichmäßig quotal an die Gläubigergemeinschaft verteilt wird. Die Gläubiger sollen gleich behandelt werden.

> **Beispiel:** Nach Abzug der Verfahrenskosten kann der Insolvenzverwalter 100.000,00 € verteilen. Dem stehen Verbindlichkeiten in Höhe von 280.000,00 € gegenüber. Es ergibt sich eine Insolvenzquote von 0,36 %. (100.000 ./. 280.000). Die festgestellte Insolvenzforderung eines Gläubigers beträgt 12.000,00 €. Somit erhält dieser Gläubiger eine Quote in Höhe von 4.285,71 € (0,36 × 12.000).

Auch Forderungen, die nicht tituliert sind, werden, sofern sie angemeldet und vom Insolvenzverwalter festgestellt wurden, bei der Verteilung berücksichtigt.

> **Achtung:** Beachten Sie, dass Gläubiger, deren Forderung erst nach Eröffnung eines Insolvenzverfahrens entstanden ist, nicht am Insolvenzverfahren teilnehmen. Sie werden als Neugläubiger bezeichnet und können ihre Ansprüche titulieren lassen. Neugläubiger nehmen nicht an einer Restschuldbefreiung teil, für sie gelten nur eingeschränkte Vollstreckungsverbote.

Dem Internetportal www.insolvenzbekanntmachungen.de sind folgende Informationen zu entnehmen:

- die Anordnung und Aufhebung von Sicherungsmaßnahmen durch das Gericht
- die Abweisung eines Insolvenzantrags mangels Masse
- der Beschluss über die Eröffnung des Insolvenzverfahrens
- die Entscheidung über die Aufhebung oder die Einstellung des Insolvenzverfahrens
- Beschlüsse über die Festsetzung der Vergütung des Insolvenzverwalters, des Treuhänders und der Mitglieder des Gläubigerausschusses
- Terminbestimmungen,
- Ankündigung der Restschuldbefreiung,
- Erteilung oder Versagung der Restschuldbefreiung

> **Achtung:** Aus dem Portal ist aber nicht zu entnehmen, ob beim Insolvenzgericht ein Antrag auf Eröffnung eines Insolvenzverfahrens vorliegt, über welchen noch nicht entschieden wurde. Sicherheit darüber, ob ein Insolvenzverfahren anhängig ist, bietet daher nur die direkte Auskunft des Insolvenzgerichtes.

Kapitel 9
Zwangsvollstreckung in das
unbewegliche Vermögen

1. Grundbuchauszug

Übungsfall 46:

Aus dem nachstehenden Auszug aus einem Vermögensverzeichnis ergibt sich, dass die Schuldnerin Paula Kugel-Fisch hälftige Miteigentümerin eines Grundstücks ist. Die Gläubigerin Angelina Moli hat einen rechtskräftigen Vollstreckungsbescheid in Höhe 20.000,00 € gegen die Schuldnerin und bittet die Kanzlei Glück um die Einleitung geeigneter Vollstreckungsmaßnahmen in dieses Grundstück. Weitere Informationen zum Grundstück sind nicht bekannt.

1. Ermitteln Sie, welche konkreten Vollstreckungsmaßnahmen möglich sind.

2. Prüfen Sie, welche Organe für diese jeweiligen Vollstreckungsmaßnahmen zuständig sind.

3. Formulieren Sie schriftlich eine geeignete Maßnahme um herauszufinden, ob das Grundstück belastet ist.

Eigentümer von Grundvermögen und Personen, die Land- und

Forstwirtschaft betreiben

Ergänzungsblatt II zu Nr. 22a und 23 des Vermögensverzeichnisses

Name des Schuldners/ der Schuldnerin: _____Kugel-Fisch, Paula_____

A. Grundstücke und grundstücksgleiche Rechte (auch Mitberechtigungen)

1.	Handelt es sich um Grundstücke (bebaut oder unbebaut), Wohnungs- oder Teileigentum im Sinne des Wohnungseigentumsgesetzes oder grund-stücksgleiche Rechte (z.B. Erbbaurecht, Bergwerkseigentum, Haubergsanteile)	bebautes Grundstück		
2.	Flur- und Flurstücksnummer	12345/67		
3.	Gemarkung	Sankt Peter-Ording		
4.	Wirtschafts-/ Nutzungsart			
5.	Lage	Wikingerstr. 1		
6.	Größe	900 m²		
7.	Grundbuchführendes Amtsgericht	Husum		
8.	Grundbuchbezirk	Husum		
9.	Blattnummer	1313		

10. a) Alleineigentum	☐ ja ☒ nein, sondern	☐ ja ☐ nein, sondern	☐ ja ☐ nein, sondern
b) Miteigentum (Bruchteil angeben)	1/2 zusammen mit dem Ehemann Florian Fisch		
c) Gemeinschaftsverhältnis (z.B. Erben-, Gütergemeinschaft, Gesellschaft des bürgerlichen Rechts)			
11. Ist Zwangsversteigerung und / oder Zwangsverwaltung angeordnet? Von welchem Amtsgericht ?	☒ nein ☐ ja, und zwar	☐ nein ☐ ja, und zwar	☐ nein ☐ ja, und zwar
Das Aktenzeichen lautet			
12. Ist der Grundbesitz belastet! (Art der Belastung und Berechtigten angeben! Bei Grundpfandrechten ist auch anzugeben, in welcher Höhe das Recht noch valutiert ist. Bei Eigentümerrechten ist anzugeben, ob diese außerhalb des Grundbuchs abgetreten wurden, wann und an wen!)	☐ nein ☐ ja, und zwar nicht bekannt		☐ nein ☐ ja, und zwar

ZP 327 Ergänzungsblatt II zu Nr. 22a. und 23. des Vermögensverzeichnis im Verfahren zur Abgabe der Vermögensauskunft (07.2012)

Lösungsvorschlag:

1.

Die ZPO nennt in § 866 Abs. 1 drei Arten der Zwangsvollstreckung in das unbewegliche Vermögen, nämlich

- die Eintragung einer Sicherungshypothek, § 867 ZPO
- die Zwangsverwaltung
- die Zwangsversteigerung

2.

Für die Eintragung einer Sicherungshypothek ist das Grundbuchamt – eine Abteilung des Amtsgerichtes – zuständig. Das Vollstreckungsgericht beim Amtsgericht entscheidet über Zwangsverwaltungs- und Zwangsversteigerungsverfahren, § 869 ZPO, § 1 ZVG

3.

Auskunft über die Belastung eines Grundstückes lassen sich aus dem Grundbuchauszug entnehmen, vgl. hierzu auch den Lösungsvorschlag und die Erläuterungen zu Übungsfall 14.

Vorschlag zur Formulierung und Gestaltung eines fachkundlichen Textes

Amtsgericht Husum
– Grundbuchamt –
Theodor-Storm-Straße 5
25813 Husum

Antrag auf Erteilung eines unbeglaubigten Grundbuchauszuges

> *Sehr geehrte Damen und Herren,*
>
> *unter Vollmachtsvorlage zeigen wir an, dass wir Frau Angelina Moli, Adresse, anwaltschaftlich vertreten. Wir sind mit der Forderungsbeitreibung gegen Frau Paula Kugel-Fisch, Adresse, beauftragt. Zum Zwecke der Zwangsvollstreckung bitten wir um Übersendung eines unbeglaubigten Grundbuchauszuges des Grundstückes der Schuldnerin in*
>
>   *Wikinger Str. 1, 25826 Sankt Peter Ording*
>   *Flurstücknummer: 12345/67*
>   *Blatt-Nr. 1313*
>
> *Zum Nachweis des berechtigten Interesses fügen wir eine Kopie des Titels bei.*
>
> *Mit freundlichen Grüßen*
>
> *Rechtsanwalt Glück*
>
> **Anlagen**
> *Vollmacht*
> *Kopie des Vollstreckungstitels*

Erläuterung:

Die Zwangsvollstreckung in ein Grundstück erfolgt durch Eintragung einer Sicherungshypothek für die Forderung, durch Zwangsversteigerung und durch Zwangsverwaltung. Der Gläubiger kann entscheiden, ob er nur eine dieser Maßnahmen, zwei oder alle drei Maßnahmen durchführt, § 866 Abs. 2 ZPO. Die Eintragung einer Sicherungshypothek ist in den §§ 866, 867 ZPO geregelt. Die Vorschriften über die Zwangsverwaltung und der Zwangsversteigerung finden sich im Gesetz über die Zwangsversteigerung und die Zwangsverwaltung (ZVG).

Vor der Einleitung der Immobiliarvollstreckung sollte ein Grundbuchauszug beim Grundbuchamt eingeholt werden. Zuständig ist das Grundbuchamt desjenigen Amtsgerichtes, in dessen Bezirk das betreffende Grundstück liegt. Ein berechtigtes Interesse ist nachzuweisen. Die Kosten für einen unbeglaubigten Grundbuchauszug betragen 10,00 €, für einen beglaubigten Grundbuchauszug 20,00 €. Ein Grundbuchblatt besteht aus

- einer Aufschrift
- einem Bestandsverzeichnis
- Abteilungen I, II, III.

Aus den Abteilungen lassen sich folgende Informationen entnehmen:

Aufschrift	Deckblatt	Name des zuständigen Amtsgerichtes, den Grundbuchbezirk sowie die Nummer des Grundbuchblattes, Schließungsvermerk, Umschreibungsvermerk
Bestands-verzeichnis	Enthält Angaben, die vom Katasteramt (amtliches Verzeichnis von Grundstücken) vorgeschrieben sind	Gemarkung, Flur, Flurstücknummer, Lagebezeichnung, Größe, Nutzungsart

Abteilung I.	Eigentumsverhältnisse Grundlage der Eintragung	bei mehreren Eigentümern die jeweiligen Eigentumsanteile z.B. Auflassung, Erbfolge, Zuschlagsbeschluss
Abteilung II.	Lasten mit Ausnahme von Grundpfandrechten und Beschränkungen	z.B. Grunddienstbarkeit, Reallast, Nießbrauch, Vorkaufsrecht, Auflassungsvormerkung, Erbbaurecht z.B. Insolvenzvermerk, Nacherbenvermerk, Zwangsversteigerungs- u. Zwangsverwaltungsvermerk, Testamentsvollstreckervermerk, Sanierungs- und Umlegungsvermerk, Verwaltungs- und Benutzungsregelungen bei Miteigentum
Abteilung III.	Grundpfandrechte	Grundschuld Hypothek Rentenschuld

Ein Grundbuchauszug gibt also Auskunft über die das Grundstück betreffenden Rechtsverhältnisse, wie z.B.

- die Höhe der vorrangigen Belastungen in Abteilung III
- das Vorliegen eines Zwangsversteigerungsvermerkes
- ein vorrangiger Auflassungsvermerk.

Die Informationen aus dem Grundbuchauszug bilden die Grundlage dafür, ob und welche Vollstreckungsmaßnahmen in das Grundstück sinnvollerweise zu ergreifen sind.

2. Sicherungshypothek

Übungsfall 47:

Der Schuldner Teddy Baer ist Eigentümer einer 1-Zimmer-Eigentumswohnung in Funkenburg 13, 45881 Gelsenkirchen. Sonstige Pfändungsmöglichkeiten sind aus der Vermögensauskunft, die Herr Baer auf Antrag der Kanzlei Glück abgegeben hat, nicht zu entnehmen. Der Mandant Max Schlau beauftragt die Kanzlei Glück mit der Eintragung einer Sicherungshypothek. Das aktuelle Forderungskonto weist eine Gesamtforderungshöhe von 720,39 € aus. Der Forderung liegt ein rechtskräftiger Vollstreckungsbescheid des Amtsgerichtes Stuttgart zugrunde. Aus dem Grundbuchauszug ist zu entnehmen, dass das Grundstück unbelastet ist.

1. Prüfen Sie, ob die Voraussetzungen zur Eintragung einer Sicherungshypothek gegeben sind.

2. Entwerfen Sie einen neutralen Musterantrag – nicht auf den Übungsfall 47 bezogen – auf Eintragung einer Sicherungshypothek, den die Kanzlei Glück zukünftig als Vorlage verwenden kann.

Lösungsvorschlag:

1.

Die allgemeinen Voraussetzungen der Zwangsvollstreckung Titel, Klausel, Zustellung liegen vor, Vollstreckungshindernisse sind nicht bekannt. Eine Sicherungshypothek darf nur eingetragen werden, wenn die Forderung mehr als 750,00 € (also mindestens 750,01 € beträgt, § 866 Abs. 3 ZPO. Da die Forderung des Herrn Schlau in Höhe von 720,39 € unter dieser Grenz liegt, ist die Eintragung einer Sicherungshypothek nicht möglich.

2. Vorschlag zur Formulierung und Gestaltung eines fachkundlichen Textes:

Amtsgericht …

– Grundbuchamt –

Adresse

In der Zwangsvollstreckungssache

…. (Name und Adresse des Gläubigers)

– Gläubiger –

vertreten durch die Rechtsanwälte Glück, Adresse

gegen

… (Name und Adresse des Schuldners)

– Schuldner –

überreichen wir namens und in Vollmacht des von uns vertretenen Gläubigers die vollstreckbare Ausfertigung des … (Titel) des … (Gericht) vom … (Datum), Az. …, und beantragen, wegen der nachstehend berechneten Forderung:

Hauptforderung	*… €*
nebst … Prozent Zinsen hieraus seit dem …	*… €*
bisherige Kosten der Zwangsvollstreckung	*… €*
laut anliegender Forderungsaufstellung	
insgesamt	*… €*

auf dem Grundbesitz des Schuldners, eingetragen

im Grundbuch von …., Band …, Blatt … Flurstück-Nr. …

zu Gunsten des Gläubigers eine

Sicherungshypothek

einzutragen.

Rechtsanwalt Glück

Anlagen
vollstreckbare Ausfertigung des … vom …, Az.: …
Forderungsaufstellung

Erläuterung:

Die Eintragung einer Sicherungshypothek verschafft dem Gläubiger eine Sicherung, jedoch keine Befriedigung seiner Forderung. Eine Sicherungshypothek bietet dem Gläubiger aber folgende Vorteile:

- er ist automatisch Beteiligter an einem Zwangsversteigerungs- und/oder eines Zwangsverwaltungsverfahrens, das ein anderer Gläubigers betreibt
- im Falle einer Zwangsversteigerung besteht bei ausreichendem Erlös aufgrund der besseren Rangklasse ein Zuteilungsvorteil
- der Hypothekengläubiger ist berechtigt, einen vorrangigen Gläubiger abzulösen und dessen Rang einzunehmen (§§ 268, 1150 BGB)
- der Gläubiger kann verlangen, dass eine ihm vorgehende oder gleichrangige Hypothek oder Grundschuld gelöscht wird, wenn diese zu einer Eigentümerhypothek oder -grundschuld wird (§§ 1179a, b BGB)
- bei Brand besteht ein Anspruch an der Feuerversicherung
- bei der freihändigen Veräußerung des Grundstücks ist zur lastenfreien Übergabe die Löschungsbewilligung des Gläubigers aus dem Grundbuch erforderlich. Die Erteilung einer Löschungsbewilligung kann der Gläubiger von der Zahlung einer Geldsumme abhängig machen, so dass er auch aus einer eigentlichen „aussichtslosen Rangposition" mit diesem „Druckmittel" noch Zahlungen erhalten kann
- die Zwangsversteigerung kann aus der Sicherungshypothek in die Rangklasse 4 nach § 10 ZVG betrieben werden, § 867 Abs. 3 ZPO

Die Eintragung erfolgt auf Antrag des Gläubigers beim Grundbuchamt, in dessen Bezirk sich das Grundstück befindet. Die Forderungshöhe muss mehr als 750,00 € betragen. Bei der Berechnung dieser Eintragungsgrenze dürfen die für die Beantragung der Sicherungshypothek anfallenden Anwaltsgebühren und Gerichtskosten nicht berücksichtigt werden. Für diese Eintragungskosten haftet das Grundstück, § 867 Abs. 1 S. 3 ZPO. Ebenso bleiben bei der Wertermittlung die Zinsen, soweit sie als Nebenforderung geltend gemacht sind, unberücksichtigt (§ 866 Abs. 3 S. 1 ZPO), kapitalisierte Zinsen hingegen erhöhen die Forderungssumme. Der Gläubiger hat jedoch die Möglichkeit, mehrere Forderungen gegen den Schuldner, auch wenn sie einzeln betrachtet geringer als 750,01 € sind, zu addieren.

Hat der Schuldner mehrere Grundstücke, so kann der Gläubiger wählen, ob er eine Sicherungshypothek nur auf einem Grundstück eintragen lässt, oder seine Forderung auf die verschiedenen Grundstücke verteilt, § 867 Abs. 2 S. 1 ZPO. Bei einer Verteilung der Forderung auf mehrere Grundstücke entstehen Einzelhypotheken. Voraussetzung bei einer Aufteilung ist jedoch auch hier, dass jede einzelne Sicherungshypothek den Betrag von 750,00 € überschreitet. Die Summe der einzelnen Sicherungshypotheken darf die Gesamtforderung des Gläubigers aber nicht übersteigen, ansonsten liegt eine Übersicherung vor.

Normalerweise wird für jedes Grundstück ein eigenes Grundbuchblatt geführt, d.h. wenn einem Eigentümer mehrere Grundstücke gehören, existieren für ihn mehrere Grundbuchblätter. Es kann aber sein, dass mehrere Grundstücke eines Eigentümers in einem gemeinschaftlichen Grundbuchblatt zusammengefasst und geführt werden. Dies nennt man Personalfolium und erkennt man aus den Eintragungen im Bestandsverzeichnis. Bei dieser Konstellation ist beim Antrag auf Eintragung einer Sicherungshypothek anzugeben, welches Grundstück in welcher Höhe zu belasten ist.

Die Eintragung einer Sicherungshypothek kann auch im Rahmen der Sicherungsvollstreckung gemäß § 720a ZPO beantragt werden.

3. Zwangsverwaltung

Übungsfall 48:

Der Schuldner Marcel Immervoll ist Eigentümer eines Mehrfamilienhauses mit 4 Wohneinheiten. Herr Immervoll bewohnt das Anwesen allein. Dem äußeren Anschein nach wirkt das Haus verwahrlost und ungepflegt. Der Rasen ist nicht gemäht und wird als Müll- und Altmetalllager genutzt. In welchem Zustand sich die Räume befinden, ist nicht bekannt. Die Gläubigerin Lilly Fee hält einen rechtskräftiges Urteil in Höhe von 220.000,00 € gegen Herrn Immervoll in Händen. Bislang wurden noch keine Vollstreckungsmaßnahmen eingeleitet, da Herr Immervoll bekanntermaßen nur von einer kleinen unpfändbaren Rente lebt. Sonstiges pfändbares Vermögen ist nicht vorhanden. Frau Fee erwägt, die Zwangsversteigerung des Mehrfamilienhauses zu betreiben, befürchtet aber, dass das Objekt aufgrund seines Zustandes keine Bieter anlocken wird oder aber ein Versteigerungserlös so gering ausfallen wird, dass ihre Forderung nicht gedeckt wird.

1. Prüfen Sie, auf welche Art und Weise Frau Fee trotz der widrigen Umstände Zahlungen erhalten könnte, ohne dass die Gläubigerin zum jetzigen Zeitpunkt die Zwangsversteigerung betreibt.

2. Frau Fee hat Sorge, dass Herr Immervoll im Rauschzustand das Mehrfamilienhaus in Brand stecken könnte. Informieren Sie Frau Fee schriftlich, welche Zwangsvollstreckungsmaßnahme sinnvollerweise eingeleitet werden sollte, um Nachteile für sie zu vermeiden.

Lösungsvorschlag:

1.

Die Zwangsvollstreckung in ein Grundstück kann auch durch Zwangsverwaltung erfolgen, § 866 Abs. 1 ZPO. Der Zwangsverwalter wird dafür sorgen, dass er die leer stehenden Wohneinheiten vermieten kann und nach Abzug der Kosten die Mieteinnahmen an die Gläubigerin verteilt werden.

2. Vorschlag zur Formulierung und Gestaltung eines fachkundlichen Textes:

Sehr geehrte Frau Fee,

in Ihrer Vollstreckungsangelegenheit gegen Herrn Immervoll haben Sie uns mitgeteilt, dass Sie befürchten, dass Herr Immervoll sein Anwesen in Brand setzen könnte. Wir raten Ihnen, zur Sicherung Ihrer Ansprüche eine Sicherungshypothek im Grundbuch eintragen zu lassen. Im Falle eines Brandes, würden Sie bei einer ausreichenden Deckung einen Anspruch auf die Versicherungssumme erlangen.

Darüber hinaus sichern Sie sich durch die Eintragung einer Sicherungshypothek eine Rangposition im Grundbuch, was im Falle einer Zwangsversteigerung oder einer Grundstücksveräußerung von Vorteil für Sie sein könnte. Die Kosten für die Eintragung einer Sicherungshypothek belaufen sich auf .... €.

Bitte teilen Sie uns mit, ob wir die Eintragung für Sie in die Wege leiten sollen. Für Rückfragen stehen wir Ihnen gerne zur Verfügung.

Mit freundlichen Grüßen

Rechtsanwalt

Erläuterung:

Den Ablauf eines Zwangsverwaltungsverfahrens regelt das Gesetz über die Zwangsversteigerung und die Zwangsverwaltung (ZVG). Der Gläubiger hat hierzu beim Vollstreckungsgericht, in dessen Bezirk das Grundstück liegt, einen Antrag auf Zwangsverwaltung zu stellen. Ist der Antrag zulässig und begründet, wird das Grundstück beschlagnahmt und ein Zwangsverwalter eingesetzt. Sinn und Zweck einer Zwangsverwaltung ist, dass der Zwangsverwalter Nutzungen wie Miete, Pacht, Versicherungsleistungen einzieht, die nach Abzug der Verfahrenskosten und der laufenden Beträge der öffentlichen Lasten an den oder die Gläubiger nach einem vom Gericht erstellten Teilungsplan verteilt werden. Der Zwangsverwalter hat zudem die Pflicht, alle Handlungen vorzunehmen, die erforderlich sind, um das Grundstück in seinem wirtschaftlichen Bestand zu erhalten oder in einen guten Zustand zu bringen und eine ordnungsgemäße Benutzung sicherzustellen. Er hat die Immobilie in Besitz zu nehmen, die Miet- und Pachtzinsen einzuziehen und alle rechtlichen Belange zu klären. Darüber hinaus muss er notwendige Reparaturen veranlassen und für eine ausreichende Versicherung des Objektes Sorge tragen. Die Zwangsverwaltung kann einzeln oder auch parallel im Rahmen eines Zwangsversteigerungsverfahrens betrieben werden.

4.   Zwangsversteigerung

Übungsfall 49:

Der Mandant Sigmund Schwäble hat gehört, dass man bei Zwangsversteigerungen Häuser zu „Schnäppchenpreisen" ersteigern kann. Er hat im Internetportal www.zvg-portal.de das nachfolgende Objekt gefunden, das ihn interessiert:

1510 K 0288/ 2015	(letzte Aktualisierung: 15-09-2017 13:14)
Art der Versteigerung:	Versteigerung im Wege der Zwangsvollstreckung
Objekt/Lage:	**2,5-Zimmer-Wohnung:** Erzgießereistraße 30, 80335 München, Max-Vorstadt
Beschreibung:	2,5-Zi.-Whg., ca. 56 m² Wfl., 2. OG (Mitbenutzung Aufzug Nebenhaus), Sondernutzungsrecht an Keller Nr. 84, Bj. ca. 1965, ca. 2002 aufgestockt und saniert
Verkehrswert in €:	420.000,00
Termin:	**Montag, 20. November 2017, 10:00 Uhr**
Ort der Versteigerung:	Amtsgericht München, Justizgebäude Infanteriestraße 5, 80797 München, Sitzungssaal 202
Informationen zum Gläubiger:	Tel.: 089/21281462, Fax: 089/2128771462
GeoServer:	Karten, Luftbilder ⬀
Exposee:	Exposee1.pdf 📄 305.84 kB
amtliche Bekanntmachung:	amtliche_Bekanntmachung1.pdf 📄 137.39 kB
Exposee:	Bietermerkblatt.pdf 📄 292.51 kB
Gutachten:	Gutachten1.pdf 📄 2456.06 kB

Herr Schwäble hat keine Erfahrungen mit Zwangsversteigerungsverfahren und hat Ihnen per E-Mail folgende Fragen gestellt:

1. *Ist es möglich, das Grundstück nach der Anordnung der Zwangsvollstreckung noch freihändig direkt vom Schuldner zu erwerben?*

2. *Wie können noch weitere Informationen neben der Objektbeschreibung zum Versteigerungsobjekt erlangt werden?*

3. *Was passiert, wenn das Mindestgebot von 50 % im Versteigerungstermin nicht erreicht wird?*

4. *Wer bekommt den Versteigerungserlös ausbezahlt?*

Überlegen Sie sich Antworten auf diese Fragen und teilen Sie diese Herrn Schwäble in einem Brief (ohne gesetzliche Bestimmungen) mit.

Lösungsvorschlag:

Vorschlag zur Formulierung und Gestaltung eines fachkundlichen Textes:

Sehr geehrter Herr Schwäble,

Ihre Fragen im Zusammenhang mit Ihrem Interesse an einem Zwangsversteigerungsverfahren beantworten wir Ihnen wie folgt:

1.

Mit dem Beschluss, durch welchen das Vollstreckungsgericht die Zwangsversteigerung anordnet, wird das Grundstück zugunsten des Gläubigers beschlagnahmt. Die Beschlagnahme bewirkt ein Veräußerungsverbot, so dass der Schuldner das Grundstück nicht mehr veräußern oder belasten darf. Die Anordnung der Zwangsversteigerung wird im Grundbuch eingetragen, so dass dies offenkundig wird.

2.

Sie können beim Amtsgericht Einsichtnahme in die Zwangsversteigerungsakte nehmen. Aus der Akte ist u.a. das vom Sachverständigen erstellte Verkehrswertgutachten, der Grundbuchauszug, die Forderungsanmeldungen und auch der/die das Zwangsversteigerungsverfahren betreibende/n Gläubiger zu entnehmen. Eventuell können Sie auch über den/die Gläubiger weitere Informationen oder gar die Möglichkeit einer Besichtigung des Grundstückes erhalten.

3.

Das Gericht darf von Amts wegen den Zuschlag nicht erteilen, wenn das höchste Gebot (Meistgebot) unter 50 % des Verkehrswertes liegt und wird einen neuen Versteigerungstermin anberaumen. In einem weiteren Versteigerungstermin findet diese 50 %-Regelung keine Anwendung mehr.

4.

Nach Zuschlagserteilung wird das Vollstreckungsgericht einen nicht öffentlichen Termin zur Verteilung des Versteigerungserlöses bestimmen. Die Verteilung erfolgt nach einem Teilungsplan, der sich nach der gesetzlich festgelegten Rangordnung der Rechte und Ansprüche (Rangklassen) richtet.

Sollten Sie noch weiteren Klärungsbedarf haben, können Sie sich gerne an uns wenden.

Mit freundlichen Grüßen

Rechtsanwalt

Übungsfall 50:

Die neue Auszubildende Lisa Lustig bittet sie um Mithilfe bei der Erstellung einer PowerPoint Präsentation zum Thema „Zwangsversteigerung".

Skizzieren Sie ihr als Orientierungshilfe stichpunktartig den Ablauf eines gewöhnlichen Zwangsversteigerungsverfahrens ohne Besonderheiten (ohne gesetzliche Bestimmungen).

Lösungsvorschlag:

1. Antragstellung des Gläubigers beim Vollstreckungsgericht
2. Anordnung der Zwangsversteigerung durch das Vollstreckungsgericht und Beschlagnahme des Grundstückes, Eintragung des Versteigerungsvermerks ins Grundbuch
3. Ermittlung des Verkehrswertes durch einen Sachverständigen
4. Anberaumung eines Versteigerungstermin
5. Zuschlagserteilung
6. Verteilungstermin

Erläuterung:

Der Gläubiger einer Geldforderung kann durch ein Zwangsversteigerungsverfahren die Verwertung des schuldnerischen Grundstückes betreiben, § 866 Abs. 1 ZPO. Wir unterscheiden dabei

- dingliche Gläubiger, die ihre Rechte im Grundbuch durch eine Grundschuld oder eine Hypothek eingetragen haben (Rangklasse 4, § 10 Abs. 1 Nr. 4 ZVG) und
- persönliche Gläubiger, die im Besitz eines auf Geld gerichteten Titels, aber nicht im Grundbuch eingetragen sind (Rangklasse 5, § 10 Abs. 1 Nr. 5 ZVG).

Der Ablauf eines Zwangsversteigerungsverfahrens ist in dem Gesetz über die Zwangsversteigerung und die Zwangsverwaltung (ZVG) geregelt. Neben den allgemeinen Voraussetzungen der Zwangsvollstreckung (Titel, Klausel, Zustellung) ist ein Antrag des Gläubiger beim Vollstreckungsgericht, in dessen Bezirk das Grundstück liegt, erforderlich, § 15 ZVG. Das Vollstreckungsgericht entscheidet nach Prüfung des Antrages durch Beschluss und ordnet die Zwangsversteigerung an. Durch den Beschluss werden das Grundstück und das Zubehör zugunsten des Gläubigers beschlagnahmt; der Schuldner darf das Grundstück nicht mehr veräußern oder belasten, § 20 ZVG. Das Vollstreckungsgericht weist das Grundbuchamt an, in Abteilung II einen Vermerk über die Zwangsversteigerungsanordnung anzubringen. Dadurch wird ein gutgläubiger Erwerb eines unwissenden Käufers verhindert.

Ein vereidigter Sachverständiger ermittelt den Verkehrswert des Grundstückes.

Das Vollstreckungsgericht beraumt einen Versteigerungstermin an, der 6 Wochen zuvor öffentlich bekanntzumachen ist. Viele Amtsgerichte nutzen hierzu das Internetportal www.zvg-portal.de. Die Terminsladung muss dem Schuldner und allen Beteiligten 4 Wochen vorher dem Termin zugestellt werden, § 41 ZVG. Beteiligte sind:

- der Gläubiger
- der Schuldner
- diejenigen, die zur Zeit der Eintragung des Vollstreckungsvermerks ein Recht im Grundbuch eingetragen haben
- diejenigen, welche ein an der Zwangsvollstreckung entgegenstehendes Recht beim Vollstreckungsgericht anmelden und glaubhaft machen.

Beim Vollstreckungsgericht sind Rechte und Ansprüche anzumelden, die zum Zeitpunkt der Eintragung des Versteigerungsvermerkes aus dem Grundbuch nicht ersichtlich waren, § 37 Nr. 4 ZVG.

Im Versteigerungstermin informiert der Rechtspfleger über gegebenenfalls bestehend bleibende Rechte, denn nicht jedes Grundstück geht nach der Versteigerung lastenfrei auf den neuen Eigentümer über, sondern verpflichtet auch diesen. Bestehen bleibende Rechte sind Ansprüche, die dem betreibenden Gläubiger mit dem besten Rang vorangehen.

Beispiel: Im Grundbuch, Abteilung III, sind folgende Belastungen eingetragen:

1. Gläubiger A   100.000,00 €
2. Gläubiger B   50.000,00 €
3. Gläubiger C   10.000,00 €

Betreibt der Gläubiger B die Zwangsversteigerung, so bleibt die Forderung des Gläubiger A auch nach der Versteigerung im Grundbuch bestehen.

Aber auch Rechte, die in Abteilung II des Grundbuches eingetragen sind, können bestehen bleiben, z.B. ein Wohnrechte oder eine Reallast (der jeweilige Grundstückseigentümer muss Geld oder Sachwerte an den Berechtigten z.B. einen früheren Eigentümer eines Bauernhofes, leisten).

Weiter nennt der Rechtspfleger die Höhe des geringsten Gebots. Das geringste Gebot bezeichnet die Untergrenze eines Gebotes, welche bei einer Zwangsvollstreckung nicht unterschritten werden darf und berechnet sich aus der Addition der Verfahrenskosten und der bestehend bleibenden Rechte.

Die Bieterstunde beträgt 30 Minuten, wird aber so lange verlängert, wie geboten wird. Bei einer Gebotsabgabe kann ein Beteiligter, der durch eine Nichtzahlung des Gebotes benachteiligt werden würde, eine Sicherheit in Höhe von 10 % des Verkehrswertes verlangen. Die Sicherheitsleistung muss entweder schon vor dem Termin an die Gerichtskasse überwiesen und nachgewiesen werden, oder ist aber im Termin durch eine Bankbürgschaft, Bundesbankscheck, oder Verrechnungsscheck zu leisten.

Das Meistgebot (das höchste Gebot) in einem ersten Versteigerungstermin muss 5/10 des Verkehrswertes erreichen, ansonsten darf das Gericht den Zuschlag nicht erteilen, § 85a Abs. 1 ZVG. Liegt das Gebot über 5/10 aber unter 7/10 des Verkehrswertes, so kann ein Berechtigter einen Antrag auf Zuschlagsversagung erteilen, § 74a ZVG. Wurde kein Gebot abgegeben, muss das Gericht das Verfahren einstellen, es wird auf Antrag des Gläubigers fortgesetzt und ein neuer Versteigerungstermin wird bestimmt. Nach Schluss der Versteigerung erfolgt die Verhandlung über den Zuschlag, dem Gläubiger stehen folgende Möglichkeiten offen:

* er kann die Einstellung des Verfahrens beantragen mit der Konsequenz, dass der Zuschlag nicht erteilt wird und das Meistgebot erlischt, ein neuer Termin findet auf Gläubigerantrag statt
* er kann der Zuschlagserteilung zustimmen
* er kann, wenn das Gebot über 5/10 aber unter 7/10 des Verkehrswertes liegt, einen Antrag auf Zuschlagsversagung stellen
* er kann sich eine Bedenkzeit einräumen lassen, die Zuschlagserteilung erfolgt dann in einem gesonderten Termin.

Findet ein weiterer Versteigerungstermin statt, weil die 5/10 Grenze nicht erreicht oder wegen der 7/10 Grenze ein Antrag auf Zuschlagsverweigerung gestellt wurde, so gelten diese beiden Grenzen nicht mehr, das geringste Gebot ist jedoch weiterhin einzuhalten.

Bereits mit der Verkündung des Zuschlags wird der Meistbietende Eigentümer des Grundstücks mit allen Rechten und Pflichten (§ 89 ZVG), nicht erst mit der Grundbuchberichtigung.

Der Erlös wird in einem Verteilungstermin entsprechend der in § 10 Abs. 1 ZVG genannten acht Rangklassen verteilt. Erst wenn der ranghöhere Gläubiger voll befriedigt ist, nimmt der nächste im Rang folgende Gläubiger an der Verteilung teil.

Der Zuschlagsbeschluss stellt nach § 93 ZVG einen Vollstreckungstitel dar, mit welchem der neue Eigentümer gegen den früheren Eigentümer die Räumungs- und Herausgabevollstreckung betreiben kann. Beim Vollstreckungsgericht kann eine vollstreckbare Ausfertigung des Zuschlagsbeschlusses beantragt werden.

Der Ersteigerer tritt in ein bestehendes Mietverhältnis ein. § 57a ZVG räumt ihm ein Sonderkündigungsrecht von Mietverhältnissen ein, die Kündigung muss zum gesetzlich schnellstmöglichen Termin ab Zuschlagserteilung erfolgen, ansonsten gelten die gesetzlichen oder vertraglich vereinbarten Fristen. Es muss aber ein berechtigtes Interesse des neuen Eigentümers (z.B. Eigenbedarf) vorliegen.

Die Zwangsvollstreckung zum Zwecke der Aufhebung der Gemeinschaft, die so genannte Teilungsversteigerung (z.B. bei einer Erbengemeinschaft, eheliche Gütergemeinschaft) stellt einen Sonderfall der Zwangsversteigerung dar. Hier betreibt nicht ein Gläubiger, sondern ein Miteigentümer die Zwangsversteigerung mit dem Ziel, die Aufhebung der Gemeinschaft zu verlangen. Bei der Teilungsversteigerung wird nicht nur der Eigentumsanteil des Antragstellers, sondern das gesamte Grundstück, also auch die Anteile der übrigen Teilhaber versteigert. Die Teilungsvollstreckung erfolgt ebenfalls nach den Vorschriften des Gesetzes über die Zwangsversteigerung und die Zwangsverwaltung (ZVG). Der Ablauf des Verfahrens findet ebenfalls, wie obenstehend erläutert, statt. In den §§ 180 bis 185 ZVG finden sich zusätzlich noch besondere Vorschriften dieser speziellen Zwangsversteigerungsart.

Kapitel 10
Rechtsbehelfe und Rechtsmittel

1. Erinnerung

Übungsfall 51:

Witta Miene erscheint in der Kanzlei Glück und berichtet, dass der Gerichtsvollzieher Fleißig ihr Notebook für die Gläubigerin, das Kosmetikstudio Glanz & Gloria, gepfändet hat und dieses im Internetportal www.justiz-auktion.de versteigern möchte. Frau Miene ist arbeitslos. Sie gibt an, das Notebook dringend für das Verfassen von Bewerbungen zu benötigen. Sie ist auf Stellensuche und muss auch ihre Arbeitsbemühungen gegenüber der Agentur für Arbeit nachweisen, deswegen ist ihrer Meinung nach das Notebook unpfändbar.

1. Recherchieren Sie, wie sich Frau Miene gegen die Pfändung und Versteigerung des Notebooks zur Wehr setzen kann und was zu unternehmen ist, damit die Versteigerung des Notebooks verhindert werden kann.
2. Prüfen Sie die sachliche und örtliche Zuständigkeit für die Maßnahme.
3. Frau Miene bittet Sie, ein geeignetes Schreiben zu formulieren, dass sie dann in eigenem Namen selber versenden kann.

Lösungsvorschlag:

1.

Die Schuldnerin hat die Möglichkeit, sich mit dem Rechtsbehelf der Vollstreckungserinnerung gegen die Art und Weise einer Vollstreckungsmaßnahme des Gerichtsvollziehers zur wehren, § 766 Abs. 1 ZPO. Da die Einlegung des Rechtsbehelfs der Erinnerung die Zwangsvollstreckung nicht hemmt, sollte auch die einstweilige Einstellung der Zwangsvollstreckung bis zur endgültigen Entscheidung beantragt werden, um die Versteigerung des Notebooks zu verhindern, §§ 766 Abs. 1, 732 Abs. 2 ZPO. Die einstweilige Einstellung der Zwangsvollstreckung stellt ein Vollstreckungshindernis gemäß § 775 Nr. 2 ZPO dar. Die Vollstreckungsmaßnahme wird aber erst dann wirkungslos, wenn eine gerichtliche Entscheidung sie aufhebt. Aus diesem Grunde sollte auch die Aufhebung der Vollstreckungsmaßregel beantragt werden, § 766 ZPO.

2.

Sachlich ausschließlich zuständig für das Erinnerungsverfahren ist das Vollstreckungsgericht, §§ 766 Abs. 1 S. 1, 764 Abs. 1, 802 ZPO. Örtlich zuständig ist das Vollstreckungsgericht, in dessen Bezirk die Vollstreckung stattgefunden hat, § 764 Abs. 2 ZPO.

---

3. Vorschlag zur Formulierung und Gestaltung eines fachkundlichen Textes:

An das
Vollstreckungsgericht beim Amtsgericht …

In dem Zwangsvollstreckungsverfahren

Kosmetikstudio Glanz & Gloria, Adresse

gegen

Witta Miene, Adresse

Az. des Gerichtsvollziehers Fleißig: DR …

Sehr geehrte Damen und Herren,

am … war Herr Gerichtsvollzieher Fleißig bei mir und hat mein Notebook gepfändet und angekündigt, dass er dieses über das Vollstreckungsportal www.justiz-auktion.de versteigern wird. Ich bin arbeitslos und erhalte Unterhalt von meinem geschiedenen Ehemann. Für meine intensiven Bemühungen, einen Arbeitsplatz zu finden, bin ich dringend auf das Notebook angewiesen, um ordentliche Bewerbungen erstellen und schnell auf Stellenangebote auch per E-mail reagieren zu können. Herr Gerichtsvollzieher Fleißig hätte daher mein Notebook nicht pfänden dürfen. Meinen Arbeitslosengeldbescheid und den Schriftverkehr mit der Bundesagentur für Arbeit füge ich in der Anlage bei.

Ich beantrage daher, dass die Zwangsvollstreckung eingestellt und die Pfändung aufgehoben wird.

Mit freundlichen Grüßen

Witta Miene

Anlagen
Arbeitslosengeldbescheid
Schriftverkehr mit der Bundesagentur für Arbeit

Erläuterung:

Mit der Vollstreckungserinnerung nach § 766 ZPO können sich der Schuldner, der Gläubiger oder dritte Beteiligte (z.B. Familienangehörige des Schuldners, Drittschuldner) gegen Vollstreckungsmaßnahmen des Gerichtsvollziehers oder des Vollstreckungsgerichtes wenden.

AHA: Mit der unbefristeten Erinnerung nach § 766 ZPO können nur Vollstreckungsmaßnahmen angegriffen werden. Eine Maßnahme liegt vor, wenn der Schuldner vor ihrem Erlass nicht angehört wurde.

Maßnahmen sind strikt von Entscheidungen abzugrenzen. Entscheidungen ergehen nach Anhörung der Beteiligten, sie sind mit der fristgebunden sofortigen Beschwerde gemäß § 793 ZPO anzufechten.

Fehlerhafte Maßnahmen können z.B. sein:

- der Gerichtsvollzieher pfändet eine unpfändbare Sache
- der Gerichtsvollzieher weigert sich, eine Pfändungshandlung für den Gläubiger vorzunehmen
- der Gerichtsvollzieher stellt Kosten in Rechnung, die nicht angefallen sind
- ein Pfändungs- und Überweisungsbeschlusses wird ohne zugestellten Titel erlassen.

Der Gerichtsvollzieher bzw. der Rechtspfleger können der Erinnerung abhelfen, ansonsten ergeht die Entscheidung durch richterlichen Beschluss. Ist die Erinnerung zulässig und begründet, wird die Vollstreckungsmaßnahme entweder aufgehoben oder für unzulässig erklärt bzw. der Gerichtsvollzieher angewiesen, die beantragte Vollstreckungsmaßnahme des Gläubigers durchzuführen.

Gegen den richterlichen Beschluss ist die sofortige Beschwerde (§ 793 ZPO) möglich.

2. Sofortige Beschwerde

Übungsfall 52:

Der Antrag auf Erlass eines Pfändungs- und Überweisungsbeschluss der Kanzlei Glück wird vom Vollstreckungsgericht zurückgewiesen. Begründet wird die Zurückweisung damit, dass der eingereichte Antrag nicht der Zwangsvollstreckungsformular-Verordnung (ZVFV) entspricht. Die Textlinien, die Schrift und Größe der Ankreuzfelder des eingereichten Antrags würden vom Original-Formular abweichen. Vor der Zurückweisung wurde die Kanzlei Glück angehört.

1. **Ermitteln Sie, wie die Zurückweisung angefochten werden kann.**
2. **Ermitteln Sie weiter, bei welchem Gericht (sachlich) ein entsprechender Schriftsatz einzureichen ist.**
3. **Prüfen Sie, welche Frist zu notieren ist.**

Lösungsvorschlag:

1.

Gegen die Entscheidung des Vollstreckungsgerichts kann sofortige Beschwerde eingelegt werden, §§ 793, 567 ff. ZPO.

2.

Die sofortige Beschwerde kann entweder bei dem Gericht, dessen Entscheidung angefochten wird, oder beim Beschwerdegericht schriftlich oder zu Protokoll der Geschäftsstelle eingelegt werden, § 569 Abs. 1 S. 1 ZPO. Die sofortige Beschwerde kann daher beim Amtsgericht oder beim Landgericht (dieses ist gemäß § 72 Abs. 1 S. 1 GVG das Beschwerdegericht) eingelegt werden.

3.

Die sofortige Beschwerde ist binnen einer Notfrist von zwei Wochen ab Zustellung des Zurückweisungsbeschlusses einzulegen, § 569 Abs. 1 S. 1 ZPO, so dass diese Frist zu notieren ist.

Erläuterung:

Die sofortige Beschwerde gemäß § 793 ZPO findet

- gegen gerichtliche Entscheidungen (nach Anhörung der Beteiligten) sowie
- gegen richterliche Beschlüsse im Erinnerungsverfahren (§ 766 ZPO)

in Zwangsvollstreckungsangelegenheiten statt. Beschwerdeberechtigt sind der Gläubiger, Schuldner und Dritte, sofern sie beschwert sind. Die sofortige Beschwerde ist zum Beispiel statthaft:

- gegen eine richterliche Durchsuchungsanordnung
- gegen Haftbefehle
- gegen den Erlass eines Pfändungs- und Überweisungsbeschlüssen, sofern der Schuldner zuvor angehört wurde
- gegen die Aufhebung eines Pfändungs- und Überweisungsbeschlusses durch den Rechtspfleger, nachdem er einer Erinnerung nach § 766 ZPO abgeholfen hat.

Es gelten die Vorschriften über die sofortige Beschwerde nach den §§ 567 ff ZPO, da § 793 ZPO nur die Statthaftigkeit normiert. Die sofortigen Beschwerde kann auch mit einem Antrag auf Aussetzung der Vollziehung der angefochtenen Entscheidung §§ 570 Abs. 2, 3 ZPO verbunden werden. Die Entscheidung über die sofortige Beschwerde ergeht durch richterlichen Beschluss. Als weiteres Rechtsmittel ist die Rechtsbeschwerde zum Bundesgerichtshof möglich, sofern diese zugelassen wurde, § 574 Abs. 1 Nr. 2 ZPO.

3.   Vollstreckungsabwehrklage

Übungsfall 53:

Dem Arbeitgeber des Kasimir Schmitt wird am 15.01.2018 ein Pfändungs- und Überweisungsbeschluss der Gläubigerin Partnervermittlung Deluxe zugestellt. Der Forderung liegt ein rechtskräftiges Urteil des Landgerichtes Frankfurt vom 10.10.2017 zugrunde. Kasimir Schmitt kommt in die Kanzlei Glück und teilt mit, dass er die streitgegenständliche Forderung bereits am 17.10.2017 an die Gläubigerin überwiesen hat. Er legt einen Kontoauszug vor, aus welchem zu ersehen ist, dass er die komplette Forderung bezahlt hat. Die nächste Lohnzahlung ist am 25.01.2018 fällig und der Arbeitergeber hat bereits angekündigt, dass er die pfändbaren Beträge an die Gläubigerin aufgrund der Pfändung abführen muss.

Prüfen Sie, was unternommen werden kann

1. damit die Zwangsvollstreckung für unzulässig erklärt wird

2. die drohende Auszahlungen der pfändbaren Beträge zum 25.01.2018 die Gläubigerin durch die Drittschuldnerin verhindert werden kann.

Lösungsvorschlag:

1.

Die Gläubigerin betreibt die Zwangsvollstreckung, obwohl ihr Anspruch bereits durch Zahlung erfüllt ist. Kasimir Schmitt kann beim Prozessgericht der ersten Instanz eine Vollstreckungsabwehrklage gemäß § 767 ZPO gegen die Partnervermittlung Deluxe erheben.

2.

Beim Prozessgericht kann ein Antrag auf Erlass einer einstweiligen Anordnung gestellt werden, dass die Zwangsvollstreckung bis zum Erlass eines Urteils im Vollstreckungsabwehrklageverfahren eingestellt oder nur gegen Sicherheitsleistung fortgesetzt werden darf, § 769 Abs. 1 ZPO. Zweckmäßigerweise ist dieser Antrag mit der Vollstreckungsabwehrklage zu verbinden.

Erläuterung:

Mit der Vollstreckungsabwehrklage, auch Vollstreckungsgegenklage genannt, kann der Schuldner materiell-rechtliche Einwendungen oder Einreden gegen den titulierten Anspruch selber erheben, § 767 Abs. 1 ZPO. Materiell-rechtliche Einwendungen sind z.B.

- Erfüllung der Forderung
- Aufrechnung der Forderung
- Stundung der Forderung
- Verjährung der Forderung
- Anfechtung der Forderung
- Erlöschung der Forderung.

Tatsachen, auf die sich die Vollstreckungsabwehrklage stützt, dürfen erst nach dem Schluss der mündlichen Verhandlung entstanden sein, § 767 Abs. 2 ZPO. Die Vollstreckungsabwehrklage wendet sich nicht, so wie die Erinnerung oder die sofortige Beschwerde gegen Mängel der Zwangsvollstreckung, sondern hat das Ziel, dem Titel die Vollstreckbarkeit zu entziehen. Eine Vollstreckungsabwehrklage steht nur dem Schuldner zu. Der Urteilstenor könnte wie folgt lauten.

„Die Zwangsvollstreckung aus dem Endurteil des Landgerichtes Frankfurt vom 03.01.2018, Az.: ... wird für unzulässig erklärt."

> **Wichtig:** Das gerichtliche Verfahren über die Vollstreckungsabwehrklage wird einige Zeit in Anspruch nehmen. Die Zwangsvollstreckung wird durch die Klageeinreichung nicht gehemmt, sie läuft weiter. Der Überweisungsbeschluss gilt, auch wenn er zu Unrecht erlassen ist, zugunsten des Drittschuldners dem Schuldner gegenüber so lange als rechtsbeständig, bis er aufgehoben wird und die Aufhebung zur Kenntnis des Drittschuldners gelangt, § 836 Abs. 2 ZPO. Um Nachteile für den Schuldner zu verhindern, sollte daher im Wege einer einsteiligen Anordnung beim Prozessgericht beantragt werden, dass die Zwangsvollstreckung eingestellt oder nur gegen Sicherheitsleistung fortgesetzt werden darf, § 769 Abs. 1 ZPO.

4. Drittwiderspruchsklage

> **Übungsfall 54:**
>
> Bina Burner leiht ihrer Nachbarin Fanny Krause ihre teure Fotoausrüstung, damit diese die Hochzeit ihres Bruders fotografisch begleiten kann. Im Rahmen einer Zwangsvollstreckung bei Fanny Krause findet Frau Gerichtsvollzieherin Schätzle diese Fotoausrüstung und pfändet diese für den Gläubiger Harry Hirsch, obwohl Fanny Krause erklärt, dass Eigentümerin der Fotoausrüstung Bina Burner ist. Die Fotoausrüstung soll in drei Wochen versteigert werden. Bina Burner bitte die Kanzlei Glück um Hilfe.
>
> 1. Recherchieren Sie, ob die Gerichtsvollzieherin die Fotoausrüstung pfänden durfte.
>
> 2. Prüfen Sie, wie Bina Burner die Versteigerung ihrer Fotoausrüstung verhindern kann.
>
> 3. Fordern Sie den Gläubiger auf, die gepfändete Fotoausrüstung freizugeben.

Lösungsvorschlag:

1.

Die Gerichtsvollzieherin darf grundsätzlich alle beweglichen Sachen pfänden, die sie im Besitz der Schuldnerin vorfindet, § 808 Abs. 1 ZPO. Es ist davon auszugehen, dass Gegenstände, dies sich in den Räumlichkeiten eines Schuldners befinden, auch in dessen Eigentum stehen. Dies nennt man Gewahrsamsvermutung (vgl. hierzu auch § 739 ZPO). Die Gerichtsvollzieherin durfte die Pfändung vornehmen.

2.

Bina Burner kann ihre materiell-rechtlichen Einwendungen gegen die Zwangsvollstreckung, nämlich dass sie Eigentümerin der gepfändeten Sachen ist, in einer Drittwiderspruchsklage gemäß § 771 ZPO gegen den Gläubiger verfolgen. Um die Versteigerung zu verhindern, muss sie zudem einen Antrag auf einstweilige Einstellung der Zwangsvollstreckung stellen, §§ 771 Abs. 3, 769 Abs. 1 ZPO, da die Erhebung der Drittwiderspruchsklage den Fortgang der Zwangsversteigerung nicht verhindert.

3. Vorschlag zur Formulierung und Gestaltung eines fachkundlichen Textes:

Einschreiben/Rückschein

Herrn
Harry Hirsch

Sehr geehrter Herr Hirsch,

wir zeigen unter Vorlage einer Vollmacht an, dass wir Frau Bina Burner, Adresse, anwaltschaftlich vertreten. Grund unserer Beauftragung ist Folgender:

Frau Gerichtsvollzieherin Schätzle hat am … aufgrund Ihres Vollstreckungsauftrages bei Ihrer Schuldnerin Fanny Krause, Adresse, eine Fotoausrüstung, bestehend aus … gepfändet, die am … versteigert werden soll.

Diese Fotoausrüstung steht vollumfänglich im Eigentum unserer Mandantin. Zum Nachweis hierfür wir Ihnen in der Anlage die Anschaffungsrechnung der Fa. … bei.

Wir haben Sie aufzufordern, uns gegenüber bis spätestens zum … (kurze Fristsetzung) schriftlich zu erklären, dass Sie die ausgebrachte Pfändung freigeben.

Sollten Sie dieser Aufforderung nicht fristgerecht nachkommen, werden wir eine Drittwiderspruchsklage gegen Sie erheben und eine einstweilige Anordnung der Zwangsvollstreckung beantragen.

Mit freundlichen Grüßen

Rechtsanwalt Glück

Anlagen
Vollmacht
Rechnung der Firma … vom …

Erläuterung:

Werden Vermögenswerte (eine Sache oder ein Recht) beim Schuldner gepfändet, die einem Dritten zustehen, z. B. weil Sachen vom Schuldner geliehen, geleast, gemietet, verwahrt etc. wurden, so kann der Eigentümer sich im Wege der Drittwiderspruchsklage gemäß § 771 ZPO gegen die Pfändung seiner Vermögenswerte zur Wehr setzen.

Bei einer Drittwiderspruchsklage werden materiell-rechtliche Einwendungen (z.B. das Eigentum des Dritten) gegen die Zwangsvollstreckung in seine Vermögenswerte erhoben. Ziel einer Drittwiderspruchsklage ist es, die Zwangsvollstreckung in diejenigen Gegenstände oder Rechte, die dem Dritten und nicht dem Schuldner zustehen, für unzulässig erklären zu lassen.

Die sachliche Zuständigkeit für die Drittwiderspruchsklage richtet sich nach den §§ 23, 71 GVG, d.h. ist abhängig vom Wert der Forderung. Örtlich zuständig ist das Amtsgericht oder Landgericht (**Achtung:** Anwaltszwang, § 78 Abs. 1 ZPO). in dessen Bezirk die Zwangsvollstreckung erfolgt ist, § 771 Abs. 1 ZPO.

> **Wichtig:** Mit der Klage ist auch ein Antrag auf vorläufige Einstellung der Zwangsvollstreckung zu stellen, §§ 771 Abs. 3, 769 ZPO. Die Einreichung einer Drittwiderspruchklage führt nicht zum Stopp der Zwangsvollstreckungsmaßnahme.

5. Klage auf vorzugsweise Befriedigung

Übungsfall 55:

Fred Feuerstein liest in der Tageszeitung eine Veröffentlichung des Gerichtsvollzieher Fleißig, dass ein Ölgemälde „Nordseestimmung" einer bekannten Malerin im Wege der Zwangsvollstreckung versteigert wird. Der Verkehrswert des Gemäldes wird mit 25.000,00 € angegeben. Auf Nachfrage bei Gerichtsvollzieher Fleißig bestätigt sich der Verdacht, dass es sich um das Bild handelt, an welchem Fred Feuerstein aufgrund von Mietrückständen der Wilma Putzig in Höhe von 8.000,00 € bereits vor einem Jahr ein Vermieterpfandrecht geltend gemacht hat. Die Forderung des weiteren Gläubigers gegen Wilma Putzig ist erst danach entstanden. Fred Feuerstein befürchtet nun, dass das Bild für den anderen Gläubiger versteigert wird und er „leer" ausgeht und bittet die Kanzlei Glück, dies zu verhindern.

1. Prüfen Sie, ob Herr Feuerstein gegen die Pfändung und Verwertung des Bildes Einwände erheben kann.

2. Recherchieren Sie, was veranlasst werden muss, damit Herr Feuerstein Geld aus dem Versteigerungserlös des Ölgemäldes erhält.

Lösungsvorschlag:

1.

In § 805 Abs. 1 ZPO ist geregelt, dass ein Dritter, der sich nicht im Besitz einer gepfändeten Sache befindet, einer Pfändung nicht widersprechen darf. Somit kann Fred Feuerstein keinen Einwand gegen die Pfändung und Verwertung des Gemäldes erheben.

2.

Fred Feuerstein kann seine Ansprüche durch Erhebung einer Klage auf vorzugsweise Befriedigung gegen den Gläubiger, der die Sache gepfändet hat, geltend machen § 805 Abs. 1 ZPO.

Erläuterung:

Ein Dritter, der wegen einer Geldforderung ein Pfandrecht an einer beweglichen Sache besitzt, kann einer Pfändung dieses Gegenstandes durch einen anderen Gläubiger nicht widersprechen und die Verwertung nicht verhindern, § 805 Abs. 1 ZPO. Wir unterscheiden in:

- vertragliche Pfandrechte (ein Pfand dient zur Sicherung einer Forderung)
- gesetzliche Pfandrechte (z.B. Vermieterpfandrecht, Unternehmerpfandrecht, Verpächterpfandrecht, Pfandrecht des Gastwirts)
- Pfändungspfandrechte (durch die Pfändung erwirbt der Gläubiger ein Pfandrecht an dem gepfändeten Gegenstand, § 804 Abs. 1 ZPO).

Sofern das Pfandrecht des Dritten vorrangig ist, hat dieser einen Anspruch darauf, dass aus dem Erlös der gepfändeten Sache seine Forderung zuerst beglichen wird. Ist das Pfandrecht gleichrangig, so besteht ein Anspruch auf anteilsmäßige Befriedigung am Erlös.

Eine Klage auf vorzugsweise Befriedigung wendet sich nicht gegen die Unzulässigkeit der Zwangsvollstreckung, sondern zielt darauf ab, dass mit dem Erlös der gepfändeten Sache zuerst die Forderung des Klägers zu bedienen ist. Ein Urteil könnte beispielsweise lauten:

„Der Kläger ist aus dem Reinerlös des am ... gepfändeten Ölgemäldes »Nordseestimmung« der Malerin bis zum Betrag von 8.000,00 € vor dem Beklagen zu befriedigen".

Örtlich zuständig für eine Klage auf vorzugsweise Befriedigung ist das Vollstreckungsgericht, §§ 805 Abs. 2, 764 Abs. 2 ZPO, also das Vollstreckungsgericht in dessen Bezirk die Zwangsvollstreckung stattfindet oder stattfinden soll. Die sachliche Zuständigkeit ist abhängig vom Wert des Pfand- bzw. Vorzugsrecht, also bis 5.000,00 das Amtsgericht, ansonsten das Landgericht (**Achtung:** Anwaltszwang, § 78 Abs. 1 ZPO).

> **Wichtig:** Der Anspruch des Klägers ist glaubhaft zu machen (z.B. Vorlage durch Urkunden, Zeugenaussagen, eidesstattliche Versicherung), damit das Gericht die Hinterlegung des Erlöses anzuordnen hat, § 805 Abs. 3 ZPO. Durch eine Hinterlegung des Erlöses wird bis zur Entscheidung über die Klage wird dem Kläger vorläufiger Rechtsschutz gewährt.

Teil 5
Übungsklausur

1. Übungsklausur:
Rechtsanwendung im Rechtsanwaltsbereich zum Bereich ZPO und GVG

A
ZPO und GVG

Aufgaben 1 – 9 erstellt von Sabine Jungbauer

Aufgaben 10 – 12 erstellt von Edith Natterer

Zeit: 105 Min.

Erlaubte Hilfsmittel:

Kalender 2018, unkommentierte Textausgabe von ZPO und GVG (Schönfelder).

Hinweis:

Bitte geben Sie immer die gesetzlichen Bestimmungen an und begründen Sie Ihre Antworten.

Aufgabe 1:

Sie kommen Montagsmorgens in das Büro und stellen fest, dass Ihr Chef offensichtlich am Samstag in der Kanzlei war. Er hat dabei auch eine Zustellung gegen Empfangsbekenntnis per Telefax zur Kenntnis genommen und auf dem Empfangsbekenntnis das Datum von Samstag eingetragen. Sie schütteln den Kopf darüber, dass Ihr armer Chef auch am Samstag noch ins Büro musste. Ihre Auszubildende findet das auch sehr verwunderlich. Allerdings findet sie seltsam, dass auf dem Empfangsbekenntnis das Datum von Samstag steht. „Fristen können doch gar nicht am Samstag zu laufen beginnen", meint Ihre Auszubildende.

Was werden Sie Ihrer Auszubildenden darauf antworten? (ohne Angabe von gesetzlichen Bestimmungen)

Aufgabe 2:

Ihr Mandant hat Ihnen Unterlagen zur Einreichung einer Klage bei Gericht per Post übermittelt. Es handelt sich um Ansprüche aus einem Verkehrsunfall. Er hat selbst außergerichtlich schon versucht, seine Ansprüche geltend zu machen, ist aber gescheitert. Ihre Chefin stellt nach Durchsicht der Unterlagen fest, dass Ihr Mandant für seine Behauptungen keinerlei Beweismittel angegeben hat.

a) Formulieren Sie ein kurzes Anschreiben an Ihren Mandanten und teilen Sie ihm unter Angabe der gesetzlichen Bestimmungen drei Beweismittel, die nach der ZPO für eine Verkehrsunfallsache in Frage kommen, mit und bilden Sie dabei jeweils ein Beispiel. Bitten Sie den Mandanten um die entsprechenden Informationen.

b) Nach Erhalt Ihres Schreibens schreibt Ihr Mandant eine E-Mail unter anderem mit folgendem Inhalt:

Sehr geehrte Frau Anwältin,

es tut mir leid, niemand hat den Unfall gesehen. Allerdings habe ich selbst ja das Auto gefahren und kann daher auch eine Aussage vor Gericht darüber machen, wie es zu dem Unfall kam. Meinen Sie, das hilft? ...

Ihre Auszubildende findet, dass das doch eine prima Idee ist. Niemand kann schließlich seine Sache so gut vortragen, wie der Mandant selbst. Was können Sie Ihrer Auszubildenden zu diesem Wunsch des Mandanten sagen?

Aufgabe 3:

Es ist Montag, der 09.01.2018. Sie bearbeiten den Posteingang. Im Posteingang finden Sie ein vollständiges Urteil des Landgerichts Düsseldorf. Die Klage wurde abgewiesen.

a) Füllen Sie den nachstehenden Fristenzettel betreffend das einzulegende Rechtsmittel entsprechend aus!

Fristname / §	
Fristdauer / §	
Notfrist ja/nein	
Fristbeginn nach Gesetz	
Fristbeginn Datum / §§:	
Fristablauf Datum / §§	

b) Füllen Sie den nachstehenden Fristenzettel betreffend die einzureichende Rechts-
mittelbegründung entsprechend aus!

Fristname / §	
Fristdauer / §	
Notfrist ja/nein	
Fristbeginn nach Gesetz	
Fristbeginn Datum / §§:	
Fristablauf Datum / §§	

Aufgabe 4:

Sie erhalten von Ihrem Chef die Aufgabe, eine Auflistung aller Fristen zu machen,
die notiert werden sollten, wenn ein vollständiges Urteil der 1. Instanz Ihrer Kanzlei
zugestellt wird. Eine Angabe von gesetzlichen Bestimmungen ist nicht erforderlich.
Nennen Sie 4 Fristen.

Aufgabe 5:

Ihrem Mandanten wurde Prozesskostenhilfe unter Beiordnung Ihrer Chefin bewilligt.
Das Gericht hat ermittelt, dass das von Ihrem Mandanten einzusetzende Einkommen
450,00 € beträgt.

a) Berechnen Sie die Höhe der anzuordnenden Ratenzahlung.
b) Wie viele Monate muss Ihr Mandant Ratenzahlungen leisten? Gehen Sie dabei davon aus, dass die Prozesskosten, die die Staatskasse übernommen hat, insgesamt
15.400,00 € betragen werden.

Aufgabe 6:

Ihre Arbeitskollegin sollte im Laufe des Jahres 2018 am Abend des Fristablaufs eine Berufungsbegründung via beA (besonderes elektronisches Anwaltspostfach) bei Gericht
einreichen. Völlig unerwartet kam es jedoch ab nachmittags zu einem nachweisbaren
Stromausfall, so dass der Schriftsatz weder via beA noch per Fax bei Gericht eingereicht werden konnte. Auch ein Ausdrucken des Schriftsatzes war nicht mehr möglich.

a) Welche Maßnahme ist sofort zu ergreifen, wenn der Hinderungsgrund für die Ein-
haltung der Frist bekannt wird?
b) Welchen Antrag stellt Ihre Kanzlei mit welchem Inhalt? Listen Sie 6 Stichpunkte auf.
(ohne Angabe von gesetzlichen Bestimmungen)

Aufgabe 7:

Sie möchten gerne, dass sich Ihr Chef langsam mal etwas intensiver mit dem Thema
elektronischer Rechtsverkehr befasst. Das Thema regt ihn eher auf. Dauernd diese Abkürzungen. Das verstehen Sie natürlich. An die vielen Abkürzungen im elektronischen

Rechtsverkehr muss man sich erst gewöhnen. Sie beschließen daher, eine entsprechende Liste mit wichtigen Abkürzungen zu erstellen.

Geben Sie die vollständigen Begriffe in der nachstehenden Tabelle an.

Abkürzung	Vollständiger Begriff
beA	
beN	
beBPo	
EGVP	
PIN	

Aufgabe 8:

Ihr Mandant ist Brite und möchte in Deutschland eine Klage einreichen. Schreiben Sie ihm auf Englisch, dass Sie noch eine Vollmacht benötigen sowie einige Informationen über den Fall. Bitten Sie ihn, das beigefügte Formular auszudrucken, und unterschrieben per Post zurückzusenden.

Aufgabe 9:

Ihr neuer Mandant ist verzweifelt. Kaum ist er mal sechs Wochen in Urlaub, passiert so etwas: Er hat per Postzustellung ein Versäumnisurteil zugestellt erhalten. Und nach dem auf dem gelben Umschlag eingetragenen Datum erfolgte die Zustellung schon vor 10 Tagen. Dabei geht es um viel Geld. Er wurde verurteilt, 4.300,00 € an die Gegenseite zu bezahlen. Bestimmt ist das Urteil schon rechtskräftig. Seine Verzweiflung ist groß. Mit Ihrem Chef können Sie den Mandanten jedoch im Moment nicht verbinden, da er sich auf einem Gerichtstermin befindet.

Was können Sie Ihrem Mandanten am Telefon zu dieser Sache sagen? Zählen Sie 4 Aspekte auf, die Sie unbedingt ansprechen sollten. (ohne Angabe von gesetzlichen Bestimmungen)

B
Zwangsvollstreckung

Aufgabe 10:

Rechtsanwalt Ulrich erteilt dem Gerichtsvollzieher einen Auftrag zur Abgabe der Vermögensauskunft gemäß § 802c ZPO, sonstige Aufträge und Anweisungen erteilt er nicht. Einige Tage später geht eine Mitteilung des Gerichtsvollziehers ein, dass er mit dem Schuldner ein Zahlungsplan, der sich auf die Dauer von 12 Monaten erstreckt, vereinbart hat. Die Gläubigerin ist empört und will eine weitere Zahlungsverzögerung nicht mehr akzeptieren.

Prüfen Sie, ob der Gerichtsvollzieher berechtigt war, eine Ratenzahlung zu vereinbaren.

Prüfen Sie weiter, ob es eine Möglichkeit gibt, den Vollstreckungsaufschub zu verhindern.

Aufgabe 11:

Die Auszubildende Lisa Lustig soll aus einem rechtskräftigen Versäumnisurteil die Zwangsvollstreckung einleiten und dem Gerichtsvollzieher einen Auftrag erteilen. Informationen über den Schuldner liegen nicht vor. Sie legt Ihnen zur Prüfung folgenden Entwurf ihrer Anträge (auszugsweise) vor:

überreiche ich

C | **die Anlage/-n**

Dazu bitte die Hinweise zum Ausfüllen und Einreichen des Vollstreckungsauftrags (Anlage 2 des Formulars) beachten.

☒ Vollstreckungstitel
(Titel bitte nach Art, Gericht/Notar/Behörde, Datum und Geschäftszeichen bezeichnen)

Versäumnisurteil des Amtsgerichtes Augsburg vom 20.12.2017, Az.: 4 C 2017/17

☐ Vollmacht

☐ Geldempfangsvollmacht

☒ Forderungsaufstellung gemäß der Anlage 1 des Formulars

☐ Forderungsaufstellung gemäß sonstiger Anlage/-n des Gläubigers/Gläubigervertreters _____

☐ Anwaltskosten für weitere Vollstreckungsmaßnahmen gemäß zusätzlicher Anlage/-n _____

☐ Inkassokosten gemäß § 4 Absatz 4 des Einführungsgesetzes zum Rechtsdienstleistungsgesetz (RDGEG) gemäß Anlage/ n _____

☐ _____

☐ _____

wegen der aus der Anlage/den Anlagen ersichtlichen Forderung/-en zur Durchführung des folgenden Auftrags/der folgenden Aufträge:

D | ☒ **Zustellung**

E | **gütliche Erledigung (§ 802b der Zivilprozessordnung – ZPO)**

E 1 | ☐ Ich bin einverstanden, dass die folgende Zahlungsfrist gewährt wird: _____

E 2 | ☐ Mit der Einziehung von Teilbeträgen bin ich einverstanden.

    ☐ Ratenhöhe mindestens _____ Euro

    ☐ monatlicher Turnus ☐ sonstiger Turnus: _____

E 3 | ☐ Ich bin mit einer Abweichung von den Zahlungsmodalitäten nach dem Ermessen der Gerichtsvollzieherin/des Gerichtsvollziehers einverstanden.

E 4   sonstige Weisungen

☐ _____

E 5   ☐ Der Auftrag beschränkt sich auf die gütliche Erledigung.

F   **keine Zahlungsvereinbarung**

☐ Mit einer Zahlungsvereinbarung bin ich nicht einverstanden (§ 802b Absatz 2 Satz 1 ZPO).

3

G   **Abnahme der Vermögensauskunft** (bitte Hinweise in der Anlage 2 des Formulars beachten)

G1   ☐ nach den §§ 802c, 802f ZPO (ohne vorherigen Pfändungsversuch)

G2   ☐ nach den §§ 802c, 807 ZPO (nach vorherigem Pfändungsversuch)
Sofern der Schuldner wiederholt nicht anzutreffen ist,

     ☐ bitte ich um Rücksendung der Vollstreckungsunterlagen.

     ☐ beantrage ich, das Verfahren zur Abnahme der Vermögensauskunft nach den §§ 802c, 802f ZPO einzuleiten.

G3   ☐ erneute Vermögensauskunft nach § 802d ZPO (wenn der Schuldner bereits innerhalb der letzten zwei Jahre die Vermögensauskunft abgegeben hat)
Die Vermögensverhältnisse des Schuldners haben sich wesentlich geändert, weil

_____
_____
_____

Zur Glaubhaftmachung füge ich bei:

_____
_____
_____

G4   ☐ weitere Angaben im Zusammenhang mit der Vermögensauskunft
_____
_____

H   ☐ **Erlass des Haftbefehls nach § 802g ZPO**
Bleibt der Schuldner dem Termin zur Abgabe der Vermögensauskunft unentschuldigt fern oder weigert er sich ohne Grund, die Vermögensauskunft zu erteilen, beantrage ich den Erlass eines Haftbefehls nach § 802g Absatz 1 ZPO. Die Gerichtsvollzieherin/den Gerichtsvollzieher bitte ich, den Antrag an das zuständige Amtsgericht weiterzuleiten und dieses zu ersuchen, nach Erlass des Haftbefehls diesen an

☐ den Gläubiger   ☐ den Gläubigervertreter zu übersenden.

☐ die zuständige Gerichtsvollzieherin/den zuständigen Gerichtsvollzieher weiterzuleiten. Gegenüber der Gerichtsvollzieherin/dem Gerichtsvollzieher stelle ich den Antrag auf Verhaftung des Schuldners.

I   ☐ **Verhaftung des Schuldners (§ 802g Absatz 2 ZPO)**

Haftbefehl des Amtsgerichts   Datum   Geschäftszeichen

_____   _____   _____

J   ☐ **Vorpfändung (§ 845 ZPO)**
Anfertigung der Benachrichtigung über die Vorpfändung und Zustellung sowie unverzügliche Mitteilung über die Vorpfändung

☐ für pfändbare Forderungen, die der Gerichtsvollzieherin/dem Gerichtsvollzieher bekannt sind oder bekannt werden

☐ für die folgenden Forderungen:
_____
_____
_____

K	☒ **Pfändung körperlicher Sachen**
K1	☐ Pfändung von Forderungen aus Wechseln und anderen Papieren, die durch Indossament übertragen werden können
K2	☐ Taschenpfändung/Kassenpfändung
K3	☐ Pfändung soll nach Abnahme der Vermögensauskunft durchgeführt werden, soweit sich aus dem Vermögensverzeichnis pfändbare Gegenstände ergeben.

4

K4	☐ Mit der Erteilung einer Fruchtlosigkeitsbescheinigung nach § 32 der Geschäftsanweisung für Gerichtsvollzieher (GVGA) bin ich **nicht** einverstanden.
K5	Aufträge und Hinweise zur Pfändung und Verwertung, z. B. zu besonderen Gegenständen ☐ _____

L	**Ermittlung des Aufenthaltsorts des Schuldners (§ 755 ZPO)** (bitte Hinweise in der Anlage 2 des Formulars beachten)
L1	☐ Mir ist bekannt, dass der Schuldner unbekannt verzogen ist.
L2	☐ Negativauskunft des Einwohnermeldeamtes ist beigefügt.

Ermittlung

L3	☐ der gegenwärtigen Anschriften sowie der Angaben zur Haupt- und Nebenwohnung des Schuldners durch Nachfrage bei der **Meldebehörde**
L4	☐ des Aufenthaltsorts durch Nachfragen beim **Ausländerzentralregister** und bei der aktenführenden **Ausländerbehörde**
L5	☐ der bekannten derzeitigen Anschrift sowie des derzeitigen oder zukünftigen Aufenthaltsorts des Schuldners bei den **Trägern der gesetzlichen Rentenversicherung**
L6	☐ der Halterdaten nach § 33 Absatz 1 Satz 1 Nummer 2 des Straßenverkehrsgesetzes (StVG) des Schuldners beim **Kraftfahrt-Bundesamt**
L7	☐ der gegenwärtigen Anschriften, des Ortes der Hauptniederlassung oder des Sitzes des Schuldners durch Einsicht in das **Handels-, Genossenschafts-, Partnerschafts-, Unternehmens- oder Vereinsregister**
L8	☐ der gegenwärtigen Anschriften, des Ortes der Hauptniederlassung oder des Sitzes des Schuldners durch Einholung einer Auskunft bei den nach Landesrecht **für die Durchführung der Aufgaben nach § 14 Absatz 1 der Gewerbeordnung (GewO) zuständigen Behörden**
L9	Hinweise zur Reihenfolge der Ermittlungen (wenn Anfrage nach den Modulen L3, L7 und L8 ergebnislos oder ein Fall des Moduls L1 gegeben ist) ☐ _____

M	**Einholung von Auskünften Dritter (§ 802l ZPO)** (bitte Hinweise zur Einholung von Auskünften Dritter in der Anlage 2 des Formulars beachten)
M1	☒ Ermittlung der Namen, der Vornamen oder der Firma sowie der Anschriften der derzeitigen Arbeitgeber eines versicherungspflichtigen Beschäftigungsverhältnisses des Schuldners bei den **Trägern der gesetzlichen Rentenversicherung**
M2	☒ Ersuchen an das **Bundeszentralamt für Steuern,** bei den Kreditinstituten die in § 93b Absatz 1 der Abgabenordnung (AO) bezeichneten Daten abzurufen
M3	☐ Ermittlung der Fahrzeug- und Halterdaten nach § 33 Absatz 1 StVG zu einem Fahrzeug, als dessen Halter der Schuldner eingetragen ist, beim **Kraftfahrt-Bundesamt**
M4	☐ Die vorstehend ausgewählte/-n Drittauskunft/Drittauskünfte sollen nur eingeholt werden, wenn der Schuldner seiner Pflicht zur Abgabe der Vermögensauskunft nicht nachkommt.

M5	☐ Antrag auf aktuelle Einholung von Auskünften (§ 802l Absatz 4 Satz 3 ZPO)
	Zur Änderung der Vermögensverhältnisse des Schuldners trage ich vor:

N	**Angaben zur Reihenfolge bzw. Kombination der einzelnen Aufträge**

N1	☐ Die Aufträge _____ werden ohne Angabe einer Reihenfolge erteilt.
	(Bezeichnung der Module bitte angeben)

N2	☐ Der Pfändungsauftrag soll **vor** weiteren Aufträgen durchgeführt werden.

5

a) Prüfen Sie, ob die gestellten Anträge stimmig sind.

b) Schildern Sie der Auszubildenden stichpunktartig, wie der Ablauf der Zwangsvollstreckung vor Ort aufgrund ihres gestellten Auftrages ablaufen könnte (ohne gesetzliche Bestimmungen).

Aufgabe 12:

In der Zwangsvollstreckungsakte Berger ./. Taler teilt der Gläubiger Berger telefonisch mit, dass er in der Presse gelesen hat, dass der Schuldner, der Kneipenwirt Taler, mit seinem Lokal an der Veranstaltung „Lange Nacht der Musik" teilnimmt und hierzu eine bekannte irische Band engagiert hat. Herr Berger wünscht, dass der Gerichtsvollzieher bei der Veranstaltung eine Kassenpfändung in der Kneipe des Schuldners vornimmt. Die „Lange Nacht der Musik" wird in drei Wochen von Samstag auf Sonntag stattfinden.

Überlegen Sie sich, wie Sie den Auftrag des Mandanten bestmöglich umsetzen können und notieren Sie vier Dinge, die Sie zu veranlassen und zu beachten haben (ohne gesetzliche Bestimmungen). Die allgemeinen und besonderen Zwangsvollstreckungsvoraussetzungen sind erfüllt Die erforderlichen Zwangsvollstreckungsunterlagen befinden sich in der Akte.

2. Lösungsvorschläge zur Übungsklausur

A
Verfahrensrecht

Lösungsvorschlag zu Aufgabe 1:

Ich weise meine Auszubildende darauf hin, dass eine Frist an jedem Tag des Jahres zu laufen beginnen kann. Dies gilt auch für Samstage, Sonntage und Feiertage. Lediglich Ablaufen kann eine Frist weder an einem Samstag, noch an einem Sonn- oder Feiertag.

Lösungsvorschlag zu Aufgabe 2a:

Sehr geehrter Mandant,

vielen Dank für die Übersendung der Unterlagen. Diese haben wir zwischenzeitlich durchgesehen. Um die Klage ordentlich begründen zu können, müssen wir für unseren Sachvortrag Beweismittel benennen. Hierbei kommen verschiedene Beweismittel in Betracht:

Zeugenbeweis, §§ 373–401 ZPO: Zeugen können z.B. den Unfallhergang, den sie gesehen haben, bezeugen. Sollten Ihnen Zeugen bekannt sein, bitte wir Sie, uns diese mit vollständigem Namen und ladungsfähiger Anschrift mitzuteilen.

Sachverständigenbeweis, §§ 402–414 ZPO: Mit einem Sachverständigengutachten könnte die Höhe des Schadens nachgewiesen werden. Wurde wegen des Unfallschadens an Ihrem Kraftfahrzeug bereits ein solches Sachverständigengutachten in Auftrag gegeben?

Augenschein, §§ 371–372a ZPO: Um das Unfallgeschehen besser beurteilen zu können, könnte vor Ort eine Augenscheinnahme der Unfallstelle erfolgen. Oder gibt es hierzu bereits Fotos von Ihnen?

Bitte lassen Sie uns möglichst bald die entsprechenden Informationen zukommen, damit wir die Klage kurzfristig vorbereiten können.

Mit freundlichen Grüßen

Name RAin

Hinweis: Sinnvolle weitere Antworten können bewertet werden, maximal jedoch drei Beweismittel, 3 × Paragrafen-Angabe und 3 × Beispiel.

Lösungsvorschlag zu Aufgabe 2b:

Der Mandant könnte über strittige Themen im Wege der Parteieinvernahme gem. § 447 ZPO vernommen werden, wenn er dies beantragt und die andere Partei damit einverstanden ist.

Lösungsvorschlag zu Aufgabe 3a:

Fristname / §	Berufung, § 511 ZPO
Fristdauer / §	1 Monat, § 517 ZPO
Notfrist ja/nein	ja
Fristbeginn nach Gesetz	ab Zustellung des vollständigen Urteils, spätestens 5 Monate nach Verkündung
Fristbeginn Datum / §§:	**10.01.2018** § 222 Abs. 1 ZPO § 187 Abs. 1 BGB
Fristablauf Datum / §§	**09.02.2018** § 222 Abs. 1 ZPO § 188 Abs. 2 BGB

Lösungsvorschlag zu Aufgabe 3b:

Fristname / §	Berufungsbegründung, § 520 Abs. 1 ZPO
Fristdauer / §	2 Monate, § 520 Abs. 2 ZPO
Notfrist ja/nein	nein
Fristbeginn nach Gesetz	ab Zustellung des vollständigen Urteils, spätestens 5 Monate nach Verkündung
Fristbeginn Datum / §§:	**10.01.2018** § 222 Abs. 1 ZPO § 187 Abs. 1 BGB
Fristablauf Datum / §§	**09.03.2018** § 222 Abs. 1 ZPO § 188 Abs. 2 BGB

Lösungsvorschlag zu Aufgabe 4:

- Vorfrist für die Berufungsfrist
- Berufungsfrist
- Vorfrist für die Berufungsbegründungsfrist
- Berufungsbegründungsfrist
- Tatbestandsberichtigungsfrist

Lösungsvorschlag zu Aufgabe 5a:

450,00 € = einzusetzendes Einkommen; bis 600,00 € ist die Hälfte, somit 225,00 € als Rate anzusetzen, § 115 Abs. 2 ZPO.

Lösungsvorschlag zu Aufgabe 5b:

Davon ausgehend, dass die Prozesskosten 15.400,00 € betragen, ergäben sich bei einer monatlichen Ratenzahlung in Höhe von 225,00 € eine Dauer von 68,44 Monaten. Allerdings ist die Dauer der Ratenzahlungen begrenzt auf 48 Monate, § 115 Abs. 2 S. 4 ZPO.

Lösungsvorschlag zu Aufgabe 6a:

Es ist sofort die 1-monatige Frist für den Antrag auf Wiedereinsetzung in den vorigen Stand zu notieren, da die Frist ab Kenntnisnahme zu laufen beginnt, § 234 Abs. 1 S. 2, Abs. 2 ZPO.

Lösungsvorschlag zu Aufgabe 6b:

Es wird

- fristgerecht
- Antrag auf Wiedereinsetzung in den vorigen Stand gestellt
- die versäumte Prozesshandlung ist nachzuholen
- der Antrag ist zu begründen
- die Gründe sind glaubhaft zu machen
- der Antrag ist an das Prozessgericht zu richten
- eine Bestätigung des Stromversorgers über den Stromausfall dem Gericht vorgelegt
- eine eidesstattliche Versicherung der Mitarbeiterin, dass es zum Stromausfall kam, wird dem Gericht vorgelegt
- usw.

Hinweis: Es sind nur 6 Stichpunkte gefragt, daher auch nur 6 Stichpunkte anzugeben. Weitere Stichpunkte erfolgen oben nur beispielhaft zur besseren Kontrolle der eigenen Lösung.

Lösungsvorschlag zu Aufgabe 7:

Abkürzung	Vollständiger Begriff
beA	besonderes elektronisches Anwaltspostfach
beN	besonderes elektronisches Notarpostfach
beBPo	besonderes elektronisches Behördenpostfach
EGVP	Elektronisches Gerichts- und Verwaltungspostfach
PIN	personal identification number oder auch persönliche Identifikationsnummer

Lösungsvorschlag zu Aufgabe 8:

„Dear Sir,

all we require is a power of attorney and some basic information about the file. Please print out the attached document and send it back to us with your signature by post."

Lösungsvorschlag zu Aufgabe 9:

- Ich weise auf die Möglichkeit des Einspruchs hin.
- Die Frist für den Einspruch gegen das Versäumnisurteil beträgt 2 Wochen ab Zustellung.
- Diese Frist ist nicht verlängerbar, sie muss also unbedingt eingehalten werden.
- Ich frage nochmals nach dem konkreten Datum auf der Postzustellungsurkunde.
- Ich bitte den Mandanten, die Unterlagen per Mail (eingescannt) hereinzureichen, damit ich diese dem Anwalt vorlegen kann, der dann entscheidet, ob er das Mandat annimmt.
- Ich notiere mir den vollständigen Namen und die Telefonnummer des Mandanten; ggf. auch zusätzlich eine Handy-Nr. und frage, wann er wo am besten telefonisch erreichbar werden kann.
- Ich frage nach Aktenzeichen und Gericht zu dieser Sache und notiere beides.
- Ich frage nach der Telefon-Nummer der Geschäftsstelle, um ggf. dort anzurufen zu können, falls das Datum auf der PZU nicht gut erkennbar ist.

B
Zwangsvollstreckung

Lösungsvorschlag Aufgabe 10:

Rechtsanwalt Ulrich hat in seinem Vollstreckungsauftrag keinerlei Angaben zu einer gütlichen Erledigung der Sache gemacht, also weder dem Gerichtsvollzieher einen Auftrag zum Versuch einer gütlichen Erledigung der Sache gemäß § 802a Abs. 2 Nr. 1 erteilt, noch eine gütliche Erledigung ausgeschlossen. Nach dem Willen des Gesetzgebers soll der Gerichtsvollzieher in jeder Lage des Verfahrens auf eine gütliche Erledigung der Angelegenheit hinwirken, § 802b Abs. 1 ZPO. Er kann dem Schuldner eine Ratenzahlung bewilligen, sofern der Schuldner glaubhaft darlegt, die festgesetzten Raten erbringen zu können. Die Tilgung soll binnen 12 Monaten abgeschlossen sein, § 802b Abs. 2 ZPO. Dies war im vorliegenden Fall gegeben. Der Gerichtsvollzieher war also zur Vereinbarung einer Ratenzahlung berechtigt, § 754 ZPO. Die Gläubigerin bzw. der Gläubigervertreter hat die Möglichkeit, dem Zahlungsplan zu widersprechen. Dies muss aber unverzüglich nach Bekanntgabe erfolgen. Der Schuldner wird über den Widerspruch informiert und der Vollstreckungsaufschub endet sodann, § 802b Abs. 3 ZPO.

Lösungsvorschlag Aufgabe 11:

a)

- Der Auftrag zur Zustellung des Versäumnisurteiles ist überflüssig, da der Titel bereits von Amts wegen zugestellt wurde, § 329 Abs. 3 ZPO.
- In der jetzigen Form der Antragstellung würde der Gerichtsvollzieher beauftragt werden, bewegliche Sachen zu pfänden und zu verwerten. Ein Antrag auf Abgabe der Vermögensauskunft wurde im Entwurf nicht gestellt. Der Auftrag zur Einholung von Drittauskünften nach § 802l ZPO macht daher in der Kombination mit einem Sachpfändungsauftrag keinen Sinn.

b)

Bei der Ausübung des Sachpfändungsauftrages könnte Folgendes passieren:

- der Schuldner zahlt die Forderung
- der Gerichtsvollzieher vereinbart mit dem Schuldner eine Ratenzahlung
- der Gerichtsvollzieher räumt dem Schuldner einen Zahlungsfrist ein
- der Gerichtsvollzieher nimmt pfändbare Habe in Gewahrsam
- der Gerichtsvollzieher bringt ein Pfandsiegel an
- der Gerichtsvollzieher findet keine pfändbare Habe vor
- der Schuldner wird nicht angetroffen
- der Schuldner verweigert die Durchsuchung

Lösungsvorschlag Aufgabe 12:

- Antrag auf richterliche Durchsuchungsanordnung gemäß § 758a ZPO mit dem Antrag, dass von der Anhörung des Schuldner abgesehen werden soll, da ansonsten der Überraschungseffekt einer Kassenpfändung und somit der Vollstreckungserfolg gefährdet wäre
- gleichzeitig einen Antrag auf Erlass eines „Nachtbeschlusses" gemäß § 758a Abs. 4 ZPO stellen, mit der Begründung, dass die Kassenpfändung zu später Stunde in der Kneipe erfolgsversprechend ist
- Hinweis an das Vollstreckungsgericht auf Eilbedürftigkeit wegen der in drei Wochen anstehenden Veranstaltung
- Überwachung des Eingangs der Beschlüsse, ggf. Nachfrage bei Gericht
- Ermitteln des zuständigen Gerichtsvollziehers für die Kassenpfändung durch Anruf bei der Verteilerstelle für Gerichtsvollzieher-Aufträge beim Amtsgericht oder Recherche bei einer Datenbank (z.B. https://gerichtsvollzieher.justizregister.bayern.de) sowie seiner Kontaktdaten und der Sprechzeiten
- Akte zur Sprechzeit auf entsprechende Wiedervorlage legen
- telefonische Ankündigung (Datum, Ort) der Kassenpfändung und Klärung der Details beim Gerichtsvollzieher
- Erteilung des Kassenpfändungsauftrages an den Gerichtsvollzieher einschließlich der richterlichen Durchsuchungsanordnung und des Nachtbeschlusses.

Stichwortverzeichnis

Stichwortverzeichnis

Stichwortverzeichnis